Resiliencia cibernética en la empresa

Retos, normas y buenas prácticas

Sébastien Deon

ISBN: 978-2-409-04876-0
Edición original: 978-2-409-04144-0

Ediciones ENI

Pº Ferrocarriles Catalanes, 97-117, 2a pl. of. 18
08940 - Cornellà de Llobregat (Barcelona)

Tel: 934 246 401
Fax: 934 231 576

e-mail: info@ediciones-eni.com
http://www.ediciones-eni.com

Autor: Sébastien DEON
Edición española: Alejandro CASTAÑO FERNÁNDEZ
Colección **Epsilon** dirigida por Émilie VILLETORTE

Prologo

1. Introducción

Esta obra se dirige a los responsables de la implantación de **la seguridad informática** en las empresas (CIO, CISO, directores de ciberseguridad, directores de ciberprogramas, expertos y consultores). También se dirige a los miembros de los departamentos empresariales (desde la dirección general hasta los equipos de producción y la dirección de calidad) que deseen comprender el contexto del nuevo panorama de la ciberseguridad, sus retos, limitaciones y contenido, y que deseen implicarse en la mejora continua de la madurez de la seguridad de los sistemas de información corporativos.

También está dirigido a todos aquellos que deseen tener una **visión más amplia de los conceptos de resiliencia cibernética** (gobernanza, reglamentación, tecnología, metodología, recursos humanos) para poder adoptar los reflejos adecuados ante la proliferación de los ciberriesgos.

Para guiarle en su viaje por un ecosistema cibernético tan rico y apasionante como complejo y angustioso, los capítulos están organizados de forma pragmática y paso a paso:

- Una presentación de las cuestiones cibernéticas, las principales normas y guías disponibles (NIST CSF, RGPD, HDS, ITIL, ISO27k, ISO 22031, ISO 20000) y las últimas normativas (NIS/2, DSA, DMA, DGA, EUCS).
- Explicación detallada de un análisis de riesgos mediante el método EBIOS, basado en un estudio de caso de una empresa de computación en nube y una presentación de EBIOS Risk Manager.
- Introducción al concepto de confianza, soberanía de los datos y soberanía tecnológica.
- Introducción a la seguridad de los datos (cuestiones, gobernanza, arquitectura, tecnología).
- Asesoramiento sobre la seguridad de los sistemas de información, la seguridad de las cargas de trabajo en la nube pública con Azure, el uso de copias de seguridad externalizadas y DRP/CPD con un nuevo enfoque de *Resilience as a Service*.
- Propuesta de marco de referencia para la seguridad de las aplicaciones.
- Desarrollo de un Sistema de Gestión de la Seguridad de la Información (SGSI).
- Presentación sobre el entorno de los ciberseguros.
- Cómo funciona y qué contiene el SOC ideal.

Se dedica un capítulo entero al ecosistema sanitario, en el que se exponen los siete errores que hay que evitar para gestionar una externalización exitosa de los datos sanitarios.

Los dos últimos apéndices, que tratan de la implantación de software de código abierto, requieren conocimientos técnicos de Linux :

- Apéndice 2: La plataforma Wazuh HIDS/SIEM.
- Apéndice 3: El escáner de vulnerabilidades OpenVAS.

A continuación se detallan los objetivos de cada capítulo.

Capítulo 1: Contexto y retos del paisaje cibernético

El objetivo de este capítulo es ayudarle a comprender el contexto global que rodea a la ciberseguridad en las empresas (nuevo panorama y retos de la ciberseguridad en un contexto de extrema ansiedad):

- Definir el vocabulario
- Identificación de los desafíos de protección
- Introducción a las cuestiones de ciberseguridad y al ámbito normativo
- Presentación de los retos de la ciberseguridad, conclusiones y soluciones iniciales
- Afrontar la convergencia de la nube y la ciberseguridad

Capítulo 2: Directrices principales y guías cibernéticas

El objetivo de este capítulo es ofrecerle una visión general de los principales directrices y guías que son esenciales para proporcionarle puntos de referencia a lo largo del proceso de madurez de la ciberseguridad:

- Conocer del marco de ciberseguridad del NIST
- Descubrir las principales ideas del RGPD
- Comprender los requisitos de la norma HDS versión 2023
- Entender cómo funcionan las versiones 3 y 4 de ITIL

Capítulo 3: Normas ISO compatibles con la resiliencia

El objetivo de este capítulo es ayudarle a familiarizarse con las principales normas ISO útiles para comprender y aplicar la ciberseguridad/resiliencia cibernética en las empresas:

- Presentar las normas ISO: 27001, 27002, 27005, 27017, 27018, 22301, 20000 y 27701, con la casos concretos de experiencias
- Presentar un resumen de la resiliencia cibernética normalizada

Capítulo 4: Soberanía digital

El objetivo de este capítulo es presentar la nueva normativa europea y los retos de la protección de datos en un panorama de soberanía digital frente a las leyes extraterritoriales y la hegemonía de los GAFAM, así como el nuevo contexto de las tecnologías de la información:

- DSA, DMA, DGA, DORA, Data Act, Data IA, Resilience Act
- Definición de soberanía digital
- Intentos abortados 2012-2015
- Nuevo contexto de las TI de 9 dimensiones
- Reglamento EUCS
- Doctrina de la nube en el centro
- Alianzas

Capítulo 5: Análisis de riesgos con EBIOS

El objetivo de este capítulo es ayudarle a realizar su futuro análisis de riesgos EBIOS, presentándole una situación práctica aplicada a un ejemplo: el servicio de alojamiento soberano "*Cloud-IaaS*" comercializado por Cloud.es. Los detalles del análisis se presentan en el apéndice 1: **Resultados del análisis de riesgos EBIOS**. La presentación del método EBIOS Risk Manager permite compararlo con el método EBIOS original.

Capítulo 6: Buenas prácticas del SI ciberseguro

El objetivo de este capítulo es ayudarle a comprender la respuesta tecnológica a los ciberataques (estaciones de trabajo, correo electrónico, antivirus, EDR, cuentas privilegiadas, accesos remotos, escáneres de vulnerabilidades, control de accesos y gestión de identidades, plataformas XDR, etc.):

- Presentar los elementos de arquitectura fundamentales
- Presentar los dispositivos en la estación de trabajo y en los servidores
- Presentar los sistemas de red y todos los demás componentes del sistema de información
- Abordar la noción de sensibilización

Capítulo 7: Seguridad de los datos

El objetivo de este capítulo es ayudarle a comprender los mecanismos necesarios para proteger eficazmente los datos a lo largo de su ciclo de vida:

- Presentar los siete ámbitos de la gestión de datos
- Introducir una metodología para analizar la madurez de los datos
- Presentar una arquitectura de seguridad sólida

Capítulo 8: Seguridad en la nube pública

El objetivo de este capítulo es ayudarle a comprender cómo proteger sus cargas de trabajo o «workloads» en la nube pública:

- Presentar los problemas
- Presentación de soluciones : Azure y seguridad (Security Center, Sentinel), AWS
- Presentar los pasos necesarios para asegurar la nube pública, con una ilustración de un caso de uso dentro de un GHT (Grupo Hospitalario de Territorios, entidad francesa)
- Descubrir la contribución de los nuevos modelos de seguridad: SASE, CASB, CSPM, CWPP
- Presentar del modelo de seguridad en Microsoft 365 / Office 365

Capítulo 9: Respaldos, PCN, DRP

El objetivo de este capítulo es ayudarle a familiarizarse con tres aspectos fundamentales de la resiliencia cibernética: la copia de seguridad de los datos, la planificación de la continuidad del negocio (PCN) y la planificación de la recuperación en caso de catástrofe (DRP):

- Poner en marcha una estrategia eficaz para proteger los datos mediante copias de seguridad
- Introducir un nuevo concepto para PCN/DRP introduciendo RaaS (*Resilience as a Service*) y el método M.E.R.C.I
- Ilustrar el tema con un caso de uso de PCN
- Presentar las mejores prácticas para implantar un PCN

Capítulo 10: Seguridad de las aplicaciones – Etiqueta aplicativa

El objetivo de este capítulo es ayudarle a estructurar el enfoque de la seguridad de sus aplicaciones mediante la presentación de un sistema de referencia; se trata de elaborar un conjunto de requisitos que sirvan para alcanzar un grado de madurez necesario antes de poner en producción cualquier aplicación. Sin embargo, no existe ninguna norma, certificación, etiqueta o visado de seguridad en este ámbito.

- Explicar los requisitos de la norma mediante un caso práctico de una empresa de alojamiento de datos sanitarios (MaxiHost)
- Presentar una política de seguridad
- Presentar requisitos y asesoramiento sobre los siguientes temas: organización de la seguridad de la información, gestión de datos, control de acceso, criptografía, seguridad operativa, seguridad de las comunicaciones, adquisición, desarrollo y mantenimiento de SI, gestión de incidentes de seguridad de la información, aspectos de seguridad de la información en la gestión de la continuidad de las actividades, conformidad, etc.

Capítulo 11: Gestión de la seguridad de la información

El objetivo de este capítulo es presentar el SMSI, elemento central de la gobernanza de la seguridad de la información, centrándose en el proceso de gestión de crisis y el plan de seguridad de las aplicaciones:

- Presentar el contenido de un SMSI
- Implementación con la herramienta Confluence
- Aplicación del proceso de gestión de crisis
- Presentar la carta de compromiso con la CMSI
- Redactar el proceso de gestión de documentos
- Gestión de la resiliencia de las aplicaciones con el plan de seguridad de las aplicaciones

Capítulo 12: Ciberseguro

El objetivo de este capítulo es presentar el ámbito del ciberseguro con ejemplos concretos de aplicación en una organización:

- Introducir el contexto
- Establecer los principios de funcionamiento y cobertura
- Descubrir un ejemplo de contrato de asistencia
- Descubrir qué cubre una póliza de ciberseguro
- Presentar una visión general de los agentes implicados

Capítulo 13: Security Operations Center

El objetivo de este capítulo es ayudarle a entender qué se esconde tras el término SOC (*Security Operations Center*):

- Presentar el origen del problema
- Presentar las herramientas de un SOC ideal: SIEM, SOAR, EDR, UEBA, *Threat Intelligence*, etc.
- Presentar una visión general de las soluciones del mercado
- Examinar la oportunidad de crear un SOC de código abierto
- Estudiar la especificación de un SOC empresarial en el entorno sanidad
- Implantación del cuadro de mando cibernético

Capítulo 14: Ecosistema sanitario

El objetivo de este capítulo es ayudarle a comprender el contexto de la ciberseguridad en el sector sanitario:

- Presentar el contexto de los ciberataques
- Presentar los siete errores que pueden hacer fracasar un proyecto de externalización de datos sanitarios y los siete consejos para llevarlo a cabo con éxito
- Debatir el contenido de las normas de certificación HDS actuales y futuras (versión 2023)

Contenido

Prologo

Capítulo 1
Contexto y retos del paisaje cibernético

Capítulo 2
Directrices principales y guías cibernéticas

Capítulo 3
Normas ISO compatibles con la resiliencia

Capítulo 4
Soberanía digital

Capítulo 5
Análisis de riesgos con EBIOS

Capítulo 6
Buenas prácticas del SI ciberseguro

Capítulo 7
Seguridad de los datos

Capítulo 8
Seguridad en la nube pública

Capítulo 9
Respaldo, PCN, DRP

Capítulo 10
Seguridad de las aplicaciones - Etiqueta aplicativa

Capítulo 11
Gestión de la seguridad de la información

Capítulo 12
Ciberseguro

Capítulo 13
Security Operations Center

Capítulo 14
Ecosistema sanitario

Capítulo 15
Resultados del análisis de riesgos EBIOS

Capítulo 16
La plataforma Wazuh HIPS/SIEM

Capítulo 17
Escáner de vulnerabilidades OpenVAS

Capítulo 1
Contexto y retos del paisaje cibernético

1. Introducción

El objetivo de este capítulo es esbozar el nuevo panorama de la ciberseguridad en las empresas y explicar los retos en un contexto de extrema ansiedad.

1.1 Ciber

En primer lugar, el término "cibernético" (del griego "kubernân", gobernar), utilizado como prefijo de otro término (-seguridad, -riesgo, -resiliencia, -actitud, -ataque, -espacio, -guerra...) indica una dimensión de gestión de la disciplina estudiada. En el caso de la seguridad informática, esto significa tener en cuenta todo lo relacionado con la gestión de los sistemas digitales en general: sistemas de información, objetos conectados, ordenadores, computación en la nube, bases de datos, redes de comunicación, software empresarial, ofimática, almacenamiento... e incluso recursos humanos.

1.2 Ciberseguridad

Si profundizamos en el tema y partimos de la siguiente definición, podremos delimitar el alcance de la ciberseguridad:

"*La seguridad informática, también conocida como ciberseguridad es el área relacionada con la informática y la telemática que se enfoca en la protección de la infraestructura computacional y todo lo vinculado con la misma, y especialmente la información contenida en una computadora o circulante a través de las redes de computadoras. Para ello existen una serie de estándares, protocolos, métodos, reglas, herramientas, y leyes concebidas para minimizar los posibles riesgos a la infraestructura y/o a la propia información. La ciberseguridad comprende software (bases de datos, metadatos, archivos), hardware, redes de computadoras, y todo lo que la organización entienda y valore como un riesgo si la información confidencial involucrada pudiera llegar a manos de otras personas, por ejemplo, convirtiéndose así en información privilegiada.*" - Wikipedia - Octubre de 2020.

1.3 Proteger

En otras palabras, se trata de PROTEGER los activos informáticos de una empresa. Esto se aplica a todo tipo de organizaciones, sea cual sea su tamaño: PYMES, grandes empresas, establecimientos sanitarios, gobiernos, autoridades locales, etc.

1.3.1 Simplemente proteger

Precisamente porque existe una gran codicia por parte de personas ajenas a la empresa – los atacantes (hackers) – y también por parte de personas internas a la empresa – empleados con comportamientos malintencionados, ya sea de manera consciente o inconsciente – es por lo que debemos protegernos. Esta codicia tiene diferentes orígenes: en primer lugar, se trata esencialmente de obtener dinero (reventa de datos sanitarios en la darknet, obtención del pago de un rescate, etc.), o también de causar daños (robo de datos, patentes, etc.). También existe un riesgo vinculado al poder del Estado, que no debe subestimarse.

Observación

¿Y si un régimen totalitario propaga un virus que paraliza totalmente la economía de un país vecino?

1.3.2 Proteger los activos digitales

Dado que las empresas son ahora digitales, o al menos han iniciado su transición digital, necesitan proteger sus activos digitales. Ahora todo es digital (excepto quizá el pensamiento humano): los procesos de venta a distancia, el teletrabajo, las teleconsultas, la comunicación por correo electrónico, los archivos de los clientes, los robots de producción de automóviles, los pedidos de comida en quioscos interactivos, las búsquedas por GPS, el control automático del lanzamiento de cohetes, etc.

1.3.3 Proteger los activos digitales con recursos

Para proporcionar la protección necesaria se necesita una amplia gama de recursos: organizativos, humanos, tecnológicos y presupuestarios.

- Desde el punto de vista organizativo, es necesario implantar una gobernanza de la ciberseguridad con :
  - un fuerte apoyo de la dirección de la empresa;
  - un Product Owner (PO), como podría ser el responsable de la seguridad de los sistemas de información (RSSI);
  - un comité director de seguridad de los sistemas de información;
  - un sistema de gestión de la seguridad de los sistemas de información (SGSI) con políticas específicas para un ámbito de protección (gestión de la autenticación, gestión de las copias de seguridad, etc.);
  - procedimientos e instrucciones.

  En general, la seguridad de los sistemas de información debe tenerse en cuenta en todos los ámbitos de la empresa: el departamento informático, la atención al cliente, el I+D de productos y servicios, las ventas y la explotación de servicios. Cada servicio de valor añadido debe concebirse y diseñarse teniendo en cuenta el concepto "*security by design*".

- Desde el punto de vista humano, está claro que se necesita una fuerza de ataque interna y/o externa con proveedores de servicios para detectar y reaccionar eficazmente ante los eventos de seguridad. El sector de la ciberseguridad opera actualmente en un contexto de escasez de talentos y vocaciones, lo que explica el retraso en la implantación de mecanismos de protección de la SI.
- Desde el punto de vista tecnológico, las herramientas, soluciones y servicios gestionados están bien surtidos: cortafuegos, antivirus, EDR (*Endpoint Detection Response*), SOC (*Security Operations Center*), escáner de vulnerabilidades, pentest, proxy, antispam, supervisión, etc. La dificultad reside más en armonizar el uso de estas suites de software que en elegirlas.
- Desde el punto de vista presupuestario, cada una de las medidas mencionadas debe ser financiable y financiada, ya que de lo contrario no será posible alcanzar el nivel de madurez deseado en el plazo fijado. Desgraciadamente, a pesar de una toma de conciencia sin precedentes de la problemática cibernética, los presupuestos asociados en los departamentos informáticos aún no están a la altura de lo que está en juego, en particular en las PYMES.

P18. En su empresa, ¿qué parte del presupuesto en TI está dedicado a la seguridad?
Base de conjunto

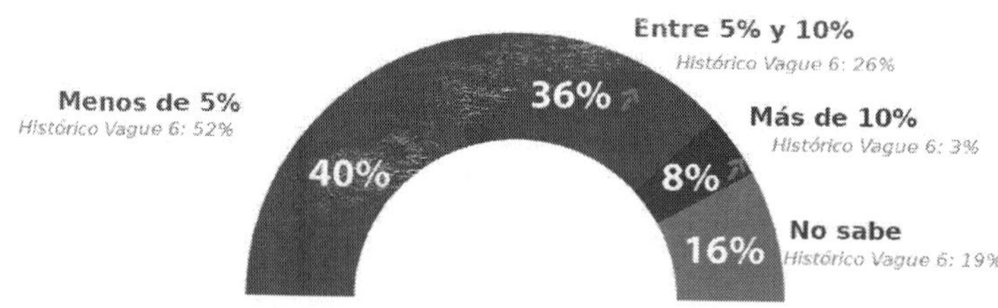

Porcentaje del presupuesto de TI dedicado a la seguridad (fuente: 7º Barómetro CESIN de ciberseguridad empresarial Vague 6 - enero de 2022)

Aunque la proporción del presupuesto informático/digital dedicado a la seguridad ha aumentado globalmente en comparación con años anteriores, parece necesario un esfuerzo sostenido para cumplir la regla 50-10: el 50% de las empresas invierten el 10% de su presupuesto informático en seguridad.

1.3.4 Proteger los activos digitales con un solo objetivo

Centrándose en los objetivos de cualquier proyecto de protección de activos digitales será posible dar sentido a la acción.

Hay cuatro objetivos DICT que alcanzar:

- **Disponibilidad (D)**: cada componente aislado debe estar disponible según unos niveles de servicio garantizados (SLA); se trata de servidores, redes, bases de datos, aplicaciones, procesos de gestión de pedidos, etc. Un componente puede estar disponible según un SLA del 99,9%, lo que supone una interrupción mensual autorizada de 43 minutos y 49 segundos. Por encima de este umbral, se aplican penalizaciones por contrato.

Observación

El página web Uptime ofrece una herramienta útil para calcular los niveles de SLA:
https://uptime.is/

- **Integridad (I)**: cada componente aislado y/o constituyente de un sistema de información debe tener integridad, en el sentido de que no debe corromperse. Imaginemos que un conjunto de datos sanitarios que se producen en un hospital tienen que transitar por redes de Internet para ser almacenado en un proveedor de cloud especializado en datos sanitarios. En este caso, hay que garantizar que sea idéntico a su forma original. Afortunadamente, existen varios dispositivos técnicos para garantizarlo, como los protocolos seguros (SSH, RSYNC, SHA, etc.) y la comparación de huellas digitales a la salida y a la llegada.
- **Confidencialidad (C)**: cada componente debe ser no divulgable a cualquier persona no autorizada. Aquí es donde entra en juego la noción de autorización y derechos de acceso. Toda lista de distribución de acreditaciones debe estar bajo control. En la vida cotidiana, muchos servicios se producen con esta propiedad; por ejemplo, Netflix no está autorizado a los no abonados, la entrada al Santiago Bernabeu sólo es posible con entradas específicas, el acceso a una reunión de equipos entre empleados de una misma empresa sólo es posible tras conexión y autentificación en el sistema de videoconferencia.

- **Trazabilidad (T)**: cada componente debe ser auditable y trazable, con un sistema de registro de las huellas de acceso a ese componente; es la única respuesta a una posible investigación. Un empleado que realiza x intentos de acceso al sistema de nóminas debe ser identificado. Un médico que se conecte 100 veces al día al expediente de un paciente VIP puede parecer un comportamiento inadecuado.

Obviamente, todos los activos del sistema de información deben ser compatibles con las DICT; dicho esto, un activo es más sensible y crítico que los demás, y son los datos.

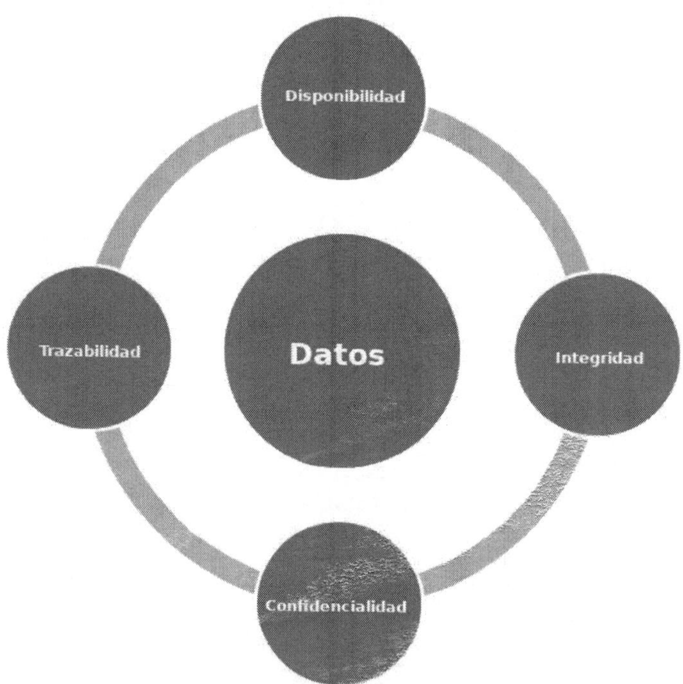

El modelo DICT de protección de datos

1.3.5 Protección específica de los datos

Los datos son sin duda el activo informático en el que es necesario centrar la atención en la medida en que encarnan un valor (ejemplos: evolución del volumen de negocios en los tres últimos años, lista de documentos de diseño de un producto, anomalías generadas en el último mes, importe facturado por servicios en la nube pública, contenido de las patologías de un paciente, lista de recetas vinculadas a Covid-19, etc.). Además, los datos se producen constantemente en los sistemas de información, hasta tal punto que a veces es necesario archivarlos en un soporte externo de bajo coste para optimizar el coste de almacenamiento del sistema de producción.

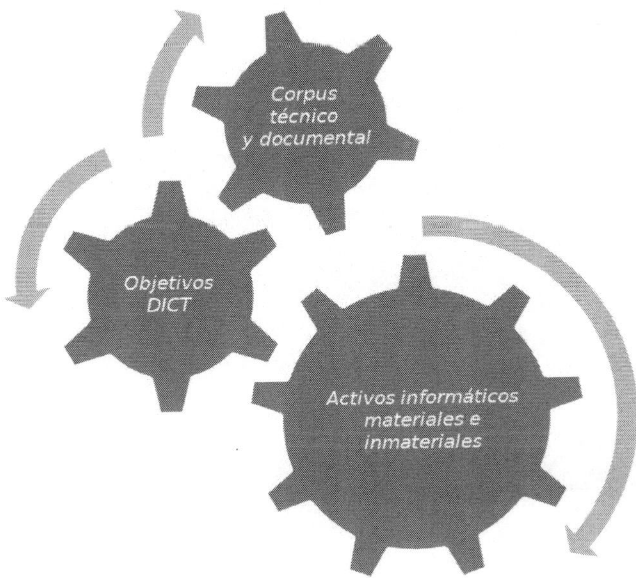

Un triple enfoque de la ciberseguridad

2. Las ramas de la ciberseguridad

2.1 Los cinco ámbitos de cobertura

Para comprender plenamente la "disciplina" de la ciberseguridad y poder proyectar la empresa hacia la era de la resiliencia cibernética, es necesario abordar ciertos temas que, por otra parte, servirán de hilo conductor a lo largo de este libro; más concretamente, se trata de identificar y describir cinco ámbitos:

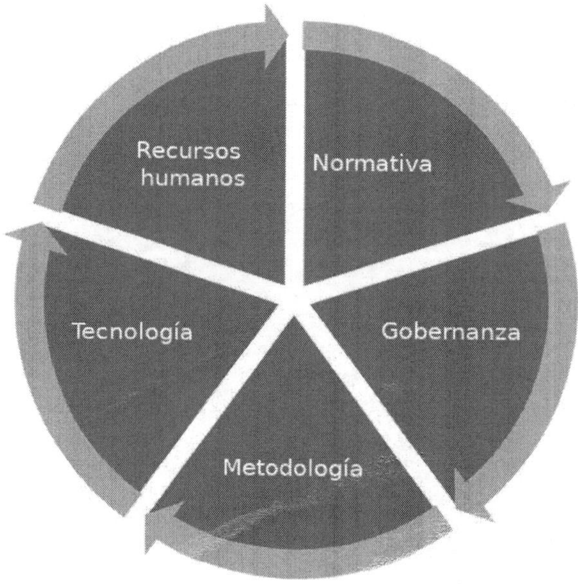

Los cinco temas de la ciberseguridad

Ámbito	Temas	Ejemplo
Normativa	Leyes, decretos, órdenes, directrices de certificación, normas...	Directivas NIS, la norma ISO 27001...
Gobernanza	Plan director, documentos estratégicos (políticas)	Política de seguridad del sistema de información (PSSI), política de autenticación de usuarios, política de gestión de contraseñas, etc.
Metodología	Métodos de análisis de riesgos	Métodos, herramientas y programas informáticos para la realización de análisis de riesgos: EBIOS, MEHARI...
Tecnología	Medios técnicos de protección	Productos/software/servicios tecnológicos/plataformas, on-premise, nube privada o nube pública
Recursos humanos	Formación, buenas prácticas	Plan de formación, plan de concienciación, campaña de phishing, *serious game*...

2.2 El ámbito reglamentario

2.2.1 Directiva Network and Information Security (NIS 2016/1148)

Objetivo general

El objetivo de esta directiva, adoptada en julio de 2016 por el Parlamento Europeo y el Consejo de la Unión Europea, es aplicar **medidas de seguridad** para "garantizar un elevado nivel común de seguridad de las redes y sistemas de información en la **Unión Europea**". Responde así a la necesidad de asegurar y proteger las **actividades sensibles y críticas** de los Estados europeos, de cooperar entre los distintos miembros de la Unión Europea y, más en general, de aplicar cualquier medio para elevar el nivel de ciberseguridad ante la explosión del volumen de ciberataques a escala mundial.

Proveedores de servicios esenciales (PSE)

Definición

Son entidades que prestan servicios en línea (sitios de comercio electrónico, motores de búsqueda, servicios en la nube). Estos servicios también los utilizan los OSE.

Esto plantea una verdadera pregunta a los OSE: ¿pueden recurrir a proveedores ajenos a los PSE para mantener sus sistemas de información críticos en condiciones operativas? Esta pregunta legítima debe abordarse desde el ángulo del análisis de riesgos.

Observación

El hosting de datos sanitarios con certificación HDS debe considerarse una PSE si, y sólo si, en el curso de su actividad HDS, emplea a más de 50 personas y alcanza un volumen de negocios superior a 10 millones de euros.

Observación

Un editor de software que presta servicios en modo SaaS no se considera un PSE, ya que no entra en las categorías requeridas (sitios de comercio electrónico, motores de búsqueda, servicios en nube) y los servicios en la nube se refieren esencialmente a servicios de infraestructura como los que presta OVH, por ejemplo.

NIS/2 (NIS 2022/2555)

Dado que el panorama informático ha cambiado en los últimos años, que las ciberamenazas son cada vez más numerosas y sofisticadas, y que los procesos operativos de las empresas, los bancos, el Estado, las autoridades locales, los hospitales, etc. dependen ahora en gran medida de la tecnología digital, el Parlamento Europeo adoptó en diciembre de 2022 una nueva versión de la Directiva europea NIS, que sustituye a la versión anterior, que databa de 2016. El objetivo principal de la NIS/2 es lograr un alto nivel común de ciberseguridad en toda la Unión Europea, mientras que el objetivo de la NIS/1 era reducir las amenazas en los SI para los servicios esenciales. Esta vez, la atención se centra en la armonización de las prácticas de ciberseguridad en los países de la Unión Europea y en la calidad de las medidas aplicadas.

La resiliencia cibernética, incluido el despliegue coordinado y cooperativo de recursos de respuesta a incidentes, es, por tanto, la consigna para los próximos años a la espera de la NIS/3.

Aplicación de la NIS/2

La ley entró en vigor el 16 de enero de 2023. Cada Estado miembro dispone de 21 meses para aplicar las exigencias reglamentarias europeas en disposiciones nacionales, lo que significa que la NIS/2 entrará en vigor en Francia en septiembre de 2024 a más tardar.

CyCLONE

La NIS/2 introduce un nuevo organismo denominado CyCLONE (*Cyber Crises Link Organisation Network*), que pretende ser una red europea de coordinación de las grandes crisis cibernéticas que afecten a la UE.

Nuevas obligaciones

Se han introducido tres nuevas obligaciones importantes:

- Adopción obligatoria de estrategias nacionales de ciberseguridad.
- Designación de autoridades competentes para la gestión de crisis cibernéticas; las entidades afectadas tendrán que notificar los incidentes significativos a las autoridades (CSIRT) en un plazo de 24 horas, seguido de una notificación de incidentes en un plazo de 72 horas.
- Refuerzo de las sanciones en el mismo espíritu que las del RGPD, con sanciones económicas basadas en un porcentaje de la facturación mundial (y quizás en un porcentaje del presupuesto de funcionamiento para los organismos públicos).

Nuevos sectores

Con un nuevo ámbito de aplicación más amplio que el de la NIS/1, la NIS/2 se dirige a sectores muy sensibles: energía, transporte, banca, mercados financieros, sanidad, agua potable, aguas residuales, infraestructuras digitales, alimentación, administraciones públicas y espacio.

La NIS/2 se aplicará a más de 600 entidades en Francia: administraciones (administraciones centrales del Estado, determinadas autoridades locales), empresas de todos los tamaños, incluidas las PYME.

Las entidades elegibles se dividirán en dos categorías, entidades esenciales y entidades importantes, que estarán sujetas a requisitos diferentes.

- Sanidad: además de hospitales, el texto incluye proveedores de asistencia sanitaria, laboratorios, empresas de investigación farmacéutica y fabricantes de dispositivos médicos críticos.
- Infraestructuras digitales: se aplica a todos los operadores en la nube, registradores DNS, proveedores de Internet y operadores de telecomunicaciones que gestionan redes públicas (alámbricas o móviles).
- Entidades locales: requisitos como la especificación de cláusulas de ciberseguridad serán obligatorios en los contratos públicos.

Aunque la directiva NSI/2 no lo diga claramente, todas las Entidades esenciales y las Entidades importantes tendrán que asumir e implantar el "SGSI" basado en ISO 27001 para cumplir con los requisitos de ciberseguridad impuestos. Implantación no significa necesariamente certificación. Es mejor una entidad con un SGSI funcional y operativo de última generación que una que esté mal certificada.

2.3 Resumen

El siguiente cuadro resume las principales características de los tres tipos de organización introducidos por las normativas francesa y europea.

Código	Significado	Origen normativo	Sistema de información	Observaciones
OSE	Operador de servicios esenciales	Directiva NIS. Ámbito europeo	SIE (Sistema de información esencial)	11 sectores de actividad Aproximadamente 122 OSE*.
PSD	Proveedor de servicios digitales	Directiva NIS. Ámbito europeo		Número de empleados > 50 y volumen de negocio > 10 millones de euros**.

* última cifra publicada por la ANSSI en noviembre de 2018.

** sobre el sector empresarial afectado

2.4 Nueva normativa europea: DSA, DMA, DGA

2.4.1 Digital Service Act (DSA)

Introducción

La DSA (legislación sobre servicios digitales, Reglamento (UE) 2022/2065) se refiere a la responsabilidad de las plataformas de servicios digitales, en particular las ofrecidas por los GAFAM, y por tanto a su supervisión con el fin de aumentar el nivel de protección de los ciudadanos europeos. Fue aprobado por el Parlamento Europeo en julio de 2022, aprobado por el Consejo de la Unión Europea el 4 de octubre de 2022 y publicado el 27 de octubre de 2022.

No entrará en vigor hasta febrero de 2024 para la mayoría de las plataformas y, en principio, hasta 2023 para los servicios GAFAM.

La DSA completa está disponible en https://eur-lex.europa.eu/legal-content/en/TXT/?uri=COM%3A2020%3A825%3AFIN.

Objetivos

El objetivo de la DSA es definir las normas que regulan los servicios en línea utilizados en territorio europeo para luchar contra su uso ilegal (venta de drogas, difusión de pornografía infantil, incitación al terrorismo, desinformación, etc.). Sustituye a la directiva sobre comercio electrónico del año 2000 (directiva 2000/31/CE). Su objetivo es también proteger a los consumidores de servicios disponibles en Internet.

Las obligaciones son proporcionales a la naturaleza de los servicios ofrecidos y a su proveedor; el tamaño de la empresa en términos de número de empleados, el volumen de negocios y el número de usuarios son los criterios de evaluación. Los servicios ofrecidos por Twitter, por ejemplo, no son en absoluto comparables a los de una floristería de comercio electrónico de Almería.

Cabe señalar que, aunque las GAFAM nunca se mencionan en la DSA, son un objetivo primordial para la protección de los clientes que utilizan sus servicios.

Objetivo

Todos los proveedores de servicios en línea (por ejemplo, venta de bienes, distribución de contenidos, comercialización de servicios, mercados, etc.) se ven afectados por el DSA: operadores de telecomunicaciones, alojamiento en la nube, plataformas en línea, tiendas de comercio electrónico, redes sociales, etc. Esto significa que prácticamente todos los sectores de actividad se verán afectados, ya que la economía es ahora digital.

Obligaciones

Las obligaciones de la DSA definen las medidas y funciones de los proveedores de servicios en línea:

- Obligación de designar un punto de contacto único.
- Para los proveedores no pertenecientes a la UE, designar un representante legal y comprometerse a cooperar con los países europeos si se emite una orden judicial.
- Ofrecer una herramienta para denunciar los contenidos ilícitos y comprometerse a eliminarlos. Para ello, los proveedores tendrán que cooperar con **denunciantes de confianza** en cada país afectado.
- Garantizar la trazabilidad de los servicios ofrecidos y facilitar información a los clientes para prestar servicios reales y fiables.
- Disponer de un sistema de gestión de las reclamaciones de los clientes, con la obligación de explicar el funcionamiento de los servicios ofrecidos (algoritmos, procesos, flujos de trabajo, etc.).
- Prohibir la publicidad dirigida a menores en las plataformas.
- Prohibir la publicidad basada en datos sensibles (salud, religión, sexo, etc.).

En el caso de las plataformas muy grandes, también se trata de limitar ciertos riesgos:

- Analizar los riesgos asociados a los servicios ofrecidos y definir un plan de acción anual para mitigarlos, realizar auditorías independientes y proporcionar análisis de riesgos.
- Protección de menores.

- Facilitar el acceso a determinados datos a los laboratorios de investigación autorizados.
- Comunicar el funcionamiento de los algoritmos a las autoridades nacionales.

Sanciones

El coordinador de servicios digitales de cada país será el responsable de aplicar la DSA.

Los GAFAM serán supervisados directamente por la Comisión Europea.

La principal sanción es económica, como suele ocurrir, con multas de hasta el 6% de las ventas mundiales.

En casos extremos, el servicio podría incluso prohibirse en Europa.

2.4.2 Digital Market Act (DMA), reglamento sobre los mercados digitales europeos

Introducción

El DMA, reglamento UE 2022/1925, es una ley promulgada por el Parlamento Europeo y el Consejo de la Unión Europea en septiembre de 2022 que pretende luchar contra las prácticas anticompetitivas de grandes proveedores de plataformas digitales como GAFAM y BATX, aunque estos últimos nunca se mencionan explícitamente. En vigor desde el 1 de noviembre de 2022, se aplicó a partir del 2 de mayo de 2023.

El DMA completa está disponible en https://eur-lex.europa.eu/legal-content/FR/TXT/?uri=CELEX%3A52020PC0842.

Objetivos

El DMA es un reglamento que establece un marco para las relaciones entre las grandes plataformas digitales y las empresas usuarias; su objetivo es proteger a los proveedores europeos permitiéndoles desarrollarse, ofrecer sus servicios en condiciones de competencia leal frente a las GAFAM y estimular el crecimiento económico de las empresas europeas. Por último, también pretende dar a los consumidores europeos mayor libertad para elegir sus servicios digitales y no depender exclusivamente de plataformas extranjeras (por ejemplo, Netflix, Azure, Google Suite, Google, AppStore, Messenger, Twitter, Instagram, etc.).

Objetivo

A diferencia de su hermano pequeño, el DSA, aquí el objetivo son las plataformas digitales de mayor envergadura, conocidas como **gatekeepers**, que operan en la Unión Europea. Estos actores deben disponer de importantes recursos financieros: una capitalización bursátil de 65.000 millones de euros en el último año o unas ventas anuales de 6.500 millones de euros en Europa en los últimos tres años, así como un número de usuarios en la UE superior a 45 millones al mes y 10.000 empresas usuarias activas al año establecidas en la UE en los últimos tres años.

A título informativo, en 2021, las GAFAM se sitúan claramente en este objetivo (en miles de millones de dólares): Microsoft: 2508, Apple: 2504, Google (Alphabet): 1946, Amazon: 1714, Facebook (Meta): 923. A título informativo, Orange tenía una capitalización bursátil de unos 25.580 millones de euros (a 20 de enero de 2023).

Diez servicios de plataforma esenciales, conocidos como CPS (*Core Platforms Services*), entran en el ámbito de aplicación de la DMA: servicios de intermediación, motores de búsqueda, redes sociales, plataformas para compartir vídeos, mensajería en línea, sistemas operativos, alojamiento en la nube, servicios de publicidad, navegadores web, asistentes virtuales, etc.

Obligaciones

Los proveedores de servicios de plataformas esenciales deben identificarse ante la Comisión Europea. Se publicará una lista que la Comisión Europea revisará cada tres años.

En la DMA se especifican una veintena de obligaciones, entre ellas :

- que sea tan fácil darse de baja como suscribirse;
- desinstalar aplicaciones preinstaladas en un dispositivo (smartphone, tableta, ordenador);
- facilitar la intermediación entre servicios de distintas plataformas (por ejemplo, la posibilidad de comunicarse entre Messenger y Gmail);
- informar a la Comisión Europea de las adquisiciones/fusiones;
- ofrecer la posibilidad de utilizar un navegador web;
- prohibir el uso de datos combinados en varios servicios del mismo proveedor (por ejemplo, Azure y Office 365, Gmail y el navegador web de Google, WhatsApp y Messenger, etc.).

Sanciones

Una vez más, la principal sanción para los gatekeepers es una multa de hasta el 10% de la facturación mundial (20% en caso de reincidencia).

2.4.3 Data Governance Act (DGA), reglamento sobre la gobernanza de datos

Introducción

El DGA, Reglamento Europeo UE 2022/868, es una ley sobre la gobernanza europea de datos. Se adoptó el 30 de mayo de 2022 en el Diario Oficial de la Unión Europea y empezó a aplicarse el 24 de septiembre de 2023. A diferencia de otras leyes como la DSA y la DMA, el DGA está totalmente centrada en los datos.

El DGA completa está disponible en https://eur-lex.europa.eu/legal-content/EN/TXT/?uri=celex%3A52020PC0767.

Objetivos

El DGA forma parte de la estrategia europea de datos y es la continuación del RGPD; su objetivo último es desarrollar un mercado de datos en la UE, al tiempo que proporciona un marco para el acceso, el intercambio y la reutilización.

La otra idea es que el DGA, junto con la futura Ley de Datos, sea la precursora de los cimientos de la soberanía digital de la UE para 2030. También debería presentar propuestas para reforzar la protección y el control de los datos personales en línea con el RGPD.

Los hechos son sencillos: el volumen de datos producidos por las organizaciones públicas y privadas y por los consumidores aumenta constantemente, y de forma exponencial. El oro blanco (los datos) se está convirtiendo en un reto importante para la economía europea, para estimular la innovación, para crear valor y, en última instancia, para crear empleo.

Observación

Siguiendo el ejemplo de los profesionales reconocidos en los sectores tradicionales: profesionales de la salud, profesionales jurídicos, profesionales digitales, CISO (profesionales de la seguridad de los sistemas de información), DPO (profesionales de la protección de datos personales), parece claro que una nueva categoría de profesionales de datos (en el sentido más amplio) debe emerger rápidamente a la vanguardia con un acrónimo suficientemente unificador y global; por ejemplo, el profesional del tratamiento de datos (PTD).

Objetivo

El DGA está dirigida a organizaciones del sector público, proveedores de servicios que manejen datos y cualquier entidad que recoja y procese datos y desee hacer un uso altruista de ellos.

Obligaciones

El DGA impone una serie de obligaciones:

- Necesidad de especificar las condiciones de reutilización de determinados datos protegidos pertenecientes al sector público (información comercial confidencial, propiedad intelectual, datos personales); los datos personales en cuestión deberán anonimizarse y darán lugar a una tasa.
- Necesidad de especificar las condiciones de prestación de servicios de intermediación de datos; estos servicios permitirán establecer relaciones comerciales entre proveedores y usuarios. El proveedor de servicios responsable de la intermediación tendrá que llevar un registro de actividades de intermediación. Los proveedores de open data entran en esta categoría; también tendrán que obtener una certificación.
- Obligación de especificar los métodos de recogida y tratamiento de datos con fines altruistas (interés general): salud, movilidad, servicios públicos, investigación, educación, ecología, etc.
- Creación de un Comité Europeo de Innovación del sector de datos.

Cada país contará con una autoridad cuya función será vigilar la correcta aplicación de la normativa e imponer sanciones en caso de incumplimiento.

También se introducirá un formulario de consentimiento europeo.

Otro punto importante estipula que los datos producidos en territorio europeo no pueden transferirse a países fuera de la UE en el marco de procedimientos judiciales. Una vez más, el objetivo es claramente levantar barricadas contra GAFAM.

Sanciones

En caso de incumplimiento de el DGA, las plataformas de intermediación se arriesgan al cierre del servicio, especialmente en caso de transferencia ilegal de datos no personales fuera de la UE.

2.4.4 Otras normativas

Hay varios reglamentos en preparación, prueba de que la Unión Europea se está ocupando de la cuestión de la soberanía digital:

- DORA (*Digital Operational Resilience Act*), Reglamento (UE) 2022/2554

  Mejora de la relisiencia operativa informática de las organizaciones del sector financiero (gestión de riesgos, notificación de incidentes graves, pruebas de resistencia operativa, gestión de proveedores de servicios críticos).
  - Fecha de publicación en el BO de la UE: 14 de diciembre de 2022
  - Fecha de entrada en vigor: 3 de enero de 2023
  - Fecha de aplicabilidad: 17 de enero de 2025
  - Fuente : https://eur-lex.europa.eu
- AI Act (*Artificial Intelligence Act*)

  Supervisión de los servicios de IA ofrecidos por los proveedores.
  - Propuesta de la Comisión Europea: 21 de abril de 2021
  - Fecha de publicación en el Diario Oficial de la UE: prevista para principios de 2023
- CRA (*Cyber Resilience Act*)

  Reforzar la seguridad de los equipos y programas informáticos "que contengan elementos digitales". El objetivo es introducir reglamentariamente el concepto de "ciberseguridad desde el diseño".
  - Legislación propuesta: 15 de septiembre de 2022

El caso de Cybersecurity Act

Este reglamento está en vigor en la UE desde el 27 de junio de 2019, pero es relativamente desconocido. Se refiere a la definición de un marco europeo de certificación de la ciberseguridad.

"La adopción de la Ley de Ciberseguridad fomentará el uso de la certificación y reconocerá los certificados expedidos por un Estado miembro en toda la UE, contribuyendo así a reforzar la seguridad del mercado único digital europeo".

Resumen de la nueva normativa europea

	Alcance	Objetivo	Entrada en vigor	Aplicable
DSA	Marco de servicios digitales Responsabilizar a las plataformas	Proveedores y consumidores	16/11/2022	Mayo de 2023 para los grandes proveedores 17 de febrero de 2024 para los demás
DMA	Marco para los mercados digitales Crear una competencia leal	Proveedores y empresas	01/11/2022	02/05/2023
DGA	Gobernanza de datos	Intercambio de datos en la UE y gobernanza	30 de mayo de 2022	24/09/2023
Data Act	Supervisión de datos industriales no personales, distribución del valor derivado de los datos	Actores públicos/privados	Próximamente	Próximamente
DORA	Resistencia operativa	Sector financiero	16/01/2023	17/01/2025
AI Act	Innovación en torno a la inteligencia artificial	Proveedores, usuarios	Próximamente	Próximamente

CRA	Protección del Hardware y software - ciberseguridad by design	Proveedores de hardware y software	Próxima-mente	Próximamente

3. Los retos de la ciberseguridad

El contexto actual es de ansiedad, y con razón; las empresas se enfrentan a un impulso particular en forma de tríptico:

Aumento de los ciberataques

Los ciberdelincuentes están cada vez más organizados, y pueden pasar de la infección inicial a la parálisis total de todo el SI y la red con peticiones de rescate en menos de 45 minutos.

Creciente complejidad de la seguridad de los sistemas de información

Dado que el espacio de exposición aumenta constantemente, es preciso definir, aplicar y revisar constantemente las configuraciones y normas de seguridad y ciberhigiene en entornos tecnológicos y empresariales en constante evolución.

Escasez de talentos

En el año 2020, hubo miles de puestos vacantes en Europa en el sector de la ciberseguridad, debido a la falta de sensibilización de su sistema de educación inicial y de su política de formación profesional. No cabe duda de que estos puestos se cubrirán en los próximos años, pero mientras tanto, las empresas tienen que hacer frente y externalizar masivamente la gestión de los ciberriesgos a empresas especializadas.

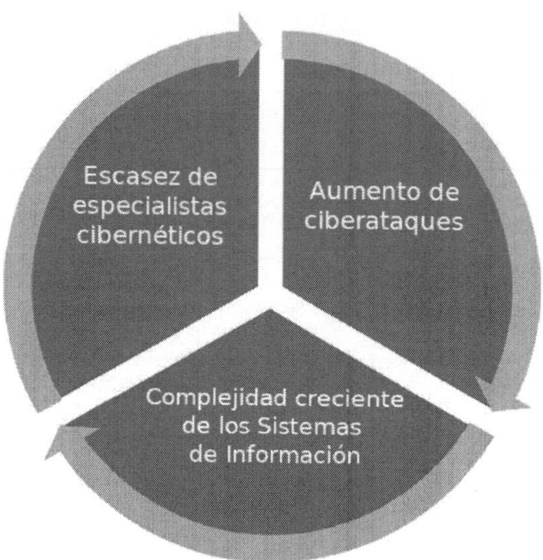

El contexto de la ciberseguridad induce a la ansiedad

Este nuevo panorama de la ciberseguridad es aún más complejo debido a una fortísima huella tecnológica ligada a la hibridación; de hecho, tenemos que lidiar con sistemas de información cada vez más fragmentados en tres ecosistemas con fronteras a veces difusas:

- On-premise
- Intelligent Edge
- Nube

Ejemplo de cibercontexto aplicado al mundo sanitario

3.1 Las dos caras de la transición digital

La transición digital, iniciada hace unos años, afecta ya a todos los sectores de actividad. Se aceleró drásticamente en 2020 con los trastornos sociales y organizativos impuestos por la crisis sanitaria COVID-19.

Como una moneda, esta transición tiene dos caras, que deben analizarse en detalle para poder hacer las compensaciones presupuestarias necesarias entre la continuidad de la actividad, la innovación y una ciberprotección adecuada:

- En la cara de la moneda, es un facilitador porque promete simplificar la vida de los profesionales implicados, ayudar a mejorar la economía de las empresas y hacer más eficiente el sistema utilizado.
- En la cruz de la moneda, es fuente de inquietud porque genera nuevos riesgos vinculados a la dependencia de las tecnologías y herramientas, al uso generalizado de la nube y a la interconexión de sistemas de información de todo tipo.

3.2 Primeras constataciones

Los primeros resultados son claros:

- El activo más valioso son los datos –considerados el oro blanco del siglo XXI– y en muchos casos hablamos de datos sensibles y críticos.
- Los datos tienen valor (por ejemplo, un expediente médico se vende por unos 50 dólares en la darknet, un perfil de datos personales de las redes sociales se vende 400 veces por un total de 80 euros...).
- Los sistemas de información se han vuelto críticos (ninguna empresa tolerará una parada de producción de un servidor de correo, acceso a Internet, ERP, etc.).
- La gestión de un sistema de información es compleja; intervienen muchas tecnologías:
  - Sistemas operativos como Windows y Linux.
  - Middleware en abundancia, como Java, Apache, IIS, Tomcat, MySQL y Oracle.
  - Múltiples sistemas de cortafuegos Fortinet, Stormshield (ex Arkoon/Netasq).
  - Sistema de autenticación fuerte.
  - Anuarios Active Directory, OpenLDAP.
  - Microsoft Remote Desktop (RDP), Citrix, AppliDis Systancia.
  - Sistemas Bastion Wallix, Systancia, Balabit, CyberArk.
  - Sistemas de aplicación...

  Y esto requiere una amplia gama de competencias dentro de los equipos informáticos.
- Los sistemas de información son vulnerables: por mucho que ingenieros, técnicos y desarrolladores se esfuercen en diseñar software fiable con una capa de "*Security by design*", se acepta que la vulnerabilidad cero es imposible de conseguir, sencillamente porque el diseñador humano no es infalible. No hay más que ver que, cuando se lanza un sistema Windows, hay que pensar en programar una actualización de Windows para corregir los fallos originales.

– La hibridación de los sistemas de información será una realidad durante al menos otros diez años, con una mezcla de sistemas de información distribuidos geográficamente:
  – *on-premise* (en las instalaciones de la empresa)
  – *edge computing* (lo más cerca posible de la producción de datos, como la IoT y los ordenadores de a bordo de los coches autónomos, etc.)
  – *cloud computing* (nube privada o pública).

Observación

Los datos cambiarán de lugar: en 2020, el 10% de los datos mundiales se producien fuera de la nube, frente al 75% en 2025 - Gartner 2018.

– Las competencias en ciberseguridad escasean: con la aparición de un nuevo malware cada 4 segundos en todo el mundo, la necesidad de cibercompetencias se ha hecho patente y los perfiles buscados son diversos: desde desarrolladores familiarizados con el diseño de código seguro hasta analistas de SOC (*Security Operations Centre*), ingenieros de seguridad, directores de ciberseguridad, directores de ciberprogramas o técnicos de cibermantenimiento encargados de mantener las herramientas cibernéticas en condiciones operativas (cortafuegos, antivirus, VPN, *Endpoint Detection Response*, bastión, etc.).

3.3 Primeros remedios

Ante estos hechos, es necesario desarrollar una estrategia de respuesta adecuada y razonada. Los principales remedios de primera línea se dividen en tres grandes categorías:

– **Gobernanza**: creación de un equipo de gestión de la ciberseguridad (RSSI, equipo técnico) con documentos de alto nivel como la política de seguridad de los sistemas de información, la política de autorización, etc. y procesos organizativos como la gestión de crisis, la gestión de copias de seguridad, etc.
  – Análisis de riesgos: se trata de una auténtica radiografía de los riesgos de la empresa. El resultado es una lista de riesgos clasificados según criterios como probabilidad de ocurrencia, nivel de gravedad, etc., y un plan de acción para cubrir el riesgo.

  - Deben implantarse indicadores de rendimiento para medir el nivel de madurez de la ciberseguridad y entrar en el círculo virtuoso de la mejora continua.

- **Sensibilización/formación del personal**: se trata de que las personas –los empleados– sean conscientes de los riesgos que corre la organización en caso de falta de higiene informática (del mismo modo que alguien que va muy poco al dentista, que no se cepilla los dientes con regularidad y que se expone inevitablemente a una mala higiene bucal y a la aparición de caries). Por tanto, es necesario explicar, por ejemplo, las consecuencias de abrir un archivo adjunto procedente de un remitente desconocido.
- **Protección tecnológica con un enfoque de 360°**: el objetivo aquí es implantar sistemas de protección basados en los riesgos identificados en el análisis de riesgos (no tiene sentido implantar un sistema de bastiones si no se requiere un proveedor de servicios externo para conectarse remotamente a los servidores internos con el objetivo de gestión de las instalaciones). En esta categoría se lleva a cabo la aplicación efectiva de los procesos.
- **Gestión de parches**: hay que prestar especial atención al estado actual de los componentes del SI, por ejemplo mediante un escáner de vulnerabilidades, con las medidas correctoras correspondientes (parches de seguridad del sistema operativo, actualizaciones de la versión de la base de datos, etc.).

4. Convergencia inevitable de la nube y la ciberseguridad

La década de 2000

A mediados de la década de 2000, la seguridad informática aún no se llamaba ciberseguridad y se reducía más o menos a la implantación de cortafuegos, antivirus y antispam. Todos estos elementos se instalaban, por supuesto, en las salas de servidores de las empresas donde la virtualización empezaba a imponerse. Los virus se contentaban con borrar archivos, reiniciar ordenadores y colapsar sistemas, hacer caer sitios web bombardeándolos con solicitudes de red, enviar publicidad inoportuna, etc.

La década de 2010

A mediados de la década de 2010, se produjo un nuevo punto de inflexión con la llegada de los cryptolockers y su estela de ransomware, que bloqueaban las máquinas y se podía obtener la clave de descifrado mediante el pago de un rescate. Al mismo tiempo, como contramedida, se organizó una aceleración de la resiliencia a tres niveles:

- **Gobernanza**: la llegada de la función de RSSI a las organizaciones, la normalización del alojamiento de datos sanitarios con las aprobaciones HD y luego las certificaciones HDS (en el ámbito francés) que exigen la certificación ISO 2700A para la gestión de la seguridad de los sistemas de información, la llegada del concepto de SOC (*Security Operations Center*) para encargarse de la supervisión y el tratamiento de los incidentes de seguridad.
- **Escudo técnico**: la llegada de los EDR, las soluciones antivirus de nueva generación basados en el análisis del comportamiento, el filtrado web (proxies), las funcionalidades reforzadas de los cortafuegos (sondas de detección y prevención de intrusiones IDS/IPS, sondas de protección contra la fuga de datos DLP (*Data Loss Prevention*), etc.), los proxies de autentica ción y otros bastiones esenciales para controlar el acceso por parte de los proveedores de servicios y el personal informático, los concentradores VPN que permiten a los usuarios conectarse en modo nómada desde casa, con la llegada del teletrabajo durante la epidemia de la crisis COVID-19.
- **Sensibilización de los usuarios**: campañas antiphishing, desarrollo de la formación en escuelas y universidades.

La década terminó con una asombrosa explosión del número y la sofisticación de los ciberataques, escasez de talentos en ciberseguridad, agotamiento digital entre los equipos cibernéticos existentes y uso híbrido de soluciones tecnológicas.

La década de 2020 y el hito de 2025

Ransomware, robo de identidad, phishing, DDoS... estas son las principales amenazas de la nueva década. Los EDRs reinan, junto con los SIEMs para correlacionar eventos cibernéticos, SOCs, CERTs, CSIRTs, WAFs, políticas de gestión de parches, innumerables métodos 2FA (autenticación fuerte), etc.

La ciberseguridad se externaliza y "nubifica" cada vez más ante la falta de recursos de las empresas. Es preferibe optar por una protección superior con servicios externalizados de valor añadido que a menudo se agrupan para garantizar que la resiliencia cibernética sea lo más completa posible y que el coste sea aceptable y aceptado por los clientes. Para un cliente final, esto significa aceptar que no sabe hacerlo todo, que no sabe controlarlo todo, que externaliza su(s) riesgo(s) y que se concentra en su actividad principal, que no es la ciberseguridad, pero que incluye la gestión de los proveedores de servicios, la gestión "segura" de los proyectos y el conocimiento de sus riesgos para poder reducirlos más eficazmente. También tiene que estar preparado para enviar sus registros a la nube a motores de inteligencia artificial que serán capaces de detectar y bloquear ciberataques, al tiempo que proporcionan una respuesta robótica a la falta de especialistas humanos. Hay que confiar en los especialistas y, al mismo tiempo, controlar los servicios ofrecidos y los contratos firmados; ese es el verdadero papel de un cliente final.

2025 también marcará otro punto de inflexión, con la llegada de la futura estrella de la ciberseguridad en la persona de la sonda *Network Detection & Response* (NDR) en modo nube ("*as a service*"). Junto con EDR y SIEM, NDR forma el tríptico perfecto del SOC. NDR trabaja en sentido ascendente en los flujos de red, analizándolos para procesarlos mejor y anticiparse a las crisis.

Se intensificarán los ejercicios de gestión de crisis y la tan aplazada implantación de planes de recuperación de desastres (DRP) y planes de reanudación de la actividad (PRA), que se convertirán en una obligación para las empresas. En última instancia, lo bueno del ciberriesgo es que aumenta el nivel de resiliencia de una organización.

La crisis es omnipresente, está en todas partes, es proteica. Así que tenemos que tratarla no como un acontecimiento anormal para el que, por definición, no estamos preparados, sino como un estado normal para el que tenemos las soluciones porque estamos preparados. ¡Es un auténtico cambio de paradigma!

¿Qué pasará después, en 2030?

Las empresas serán ciberresilientes por diseño o no serán. Las que lo sean sobrevivirán. Lejos de ser un sueño utópico, "*by design*" se refiere en realidad a una capacidad de continuidad de negocio que está profundamente arraigada en el ADN de una organización y se materializa en los siguientes elementos en particular:

- Toda organización formaliza su finalidad, sus misiones, su existencia y lo que produce.
- Cada organización define sus políticas sectoriales.
- Todas las actividades de una organización se describen en términos de procesos.
- Cada proceso forma parte de un sistema de gestión de la calidad (SGC).
- La seguridad de los sistemas de información (SI) debe cumplir la norma ISO 27001 SMSI.
- Todos los procesos deben ser auditados al menos una vez al año, ya sea por una organización interna o por un proveedor de servicios externo.
- Cada producto, servicio u oferta es objeto de un análisis de riesgos.
- Todo análisis de riesgos exige planes de acción para reducirlos o mitigarlos.
- Se delimitará el perímetro de resiliencia cibernética.
- Todo el equipo técnico dentro de este perímetro es redundante.
- Cada proceso en este perímetro tiene un proceso de respaldo en modo degradado.
- Todas las habilidades humanas dentro de este perímetro están respaldadas.
- La organización está formada en resiliencia cibernética.
- ...

Los proveedores de servicios estarán organizados y ofrecerán plataformas sectoriales compartidas. Por último, el talento estará ahí porque habrá sido formado. Los operadores en la nube y de telecomunicaciones proporcionarán sistemas genéricos de protección del tráfico. Los usuarios serán conscientes de ello y podrán evitar caer en la trampa de un ataque. Tendrán que superar una serie de certificados de aprendizaje digital en función de los requisitos del puesto que ocupen o al que aspiren; este certificado, un auténtico permiso de trabajo digital, se exigirá incluso a efectos de contratación. En particular, acreditará la capacidad de la persona para tratar datos mediante tecnología digital.

El sistema de información seguirá siendo híbrido, aunque la mayoría de las aplicaciones serán SaaS, debido al modelo de negocio más ventajoso para los editores de software y a la falta de recursos internos cualificados.

5. Una dosis "verde" en ciberseguridad

El sector de la ciberseguridad no es una excepción en lo que respecta a los retos de la tecnología digital responsable. Los dispositivos tecnológicos estarán certificados para garantizar la menor huella de carbono posible. Los registros tendrán que ser capaces de devolver información relevante para optimizar el espacio de almacenamiento o adaptar el consumo de energía en función de los picos de actividad. La inteligencia artificial proporcionará escenarios para reducir la huella de carbono de la tecnología digital.

Los sistemas de mensajería se reducirán drásticamente, al igual que los datos de producción, cuyo uso debe medirse para aplicar políticas eficaces de almacenamiento y archivo.

Los flujos de Internet y de las redes también se verán afectados, con la puesta en marcha de mecanismos de reducción del uso; así, es posible imaginar una IA capaz de adaptar el nivel de ciberseguridad de toda una SI en función de la hora del día, el sector de actividad, los hábitos de trabajo de los empleados, la estacionalidad... Todo ello con el único objetivo de producir menos gases de efecto invernadero, una verdadera eco-actitud automatizada podría ver la luz.

Capítulo 2
Directrices principales y guías cibernéticas

1. Introducción

Tras explicar los principales desafíos a los que se enfrenta el panorama de la ciberseguridad, este capítulo ofrece una visión general de las principales normas y guías esenciales para comprender mejor el sector. Se trata, como mínimo, de los documentos más importantes, que deben resultar familiares y convertirse en puntos de referencia a lo largo del proceso de madurez de la ciberseguridad.

2. Marco de referencia de ciberseguridad del NIST

En 2013, la agencia gubernamental estadounidense NIST (*National Institute of Standards and Technology*) creó uno de los principales marcos –junto con la norma ISO 27001– para ayudar a cualquier tipo de organización a gestionar los ciberriesgos: el NIST CyberSecurity Framework 1.1 (conocido como CFS, revisado el 16 de abril de 2018), que sigue considerándose un referente mundial.

Este marco de referencia contiene principalmente normas de ciberseguridad y una metodología para aplicar y hacer cumplir la ciberseguridad en las empresas. Forma parte de un enfoque global de la ciberseguridad.

Observación

Fuente: https://www.nist.gov/cyberframework

2.1 Estructura del CSF (Cybersecurity Framework)

El CSF se compone de tres partes:

- El núcleo, conocido como *Framework Core*
- Los niveles de aplicación, conocidos como Terceros
- Los perfiles

2.1.1 Framework Core

El núcleo se basa en tres elementos:

Cinco funciones de alto nivel

- Identificar (*Identity ID*): las organizaciones deben identificar y gestionar los activos sensibles que componen el sistema de información que debe protegerse, definir las funciones y responsabilidades de las partes interesadas en la ciberseguridad y comprender los riesgos empresariales.
- Proteger (*Protect PR*): las organizaciones deben aplicar medidas para proteger el ámbito objeto de estudio. Esto significa gestionar el acceso a los activos, concienciar a los empleados y aplicar procesos, políticas y procedimientos que garanticen que el sistema de información funcione de forma segura.
- Detectar (*Detect DE*): en el caso de las organizaciones, esto significa implantar sistemas para identificar eventos de ciberseguridad (por ejemplo, programas antivirus para detectar e identificar virus informáticos).
- Responder (*Respond RE*): en el caso de las organizaciones, se trata de implantar sistemas que permitan llevar a cabo una o x acciones para contrarrestar uno o x eventos de ciberseguridad (por ejemplo, un sistema antispam para bloquear el correo basura).

– Recuperación (*Recover RC*): para las organizaciones, se trata de implantar sistemas que permitan reanudar la actividad, reduciendo así el impacto de un ciberataque (por ejemplo, un plan de recuperación de catástrofes en un centro externalizado permite continuar la actividad en caso de catástrofe grave en el centro de producción principal).

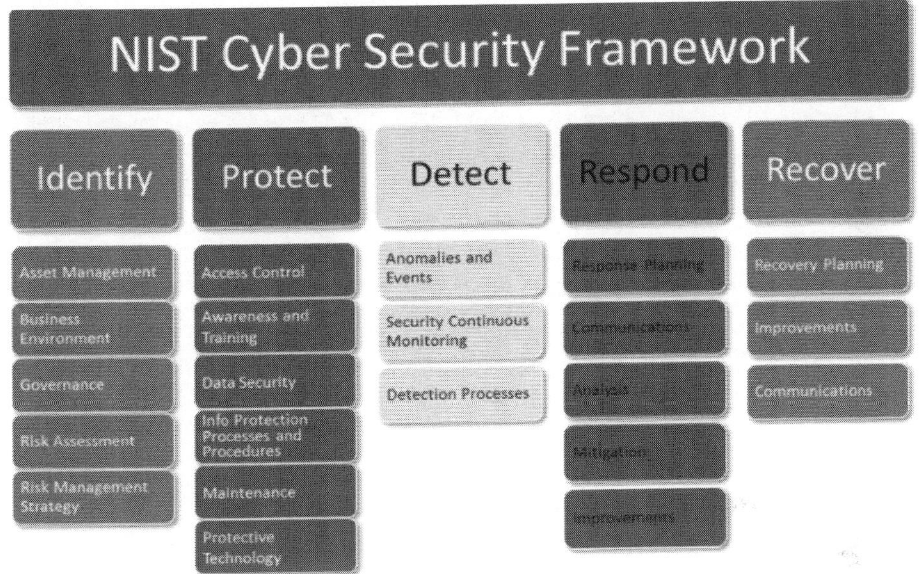

Las cinco funciones del CSF

23 categorías

Cada función clave se desglosa en categorías y se identifica con un código (por ejemplo, ID.AM para Identificador.Asset Management). Se trata de criterios de seguridad.

Función clave	Categorías
Identifier (ID)	Gestión de activos (ID.AM) Entorno comercial (ID.BE) Gobernanza (ID.GV) Evaluación de riesgos (ID.RA) Estrategia de gestión de riesgos (ID.RM) Gestión de riesgos en la cadena de suministro (ID.SC)
Proteger (PR)	Control de acceso (PR.AC) Sensibilización y formación (PR.AT) Seguridad de los datos (PR.DS) Procesos y procedimientos de protección de la información (PR/IP) Mantenimiento (PR.MA) Tecnología de protección (PR.PT)
Detectar (DE)	Anomalías y sucesos (DE.AE) Control continuo de la seguridad (DE.CM) Proceso de detección (DE.DP)
Respuesta (RS)	Planificación de la respuesta (RS.RP) Comunicaciones (RS.CO) Análisis (RS.AN) Atenuación (RS.MI) Mejoras (RS.IM)
Recuperación (RC)	Planificación de la recuperación (RC.RP) Mejoras (RC.IM) Comunicación (RC.CO)

108 subcategorías

Cada categoría se divide en subcategorías que proporcionan referencias y fuentes documentales para cumplir los requisitos de la norma CSF. Se trata, por tanto, de puntos de control.

Las referencias de la información se basan en diferentes sistemas de referencia:

- CIS CSC 1 (controles críticos de seguridad),
- COBIT 5 (marco de gobernanza de los sistemas de información),
- ISA 62443 (norma de ciberseguridad industrial),
- ISO/CEI 27001 (sistema de gestión de la seguridad de la información),
- NIST SP 800-53 (publicación especial del NIST sobre controles de seguridad).

Observación

Estas referencias rara vez son gratuitas y requieren una compra o suscripción para acceder a ellas.

Ejemplo: detalles de la función Identificador (ID)

Función	Categorías	Subcategorías	Referencias informativas
Identifier (ID)	Gestión de activos (ID.AM)	Inventariar los activos de la organización (dispositivos físicos y sistemas).	– CIS CSC 1 – COBIT 5 BAI09.01, BAI09.02 – ISA 62443-2-1:2009 4.2.3.4 – ISA 62443-3-3:2013 SR 7.8 – ISO/CEI 27001:2013 A.8.1.1, A.8.1.2 – NIST SP 800-53 Rev. 4 CM-8, PM-5

Función	Categorías	Subcategorías	Referencias informativas
	Entorno comercial (ID.BE)	Hacer balance de las plataformas de software, licencias y aplicaciones de la organización.	...
	Gobernanza (ID.GV)	Lista de todas las comunicaciones internas y flujos de transferencia de datos	...
	Evaluación de riesgos (ID.RA)	Lista de sistemas informáticos externos	...
	Estrategia de gestión de riesgos (ID.RM)	Establecer prioridades para los recursos inventariados (equipos, aplicaciones, datos) en función de su criticidad.	...
	Gestión de riesgos en la cadena de suministro (ID.SC)	Definir claramente las funciones y responsabilidades en materia de ciberseguridad (proveedores, clientes, socios, etc.)	

Requisitos ISO/IEC 27001:2013 A.8.1.1, A.8.1.2

Para alcanzar parte del nivel de exigencia de la subcategoría "Inventariar los activos de la organización (dispositivos físicos y sistemas)", es necesario abordar dos requisitos del Anexo A de la norma ISO 27001, a saber:

A.8	Gestión de activos	
A.8.1	Responsabilidades relativas a los activos	Objetivo: identificar los activos de la organización y definir las responsabilidades para su adecuada protección.
A.8.1.1	Inventario de activos	Medida.
		Deben identificarse los activos asociados a los recursos de información y tratamiento de la información y debe elaborarse y mantenerse actualizado un inventario de dichos activos.
A.8.1.2	Propiedad de los activos	Medida.
		Los bienes del inventario deben atribuirse a un propietario.

Observación

Fuente: https://www.iso.org/standard/73906.html

2.1.2 Niveles de aplicación del CSF (o Tercero)

Los niveles de aplicación del "*framework core*" representan el nivel de madurez de los ciberriesgos dentro de una organización (o nivel de cultura de gestión de los ciberriesgos). Existen cuatro niveles (de menor a mayor madurez):

- Nivel 1: Parcial - Existen análisis de riesgos más o menos formalizados, pero su madurez es incipiente en la organización. Nada está generalizado.
- Nivel 2: Riesgo informado - La cultura de gestión del riesgo está presente en la organización y existen procesos de gestión del riesgo. Las relaciones externas no están formalizadas.

- Nivel 3: Repetible - Los análisis de riesgos están formalizados, existe un sistema de gestión de riesgos y las partes interesadas están incluidas en los procesos.
- Nivel 4: Adaptativo - La mejora continua es parte integrante del sistema de gestión de la seguridad de la información.

El nivel de madurez debe asignarse a cada subcategoría del "*core*".

Ejemplo de riesgos que deben clasificarse en niveles (1 a 4) con porcentajes de avance

- Proceso de gestión de riesgos
- Programa integrado de gestión de riesgos
- Participación externa
- Proceso de gestión de activos
- Proceso de gestión de documentos
- Proceso de gestión de copias de seguridad
- ...

2.1.3 Perfiles CSF

Los perfiles representan objetivos actuales o futuros. Pueden adoptar distintas formas: organizativa (objetivo actual, intermedio, final), de madurez (básico, estándar, avanzado). Por ejemplo, un perfil avanzado incluye todos los requisitos de las subcategorías. No se impone ningún perfil estándar.

2.1.4 La hoja de ruta

El principal objetivo del CSF es identificar las deficiencias de una organización en términos de riesgos cibernéticos. Se utiliza para elaborar una hoja de ruta que permita lograr las mejoras previstas.

2.2 El CSF en práctica

2.2.1 Las siete etapas

Cuando una organización desea adoptar el CSF para gestionar su proceso de gestión de riesgos de ciberseguridad, es necesario seguir algunos pasos para garantizar el éxito del enfoque, teniendo en cuenta los elementos comunes a todo buen análisis de riesgos:

- Definición del perímetro, el ecosistema, los retos, las limitaciones empresariales/medioambientales/humanas/políticas/reglamentarias, las partes interesadas, los procesos que deben tenerse en cuenta y establecimiento de una lista de prioridades.

  Ejemplo: el ámbito objeto de estudio se refiere a la venta de medicamentos de la fábrica de Madrid. ¿Cómo mejorar la gestión de los riesgos de ciberseguridad? En caso de pandemia, ¿cómo gestionarla?

- Identificación de sistemas y activos

  Por ejemplo: los locales geográficos de la fábrica de Madrid, el sistema informático del centro, los empleados del centro, las máquinas de fabricación de medicamentos, los armarios frigoríficos, el acceso a Internet, el correo electrónico, los socios externos, los puestos de trabajo, las aplicaciones GPAO, el sistema de pedidos y facturación de los clientes, etc.

- Crear un perfil actual

  El perfil actual se deriva directamente del ámbito del dominio que debe cubrirse. Se utilizará para determinar las categorías y subcategorías básicas que deberán cubrirse.

- Realizar un análisis de riesgos

  Recomendamos encarecidamente utilizar un enfoque metódico como el método EBIOS.

– Crear un perfil objetivo

También es importante definir un perfil objetivo, por ejemplo la fábrica de Madrid con un sistema nómada "integrado". Un aspecto importante es poder hacer frente al riesgo de pandemia, y todos los empleados deben poder teletrabajar desde casa utilizando equipos seguros. El acceso a la planta debe controlarse de forma granular para cumplir la certificación ISO que se está estudiando.

De este modo, se abordarán nuevas subcategorías, y así sucesivamente, a medida que aumente el nivel de madurez de la organización.

– Identificar y gestionar las lagunas

El objetivo es comparar el perfil actual con el perfil objetivo, medir las posibles lagunas y proponer un plan de acción o un plan corrector.

Por ejemplo, es necesario definir una política de gestión del acceso móvil e instalar clientes VPN en los PC personales de los empleados.

– Poner en marcha un plan de acción

Esta última fase se refiere a la puesta en marcha, aplicación y seguimiento del plan de acción. Se tienen en cuenta los aspectos humanos, tecnológicos y organizativos. Cada acción debe identificarse según el método de gestión de proyectos del triángulo de oro "Coste-Calidad-Plazo", y puede representarse del siguiente modo:

Id	Descripción	Presupuesto	Plazo	Propietario
1	Lista del personal afectado por el teletrabajo	3 días-hombre	01 de julio de 2021	RECURSOS HUMANOS
2	Instalación del cliente VPN "MyVPN	25 días-hombre	30 de octubre de 2021	DSI
...				

Siete pasos para poner en práctica el LSF

2.2.2 Resultados del CSF

Uno de los resultados más importantes del CSF es la siguiente matriz:

Funciones	Categorías	Subcategorías	Nivel de prioridad	Nivel de madurez			
				N1	N2	N3	N4
Identificar	...	... ...					
Proteger							
Detectar							
Responder							
Recuperar							

2.3 Conclusión sobre el NIST CSF

El CSF está relativamente abierto a la interpretación, con una matriz de requisitos completa y amplia. Para las organizaciones con poca experiencia en ciberseguridad, el *framework* puede resultar difícil de entender y aplicar. Además, el CSF no es certificable como la ISO 27001, lo que puede suponer una desventaja a la hora de elegir una u otra metodología.

Observación

Dominar una metodología de análisis de riesgos como EBIOS es esencial para medir con éxito las diferencias entre el estado actual y el estado objetivo de la organización estudiada.

3. RGPD (Reglamento General de Protección de Datos)

3.1 Preámbulo

Por datos personales se entiende cualquier tipo de información específica de una persona debidamente identificada, por ejemplo apellidos, nombre, fecha de nacimiento, número de teléfono, dirección de correo electrónico, peso, altura, intervenciones médicas o ADN.

Si los datos presentados no pueden atribuirse a una persona, no pueden considerarse datos personales. Por ejemplo, un fichero que sólo contenga líneas de números secuenciales con fechas de nacimiento no puede ser rastreado hasta un individuo, a menos que otro fichero del mismo sistema de información contenga líneas con el número secuencial y el nombre de un empleado.

3.2 Definición

El RGPD (o GDPR en inglés - *General Data Protection Regulation*) es la normativa europea que regula el tratamiento de datos personales en la Unión Europea. La idea general es proteger la privacidad de las personas afectadas.

En vigor desde el 25 de mayo de 2018, se aplica a todas las organizaciones públicas o privadas que traten datos personales.

3.3 Artículos del RGPD

El RGPD contiene 99 artículos repartidos en once capítulos:

Capítulo 1 - Disposiciones generales	Artículos 1-4
Capítulo 2 - Principios	Artículos 5-11
Capítulo 3 - Derechos del interesado	5 secciones; artículos 12-23
Capítulo 4 - Responsable del tratamiento y encargado del tratamiento	5 secciones; artículos 24-43

Capítulo 5 - Transferencias de datos personales a terceros países u organizaciones internacionales	Artículos 44-50
Capítulo 6 - Autoridades de control independientes	2 secciones; artículos 51-59
Capítulo 7 - Cooperación y coherencia	3 secciones; artículos 60-67
Capítulo 8 - Recursos, responsabilidad y sanciones	Artículos 77-84
Capítulo 9 - Disposiciones relativas a situaciones específicas de tratamiento	Artículos 85-91
Capítulo 10 - Actos delegados y de ejecución	Artículos 92-93
Capítulo 11 - Disposiciones finales	Artículos 94-99

3.4 Caso del registro de actividades de tratamiento

El artículo 30 estipula que los responsables del tratamiento deben llevar un registro actualizado de las operaciones de tratamiento (en forma escrita o electrónica), que debe contener la siguiente información:

- Nombres y datos de contacto del responsable del tratamiento y, en su caso, del corresponsable del tratamiento, del representante del responsable del tratamiento y del delegado de protección de datos.
- Objetivos del tratamiento.
- Descripción de las categorías de interesados y de las categorías de datos personales.
- Categorías de destinatarios a los que se han revelado o se revelarán datos personales, incluidos destinatarios en terceros países u organizaciones internacionales.
- En su caso, transferencias de datos personales a un tercer país o a una organización internacional, incluida la identificación de este tercer país u organización internacional.
- En la medida de lo posible, los plazos de supresión de las distintas categorías de datos.

– En la medida de lo posible, una descripción general de las medidas de seguridad técnicas y organizativas (véase el artículo 32)".

Observación

Fuente: https://eur-lex.europa.eu/ES/legal-content/summary/general-data-protection-regulation-gdpr.html

Observación

Se puede llevar un registro del tratamiento en un archivo Excel. Es importante realizar una revisión al menos una vez al año.

3.5 Función del DPO (Data Protection Officer)

El artículo 37 especifica la necesidad de designar un responsable de la protección de datos en los siguientes casos:

– Cualquier organismo público o empresa.
– Cuando la gestión de datos personales requiera un seguimiento regular y sistemático a gran escala de los interesados.
– En caso de tratamiento a gran escala de datos denominados "sensibles" (datos sanitarios, biométricos, opiniones políticas, creencias religiosas, etc.) y datos personales relativos a condenas e infracciones penales.

Observación

Es perfectamente posible externalizar la función de DPO a una empresa de consultoría mediante un contrato de DPOaaS (DPO as a Service).

Las principales tareas del DPO son las siguientes:

– Auditorías de cumplimiento del RGPD.
– Implementación de un mapa de procesamiento de datos.
– Asesoramiento sobre "*Privacy by Design*" para todos los nuevos servicios/productos.
– Pilotaje de las PIA (*Privacy Impact Assessment*), análisis sobre el impacto sobre la privacidad) *.

- Mantenimiento de los registros de tratamiento.
- Gestión de las solicitudes de ejercicio de los derechos de los interesados.
- Identificación de tratamientos de alto riesgo.
- Establecimiento de cláusulas y redacciones estándar/personalizadas.
- Notificación de infracciones.
- Sensibilizar a los equipos de empresa.
- Dirección (elaboración de políticas, procesos, procedimientos, instrucciones, etc.) como parte del sistema de gestión de la seguridad de la información.

Observación

Algunos editores de software de mapeo de procesos han incluido llamadas contextuales a esta herramienta.

3.6 Sanciones

Las sanciones pretenden ser disuasorias, ya que pueden alcanzar los 20 millones de euros o el 4% de las ventas mundiales anuales totales del ejercicio anterior.

También son posibles las sanciones penales, con multas de hasta 300.000 euros y 5 años de cárcel para el responsable de la organización infractora.

Ejemplos

- El archivo de personal de una empresa: este archivo contiene datos personales relativos a los empleados, como la dirección, el número de la seguridad social, la situación familiar, el salario, los informes anuales de evaluación, etc. Por lo tanto, los empresarios deben cumplir los requisitos del RGPD, como llevar un registro de tratamiento actualizado en el que se especifique la operación de tratamiento del "fichero de personal" y su finalidad.
- Base de datos del archivo informatizado de pacientes de un hospital universitario. En este caso concreto, el DPO (función obligatoria en este contexto público y cuando se trata de un tratamiento de datos a gran escala) debe indicar todos los tratamientos efectuados con datos de pacientes. Se trata de una tarea de gran envergadura, ya que cada departamento médico puede llevar a cabo una o varias operaciones de tratamiento.

4. Protección de datos sanitarios personales - Certificación HDS

Desde julio de 2018, la ley establece un marco para el alojamiento de datos sanitarios personales mediante una certificación, conocida como certificación HDS. Un requisito previo clave para esta certificación es la certificación ISO 27001.

A finales de 2022 se revisó y sometió a consulta una nueva norma de certificación HDS; la nueva norma de certificación HDS, de obligado cumplimiento. Este nuevo proyecto propone una serie de mejoras notables:

- Los requisitos ISO 20000 e ISO 27018 ya no se aplican. Ahora todo se centra en la norma ISO 27001.
- Obligación de hosting en suelo europeo o en un país que cumpla el RGPD.

  "Requisito n° 23 [EXI 23] Las instalaciones de alojamiento del proveedor deben estar ubicadas en países miembros del Espacio Económico Europeo o en países que garanticen un nivel de protección adecuado en el sentido del artículo 45 de la RGPD, con exclusión de las demás disposiciones establecidas en los artículos 46 y 47 de la RGPD." Fuente: https://esante.gouv.fr/sites/default/files/media_entity/documents/20221028-exigences-hds-1.1.pdf.

- Obligación de las empresas de alojamiento de ser transparentes con los clientes sobre los posibles riesgos de la transferencia de datos (dentro o fuera de la UE).
- Requisitos de la relación contractual.
- Requisitos para identificar a los actores y sus responsabilidades en el tratamiento: administrador de seguridad, objetivos de seguridad, conformidad del actor (no conforme, exento, certificado).
- El nivel 6 (copia de seguridad) incluye las copias de seguridad externalizadas y las copias de seguridad de los perímetros 3 a 5.

Cabe señalar que el 8 de febrero de 2023 se publicó una carta abierta de 17 proveedores europeos de servicios en la nube que hacen campaña por la implantación de un auténtico marco de referencia soberano de HDS; en otras palabras, el uso exclusivo de servicios soberanos de extremo a extremo, excluyendo de hecho a los GAFAM, a pesar de que este acrónimo no se ha mencionado ni una sola vez.

Extracto de la carta: "Hoy queremos reafirmar que los datos sanitarios sólo deben alojarse en condiciones de seguridad adecuadas a su nivel de criticidad. Los datos sanitarios requieren el máximo nivel de confianza, hasta el punto de garantizar inmunidad frente a leyes extraterritoriales."

Lista de firmantes de la carta: Clever Cloud, Cleyrop, Cloud Temple, Docaposte, Free Po, Jamespot, Nameshield, NetEplorer, Oodrive, Olvid, Outscale, OVH Cloud, Qarnot, Scaleway, Tehtris, IMT, Tixeo.

El caso concreto de los datos sanitarios se presenta con detalle en este libro en el capítulo dedicado al Ecosistema Sanitario.

5. La biblioteca ITIL

5.1 Organización de servicios informáticos

5.1.1 Verbatim

Los servicios informáticos, al igual que la gestión de proyectos o el desarrollo de software, deben organizarse para poder gestionar de forma inteligente toda la cadena de valor en cuestión. En efecto, la esfera de influencia de las TI es tan vasta: compras, marketing, ventas, logística, finanzas, RRHH, I+D - sector privado, sector público - informatización de los procesos empresariales - creación de nuevos productos, nuevos servicios. Es una carrera para conseguir el políptico "**Productividad - Capacidad de respuesta - Rentabilidad - Competitividad**".

Contar con una organización formada y centrada en ITIL contribuye sin duda a la ciberresiliencia de productos y servicios.

Observación

Ninguna empresa puede prescindir de la informática: está en todas partes. Permite producir más cosas a menor coste. La informática es cara, nunca funciona y sin embargo... está en todas partes, ¡vaya paradoja!

5.1.2 De la cultura de proyecto a la cultura de servicio

La cultura de proyectos es la capacidad de las TI para implantar nuevas funcionalidades: proyectos corporativos, nuevas tecnologías, cambios normativos, etc.

La cultura del servicio es la capacidad de las TI para prestar el servicio requerido: funcionamiento del servicio, seguimiento de la calidad del servicio, control de costes, etc.

5.1.3 Necesidad de directrices sobre buenas prácticas

Las Direcciones de los Sistemas de Información (DSI) deben tener acceso a los marcos de referencia de mejores prácticas: ITIL, COBIT (gobernanza de TI, *Control Objectives for IT*, auditorías), CMMI (proyectos de desarrollo), ISO xxx (gestión de calidad), etc.

ITIL (*Infrastructure Technology Information Library*) –Versión 3 de junio de 2007 o versión 4 de febrero de 2019– es la norma para implantar la gestión de servicios de TI. ITIL abarca todo el ciclo de vida del servicio y es la referencia estándar para la gestión de servicios de TI, desde las pymes hasta las grandes empresas.

5.2 ITIL V3

La versión 3 de ITIL consta de cinco fases (cinco libros):

- **Estrategia de servicio (creación de valor)**: hay que definir políticas y objetivos (¿para qué sirve crear tal o cual servicio?), crear valor para los clientes y para el departamento de TI, definir una estrategia de valor para el departamento de TI, ¿cómo demostrar el saber hacer? Esta fase se dirige a la actividad del cliente. El objetivo es ayudar a las organizaciones a pensar y actuar de una manera única. Las ideas clave de esta fase son: desarrollo del mercado, tanto interno como externo, desarrollo de ofertas, desarrollo de activos estratégicos, gestión económica (presupuesto, ROI). Los procesos implicados son: definición de la estrategia, gestión de la cartera de servicios, gestión de la demanda y gestión económica. Los beneficios son una mejor comprensión del mercado, el desarrollo de la oferta y un aumento del ROI.

- **Diseño del servicio (utilidad y garantías)**: ¿Cuál es la utilidad de este servicio? ¿Cuáles son las garantías? ¿Cuál es la continuidad del servicio? Esta fase está dirigida principalmente a los clientes. Los objetivos son los siguientes: diseñar nuevos servicios o modificaciones de servicios existentes con vistas a su puesta en producción, y garantizar la aplicación de un enfoque global en cada etapa del proceso de diseño. Las palabras clave son: diseñar servicios, herramientas, procesos, arquitecturas, indicadores y cuadros de mando, producir y mantener, identificar y gestionar riesgos. Los procesos implicados son: gestión del catálogo de servicios, gestión del nivel de servicio, gestión de la capacidad, gestión de la disponibilidad, gestión de la continuidad del servicio, gestión de la seguridad de la información y gestión de los proveedores. Los beneficios esperados son los siguientes: reducción del TCO (coste total de propiedad), mejora de la calidad del servicio, mayor facilidad para poner en marcha la producción.
- **Transición de los servicios (control)**: esta fase está dirigida al cliente. Implica un engranaje tecnológico. Los objetivos son: gestionar los procesos, sistemas y funciones para empaquetar, construir, probar y desplegar una versión (release) en producción y definir el servicio; planificar y gestionar los recursos; poner en producción un nuevo servicio; aumentar la satisfacción de clientes, usuarios y equipos. Palabras clave asociadas: definir cómo el servicio permitirá a los clientes apoyar la evolución de su negocio, integrar la liberación de nuevos servicios con los procesos, reducir los errores conocidos debidos a la transición, los requisitos de los clientes y las limitaciones. Los procesos que intervienen en esta fase son: gestión de activos y de configuraciones, gestión de cambios, gestión de los conocimientos, planificación y soporte a la transición, evaluación, validación y test de servicios, gestión de la puesta en producción. Las ventajas: permitir al proveedor de servicios gestionar un gran volumen de cambios y las implementaciones, mejorar la tasa de éxito de las implementaciones, mejorar la productividad de los usuarios, mejorar la previsión del nivel de servicio, comprender los niveles de riesgo.

- **Funcionamiento del servicio (operación)**: esta fase está dirigida a los usuarios del sistema de información. Se trata de las operaciones (ejemplo: alojamiento HDS con métricas de seguridad DICT). Los objetivos son coordinar y llevar a cabo las actividades y procesos necesarios para prestar y gestionar los servicios, gestionar las tecnologías, supervisar el rendimiento, evaluar los indicadores y recuperar los datos (logs) para permitir la mejora continua de los servicios. Las palabras clave: garantizar el equilibrio entre las distintas prioridades, a veces contradictorias (servicios informáticos y componentes técnicos, estabilidad y capacidad de reacción, calidad y coste del servicio, capacidad de reacción y proactividad, mantenimiento de lo existente y evolución). Los procesos asociados son: gestión de eventos, gestión de incidentes, gestión de problemas, ejecución de solicitudes y gestión de accesos. Los beneficios: el valor añadido del servicio está en la estrategia del servicio, el coste del servicio está en el diseño y la transición, los indicadores y áreas de mejora están en la mejora continua. En las operaciones es donde los clientes ven todo el valor añadido.
- **Mejora continua**: esta fase se centra en reajustar los objetivos. Siempre es posible mejorar la estrategia, el diseño, la transición, el funcionamiento, las interfaces entre servicios, el contenido del dominio, los procesos, los servicios prestados a los clientes y los componentes que integran los servicios. La mejora es transversal a todos los servicios. El objetivo es medir, gestionar y, por tanto, predecir. Los objetivos son alinear y realinear continuamente los servicios de TI con las necesidades empresariales de los clientes. Los procesos implicados son el proceso de mejora en siete etapas, la medición de los servicios y la elaboración de informes. Beneficios esperados: mejoras (comparación con n-1), ventajas (beneficios), ROI, VOI (valor de la inversión).
  - No se puede gestionar lo que no se puede controlar.
  - No se puede controlar lo que no se puede medir.
  - No se puede medir lo que no está definido.

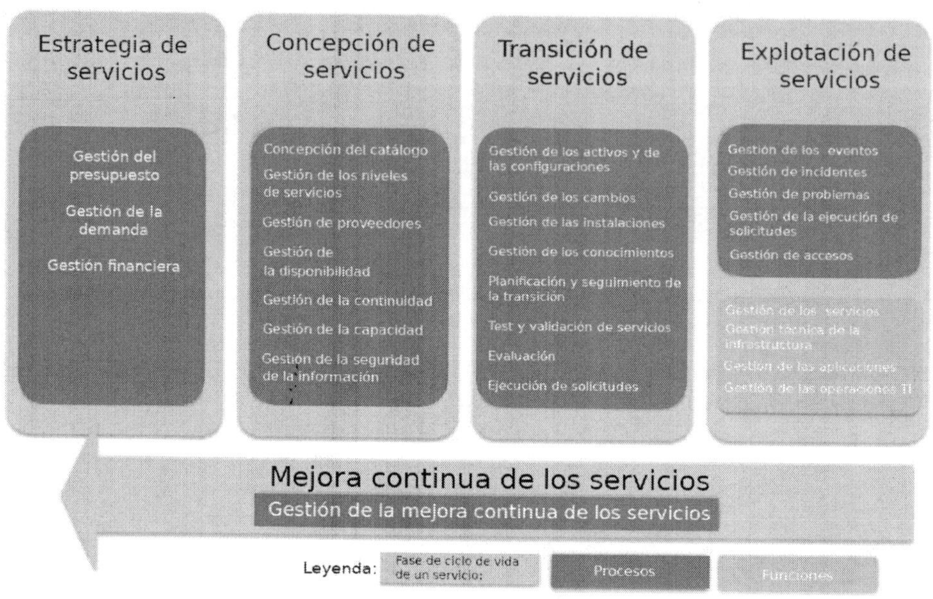

ITIL V3: Visión general de las fases, procesos y funciones

5.3 ITIL V4

La versión 4 de ITIL se basa en prácticas clasificadas en tres temas: *General management practices*, *Service management practices* y *Technical management practices*. Esta versión pretende ser más "ligera", ágil y más devops que sysops.

Los dos elementos clave de V4 son el Sistema de Valor de Servicio (SVS) y el modelo cuatridimensional:

- El SVS contiene cinco componentes: cadena de valor del servicio ITIL (se trata de un modelo operativo con actividades como planificación, mejora, diseño, etc.), prácticas ITIL (se trata de procesos tal y como se definen en ITIL V3), principios generales de ITIL, gobernanza y mejora continua.
- El modelo cuatridimensional se centra en las organizaciones/colaboradores, la información y la tecnología producidas, las terceras partes (proveedores, socios, etc.) y las cadenas de valor/procesos.

Observación

El manual oficial de ITIL V4 está disponible previo pago en https://www.axelos.com/certifications/itil-service-management/what-is-itil/

Vocabulario

Se conserva todo el vocabulario de ITIL V3: SLA, CMDB, CMS, CAB, e-CAB, incidentes, cambio, SPOC, etc.

Los actores

ITIL V4 abarca cuatro grandes familias de agentes:

- **Usuarios**: son las personas que utilizan el servicio (por ejemplo, los funcionarios locales que utilizan los servicios de correo electrónico, los empleados de una empresa de servicios digitales que utilizan el servicio de solicitud de reembolso de gastos, etc.).
- **Cliente**: dentro de una organización, es el actor que define la necesidad y es responsable de la validez del servicio; es el propietario del proyecto, el representante de la línea de negocio. Ejemplo: el departamento de recursos humanos necesita un paquete informático de gestión de nóminas/carrera/formación/contratación. Expresa su necesidad empresarial. Es un cliente del departamento de TI.
- **Patrocinador**: es la persona que aporta el presupuesto, paga los servicios, la puesta en marcha del servicio, los desarrollos, etc.
- **Partes interesadas**: se trata de personas influyentes, directores de proyectos, promotores, expertos, compradores, accionistas... y, a veces, el grupo de confianza de miembros del comité ejecutivo de la empresa. Así que se trata de una público que hay que tratar con cuidado.

Observación

Un mapa del proyecto adecuado ayuda a identificar a los distintos agentes implicados. Es esencial antes de poner en marcha cualquier proyecto.

Los servicios

Este es el núcleo de ITIL V4. Un servicio es una forma de aportar valor a los clientes facilitándoles los resultados que desean conseguir sin asumir toda la responsabilidad del coste o el riesgo. El término "compromiso de rendimiento" se utiliza para describir el valor de "algo" en relación con un coste determinado. Ejemplo: un servicio de telefonía crea valor para sus usuarios porque pueden ponerse en contacto con un proveedor para hacer pedidos. Este servicio tiene un coste (abono + gastos de llamada).

Gestión de servicios

Se refiere a todas las disposiciones para aportar valor: gobernanza, principios, etc. ITIL V4 es un enfoque para implantar la gestión de servicios.

El Sistema de Valor de Servicio (SVS)

ITIL V4 se centra totalmente en la creación de valor a partir de un servicio, partiendo de la demanda, las necesidades y las oportunidades de negocio. Se trata, por tanto, de responder a la pregunta de cómo crear valor para una organización, para los usuarios, para los clientes, para los socios...

Esta cadena de valor de servicios se rige por principios rectores, prácticas y mejoras continuas.

Dimensiones

ITIL V4 propone tener en cuenta cuatro dimensiones de creación de valor:

- **Organizaciones y personas**: cultura de empresa y comprensión del papel de cada empleado en la contribución al proyecto global.
- **Información y tecnología**: información necesaria para los servicios creados, gestión de esta información y de las tecnologías subyacentes necesarias.
- **Socios y proveedores**: relaciones con proveedores de servicios externos y departamentos internos, contractualización en todas las actividades informáticas.

- **Flujos de valor y procesos**: valor creado para el servicio desarrollado, definición de procesos (prácticas) como la gestión de incidentes, la gestión de la seguridad de la información, etc.

Naturalmente, estas cuatro dimensiones forman parte de un entorno complejo que evoluciona en función de factores económicos, jurídicos, tecnológicos, medioambientales, sociales y políticos...

Los principios rectores

Son, sobre todo, recomendaciones, normas y sentido común que sirven de guía a la organización. Hay siete principios:

Principio	Comentario
Centrarse en el valor	"*Focus on value*". La razón de ser de un servicio según la definición de ITIL V4. No se puede hacer nada sin pensar en el valor para el usuario.
Empezar por lo que ya existe	No empezar por una hoja en blanco. La organización ya tiene cosas que funcionan.
Implementar por iteración y proporcionar retroalimentación	Mejoras de las instalaciones existentes.
Colaborar y dar visibilidad	Considere la posibilidad de trabajar con proveedores de servicios (¡es imposible hacerlo todo uno mismo!) y comunique los resultados positivos tanto interna como externamente.
Trabajo holístico	Adoptar una visión global. Ganar perspectiva.
Sencillo y práctico	Evite los "rompecabezas" que no puedan mantenerse a lo largo del tiempo.

Principio	Comentario
Optimización y automatización	Mejorar para buscar la eficacia, para alcanzar un índice de productividad que permita cumplir los objetivos de la empresa. Evitar las averías, que muy a menudo son consecuencia de errores humanos. La automatización reduce las averías.

Actividades de la cadena de valor de los servicios

En la cadena de valor de los servicios hay seis actividades que permiten crear productos y servicios:

- **Planificación**: recursos humanos, herramientas tecnológicas y organizativas.
- **Compromiso**: información y aprobación de todos los equipos.
- **Diseño y transformación**: especificación, arquitectura, diseño.
- **Adquisición y construcción**: inicio del desarrollo, pruebas, integración, validación de paquetes/*releases*.
- **Suministro y asistencia**: puesta en producción, despliegue, funcionamiento, asistencia y mantenimiento.
- **Mejora**: mejora continua, consolidando lo que ya existe, aprendiendo de los fracasos y los éxitos.

Cabe señalar que ITIL V4 no propone ninguna secuencia ni relación entre las seis actividades.

Las prácticas

Las prácticas cubren las seis actividades precedentes que corresponden a los procesos de ITIL V3; ITIL V3 proporciona 24 procesos e ITIL V4 proporciona 34 prácticas.

Las prácticas se clasifican en tres categorías:

- **Prácticas generales de gestión (14 en total)**: Gestión del cambio organizativo, Gestión de las relaciones, Gestión de proyectos, Gestión de la arquitectura, Mejora continua, Gestión de la seguridad de la información, Gestión del conocimiento, Medición y elaboración de informes, Gestión de la cartera, Gestión de riesgos, Gestión financiera, Gestión de la estrategia, Gestión de proveedores, Gestión del personal y del talento.
- **Prácticas de gestión de servicios (17 en total)**: Gestión de la disponibilidad, Business Analysis, Gestión de la capacidad y el rendimiento, Habilitación para el cambio, Gestión de incidentes, Gestión de activos informáticos, Supervisión y gestión de eventos, Gestión de problemas, Gestión de versiones, Gestión del catálogo de servicios, Gestión de la configuración de servicios, Gestión de la continuidad de servicios, Diseño de servicios, Servicio de asistencia, Gestión del nivel de servicios, Gestión de solicitudes de servicios, Validación y comprobación de servicios.
- **Prácticas de gestión tecnológica (3 en total)**: Gestión del despliegue, Gestión de infraestructuras y plataformas, Desarrollo y gestión de software.

ITIL V4 proporciona orientación y recomendaciones para la implementación de prácticas, con mapas de calor que muestran la importancia de la actividad en la práctica.

Ejemplo

Actividad / Práctica	Planificación	Suministros y soporte	...
Gestión de incidentes			
...			

Esto significa que en la práctica de la Gestión de Incidentes, la actividad de planificación no es primordial: obtiene un color frío. En cambio, la actividad de suministro y apoyo es primordial, con un color cálido.

Resumen

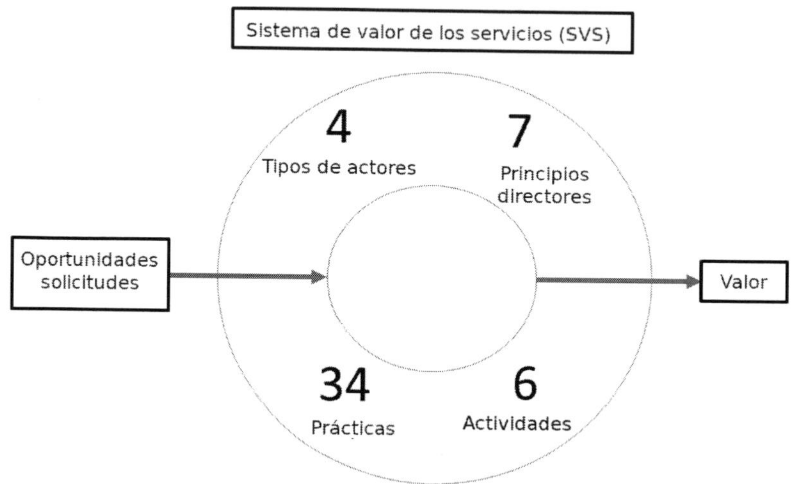

El Sistema de Valor de los servicios ITIL V4

Capítulo 3
Normas ISO compatibles con la resiliencia

1. Introducción

En el capítulo anterior, se presentaron las principales normas y guías de ciberseguridad útiles para comprender y aplicar la ciberseguridad/ciberresiliencia en las empresas. En este capítulo se revisarán ahora una serie de normas ISO/IEC (no exhaustivas) que son esenciales para implantar una política de ciberresiliencia: 27001, 27002, 27005, 27017, 27018, 22301, 20000 y 27701.

2. Documentos normativos de la familia ISO/IEC

2.1 Normas relativas a la gestión de la seguridad de la información

2.1.1 ISO/IEC 27001 - Sistema de gestión de la seguridad de la información

Esta norma de certificación es sin duda el pilar en el cumplimiento de la gestión de la seguridad informática dentro de una organización.

Publicada inicialmente en 2005 y revisada en 2013 (ISO/CEI 27001:2013), esta norma cubre la implantación de un sistema de gestión de la seguridad de la información (SGSI). Está disponible (previo pago) en el sitio web de AFNOR.

Ámbito de aplicación

"Esta norma internacional especifica los requisitos para el establecimiento, implementación, mantenimiento y mejora continua de un sistema de gestión de la seguridad de la información en el contexto de una organización. También incluye requisitos para la evaluación y el tratamiento de los riesgos de seguridad de la información, adaptados a las necesidades de la organización. Los requisitos establecidos en esta norma son genéricos y están destinados a aplicarse a cualquier organización, independientemente de su tipo, tamaño o naturaleza. No está permitido que una organización prescinda de ninguno de los requisitos especificados en las cláusulas 4 a 10 cuando alegue el cumplimiento de esta norma."

Observación

https://www.boutique.afnor.org/en-gb/standard/nf-en-iso-iec-27001/information-technology-security-techniques-information-security-management-/fa187277/59084

Contenido de la norma

El corpus documental consta de dos partes:

Artículos del 4 al 10

Se trata de requisitos relativos a los siguientes ámbitos:

- Contexto organizativo
- Liderazgo
- Planificación
- Soporte
- Funcionamiento
- Evaluación de resultados
- Mejora

Observación

En estos artículos, cuando la información especifica el término "documentado", significa que debe elaborarse un documento como parte de un sistema de gestión de documentos. Se solicitará como prueba en la parte de la auditoría inicial. Por ejemplo, en 4.3 - Determinar el alcance del sistema de gestión de la seguridad de la información, se especifica: "El alcance estará disponible como información documentada".

Apéndice A

Lista de objetivos y medidas de referencia. Hay 114 requisitos (del A.5 al A.18) que deben cumplirse escrupulosamente para obtener la certificación.

Este apéndice se presenta del siguiente modo:

<table>
<tr><td colspan="3">Id del tema: tema</td></tr>
<tr><td colspan="3">Sub-Id del tema: subtema</td></tr>
<tr><td colspan="3">Objetivo</td></tr>
<tr><td>Número de requisito</td><td>Descripción del requisito</td><td>Medida que debe aplicarse</td></tr>
</table>

Ejemplo con el primer tema del Apéndice A :
Política de seguridad de la información

A.5 Política de seguridad de la información		
A.5.1 Orientaciones de la dirección en materia de seguridad de la información		
Objetivo: proporcionar orientación y apoyo a la gestión de la seguridad de la información, en consonancia con los requisitos de la empresa y la legislación y reglamentación aplicables.		
A.5.1.1	Política de seguridad de la información	Hay que definir un conjunto de políticas de seguridad de la información, que deben ser aprobadas por la dirección, distribuidas y comunicadas a los empleados y a los terceros pertinentes.
A.5.1.2	Revisión de las políticas de seguridad de la información	Las políticas de seguridad de la información deben revisarse a intervalos programados o en caso de cambios importantes para garantizar su pertinencia, adecuación y eficacia a lo largo del tiempo.

Fuente: ISO/IEC 27001:2013 - Anexo A

Receta para gestionar con éxito un proyecto

Una serie de ingredientes son esenciales para el éxito de un proyecto de certificación ISO 27001:

- Un fuerte patrocinio por parte de la alta dirección, con una clara declaración de misión que establezca los objetivos a alcanzar.
- Definición precisa del alcance de la futura certificación.
- Elección de un organismo de certificación lo antes posible e infórmarse sobre el perfil de los auditores.
- Implantación de la formación de sensibilización 27001 para un grupo representativo de departamentos de la empresa. Un curso de 2 días alternando lecciones y situaciones reales parece ser una buena fórmula.
- Creación de un pequeño equipo dirigido por un jefe de proyecto especializado. Este equipo interactuará con el cliente (dirección general) y los departamentos de empresa (TI, RRHH, Producción, Administración de Ventas, etc.).
- Elaborar un presupuesto preliminar (coste del equipo del proyecto, coste de la certificación, coste de los distintos servicios y coste en días-hombre del trabajo que deben realizar las unidades de negocio, coste de las auditorías internas/externas). Este último punto es el más difícil de cuantificar. Sin embargo, una buena base de trabajo es proponer una estimación macro de 5 días/hombre por requisito, lo que representa alrededor de 2,5 ETC.
- Asistencia de una empresa consultora externa.
- Establecimiento de una hoja de ruta trimestral para garantizar un estrecho seguimiento a lo largo del tiempo.

Observación

Un buen presupuesto debe tener en cuenta un periodo de tres años, el periodo de validez de la certificación. Cada año se realiza una auditoría de renovación.

Creación del equipo del proyecto

Hay dos escuelas de pensamiento sobre el liderazgo de este equipo: o bien lo ejerce el CISO (Responsable de Seguridad de los Sistemas de Información), o lo ejerce el Responsable de Calidad.

El cursor debería estar probablemente en el centro, y la mejor estrategia consiste en confiar las llaves de este proyecto a un comité de pilotaje del SI compuesto por un jefe de proyecto dedicado, el jefe de calidad, el CISO y un director de la empresa. El CISO es responsable de la parte de "*Lead Implementer*" y el responsable de calidad es responsable de la parte de "*Lead Auditor*".

Observación

Un proyecto de certificación lleva tiempo: un SGSI debe estar en producción durante al menos un año antes de poder certificarse con éxito.

Procedimiento de certificación

La certificación se desarrolla en varias fases.

T0 - 6 meses: análisis de carencias: se trata de una etapa de auditoría previa, que puede ser realizada por una empresa externa. El objetivo principal de esta etapa es hacer balance y reafirmarnos en la hoja de ruta que se ha trazado. Hay que revisar todos los documentos requeridos, así como todos los requisitos. En general, se tarda entre 2 y 4 días en completar esta etapa.

T0: auditoría inicial

T0 + 1 año: auditoría de vigilancia

T0 + 2 años: auditoría de vigilancia

T0 + 3 años: auditoría de renovación

Y así sucesivamente durante periodos de 3 años.

Cada auditoría da lugar a un informe de auditoría que incluye las no conformidades (mayores o menores) y las oportunidades de mejora. Una no conformidad grave hace que no se adquiera la certificación. Las no conformidades menores deben resolverse proponiendo un plan de acciones correctoras antes de que pueda concederse la certificación.

Observación

Todos los actores de hosting de datos sanitarios personales en Francia están sujetos a la certificación HDS, que les exige disponer de la certificación ISO 27001 para el ámbito en cuestión.

La versión ISO/IEC 27001:2022

En octubre de 2022 se publicó una nueva versión de la norma.

Los principales cambios son los siguientes:

- Título de la norma:

  El primer cambio se refiere al título de la propia norma: Seguridad de la información, ciberseguridad y privacidad - Sistemas de gestión de la seguridad de la información. Desde 2013 se han introducido dos nuevos temas: la ciberseguridad y la protección de la privacidad.

- Capítulos 4 a 10:

Capítulo en cuestión	Novedad
4.2 Comprender las necesidades y expectativas de las partes interesadas	c) Las interfaces y dependencias entre las actividades realizadas por la organización y las realizadas por otras organizaciones.
6.2 Objetivos de seguridad de la información y planes para alcanzarlos	Los objetivos de seguridad de la información deben : d) ser controlados
8.1 Planificación y control operativo	La organización planificará, aplicará y controlará los procesos necesarios para cumplir los requisitos y llevar a cabo las acciones especificadas en el artículo 6: – estableciendo criterios para estos procesos; – aplicando el control de estos procesos de acuerdo con los criterios.

9.1 Supervisión, medición, análisis y evaluación	La organización debe evaluar el rendimiento de la seguridad de la información y la eficacia del sistema de gestión de la seguridad de la información.
9.2 Programa de auditoría interna	Debe disponerse de información documentada como prueba de la aplicación del programa o programas de auditoría y de los resultados de las auditorías.
9.3 Examen de la gestión	c) Cambios en las necesidades y expectativas de las partes interesadas relevantes para el sistema de gestión de la seguridad de la información.

Por tanto, se han introducido muy pocos cambios en la parte "alta" de la norma.

- Apéndice A:

  Para una comprensión completa del anexo A, debe hacerse referencia a la nueva norma ISO 27002:2022 (cláusulas 5 a 8). El anexo A se ha modificado en consecuencia y se clasifica según cuatro categorías de requisitos:

  - Organización
  - Personal
  - Física
  - Tecnología

ISO 27001:2022
A5 Medidas de seguridad 37 necesidades
A6 Medidas de seguridad aplicables a las personas 8 requisitos
A7 Medidas de seguridad física 14 requisitos
A8 Medidas tecnológicas de seguridad 34 requisitos
93 requisitos

El nuevo anexo A incluye:

- 11 nuevos requisitos
- 23 requisitos a los que se le ha cambiado el nombre
- 57 requisitos consolidados en 24
- 35 requisitos sin cambios

Así pues, el anexo A se ha reformateado por completo, lo que representa una importante carga de trabajo adicional y un reto organizativo para los equipos encargados del cumplimiento de la seguridad del sistema de información, así como para las partes interesadas.

Los 11 nuevos requisitos:

Capítulo	Tema	Descripción
A5.7	Información sobre amenazas	**Medidas de seguridad** La información sobre las amenazas a la seguridad de la información debe recopilarse y analizarse para producir inteligencia ante las amenazas.
A5.23	Seguridad de la información al utilizar servicios en nube	**Medidas de seguridad** Los procesos de adquisición, uso, gestión y finalización de los servicios en la nube deben establecerse de acuerdo con los requisitos de seguridad de la información de la organización.
A5.30	Preparar las TIC para la continuidad de la actividad	**Medidas de seguridad** La preparación de las TIC debe planificarse, aplicarse, mantenerse y probarse en función de los objetivos de continuidad de la actividad y los requisitos de continuidad de las TIC.
A7.4	Supervisión de la seguridad física	**Medidas de seguridad** Los locales deben estar continuamente vigilados para impedir el acceso físico no autorizado.

A8.9	Gestión de la configuración	**Medidas de seguridad** Las configuraciones, incluidas las de seguridad, hardware, software, servicios y red, deben definirse, documentarse, aplicarse, supervisarse y revisarse.
A8.10	Borrar información	**Medidas de seguridad** La información almacenada en sistemas de información, terminales o cualquier otro medio de almacenamiento debe eliminarse cuando ya no sea necesaria.
A8.11	Ocultación de datos	**Medidas de seguridad** La ocultación de datos debe utilizarse de acuerdo con la política temática específica de control de acceso de la organización y otras políticas temáticas y requisitos empresariales asociados, teniendo en cuenta la legislación aplicable.
A8.12	Prevención de fugas de datos	**Medidas de seguridad** Las medidas de prevención de la fuga de datos deben aplicarse a los sistemas, redes y todos los demás terminales que procesen, almacenen o transmitan información sensible.
A8.16	Actividades de vigilancia	**Medidas de seguridad** Las redes, sistemas y aplicaciones deben supervisarse para detectar comportamientos anómalos y deben tomarse las medidas adecuadas para evaluar cualquier incidente relacionado con la seguridad de la información.
A8.23	Filtrado web	**Medidas de seguridad** El acceso a sitios web externos debe gestionarse para reducir la exposición a contenidos maliciosos.

A8.28	Codificación segura	**Medidas de seguridad** Los principios de codificación segura deben aplicarse al desarrollo de software.

– Migración de la versión 2013 a la versión 2022:

  Las organizaciones certificadas según la norma ISO 27001:2013 disponen de un período de gracia de 3 años para aplicar la nueva versión de la norma. Todos los certificados existentes deberán convertirse a la versión de 2022 a más tardar en octubre de 2025.

  Las auditorías iniciales de recertificación de la versión 2013 podrán realizarse hasta 18 meses después de la publicación de la versión 2022, es decir, a más tardar en abril de 2024.

  Por lo tanto, una organización certificada en 27001:2013 haría bien en iniciar los trabajos de migración lo antes posible, como mínimo en cuanto se realice la auditoría anual de seguimiento o la auditoría de recertificación.

2.1.2 ISO/IEC 27002 - Código de buenas prácticas para la gestión de la seguridad de la información

ISO/IEC 27002 es una norma, que carece de certificación, que cubre el tema "Tecnología de la información - Técnicas de seguridad - Código de buenas prácticas para las medidas de seguridad de la información". Fue revisada en mayo de 2017.

Esta norma, que presenta 114 buenas prácticas para implantar y mantener un SGSI, está estrechamente relacionada con la norma ISO/IEC 27001 y su Anexo A. Por tanto, sirve de apoyo para la consecución de los requisitos comentados en el párrafo anterior.

Ejemplo de buenas prácticas para el capítulo 11 - Seguridad física y medioambiental

11- Seguridad física y medioambiental

11.1 Zonas seguras

Objetivo: impedir cualquier acceso físico no autorizado, daño o intrusión en los recursos de información y procesamiento de la información de la organización.

11.1.1 Perímetro de seguridad física

Medida

Deben definirse perímetros de seguridad para proteger las zonas que contienen información sensible o crítica y los recursos de tratamiento de la información.

Recomendaciones de aplicación

Cuando proceda, deberán tenerse en cuenta y aplicarse las siguientes directrices para los perímetros de seguridad física:

(a) Deben definirse los perímetros de seguridad, y la ubicación y la resistencia de cada perímetro deben basarse en los requisitos de seguridad de los activos que se encuentren en su interior y en las conclusiones de la evaluación de riesgos.

...

Observación

https://www.boutique.afnor.org/en-gb/standard/nf-en-iso-iec-27002/information-technology-security-techniques-code-of-practice-for-information/fa187278/59127

La versión ISO/IEC 27002:2022

Dado que la nueva norma ISO 27001:2022 se basa en el código de buenas prácticas ISO 27002, fue necesario desarrollar al mismo tiempo esta versión, cuya última versión data de febrero de 2022. Esta norma es similar al marco CSF del NIST.

Las principales novedades se refieren a:

- A cada control se le asignan cinco atributos:
  - Tipo de control: *#Preventive, #Detective, #Corrective*
  - Propiedad de seguridad de la información: *#Confidentiality, #Integrity, #Availability*
  - Conceptos de ciberseguridad: *#Identity, #Protect, #Detect, #Respond, # Recover*
  - Capacidades operativas: *#Governance, #Asset_management, #Information_protection, #Human_resource_security, #Physical_security, #System_and_network_security, #Application_security, #Secure_configuration, #Identity_and_access_management, #Threat_and_vulnerability, #Management, #Continuity, #Supplier_relationships_security, #Legal_and_compliance, #Information_security_event_management, #Information_security _assurance*
  - Ámbito de seguridad: *#Governance_and_Ecosystem, #Protection, #Defence, #Resilience*

Ejemplo: 5.23 Seguridad de la información en el uso de servicios en nube

Tipo de control	Propiedad de la seguridad de la información	Conceptos de ciberseguridad	Capacidades operativas	Zona de seguridad
#Preventive	#Confidentiality #Integrity #Availability	#Protect	#Supplier_ relationships_ security	#Governance_ and_Ecosystem #Protection

Esta nueva versión simplifica el uso del SGSI al clasificar los controles en cuatro categorías (medidas organizativas, medidas relativas a las personas, medidas físicas, medidas técnicas/tecnológicas), así como las etiquetas asociadas, que permiten un seguimiento más detallado que con la versión anterior. Por último, esta nueva norma tiene en cuenta el contexto actual: ciberseguridad y derechos de los datos personales.

Observación

Hay que tener en cuenta que las dos normas, 27001 y 27002, funcionan conjuntamente: 27002 describe las mejores prácticas que deben aplicarse para cumplir los requisitos del anexo A de 27001.

2.1.3 ISO/IEC 27005 - Gestión de riesgos para la seguridad de la información

"Se trata de una colección de líneas directrices que tratan específicamente de la gestión de riesgos en el contexto de la seguridad de los sistemas de información. ISO/IEC 27005 es una norma certificada que complementa la ISO/IEC 27001 SGSI. Siguiendo a la ISO 13335, apareció el 4 de junio de 2008 bajo el acrónimo "ISO/IEC 27005:2008", fue revisada el 19 de mayo de 2011, y de nuevo el 13 de julio de 2018 bajo el acrónimo "ISO/IEC 27005:2018"."
Fuente: Wikipedia

Esta norma ofrece una lista de recomendaciones para implantar un proceso de gestión de riesgos en el ámbito de la seguridad de los sistemas de información.

Existe una certificación personal (*Gestor de riesgos*) para la norma ISO 27005.

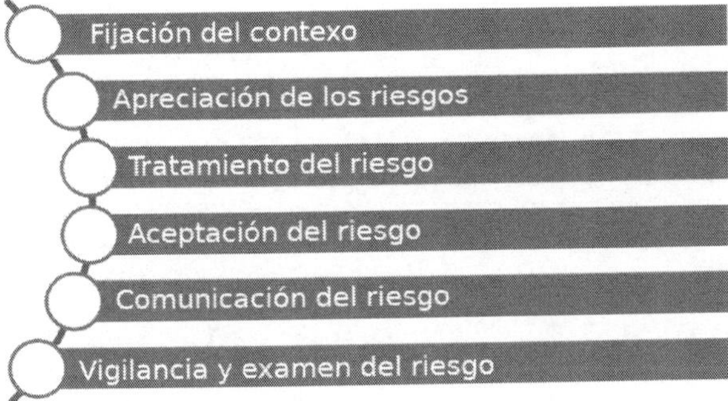

Enfoque de la gestión de riesgos

Observación

Fuente: https://www.iso.org/es/contents/data/standard/07/52/75281.html

2.1.4 ISO/IEC 27017 - Controles de seguridad en la nube

ISO/IEC 27017:2015 "Tecnologías de la información - Técnicas de seguridad - Código de buenas prácticas para los controles de la seguridad de la información basados en ISO/IEC 27002 para los servicios en la nube" se refiere a la seguridad de los servicios en la nube. Se trata, por tanto, de una ampliación de 27005, con nuevos temas como la política de archivos personales, la organización de la seguridad, las responsabilidades entre usuarios y proveedores de servicios en la nube, la comunicación de incidentes de seguridad, la supervisión de los servicios en la nube, el cumplimiento de la legislación, etc.

Observación

Fuente: https://www.iso.org/es/contents/data/standard/04/37/43757.html

Ejemplo de requisitos de autenticación robusta

En el ámbito de la gestión del acceso de los usuarios (cláusula 9.2 de la 27002), y más concretamente de la gestión de las cuentas privilegiadas (control 9.2.3), la norma establece requisitos para la implantación de los servicios en nube tanto desde el punto de vista del cliente como del proveedor.

Cloud service customer	Cloud service provider
The cloud service ***customer should use sufficient*** *authentication techniques (e.g., multi-factor authentication) for authenticating the cloud service administrators of the cloud service customer to the administrative capabilities of a cloud service according to the* ***identified risks****.*	*The cloud service provider should provide sufficient authentication techniques for authenticating the cloud service administrators of the cloud service customer to the administrative capabilities of a cloud service, according to the identified risks. For example, the cloud service provider can provide multi-factor authentication capabilities or enable the use of third-party multi-factor authentication mechanisms.*

En este ejemplo, el cliente tendría que utilizar un sistema de autenticación fuerte (dos factores, por ejemplo: un nombre de usuario/contraseña y una contraseña de un solo uso) para los administradores con acceso a los servidores en la nube. El texto también especifica que este punto está relacionado con los riesgos identificados.

En la práctica, ¡no se impone nada! Es una cuestión de interpretación y análisis de riesgos.

En la práctica, para evitar el riesgo de usurpación de identidad o con fines de trazabilidad en las operaciones de administración, el proveedor de servicios en nube puede imponer el mecanismo de OTP a sus clientes desde el principio, cuando acceden al portal de aprovisionamiento de IaaS, o utilizar un sistema proxy de autenticación como bastión.

Observación

El sistema de autenticación fuerte en la nube pública Microsoft Azure se llama MFA (Multi-Factor Authentication). Aún no es obligatorio.

2.1.5 ISO/IEC 27018 - Código de buenas prácticas para la protección de la información de identificación personal

ISO/IEC 27018:2019 "Tecnologías de la información - Técnicas de seguridad - Código de buenas prácticas para la protección de datos personales identificables en los servicios en la nube" se refiere a la protección de datos personales en la nube.

Auténtica ampliación de los requisitos de la norma ISO 27002, se trata de un catálogo de normas y mejores prácticas para la protección de la información personal (privacidad) que deben aplicar los proveedores de servicios en la nube: información procesada y/o almacenada. La norma incluye buenas prácticas tanto técnicas como jurídicas.

En esta norma se introduce un vocabulario específico:

- Data controller: responsable del tratamiento (el cliente).
- Data processor: subcontratista de la nube (el proveedor de la nube).

El anexo A de la norma establece no menos de 25 nuevos controles específicos para la protección de datos personales.

Ejemplo de control A.1.1 "Obligación de cooperar". que puede interpretarse del siguiente modo

"El proveedor de alojamiento debe poner a disposición de sus clientes los procedimientos y medios que les permitan responder a las solicitudes de ejercicio de los derechos de los interesados. Los derechos contemplados son los definidos en los artículos 15 a 22 del Reglamento (UE) 2016/679 del Parlamento Europeo y del Consejo, de 27 de abril de 2016."

Fuente: https://www.iso.org/es/contents/data/standard/06/14/61498.html

2.2 Norma sobre gestión de la continuidad de las actividades

2.2.1 ISO 22301 - Gestión de la continuidad de las actividades

La gama ISO 22300

La gama comprende varias normas.

ISO 22301	Norma principal. Lista de requisitos
ISO 22313	Buenas prácticas para la aplicación de 22301. 27002 equivalente para 27001
ISO 22317	Buenas prácticas para el análisis del impacto empresarial
ISO 22318	Buenas prácticas para la continuidad de la cadena de suministro
ISO 22331	Buenas prácticas para la estrategia de continuidad de la actividad
ISO 22398	Buenas prácticas - Ejercicios

Preámbulo

ISO 22301:2019 "Seguridad y resiliencia - Sistemas de gestión de la continuidad de negocio - Requisitos" es una norma que trata específicamente de la continuidad de negocio en sentido global y no solo de la continuidad de negocio relacionada con las TI o los sistemas de información.

Continuidad de las actividades

La norma define este concepto del siguiente modo: "la capacidad de la organización para seguir suministrando productos o prestando servicios a niveles aceptables y predefinidos tras un incidente perturbador".

Sistema de gestión de la continuidad de las actividades

Al igual que el sistema de gestión de la seguridad de la información introducido en la norma ISO 27001, la norma ISO 22301 "especifica la estructura y los requisitos para la implantación y el mantenimiento de un sistema de gestión de la continuidad del negocio (SGCN) que desarrolla la continuidad del negocio basándose en la magnitud y el tipo de impacto que la organización puede o no aceptar tras una interrupción. Los resultados del mantenimiento de un SGCN vienen determinados por los requisitos normativos, legales, organizativos y sectoriales de la organización, los productos y servicios ofrecidos, los procesos empleados, el tamaño y la estructura de la organización y los requisitos de sus partes interesadas."

Observación

Fuente: https://www.iso.org/standard/75106.html. La norma está disponible gratuitamente en versión de sólo lectura.

Por tanto, el SGCN es ante todo un proceso de alto nivel para implantar y mantener la continuidad de la actividad con el fin de:

- prevenir posibles pérdidas;
- prepararse para perturbaciones repentinas (los atentados del 11 de septiembre de 2001) o graduales (la pandemia de Covid-19);
- mitigar y gestionar las perturbaciones.

SGCN: beneficios

La implantación de un SGCN exitoso puede generar una serie de beneficios, entre ellos los siguientes:

- Reducir la escala y el alcance de las interrupciones de la actividad empresarial.
- Reducir las bajas laborales.
- Limitar la pérdida de volumen de negocio y el daño a la reputación de la organización.

Esto requiere un plan de recuperación en caso de catástrofe de eficacia probada.

SGCN: principales requisitos

Un SGCN certificado implica la aplicación de determinadas características. Entre ellas

- Identificación de los productos y servicios que entran en el ámbito de aplicación de que se trate, así como de las actividades de apoyo.
- Análisis del impacto de las posibles perturbaciones en las actividades.
- Análisis de riesgos de perturbación (véase el capítulo Análisis de riesgos con EBIOS).
- Elaboración de una lista de prioridades de recuperación.
- Elaboración de planes de acción para la recuperación empresarial.
- Actualización de los componentes del SGCN.

Plan-Do-Check-Act (PDCA)

En el contexto de la norma, el ciclo PDCA (Planificar-Implementar-Comprobar-Actuar) se utiliza para garantizar la implantación, el mantenimiento y la mejora continua de la eficacia del SGCN. En lo que respecta a las principales cláusulas de la 4 a la 10, es posible establecer un diagrama de correspondencia entre las cláusulas y el PDCA del siguiente modo:

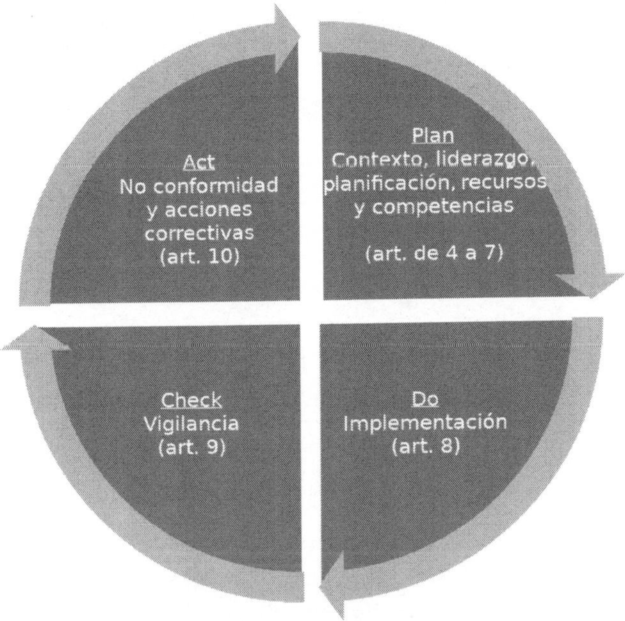

Diagrama de correspondencia Artículos ISO 22301/PDCA

Evaluación del impacto en la empresa (EIE)

La organización debe ser capaz de evaluar el impacto de una interrupción de una actividad (por ejemplo, en la prestación o suministro de un servicio o producto, ya sea tan simple como la alimentación o tan complejo como una historial clínico electrónico, etc.). Para ello, realiza una evaluación del impacto, que permite definir un orden de prioridad para la famosa reanudación de la actividad.

Sin duda es más urgente gestionar una interrupción del suministro de vacunas que todo el mundo está esperando que una interrupción del sistema de fotocopiadoras del departamento de recursos humanos.

El EIE debe tener en cuenta una amplia gama de factores: financieros, de reputación, operativos, reglamentarios, jurídicos, contractuales, objetivos empresariales, humanos, medioambientales, RSE, etc.

Requisitos documentados

Muchas "pruebas" deben existir documentadas en el sistema de gestión de documentos (por ejemplo, el software Confluence de Atlassian) vigente en la organización:

- 4.3. Determinar el alcance del sistema de gestión de la continuidad de las actividades:
  - El campo de aplicación debe estar disponible en forma de información documentada.
  - Al definir el ámbito de aplicación, la organización debe documentar y explicar cualquier exclusión.
- 6.2. Objetivos de continuidad de las actividades y planes para alcanzarlos:
  - La organización debe mantener información documentada sobre los objetivos de continuidad de la actividad.
- 8.4. Planes y procedimientos de continuidad de la actividad:
  - La organización debe documentar y mantener procedimientos para:
    - a) comunicar interna y externamente con las partes interesadas pertinentes, incluyendo qué, cuándo, con quién y cómo comunicar;

Observación

La organización puede documentar y mantener procedimientos relativos a la forma y circunstancias en que la organización se comunica con los empleados y contactos de emergencia.

- b) gestionar la recepción, documentación y respuesta a las comunicaciones de las partes interesadas, incluido un sistema nacional o regional de asesoramiento sobre riesgos o equivalente;
- c) garantizar la disponibilidad de los medios de comunicación durante una perturbación;
- d) facilitar una comunicación estructurada con los servicios de emergencia;
- e) proporcionar detalles sobre la respuesta de la organización a los medios de comunicación tras un incidente, incluida una estrategia de comunicación;
- f) registrar los detalles de la perturbación, las medidas adoptadas y las decisiones tomadas.

- La organización debe documentar y mantener sus planes y procedimientos de continuidad de la actividad. Los planes de continuidad de la actividad deben ofrecer recomendaciones e información que ayuden a los equipos a responder a una interrupción y a la organización a reaccionar y recuperarse.
- La organización debe disponer de procesos documentados para restablecer y volver a sus actividades empresariales basándose en las medidas temporales adoptadas durante y después de una perturbación.

- 9. Evaluación del rendimiento:
  - La organización debe conservar la información documentada adecuada como prueba de los resultados.
  - La organización debe conservar información documentada como prueba de los resultados de las revisiones por la dirección.

- 10. Mejora:
  - La organización debe conservar la información documentada como prueba:
    - a) la naturaleza de las faltas de conformidad y las medidas adoptadas posteriormente;
    - b) los resultados de cualquier medida correctora.

Relación entre ISO 22301 e ISO 27001

Las dos normas se parecen en que ambas se refieren a la implantación de un sistema de gestión, el SGSI para la ISO 27001 y el SGCN para la ISO 22301.

Más concretamente, la exigencia A17 del Anexo A de la norma 27001 trata de los aspectos de seguridad de la información en la gestión de la continuidad de las actividades. Evidentemente, merece la pena capitalizar las medidas aplicadas en esta ocasión con un enfoque más global de la continuidad de la información.

Observación

El SGCN puede considerarse un complemento lógico de un SGSI, al menos desde un punto de vista puramente de sistemas de información.

Observación

El SGCN también puede considerarse una capa más ambiciosa sobre la continuidad de todo tipo de actividades dentro de una organización; en este sentido, contribuye sin duda a la consecución de los requisitos necesarios para alcanzar el tan ansiado estado de resiliencia.

2.3 Norma relativa a la gestión de servicios

2.3.1 ISO/IEC 20000 - Gestión de servicios

General

La norma internacional ISO/IEC 20000 tiene dos componentes:

- ISO/IEC 20000-1:2018: Tecnología de la información - Gestión de servicios - Parte 1: Requisitos del sistema de gestión de servicios.
- ISO/IEC 20000-2:2019: Tecnología de la información - Gestión de servicios - Parte 2: Directrices para la aplicación de sistemas de gestión de servicios.

Esta norma se refiere al sistema de gestión de servicios (SGS); debe considerarse paralelamente a ITIL, que no propone una normalización de las empresas (ITIL sólo propone la certificación de personas). De hecho, muchos conceptos "ITILianos" están presentes en la norma: el ciclo Deming PDCA, el proceso de prestación de servicios, el service desk, la resolución de problemas, la puesta en producción, etc. ISO 20000 permite garantizar la fiabilidad de los servicios a lo largo de todo el ciclo de vida de los mismos, con el objetivo último de garantizar la continuidad de la empresa.

La norma ISO 20000 especifica los requisitos que debe cumplir el proveedor de servicios para planificar, establecer, implantar, operar, supervisar, revisar, mantener y mejorar un SGS. Los requisitos incluyen el diseño, la transición, la prestación y la mejora de los servicios para cumplir los requisitos del servicio.

¿Qué es un servicio? ¿Un componente de servicio?

La propia norma define el concepto de servicio y componente de servicio del siguiente modo (cláusulas 3.26 y 3.27):

"Un **servicio** es un medio de aportar valor al cliente ofreciéndole los resultados que desea obtener".

- Nota 1: un servicio es generalmente intangible.
- Nota 2: un servicio también puede ser prestado al proveedor de servicios por un proveedor, un grupo interno o un cliente que actúe como proveedor.

Ejemplo: servicio de copias de seguridad en línea

"Un **componente de servicio** es un elemento individual de un servicio que, combinado con otros elementos, proporciona un servicio completo".

Ejemplos: hardware, software, herramientas, aplicaciones, documentación, información, procesos o servicios de apoyo.

Observación

Un componente de servicio puede comprender uno o más elementos de configuración.

Composición de la norma ISO/IEC 20000-1:2018

La norma especifica los requisitos para la planificación, el diseño, la transición, la prestación y la mejora de los servicios. Comprende los siguientes capítulos:

- Contexto organizativo
- Liderazgo
- Planificación
- Apoyo al sistema de gestión de servicios
- Funcionamiento del sistema de gestión de servicios
- Evaluación de resultados
- Mejora
- Requisitos generales del sistema de gestión de servicios

■Observación

Algunos requisitos ISO 20000 forman parte de los requisitos de certificación HDS.

2.4 Norma sobre la protección de la vida privada

ISO/IEC 27701 - Responsabilidad y confianza en la información personal

General

La norma internacional ISO/IEC 27701 "Técnicas de seguridad - Extensión de ISO/IEC 27001 e ISO/IEC 27002 a la gestión de la privacidad - Requisitos y directrices" cubre el tratamiento de datos personales, la protección de la privacidad y la organización de las relaciones con terceros (responsables del tratamiento, subcontratistas, subcontratistas de subcontratistas, clientes, etc.).

La norma "especifica los requisitos y proporciona orientación para la creación, implantación, mantenimiento y mejora de un sistema de gestión de la privacidad (PIMS) en forma de extensión de ISO/IEC 27001 e ISO/IEC 27002 para la gestión de la privacidad en el contexto de la organización".

Se añade al SGSI y añade requisitos adicionales para proporcionar un PIMS.

■Observación

Fuente: norma ISO/CEI 27001:2019

Noción de "cliente"

El término cliente se utiliza con frecuencia y se define en el artículo 4 en forma de tres enfoques:

- Un cliente es **una organización que ha celebrado un contrato con un responsable del tratamiento de datos DCP**. Por ejemplo, un laboratorio de análisis urbanos es cliente de un centro hospitalario. Tenga en cuenta que una persona física que mantiene una relación con un responsable del tratamiento se denomina "interesado".
- Un cliente es **un responsable del tratamiento de datos de DCP que ha firmado un contrato con un subcontratista de DCP**. Por ejemplo, una planta de producción de petróleo que ha firmado un subcontrato con un proveedor de maquinaria de perforación.
- Un cliente **es un subcontratista de DCP que ha firmado un contrato con un subcontratista para el tratamiento de DCP**.

Composición de la norma

La norma consta de los siguientes elementos:

- Cuatro artículos
  - Artículo 5: lista de requisitos específicos del PIMS y requisitos adicionales en comparación con la norma ISO/IEC 27001:2013. Así pues, se revisan los apartados Contexto organizativo, Liderazgo, Planificación, Funcionamiento, Evaluación y rendimiento y Mejora.

- Artículo 6: Recomendaciones específicas del PIMS en relación con la norma ISO/IEC 27002. El objetivo es especificar los requisitos relativos a los siguientes ámbitos: políticas de seguridad de la información - organización de la seguridad de la información - seguridad de los recursos humanos - gestión de activos - controles de acceso - criptografía - seguridad física y medioambiental - seguridad operativa - seguridad de las comunicaciones - adquisición, desarrollo y mantenimiento de sistemas de información - relaciones con los proveedores - gestión de incidentes de seguridad de la información - aspectos de seguridad de la información de la gestión de la continuidad de la actividad - conformidad.
- Artículo 7: Recomendaciones adicionales de la norma ISO/IEC 27002 para los responsables del tratamiento de datos de DCP. Se tratan los siguientes puntos: condiciones de recogida del tratamiento - obligaciones para con los interesados - protección de la privacidad desde el diseño y protección de la privacidad por defecto - intercambio, transferencia y divulgación de DCP.
- Artículo 8: recomendaciones adicionales ISO/IEC 27002 para subcontratistas de DCP. Se especifican los mismos puntos que en el artículo 7.

- Seis apéndices
  - Anexo A: objetivos y medidas de referencia específicos del PIMS (transformadores DCP).
  - Anexo B: objetivos y medidas de referencia específicos para PIMS (subcontratistas de DCP).
  - Anexo C: correspondencia con la norma ISO/IEC 29100*.
  - Anexo D: correspondencia con el Reglamento General de Protección de Datos.
  - Anexo E: Correspondencia con ISO/IEC 27018 e ISO/IEC 29151.
  - Anexo F: Cómo aplicar ISO/IEC 27701 a ISO 27001 e ISO/IEC 27002.

* ISO/IEC 29100: Tecnología de la información - Técnicas de seguridad - Marco privado

Observación

Aunque bastante reciente (agosto de 2019), la norma de certificación ISO/CEI 27701 se basa en la norma ISO 27001 y en las buenas prácticas de seguridad de la SI de la norma ISO 27002, con el añadido de la protección de la privacidad. No cabe duda de que esta norma se convertirá en la norma en los próximos años y será obligatoria para todos los proveedores de alojamiento de computación en nube, en particular para los que alojen datos sanitarios sujetos a la certificación HDS.

3. Diagrama de ciberresiliencia normalizado

A modo de conclusión, parece útil proponer en esta fase un resumen de las distintas normas tratadas en este capítulo:

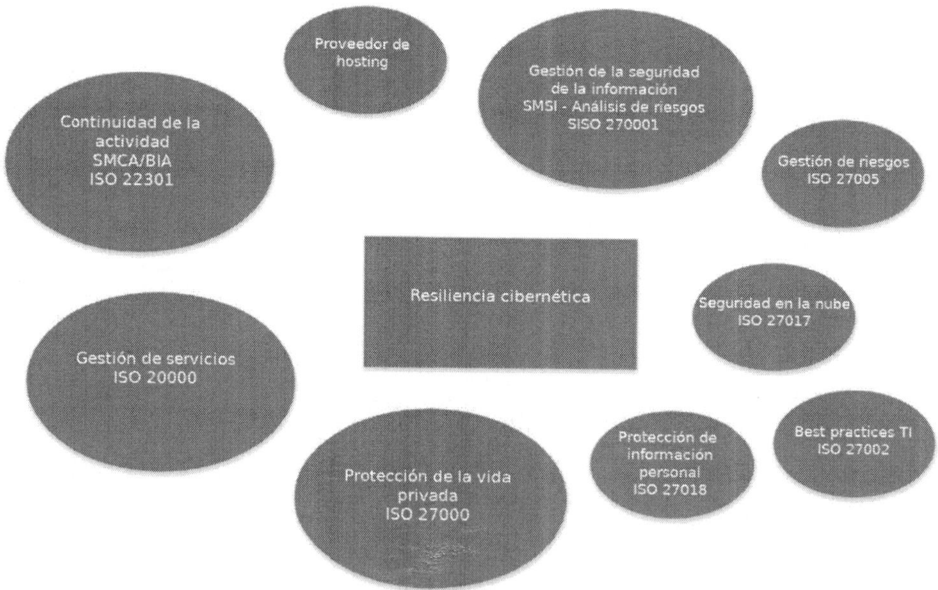

Normas ISO ciberresistentes

Capítulo 4
Soberanía digital

1. Introducción

Tras presentar la nueva normativa europea (DGA, DSA, DMA, DORA, Data Act, AI Act, Cyber Resilience Act) en el primer capítulo, las principales normas cibernéticas en el segundo capítulo, y después las principales normas internacionales con la emblemática etiqueta SecNumCloud, seguido de las principales normas internacionales del sector, incluida la emblemática familia ISO 27000, parece útil introducir la noción de soberanía, muy utilizada en el panorama digital europeo. Se trata de una cuestión clave para los próximos años, que permitirá a Europa tomar por fin las riendas de su destino digital y cumplir su papel de protectores de los datos que producen. El objetivo de este capítulo es ofrecer una definición de soberanía, presentar el nuevo contexto informático que hay que comprender e introducir la futura normativa europea. La regulación EUCS, la doctrina de la Nube en el centro del Estado y las alianzas actuales.

2. Definición

El DRAE define perfectamente el término soberanía del siguiente modo: "f. Cualidad de soberano. autoridad, poder, independencia.".
Fuente: https://dle.rae.es/soberan%C3%ADa

De hecho, el término soberanía ha adquirido una resonancia muy especial desde 2019 con la sucesión de crisis: la crisis sanitaria con el COVID-19, cuando Francia se dio cuenta de que no tenía mascarillas y que tenía que esperar el suministro de países de fuera de la zona UE; la guerra de Ucrania, que puso de manifiesto la dependencia de los países europeos de productos esenciales como los cereales, el gas y la electricidad; y la crisis climática, con las graves consecuencias de la ausencia de una política energética clara y comprometida (energías renovables, energía nuclear, etc.).

En el ámbito de la informática, el término soberanía también cobró todo su sentido con el nacimiento del Cloud Act por parte de la administración estadounidense Trump durante 2018: de repente, los países europeos se han dado cuenta de que los datos de sus empresas privadas y públicas podían ser recuperados por Estados Unidos en un contexto particular; por ejemplo, todos los datos alojados en Francia en la nube de Microsoft Azure, en la suite de correo electrónico Google Gmail, en la famosa aplicación colaborativa Microsoft Teams.

La soberanía digital se define en el informe de Gérard Longuet para el Senado de 2019 de la siguiente manera: "la soberanía digital se refiere a la capacidad del Estado para actuar en el ciberespacio, regularlo e influir en la economía digital". El mismo informe continúa definiéndola como "la capacidad del Estado para actuar en el ciberespacio, que es una condición necesaria para la preservación de nuestros valores que implican, por un lado, una capacidad autónoma para evaluar, decidir y actuar en el ciberespacio y, por otro, el control de nuestras redes, comunicaciones electrónicas y datos" (fuente: Wikipedia).

En este punto, también es útil diferenciar entre dos nociones de soberanía digital: la soberanía de los datos y la soberanía tecnológica:

- La soberanía digital de los datos

  Se trata de un concepto en el que los datos digitales están sujetos exclusivamente a la legislación del país en el que se almacenan. Por tanto, el objetivo es claramente conservar el control sobre los datos producidos en Francia y, más ampliamente, en la UE, y protegerlos contra las injerencias de países no autorizados y cualquier legislación extraterritorial. Para decirlo claramente, una empresa francesa que quiera tener soberanía absoluta sobre sus datos debe almacenarlos en territorio europeo y en hardware perteneciente a una o varias empresas europeas.

- Soberanía digital tecnológica

  Se trata de un concepto en el que la tecnología utilizada para almacenar datos es propiedad europea. Esto implica que, para lograr una soberanía tecnológica absoluta, el hardware (servidores, elementos de red, bahías de almacenamiento de datos, etc.) y, más ampliamente, el software utilizado para procesar los datos deben ser producidos y publicados por empresas europeas. Este tipo de soberanía es prácticamente imposible de alcanzar dada la omnipresencia de la hegemonía estadounidense: Dell, Oracle, Microsoft, Google, Amazon, Apple... Por ejemplo, no hay fabricantes franceses de servidores informáticos desde el declive de Bull a mediados de los años noventa. Así que tenemos que hacer frente a las fuerzas en juego en lugar de tratar de eludirlas. De hecho, la soberanía tecnológica absoluta es una posibilidad remota y sencillamente imposible de alcanzar. Aunque algunos alojamientos web fabrican sus propios servidores, hay que reconocer que muchos de los componentes electrónicos proceden de China o de otros países extracomunitarios.

Para lograr esta soberanía, tendríamos que embarcarnos en un reto extraordinario: utilizar servidores fabricados en la UE con todos los componentes, instalar un sistema operativo de código abierto de la UE en estaciones de trabajo y servidores, comprar estaciones de trabajo de la UE, instalar una pila de middleware de la UE y/o de código abierto (fuera Oracle, fuera Java...), utilizar una red de comunicaciones con equipos de la UE (fuera Cisco, fuera Huawei, fuera Juniper...), instalar dispositivos de seguridad de la UE (fuera checkpoint, fuera Cybereason, fuera Sentinel One...), utilizar editores de software de la UE (es posible en parte, pero fuera SAP, fuera Microsoft Dynamics, fuera de Salesforce...), no utilizar Internet, que por definición es global (es imposible), no utilizar el buscador Google (es complicado), renunciar a nuestros queridos iPhones, utilizar una suite colaborativa de la UE o de código abierto (existen productos, pero ¿al final a qué precio? ¿Con qué ROI? ¿Cuál es el beneficio en términos de riesgo de burnout digital para los usuarios que han sido formados masivamente en la suite Office durante 30 años)?

Sin embargo, la soberanía digital de los datos es posible recurriendo a anfitriones europeos que almacenan los datos en territorio europeo en equipos estadounidenses o chinos.

La soberanía digital tecnológica es imposible de alcanzar en la mayor medida posible; si existe una solución de la UE frente a una solución de fuera de la UE, y siempre que sea funcionalmente equivalente, hay que optar por ella. Debe estar respaldada por un contrato de usuario impecable (almacenamiento de registros, proceso de actualización, reversibilidad de cualquier dato tratado en virtud del contrato de usuario del servicio, etc.).

3. Intentos abortados 2012-2015

El Grand Emprunt (proyecto de inversiones del Estado francés con el objetivo de desarrollar algunos campos de futuro) de finales de los años 2010 dio lugar al proyecto Andromède en 2009, cuyo objetivo era crear campeones franceses en el emergente sector de la computación en la nube e intentar competir con los gigantes estadounidenses, en particular AWS (*Amazon Web Services*), que ya habían tomado la delantera en ese momento. Microsoft no lanzó su primera versión de Azure hasta febrero de 2010. Así que en 2012, Francia hizo su primer intento de establecer un sistema de soberanía digital mediante el lanzamiento de dos proveedores franceses de nube: Cloudwatt (Orange y Thalès) y Numergy (Grupo SFR, Bull).

Las dos start-ups estaban dotadas cada una con 225 millones de euros de capital propio, con el objetivo de convertirse en los líderes franceses de la soberanía digital o, más exactamente, en retrospectiva, de la soberanía de los datos: centros de datos situados en Francia y el uso de pilas de código abierto (OpenStack en particular) para construir máquinas virtuales; en resumen, se trataba dc una "simplc" ofcrta de IaaS (infraestructura) de nube pública.

Para que conste, Cloudwatt terminó 2015 con unas ventas de 2 millones de euros, adquirida por Orange Business Services a principios de 2016, y Numergy también terminó con unas ventas de 6 millones de euros antes de ser adquirida por SFR Group a principios de 2016. Todo esto está muy lejos de las ambiciones anunciadas en 2012, cuando se esperaba que la empresa generara entre 400 y 500 millones de euros.

El resultado final fueron tres años escasos de funcionamiento cada uno y un enorme despilfarro de dinero, en parte público (150 millones de euros). ¿Qué conclusiones se pueden sacar de este intento fallido? Demasiado pronto, desacuerdos entre consorcios, falta de ofertas preparadas para el mercado, necesidad de crear su propio orquestador de IaaS, falta de clientes, estudios de mercado deficientes, un alcance centrado únicamente en la infraestructura, falta de doctrina sobre la nube por parte del Estado prescriptor y del Estado comprador... Probablemente se trate de una combinación de todos estos factores, y más concretamente del error de intentar construir una nueva economía desde cero cuando otras empresas ya tenían experiencia y clientes. La voluntad política del Estado y el dinero no bastan en este tipo de proyectos faraónicos.

4. Un nuevo contexto TI

El panorama actual de las TI es completamente distinto al de hace diez años: la economía es ahora fundamentalmente digital, los sistemas de información están presentes en todas partes en las organizaciones y la dependencia de las TI ya no se cuestiona; es un hecho en nuestra sociedad. Sin embargo, el nuevo paradigma de la "sociedad digital" aún no dispone de los recursos necesarios para estar a la altura de sus ambiciones.

4.1 Definiciones

Se utilizan términos diferentes, a veces inapropiados: TI, digital, sistemas de información. La confusión es real, tanto entre los profesionales del sector como entre los responsables de la toma de decisiones.

- Información (del latín informare: dar forma, formar; representar, describir): es algo que "da forma a" o que nos permite "formarnos una idea de". La información es un mensaje que se comunica. Los datos son la base de la información. La información son "datos procesados" dotados de significado. Por tanto, es importante comprender que todo comienza con datos que, al ser procesados, clasificados y estructurados, producen información. **La información es una "representación metafísica temporal de lo que tenemos y de lo que hacemos**" (fuente: Informatique, numérique et système d'information: définitions, périmètres, enjeux économiques - C. Legrenzi 2015).
- Informática: ·3 f. Conjunto de conocimientos científicos y técnicas que hacen posible el tratamiento automático de la información por medio de computadoras (DRAE). El término informática también se refiere a los elementos que hacen posible el tratamiento de la información, como los ordenadores y los programas informáticos.

- Digital (del latín digitalis, relativo al dedo): término que engloba la información, sus usos y su tratamiento. A diferencia del término TI, lo digital tiene una finalidad empresarial. Por ejemplo, la aculturación digital se refiere al objetivo de formar a las personas en ámbitos como la manipulación de datos, la búsqueda en Internet, el tratamiento de textos, el cálculo, la sensibilización a la seguridad informática, el respeto de la vida privada, las herramientas de mensajería, la agenda, la videoconferencia, etc. La desmaterialización de los procedimientos administrativos (impuestos, nóminas, solicitudes de prestaciones por desempleo, etc.) es un uso típicamente digital.
- Sistema de Información (SI): es un término complejo para el gran público, que tiende a utilizar los términos informático y/o digital. Los SI son cosa de especialistas y se utilizan mucho en las empresas.

  "Un SI es un conjunto organizado de recursos que permite recoger, almacenar, procesar y distribuir información, generalmente por medio de una red informática. Es un sistema sociotécnico compuesto por dos subsistemas, uno social y otro técnico. El subsistema social está formado por la estructura organizativa y las personas vinculadas al SI. El subsistema técnico está formado por las tecnologías (hardware, software y equipos de telecomunicaciones) y los procesos de negocio que intervienen en el SI" (fuente: Wikipedia).

  "*El sistema de información representa todos los recursos internos o externos –usuarios, herramientas, datos– que contribuyen al tratamiento (digital o no) de la información*" (fuente: Informatique, numérique et système d'information: définitions, périmètre, enjeux économiques - C. Legrenzi 2015).

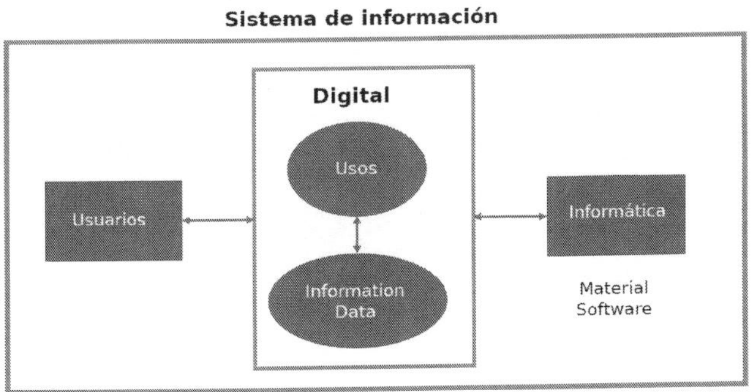

Representación del sistema de información

4.2 Un contexto informático de nueve dimensiones

4.2.1 IT as a commodity: La IT como producto

Es evidente que la tecnología digital –como el agua, la electricidad, el gas y otros bienes esenciales– debe consumirse como una mercancía. Nadie tolerará la idea de dejar de tener acceso a Internet en el trabajo o en casa; nadie aceptará estar sin correo electrónico más de una hora, a pesar de que se diseñó a principios de los 90 para satisfacer las necesidades de la comunicación asíncrona: es el colmo, dado el esfuerzo que se necesita hoy en día para responder en tiempo real a una solicitud por correo electrónico. La inmensa mayoría de las comunicaciones de empresa se realizan por correo electrónico, lo que deja poco espacio a la palabra hablada; por ejemplo, llamar por teléfono a un colega o a un n+1 para pedir consejo es cada vez más inexistente.

Los empleados deberían tener su entorno de trabajo digital funcionando 24/7, y tienen razón, ese ya no es el problema. Por otro lado, hay quien piensa que es necesario implantar el derecho a la desconexión (apagar la SI de 20h a 6h) para personas en situación profesional, adultas, responsables y conscientes de los riesgos que conlleva; probablemente sea así con personas poco maduras en términos de autonomía. Probablemente sería más prudente no bloquear nada, sino educar, formar y culturizar a los empleados sobre los peligros de la conexión digital ininterrumpida.

Dicho esto, ¿es posible renunciar a las redes sociales de uso no profesional como Facebook, Instagram, TikTok, Snapchat, Twitter... puesto que el modus operandi de estas plataformas de comunicación virtual es adictivo? ¿Quién no se ha deslizado durante horas por los vídeos de Facebook, que a veces nos muestran un vídeo de un accidente de avión o un partido de fútbol de los años ochenta?

La informática es un bien común y tenemos que convivir con ella, a riesgo de desentonar con la sociedad en la que vivimos. Las TI están en todas partes: en nuestra vida profesional, en nuestra vida privada, cuando vemos Netflix, cuando navegamos por Internet, cuando conducimos nuestro coche eléctrico (o de combustión interna) cada vez más autónomo, cuando queremos programar a distancia nuestra bomba de calor, cuando queremos reservar un piso en Roma en Airbnb, cuando queremos consultar nuestros correos electrónicos de trabajo un domingo por la noche, cuando queremos gestionar los gastos de nuestros viajes de negocios...

El mundo tiene ahora acceso a todas estas tecnologías que facilitan la vida, así que ¿por qué privarnos y por qué no ser exigentes en cuanto a la disponibilidad de los servicios?

Los ciberataques son una amenaza real para este bello paisaje, pero ¿quién sabe si mañana los ataques bloquearán toda una parte de la economía digital?

4.2.2 Cloud as a mandatory: el requisito previo de la nube

Es un hecho que la nube ya está en todas partes, forma parte de nuestro paisaje: pedir una pizza por Internet, recoger la compra en un autoservicio, comprar un colector de aguas pluviales en www.leroymerlin.es, establecer un plan de recuperación empresarial, tener los datos sanitarios alojados en un proveedor especializado, externalizar las copias de seguridad, transferir el riesgo interno de indisponibilidad del correo electrónico mediante el paquete Office 365 y Exchange Online...

Los hechos son claros: cada vez hay menos recursos expertos en los clientes finales, cada vez hay menos capacidad para gestionar las salas informáticas, cada vez hay menos capacidad para invertir en hardware, en la compra y el mantenimiento de software, en la implantación de mecanismos de ciberseguridad... Tenemos que afrontar los hechos: en un mundo económico sometido a la presión de la competencia, es preferible confiar la informática a expertos, a profesionales, y concentrarnos en nuestra actividad principal.

Los editores de software han comprendido claramente el nuevo Eldorado que se les abre: la nube es una forma de volver a generar valor, vendiendo licencias sobre una base mensual recurrente. Este modelo está cada vez más extendido, en detrimento de la venta tradicional, que ha funcionado con éxito durante más de treinta años, es decir, la instalación in situ:

- Venta de hardware/software
- Instalación en las instalaciones del cliente
- Venta de derechos de uso de software (licencia vitalicia)
- Venta de mantenimiento anual de software (aproximadamente el 18% del precio de venta de las licencias de software)

Hay que decir que este sistema ya no es rentable para los editores de software, que sólo venden sus licencias de software una vez y a menudo tienen que intervenir a distancia en problemas técnicos y funcionales con la misma pregunta: ¿es la aplicación la que no funciona? ¿Es la red del cliente? ¿Es el hardware del cliente? ¿Es el enlace VPN de sincronización de datos el que falla?

Es una apuesta segura que, en un plazo de cinco a diez años, todo el software se comercializará en modo SaaS, y las tres cuartas partes de las salas de TI de los clientes habrán desaparecido.

La nube, con todos sus servicios (IaaS, PaaS, SaaS), es una promesa:

- pagar sólo por lo que utilice;
- ahorrar (en hardware, software, operaciones, recursos humanos expertos, etc.);
- acelerar la comercialización de los servicios digitales;
- restablecer la confianza digital del los usuarios;
- proteger los datos;
- garantizar la continuidad del servicio público.

4.2.3 Cybersecurity as a base: los cimientos básicos de la ciberseguridad

Desde 2018, los ciberataques se han intensificado; tienen diversos orígenes, pero siempre buscan destruir, robar o modificar un sistema de información objetivo. Se dividen en cuatro categorías:

- Ciberdelincuencia
- Daños a la imagen
- Espionaje
- Sabotaje

Nada indica que el fenómeno de los ciberataques vaya a detenerse y desaparecer. Al contrario, a medida que la economía se vuelve cada vez más digital, la masa de datos producidos –especialmente datos sensibles como la salud, las finanzas, los servicios públicos y las estrategias industriales– atraerá cada vez más el interés de los ciberatacantes. La ciberseguridad está aún en pañales como respuesta a esta situación.

Toda una economía tendrá que ponerse en marcha para asegurar el mundo digital: asegurar el código de las aplicaciones, asegurar las transacciones, asegurar al personal, asegurar la nube, asegurar las copias de seguridad, asegurar el teletrabajo, asegurar el correo electrónico, asegurar las salidas del personal, asegurar el software, asegurar lo impensable como la producción y distribución de agua potable o la producción crítica de las cadenas de montaje de medicamentos...

Hasta hace cinco años, las empresas de hosting no hablaban de ciberseguridad; daban la seguridad por sentada y no querían convertirla en un negocio. Había que concebir un servicio IaaS en modo "seguridad por diseño", lo que no aportaba gran cosa al debate y, sobre todo, a las soluciones. ¡Qué error de apreciación!

Ahora, en muy poco tiempo, ha surgido toda una economía para proteger nuestros sistemas de información, con proveedores de antivirus estadounidenses (e incluso rusos) establecidos desde hace tiempo, y ahora con campeones franceses agrupados en una alianza francesa y europea llamada Hexatrust. Sin embargo, todavía no ha surgido ningún "hiperescalador cibernético" francés.

A medida que las TI se vuelven cada vez más complejas, tiene sentido recurrir a servicios cibernéticos en la nube, gestionados por profesionales que ahora se venden muy caros. Desgraciadamente, durante muchos años, la ausencia de cursos cibernéticos en la formación técnica de TI aceleró la escasez de talentos, pero esta ausencia empieza a desaparecer ante todas las iniciativas puestas en marcha por ambas partes, tanto iniciales como en curso.

Por lo general, se trata de un servicio de asistencia diseñado para ser externalizado y compartido: los especialistas en SOC lo han comprendido poniendo en común sus recursos en beneficio de sus clientes. Instalan una sola instancia de SIEM y el motor de la aplicación recupera los registros de las instancias privadas de los clientes; los registros pueden, o no, producir correlaciones de eventos y generar automáticamente alertas, o "verdaderos positivos", para los especialistas compartidos. A estas empresas les interesa operar una única gran plataforma bien controlada en modo nube y, sobre todo, no invertir tiempo en operar SOC instalados en las sedes de los clientes. La idea es utilizar la inteligencia artificial, especialmente adaptada al sector de la ciberseguridad, para minimizar la necesidad de intervención humana.

Así que realmente no hay elección: la ciberseguridad es un mal necesario en un mundo que sufre ciberataques masivos. En comparación, ningún cliente final (salvo los más grandes) tiene su propia empresa de seguridad de edificios, sino que tiene un contrato con un proveedor de servicios especializado. La ciberseguridad es una transposición de la seguridad real al mundo digital, no hay razón para que no siga su ejemplo.

4.2.4 Demat as a process: el proceso de "desmaterialización

Otro aspecto importante de nuestra economía, y de la determinación del Estado en particular, es que la desmaterialización es omnipresente y se está acelerando. Se trata de la transposición de los procesos físicos al mundo digital. El ejemplo más emblemático a principios de 2023 es el de la empresa de Correos francesa, La Poste, que decidió dejar de vender el sello básico en favor de un proceso completamente digital, lo que llevó a mucha gente a no saber ya cómo enviar correo, una consecuencia previsible dadas las dificultades de los franceses para utilizar las tecnologías de la información, al menos para realizar trámites administrativos en línea. Con la desmaterialización del sello a partir del 1 de enero de 2023, ahora es posible imprimir un sello en casa o enviar una carta electrónica simple o con seguimiento (fuente: https://www.laposte.fr/lettre-simple-et-suivie-en-ligne).

En teoría parece sencillo: se necesita un ordenador, saber utilizar un navegador, leer las instrucciones y pagar con tarjeta de crédito. ¿Es accesible este servicio a las personas mayores que no saben utilizar tarjetas de crédito? ¿Es un servicio accesible para las personas con rentas bajas que no tienen acceso a Internet, ni siquiera un ordenador? La respuesta es obviamente no. La solución propuesta, que existe para este tipo de población, es acudir a una oficina de correos para desmaterializar.

4.2.5 Data as a value: el valor de los datos

Los datos son el oro blanco del siglo XXI. Es el elemento manipulado por el sistema de información, el mínimo común denominador. Todo son datos: expedientes de clientes, objetivos estratégicos, actas de reuniones, nóminas, gastos de viaje, balances, descripciones de puestos de trabajo, políticas públicas, ventas, EBITDA, tasa de disponibilidad del departamento A, etc.

Tiene valor si se procesa, manipula, enriquece y correlaciona; entonces se convierte en auténtica información de valor añadido que puede utilizarse para dirigir una estrategia, tomar una decisión, orientar reuniones, etc.

Por tanto, los datos deben formar parte de un proceso empresarial si se quiere que generen valor, y esto se consigue mediante la gestión de datos: el objetivo es recopilar, almacenar y explotar los datos producidos por una organización para gestionarlos y tomar decisiones informadas. La gestión de datos engloba la gobernanza de datos. Es habitual hablar de un enfoque de los datos.

A continuación viene la estrategia de datos, que es esencial para que la organización sea lo más eficiente posible en el día a día:

- Obtener la información necesaria para tomar una decisión clara para ganar cuota de mercado.
- Optimizar el rendimiento de los servicios de la organización.
- Desarrollo de la calidad mediante la medición de indicadores.
- ...

También es útil en esta fase distinguir entre dos conceptos clave: impulsado por los datos y centrado en los datos.

- **Data driven**: este enfoque implica tomar decisiones utilizando los datos como herramienta específica.
- **Data centric**: este enfoque implica posicionar los datos como un activo clave y permanente en torno al cual giran los distintos usos.

Estos dos conceptos se tratarán con más detalle en el capítulo dedicado a la seguridad de los datos.

Los datos tienen valor, por lo que hay que protegerlos y aplicar los cuatro criterios de la seguridad de la información: disponibilidad, integridad, confidencialidad y trazabilidad.

Existe una serie de normas para garantizar la seguridad de los datos sensibles y críticos:

- Certificación ISO 27001
- Y, más adelante, EUCS y Data Act

Subyacente a esto, el uso de una nube soberana para asegurar este tipo de datos parece ser un requisito previo, no porque la nube soberana ofrezca más garantías de seguridad que una nube pública, sino porque proporciona protección frente a leyes extraterritoriales.

4.2.6 EU as a scope: el objetivo europeo

Ya no es posible pensar en términos de soberanía sólo a escala de un país europeo, dado hasta qué punto nuestro país forma parte de un planteamiento europeo heredado del mercado común y de las alianzas necesarias para hacer frente a la globalización.

Es habitual decir que Estados Unidos es un creador de empresas, productos y servicios, que los chinos copian a Estados Unidos cuando la idea es buena, y que Europa, mientras tanto, intenta legislar; el mejor logro en este sentido y de alcance global es el RGPD de mayo de 2018. Puede que la UE no sea la campeona mundial en cloud computing, software o hardware, pero va a la cabeza con la plétora de normativas que está imponiendo, sin duda por comprensibles razones proteccionistas: Digital Service Act, RGPD, Digital Market Act, Data Act, Data Governance act....

La UE y su capacidad para federar las energías de sus países miembros es una fuerza geopolítica necesaria en el tríptico entre el bloque estadounidense y el bloque chino.

La UE nunca estará a la altura de Microsoft, Google o Apple. La batalla está perdida de antemano porque van muy por detrás. Su única arma es unir ecosistemas enteros en torno a la soberanía de tal o cual tecnología:

- Soberanía en la computación en nube mediante el uso de bloques de construcción de código abierto y la creación o el intento de crear mercados de categoría mundial.
- Creación de campeones de ciberseguridad para tecnologías como EDR, SIEM, XDR, etc.
- Puesta en común de recursos (CSIRT europeo, por ejemplo).
- Establecer alianzas para garantizar la interoperabilidad de las soluciones propuestas.
- Uso de la potencia informática de varios países.
- Promulgación de reglamentos...

Pero nada está perdido. El Estado y las empresas deben implicarse y encargar soluciones soberanas con funcionalidades idénticas. Es lo que se llama preferencia nacional y preferencia europea. A ese precio, y con planes de estímulo e inversiones en el futuro, será posible construir la soberanía tecnológica y la soberanía de datos que tanto se buscan, sobre todo en tiempos de crisis e inflación.

4.2.7 Simplification as a need : la necesidad de simplificar las TI

La informática es compleja, los sistemas de información son complejos, eso es evidente. Es importante distinguir entre lo que hay debajo del motor y lo que hay en el coche; los componentes técnicos son, por definición, cosa de especialistas, y el usuario solo debe ver los usos cuando se sube a su coche: el GPS para llegar de forma rápida y fiable del punto A al punto B, la función carplay para aplicaciones móviles en la pantalla táctil del salpicadero, las ayudas a la conducción, los asientos calefactados, etc. Todas estas funciones deben ser fáciles de usar y rápidas de aprender, de lo contrario el conductor se perderá.

En todos los demás ámbitos de la tecnología digital, cualquier experiencia de usuario tiene que ser un éxito, lo que significa que tiene que ser fácil de usar. Crear una identidad digital debería ser tan sencillo como unos pocos clics. Por desgracia, no hay dos experiencias de usuario iguales, y muchos usuarios/consumidores se pierden rápidamente en las secuencias de menús de un sitio web o de pedidos en línea, o en una aplicación móvil que no responde cuando se pulsa el famoso botón "Validar"...

Como no hay normas ni leyes al respecto, cada desarrollador codifica a su manera, a veces sin ayuda de profesionales del diseño de aplicaciones.

En informática, los especialistas tienen que hacer malabarismos con un software de gestión de la nube a veces complejo de entender o demasiado numeroso: una consola para controlar la creación de máquinas virtuales del proveedor A, una consola para controlar las copias de seguridad del editor B, otra consola para administrar la plataforma de mensajería del editor C... Y ahora, con la generalización virtual de Office 365 y su directorio en la nube Azure AD, son tantas las funciones de administración que se necesita una sólida formación técnica para llegar a manejarlas cómodamente, lo que inevitablemente implica dedicar tiempo a la formación.

¿Por qué es todo tan complejo? ¿Por qué no existe una herramienta mágica que proporcione, dentro de una única interfaz, todas las herramientas esenciales para gestionar los componentes básicos de su SI? La respuesta está en la propia pregunta: un SI se compone de demasiados elementos distintos como para tener una única interfaz. Nadie construye una infraestructura/arquitectura en torno a un único proveedor; no existe, no es posible, y si fuera posible, sería una opción demasiado arriesgada. Hay que repartir los riesgos informáticos entre varios proveedores.

Probablemente, el objetivo correcto sea adquirir sistemas abiertos y accesibles a través de API, lo que constituye un requisito previo esencial para desarrollar una plataforma de gestión de SI de 360 grados que facilitará enormemente la gestión diaria: supervisión, administración, operación, desarrollo... Con un clic, puedes ver el estado de las copias de seguridad; con un clic, puedes ver el pipeline de flujo de datos de la empresa; con un clic, puedes ver la puntuación cibernética de tu SI; con un clic, puedes programar una tarea de parcheo de un sistema operativo...

En pocas palabras, la simplificación es lo que buscan los informáticos en su uso cotidiano de las herramientas, así como en los programas o aplicaciones diseñados para los usuarios. Es una fuente de eficacia, por supuesto, pero aún más de eficiencia. Es sinónimo de ahorro de tiempo a todos los niveles y, por tanto, de ahorro potencial y de beneficios.

Observación

"Make IT simple" es un juego de palabras que se utiliza habitualmente en el desarrollo y uso de productos y servicios digitales. La simplificación es algo que debe buscarse desde la fase de diseño; es incluso un deber y una ética.

4.2.8 Talents as a lack: escasez de especialistas en cibernética/nube

En los últimos años, y esta tendencia se está acelerando, ha aumentado la necesidad de recursos humanos en todos los ámbitos de la economía digital. Esto se debe, naturalmente, a la transición masiva a lo digital en todos los ámbitos de la economía. Los organismos de formación inicial y continua han reaccionado tarde pero seguro, y se necesita tiempo para "producir" talentos (5 años para un ingeniero cibernético, y otros 5 años para convertirlo en un especialista experimentado).

La escasez de talento es especialmente aguda en los siguientes ámbitos:

- Datos: data manager, data scientist, data analyst, especialista en Big data/ Small data.
- Ciberseguridad: RSSI, ingenieros y técnicos cibernéticos, analistas SOC, etc.
- Responsabilidad digital.
- Arquitectura.
- Desarrollo: front y back office.
- Nube: ingeniero devops, infra...
- Inteligencia artificial.

Por tanto, hay una escasez de recursos asociada a que la demanda supera a la oferta, de modo que el sistema no se alimenta y tiene problemas por sí solo.

Por ello, las empresas deben competir en sus esfuerzos por retener a sus empleados: remuneración atractiva, participación en los beneficios, compra de acciones, coche de empresa, plan de formación, cobertura sanitaria, plan de carrera, reconocimiento de los directivos, compromiso con causas extraprofesionales, trabajo en ciclo (4 días, 4,5 días), teletrabajo al menos 2 días a la semana para la mayoría y hasta teletrabajo completo para algunas estructuras...

A pesar de todas estas palancas, ¿por qué cambian los empleados? Esta pregunta es la cuestión de RRHH, la cuestión de gestión, la cuestión para el comité ejecutivo. Un buen directivo debe detectar las señales débiles que indican que un empleado dejará la empresa algún día, por ejemplo demasiados comentarios negativos sobre propuestas o ideas de optimización de la empresa o de los procesos, un problema que puede resultar irritante con las reservas de hotel vinculado a una política de gastos de viaje inadecuada, un cansancio agudo de las reuniones sin objetivo preciso, una dirección que no escucha las peticiones, una gestión inadecuada o inapropiada, un cambio brusco en la estrategia de la empresa, una mala comunicación por parte de los altos directivos/presidentes, un cambio de gobernanza mal explicado que provoca un cambio en el ADN, una solicitud de más días de teletrabajo, la ausencia de líderes, de jerarquía, etc. y desde la crisis de COVID, simplemente una ausencia de sentido.

Algunas empresas intentan dar un buen espectáculo con la etiqueta "Great Place to Work", "Happy Index® At Work", "Happy at work"... Pero, ¿es suficiente? Probablemente sea tranquilizador para los recién contratados y el personal subalterno, pero no lo suficiente para el resto de la plantilla, especialmente los mayores de 40 años que buscan ante todo un significado.

En 2016, durante una conferencia en los Hospitales Universitarios de Ginebra, el filósofo André Comte-Sponville describió formidablemente bien, y con gran talento, los tres estados con los que se encuentra un empleado en el transcurso de una jornada laboral con la singular teoría de los tres estados filosóficos Platón-Schopenhauer-Spinoza:

- Platón: un empleado se levanta por la mañana para ir a trabajar porque va a conseguir algo que no tiene: dinero. Empieza su jornada en Platon. Tiene una carencia. El empleado persigue el deseo, lo que le falta. Si esto es así, la gestión de la empresa es en parte platónica, lo que dista mucho de ser satisfactorio, debo admitirlo.
- Schopenhauer: entonces, muy de mañana, el colaborador se vuelve hacia Schopenhauer; se aburre en el trabajo, no tiene felicidad donde tiene derecho a esperarla; la felicidad no está ahí. "*La vida oscila como un péndulo, de derecha a izquierda, del sufrimiento al aburrimiento*", dice Schopenhauer.

- Spinoza: los empleados que pasan su jornada laboral en Spinoza son felices en el trabajo. Son felices de estar allí, en esa empresa, con esa gente. Corren porque disfrutan desarrollando su poder; ¡corren porque simplemente les encanta correr! Esto es lo que llamamos gestión spinozista. "*Así pues, la ley fundamental de la vida es el crecimiento, el aumento de nuestro poder vital. Cada vez que aumentamos nuestra potencia de actuar, estamos en la alegría, cada vez que la disminuimos o no puede expresarse, estamos en la tristeza*", dice Spinoza. Está claro que, como directivo, tiene que hacer que sus colaboradores pasen la jornada laboral con este filósofo.

4.2.9 Fracción numérica como realidad: la brecha digital es real

Por último, vivimos en una sociedad digital en la que una parte de la población, los consumidores, están excluidos del juego; la brecha digital es muy real y afecta a muchos perfiles:

- Las personas mayores que no han "nacido" con los ordenadores están demasiado alejadas de los requisitos necesarios para ser independientes y hacer frente a todos los trámites administrativos en línea, o simplemente para poder encargar la compra en línea y recogerla después en la unidad. Todo esto les resulta completamente inaccesible.
- Los jóvenes se desenvuelven con soltura en las redes sociales, pero muchos tienen verdaderas dificultades para realizar trámites en línea o buscar trabajo a través de sitios web especializados.
- Los habitantes de zonas rurales con velocidades de Internet insuficientes (ADSL o 3G) no pueden acceder a los servicios digitales, lo que les obliga a desplazarse en coche a los centros de Internet (mediatecas, u otro tipo de organismos, etc.).
- Personas que no pueden permitirse un ordenador, que es el elemento clave del acceso digital, ni siquiera una impresora o un router de Internet (cuyo coste medio es ahora de 30 euros al mes). En total, el coste de la digitalización no es insignificante: 360 euros al año por Internet, 300 euros por un ordenador portátil medio y 50 euros por una impresora de inyección de tinta básica, por no hablar de los consumibles y el consumo eléctrico asociados a estos distintos equipos.

- Las personas analfabetas digitales no pueden acceder a las herramientas digitales; no saben crear una dirección de correo electrónico y, por tanto, no pueden realizar trámites administrativos en línea para acceder a sus derechos (solicitud de pensión, solicitud de ayudas, solicitud de plaza de guardería, etc.).

Los poderes públicos tienen naturalmente la responsabilidad de abordar esta brecha digital; existen soluciones, pero requieren la aplicación de políticas públicas específicas, valientes y audaces:

- Por ejemplo, formación obligatoria a través de una plataforma de aprendizaje electrónico tipo Pix (www.pix.fr).
- Creación de centros digitales (en ciudades y zonas rurales) donde los ciudadanos puedan hablar con formadores sobre las dificultades que han encontrado; por ejemplo, reparar un PC, conectar un dispositivo Bluetooth, conectar un router de Internet y Wi-Fi, utilizar Word para redactar un CV, etc. Existen iniciativas, pero aún no están extendidas por todo el país.
- Creación de autobuses digitales para zonas rurales: se trata de hacer rondas digitales por el campo (como las del pan, los huevos, la carne, la leche, etc.) utilizando furgonetas o autobuses totalmente equipados. El usuario puede entonces introducir el dispositivo móvil y acceder a toda una serie de usos digitales y, lo que es más importante, ser asistido por un profesional.
- Creación de una red de venta de ordenadores, impresoras y smartphones a bajo precio. Hay que inventar todo un sector para facilitar el acceso digital a las personas en situación precaria.
- ...

Evidentemente, estas políticas son costosas en términos de dinero público, y parece muy útil desarrollar asociaciones con el mundo de la empresa privada (ejemplos: patrocinio, introducción de un impuesto sobre la "brecha digital" sobre los beneficios, etc.).

5. EUCS

El EUCS (*European Cybersecurity Certification Scheme for Cloud Services*) es un esquema de certificación de ciberseguridad para servicios en la nube. ENISA (la agencia europea de ciberseguridad) es responsable de desarrollar e implementar este nuevo esquema de certificación, que actualmente está siendo validado. En diciembre de 2020 se publicó una versión preliminar del esquema candidato (https://www.enisa.europa.eu/publications/eucs-cloud-service-scheme).

La idea es armonizar los distintos regímenes existentes en la UE (SecNumCloud en Francia, C5 en Alemania, ENS en España, etc.) dentro de una única normativa.

La EUCS ofrece tres niveles de certificación:

- Básico: es el nivel de entrada en el que la auditoría sería puramente documental. Este nivel serviría para demostrar que el titular de la licencia está comprometido con el enfoque de seguridad (aplicación de medidas de seguridad). Queda por ver si este nivel atraerá candidatos.
- Sustancial: este es el corazón de la certificación, el equivalente a la ISO 27001 para la seguridad informática y la C5 alemana para la nube.
- Alto: incorpora elementos del SecNumCloud francés. Este nivel debe reservarse para aplicaciones sensibles y críticas, como las utilizadas por el gobierno, el sector sanitario, etc.

Como todas las normas de seguridad (ISO 27000 etc.), consta de un corpus general y un anexo en el que se especifican los objetivos de seguridad que deben alcanzarse y los requisitos que deben aplicarse. El anexo A "ANNEX A: SECURITY OBJECTIVES AND REQUIREMENTS FOR CLOUD SERVICES" establece los objetivos y requisitos. Cada requisito especifica el nivel de garantía de que se trata (básico, sustancial y alto). EUCS contiene 20 temas.

Ejemplo con el tema OIS 01 (el corpus solamente está disponible en inglés)

OIS-01 INFORMATION SECURITY MANAGEMENT SYSTEM

Objective

The CSP operates an information security management system (ISMS). The scope of the ISMS covers the CSP's organisational units, locations and processes for providing the cloud service.

Requirements

Ref	Description	Ass. Level
OIS-01.1	The CSP shall define, implement, maintain and continually improve an information security management system (ISMS), covering at least the operational units, locations and processes for providing the cloud service	Basic
OIS-01.2	The ISMS shall be in accordance to ISO/IEC 27001	Substantial
OIS-01.3	The ISMS shall have a valid certification according to ISO/IEC 27001 or to national schemes based on ISO 27001	High
OIS-01.4	The CSP shall document the measures for documenting, implementing, maintaining and continuously improving the ISMS	Basic
OIS-01.5	The documentation shall include at least: – Scope of the ISMS (Section 4.3 of ISO/IEC 27001) – Declaration of applicability (Section 6.1.3), and – Results of the last management review (Section 9.3).	Substantial

Teniendo esto en cuenta, está claro que para ser EUCS alto es necesario presentar un certificado ISO 27001 válido.

El EUCS introduce obviamente requisitos de soberanía. El proyecto se está debatiendo actualmente y requiere un consenso político en la UE. En principio, 2023 debería ser el año en que se clarifique el EUCS. También se están cuestionando los niveles, y no es seguro que acabemos con una división en tres niveles.

6. Tiempo de alianzas: Gaia-X

Gaia-X es una iniciativa lanzada en 2020 por Francia y Alemania para impulsar la nube europea con la promesa de una nube europea soberana construida en torno a más de 300 miembros en 16 países de la UE. Gaia-X tiene tres misiones:

- Unir los servicios en nube en torno a valores comunes por definir.
- Facilitar el intercambio de datos entre empresas del mismo sector.
- Establecer normas de interoperabilidad de las infraestructuras.

Fuente: https://gaia-x.eu/

Capítulo 5
Análisis de riesgos con EBIOS

1. Introducción

Como continuación del capítulo anterior sobre la gestión de riesgos según la norma ISO 27001 y la necesidad de realizar análisis de riesgos, este capítulo presenta una situación práctica utilizando la metodología de análisis de riesgos EBIOS aplicada a un ejemplo, el servicio de alojamiento soberano "Cloud-IaaS" comercializado por Cloud.es Este análisis de riesgos es un documento obligatorio en el marco del proceso de certificación ISO 27001 emprendido por Cloud.es

2. Presentación del método EBIOS

2.1 Definición

"El método EBIOS (Expresión de las necesidades e identificación de los objetivos de seguridad) permite evaluar y tratar los riesgos. También proporciona todos los elementos necesarios para la comunicación dentro de la organización y con sus socios, así como para validar la gestión de riesgos. Se trata, por tanto, de una herramienta completa de gestión de riesgos", EBIOS - Método de gestión de riesgos, versión del 25 de enero de 2010, ANSSI/ACE/BAC.

2.2 Enfoque por módulos

El método EBIOS se basa en un enfoque iterativo de cinco módulos:

- Módulo 1: estudio del contexto
- Módulo 2: estudio de los acontecimientos temidos
- Módulo 3: estudio de escenarios de amenazas
- Módulo 4: análisis de riesgos
- Módulo 5: estudio de las medidas de seguridad

2.3 Visión general

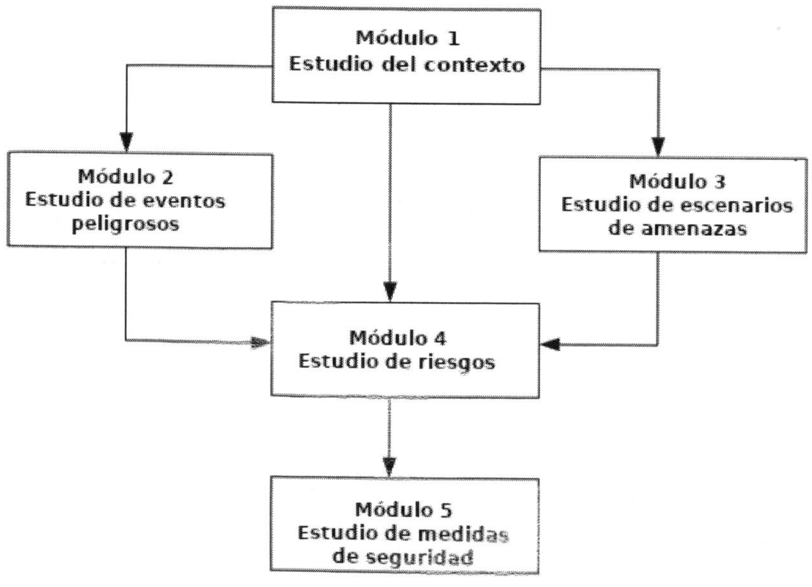

Módulos EBIOS

3. Módulo 1: estudio del contexto

3.1 Definición del marco de gestión de riesgos

3.1.1 Delimitación del estudio de riesgos

En el contexto de la futura certificación ISO 27001, el objetivo del estudio es presentar los resultados del análisis de riesgos relativos a la seguridad del sistema de información que compone el servicio de alojamiento propuesto y, en última instancia, gestionar los riesgos de la SI y elaborar la política de SI.

El servicio de alojamiento **Cloud-IaaS** consta de tres elementos fundamentales:

- Recursos humanos, organizados en una entidad denominada **TaskForce-Cloud (TFC)**.
- Una infraestructura técnica denominada **Cloud-Infra**.
- Un contrato para un servicio de alojamiento de datos de Infraestructura como Servicio que utiliza centros de datos en Francia y servidores pertenecientes a la empresa francesa **Cloud.es** Este servicio "**Cloud-IaaS**" está disponible en dos versiones: Estándar y Premium:

Oferta estándar	Oferta Premium
Cloud-IaaS Estándar Nivel de garantía (SLA) Plata/Oro Opciones de escalabilidad (opciones)	Cloud-IaaS Premium Nivel de garantía (SLA) Plata/Oro Opciones de escalabilidad (opciones)

Por tanto, debe elaborarse una política de seguridad de los sistemas de información (PSSI).

De cara a 2021, Cloud.es prevé tres tipos de acciones para reforzar su capacidad como anfitrión de datos:

- Implantación de un sistema de gestión de la seguridad de la información (SGSI) para el alojamiento y la externalización de servicios críticos y sensibles.
- 27001 Lead Implementer formación para CISOs.
- Formación de auditor jefe 27001 para el RPD.

Terminología del estudio de caso EBIOS

3.1.2 Descripción del contexto general

Organización estudiada

La organización estudiada en el marco del proceso de gestión de riesgos es TFC, una división especializada en el alojamiento IaaS. Esta división está adscrita al departamento BU (*Business Unit*) y se encarga de implementar el servicio de alojamiento de datos de Cloud.es.

Actores de la gestión de riesgos

Las funciones y responsabilidades en la gestión de riesgos son las siguientes:

- El Consejero Delegado (CEO) es plenamente responsable de los riesgos de la empresa.
- El Director Técnico (CTO): es responsable de la investigación y el desarrollo de la empresa.

- Director de la BU: responsable del TFC.
- Director de Operaciones de TFC: ha sido designado para dirigir la gestión de los riesgos de seguridad de la información. Es responsable de llevar a cabo una evaluación de riesgos de las actividades de alojamiento y gestor de alojamiento de TFC.
- Director de Redes y Telecomunicaciones de TFC: ha sido nombrado Director de Seguridad de los Sistemas de Información (ISSM) de TFC. Es responsable de la aplicación de la PSSI.
- El gestor de soporte: ha sido designado para asumir el papel de gestor de soporte al usuario. Es la principal interfaz con los clientes y se encarga de aplicar el SGSI.
- Gestores de proyecto: han sido designados para actuar como gestores de proyecto y expertos técnicos dentro del TFC. Son responsables del funcionamiento cotidiano de la infraestructura Cloud-Infra, incluidos los sistemas, las copias de seguridad y el archivado.
- Un Comité de Acogida (CoHEB), compuesto por miembros del TFC: se encarga de dirigir la evolución de la gestión de los riesgos para la seguridad de la información.
- Un comité de seguridad (CoSEC), compuesto por el responsable de alojamiento y el CISO: supervisa las actividades relativas a la seguridad de los sistemas de información para la actividad de alojamiento IaaS.
- El Gestor de Garantía de Calidad (GGC): es responsable de implementar la Política de Garantía de Calidad (PGC) dentro de TFC. También es el DPO de Cloud.es desde principios de 2019.
- Ingenieros y técnicos de sistemas y redes: los encargados de las fases de construcción.
- Ingenieros y técnicos de sistemas y redes: los encargados de las fases de ejecución (operaciones de producción).

3.1.3 Ámbito del estudio

El ámbito de este estudio abarca el servicio de alojamiento Cloud-IaaS, un servicio gestionado por TFC, que se encargará de implantarlo.

Este perímetro se compone de dos sistemas que funcionan conjuntamente:

- El llamado sistema de infraestructuras, denominado Cloud-Infra:
  - Gestión de infraestructuras de redes y telecomunicaciones
  - Gestión de la infraestructura del sistema
  - Gestión de servicios alojados (Cloud-IaaS Standard y Cloud-IaaS Premium)
  - Gestión de la seguridad de los sistemas de información
  - Gestión de la confidencialidad de los datos
  - Gestión de la autenticación
  - Gestión de copias de seguridad de datos y sistemas
  - Gestión del archivo de datos
  - Gestión del plan de recuperación en caso de catástrofe (DRP)
- El llamado sistema de servicios, denominado Cloud-IaaS Services:
  - Gestión de mecanismos de partición para el entorno virtual de cada cliente
  - Gestión del acceso de los clientes
  - Gestión de la devolución de datos a los clientes
  - Supervisión del servicio
  - Gestión del almacenamiento, copia de seguridad y archivo de los datos alojados
  - Gestión del lanzamiento en producción de las máquinas virtuales de los clientes

Presentación de la infraestructura

La infraestructura objetivo consta de los siguientes elementos:

- Dos salas de alojamiento pertenecientes a la empresa, una en la región de París (Cloud-PAR1) y otra en la región de Marsella (Cloud-MAR1), conectadas por una red de telecomunicaciones totalmente privada, no visible en Internet.

- Acceso a Internet en el corazón de la red, que es redundante con enlaces de dos grandes ISP diferentes, Orange y SFR.
- Un sistema redundante de cortafuegos Palo Alto en el corazón de la red, con una consola de gestión controlada por el TFC.
- Una zona de red que comprende los siguientes elementos:
  - Servidores físicos (hosts) de SuperMicro, compatibles con la virtualización VMware. Estos servidores son compartidos por todos los clientes de Cloud-IaaS.
  - Bahías de almacenamiento de la marca Dell, que admiten el almacenamiento de las máquinas virtuales y los datos subyacentes de los clientes.
  - Bahías de copia de seguridad de la marca Dell, utilizados para realizar copias de seguridad de las máquinas virtuales y los datos de los clientes.
  - Bastidores de archivado Dell para apoyar el archivado de datos.
- Una zona de gestión compuesta por elementos técnicos para el funcionamiento de los servicios:
  - ...

Cuestiones

Para embarcarse en un proceso de certificación ISO27001, es necesario identificar las cuestiones que están en juego:

- Promover una nueva línea de negocio para Cloud.es, a través de su actividad de alojamiento, comercializando su oferta de alojamiento de datos críticos y sensibles Cloud-IaaS.
- Demostrar la capacidad de Cloud.es para proteger los datos que le confían sus clientes.

Participantes

Los participantes en el estudio EBIOS se definen del siguiente modo:

- El estudio fue dirigido por el Director de Operaciones entre marzo de 2020 y marzo de 2021.
- Miembros de TFC (empleados implicados en el ámbito del estudio).

- Al menos un miembro del personal de cada unidad de negocio afectada (dirección general, dirección técnica, dirección de ofertas, dirección de I+D, dirección de ventas, dirección de preventa, dirección de marketing, dirección de atención al cliente) participa en el estudio. También puede participar en el estudio otro personal que aporte un punto de vista externo (bufete de abogados especializado, proveedores de servicios informáticos, empresa de consultoría, clientes).

Los criterios de selección de los participantes son el conocimiento de la empresa en general: sistemas, telecomunicaciones, seguridad, redes, ciberseguridad, y de los procesos de Cloud.es.

3.1.4 Factores que deben tenerse en cuenta

Se han identificado una serie de limitaciones que deben tenerse en cuenta.

Restricciones globales

- Política: al solicitar la certificación ISO 27001, Cloud.es debe cumplir las especificaciones establecidas en la norma ISO/IEC 27001:2013.
- Funcional: como operador de telecomunicaciones y alojamiento de datos, Cloud.es debe proporcionar los medios técnicos, financieros, humanos y organizativos para garantizar la prestación del servicio Cloud-IaaS vendido a sus clientes.
- Personal: en el marco del SLA Gold, el servicio se presta 24 horas al día, 7 días a la semana. En todo el TFC, ocho personas están de guardia durante las horas no laborables de 20:00 a 7:00 todos los días de la semana.
- Presupuestario: un presupuesto anual provisional permitirá "gestionar" la actividad de alojamiento concernida por el servicio Cloud-IaaS. Todas las inversiones/operaciones deben incluirse en el presupuesto anual y todos los gastos deben ser objeto de solicitudes específicas, de conformidad con los procedimientos vigentes en Cloud.es: gastos generales, inversiones, RRHH.

Hay que tener en cuenta otras limitaciones específicas.

Limitaciones técnicas

Cloud.es ha optado por utilizar los siguientes bloques de construcción:

- Hardware: servidores Supermicro y armarios de almacenamiento y archivo Dell
- Cortafuegos: cortafuegos Palo Alto
- Supervisión: supervisión de la red mediante What's up, Nagios, Cacti
- Internet: enlaces de Internet multioperador BGP de Orange y SFR
- Red: uso de elementos activos con conmutadores y enrutadores CISCO
- Virtualización y sistemas: uso de técnicas de virtualización con VMware, sistemas operativos Linux (Ubuntu, CentOS/Windows Server)
- Helpdesk: uso de la herramienta de código abierto GLPI para gestionar los tickets de incidencias "Ticketing"
- Trazabilidad: seguimiento de registros mediante Syslog y Splunk
- Copia de seguridad: uso del servidor de copia de seguridad Veeam
- Bastion: sistema proxy de autenticación Systancia (trazabilidad de acceso a servidores)

Cloud.es crea entornos privados para cada cliente, dentro de una infraestructura propiedad de la empresa y gestionada íntegramente por su equipo TFC, cuyos conocimientos deben mantenerse constantemente actualizados.

Limitaciones medioambientales

Se definen las dos salas de alojamiento: sede principal en París y sede secundaria en Marsella.

Limitaciones humanas

Los equipos TFC de Cloud.es han sido asignados para desempeñar un papel completo en el alojamiento de datos sensibles y críticos. Periódicamente se impartirá formación y se realizarán actualizaciones técnicas.

3.1.5 Fuentes de amenazas

El estudio identificó fuentes relevantes e irrelevantes en términos de infraestructura Cloud-Infra, servicios Cloud-IaaS Standard y Cloud-IaaS-Premium, organización y recursos existentes.

Tipos de fuentes de amenazas	Retenido o no	Ejemplo	Dispositivo de seguridad
Fuente humana interna maliciosa			
Fuente humana interna, maliciosa, con capacidades débiles	No, Cloud.es considera que no está expuesto a este riesgo.		Los contratos de trabajo de los empleados de Cloud.es contienen una obligación de discreción, una obligación de lealtad y una cláusula de no competencia.
Fuente humana interna, maliciosa, con importantes capacidades	No, Cloud.es considera que no está expuesto a este riesgo.		La infraestructura de CLOUD-INFRA está dividida por VLAN y cortafuegos, y el acceso a las salas de alojamiento está marcado. Cada cliente de Cloud-IaaS dispone de servidores virtualizados en una DMZ específica.
Fuente humana interna, maliciosa, con capacidades ilimitadas	No, Cloud.es considera que no está expuesto a este riesgo.		Los miembros del TFC tienen acceso restringido. Todos firman cartas de misión con una cláusula de confidencialidad y un acuerdo de confidencialidad (posibles sanciones).

Tipos de fuentes de amenazas	Retenido o no	Ejemplo	Dispositivo de seguridad
Fuente humana externa malintencionada			
Fuente humana externa y maliciosa con capacidades débiles	Sí	Personal de limpieza	Las habitaciones de alojamiento están protegidas con tarjetas de acceso. El equipo está protegido por un nombre de usuario/contraseña.
Fuente humana externa maliciosa con capacidades significativas	Sí	Visitantes no autorizados (competidores, proveedores, clientes, subcontratistas, socios)	Las habitaciones de alojamiento de datos están protegidas con tarjetas de acceso. El equipo está protegido por un nombre de usuario/contraseña. Acceso filtrado por el personal presente in situ, con cita previa y obligatoriamente acompañado, tarjeta de visitante, libro de registro de visitas con trazabilidad.
Fuente humana externa y malévola con capacidades ilimitadas.	Sí	Hackers	El acceso externo está protegido por cortafuegos con sistemas de alerta, se controlan los registros, se rastrean los accesos a los equipos y se realizan copias de seguridad de equipos, configuraciones y datos.

Tipos de fuentes de amenazas	Retenido o no	Ejemplo	Dispositivo de seguridad
Fuente humana interna, sin intención maliciosa			
Fuente humana interna, sin intención de dañar, y baja capacidad	No		Los contratos de trabajo de los empleados de Cloud.es contienen una obligación de discreción, una obligación de lealtad y una cláusula de no competencia.
Fuente humana interna, sin intención de dañar, y capacidades significativas	No		La infraestructura de CLOUD-INFRA está dividida por VLAN y cortafuegos, y el acceso a las salas de alojamiento se realiza mediante tarjeta de identificación. Cada cliente dispone de servidores virtualizados en una DMZ específica.
Fuente humana interna, sin intención de dañar y con capacidades ilimitadas.	No		Los miembros de la agrupación TFC tienen acceso rastreado. Todos firman cartas de misión con una cláusula de confidencialidad y un acuerdo de confidencialidad (posibles sanciones).

Tipos de fuentes de amenazas	Retenido o no	Ejemplo	Dispositivo de seguridad
Fuente humana externa, sin intención maliciosa			
Fuente humana externa, sin intención de dañar, con capacidades bajas	Sí	Clientes, pacientes, socios, subcontratistas	Las habitaciones de alojamiento están protegidas con placas. El equipo está protegido por un nombre de usuario/contraseña. Las visitas se registran en un cuaderno de visitas.
Fuente humana externa, sin intención de dañar, con capacidades significativas	Sí	Proveedores de servicios vitales (Internet, electricidad) Clientes	El acceso a Internet está duplicado con dos proveedores distintos, la fibra óptica está en bucle, los servidores y demás equipos son redundantes y están duplicados en un emplazamiento secundario, las salas climatizadas y los materiales con doble alimentación eléctrica. Las visitas se registran en un cuaderno de visitas.

Tipos de fuentes de amenazas	Retenido o no	Ejemplo	Dispositivo de seguridad
Fuente humana externa, sin intención de dañar y con capacidades ilimitadas.	Sí	Proveedores de servicios vitales (Internet, electricidad, fibra óptica, fallos de hardware y software) Clientes	El acceso a Internet se duplica con dos proveedores distintos, la fibra óptica está en bucle, los servidores y demás equipos son redundantes y se duplican en un emplazamiento secundario, las salas están climatizadas y los equipos con doble alimentación eléctrica. Las visitas se registran en un cuaderno de visitas.
Varios			
Virus no dirigido en la infraestructura CLOUD-INFRA	Sí	Virus no objetivo	Equipos basados en Windows con protección antivirus de nueva generación FortiClient/ FortiEDR Equipos basados en Linux (famosos por su seguridad).

Tipos de fuentes de amenazas	Retenido o no	Ejemplo	Dispositivo de seguridad
Virus sin objetivo en la infraestructura de un cliente	Sí	Virus no objetivo	El software antivirus de los equipos del cliente es responsabilidad de éste. Cloud.es formula recomendaciones de seguridad y aísla a cada cliente en una DMZ. Por lo tanto, cualquier contaminación en el sitio de un cliente sólo afectará a dicho cliente. Los cortafuegos bloquean los ataques virales (bloqueo de puertos TCP/UDP). Cloud.es conserva una copia de la máquina virtual de producción en D-1 y puede así restaurar una imagen "sana" del día anterior.
Catástrofe natural	Sí	Inundación, terremoto, incendio	Ambas salas están situadas en un nivel elevado; sistema de detección de incendios.
Medio ambiente	Sí	Tiempo, humedad, temperatura, rayos, rotura de fibra óptica (accidente de excavadora)	Sistema de climatización, doble alimentación eléctrica, detección de temperatura por sonda, fibra óptica en bucle entre los dos centros de explotación.

Tipos de fuentes de amenazas	Retenido o no	Ejemplo	Dispositivo de seguridad
Catástrofe sanitaria	Sí	Enfermedad, epidemia	Posibilidad de teletrabajo en modo seguro (Palo Alto VPN). Suministro de mascarillas protectoras y vacunas. Presencia de miembros del TFC en un lugar distante de los lugares primario y secundario.
Acontecimientos internos intencionados o fortuitos	Sí	Incendio, inundación, corte de electricidad	Sistema de detección y extinción automática de incendios. Doble sistema de alimentación eléctrica en la red, bomba elevadora.
Ataques, toma de rehenes	Sí	Ataques, toma de rehenes de personal autorizado	Ningún sistema específico.
Fallo de los proveedores de la red	Sí	Incidente en Internet	Dos ISP independientes en el núcleo de la red para enlaces redundantes a Internet.
Fallo de los clientes	Sí	Liquidación de clientes	Procedimiento de rotura de cristales para que el médico del anfitrión pueda devolver los datos sanitarios al solicitante (pacientes, liquidador, etc.).

Tipos de fuentes de amenazas	Retenido o no	Ejemplo	Dispositivo de seguridad
Fallo de hardware	Sí	Fallo de hardware	Equipos redundantes y duplicados Mantenimiento del hardware Supervisión
Fallo de la red	Sí	Fallo de la red	Equipos redundantes y duplicados Mantenimiento del hardware Supervisión
Piratería informática	Sí	Intrusión en el sistema	Sistema cortafuegos, sistema anti-intrusión, sistema de trazabilidad de acceso a equipos, DMZ, VLAN. Gestión de la autenticación fuerte y uso de varios canales de comunicación (por ejemplo, envío del certificado por correo electrónico y de la clave secreta por SMS).

Tipos de fuentes de amenazas	Retenido o no	Ejemplo	Dispositivo de seguridad
Error humano de diseño, intencionado o accidental	Sí	Error de software, dimensionamiento incorrecto de la red	Mantenimiento del software proporcionado por el cliente. Supervisión de sistemas, redes y telecomunicaciones por Cloud.es. Mantenimiento del software de autenticación fuerte proporcionado por Cloud.es (varias personas) y gestión de ITIL.
Error operativo de origen del sistema	Sí	Errores y fallos de software	Mantenimiento del software mediante supervisión del sistema.

Observación

El Task Force Cloud está plenamente facultado para aplicar la Política de Seguridad de los Sistemas de Información (ISSP). Se hará todo lo posible para que la infraestructura de alojamiento esté lo más compartimentada y sea lo más robusta posible. Esta búsqueda constante de compartimentación y robustez es la única garantía de que la infraestructura estará bien protegida (alojamiento y externalización de sistemas críticos y sensibles).

Cloud.es mantiene relaciones sociales satisfactorias con todos sus empleados y ha puesto en marcha herramientas para garantizar un clima social tranquilo; esto permite estar serenos ante las amenazas del personal de Cloud.es.

Las fuentes de amenazas identificadas anteriormente han permitido a Cloud.es enumerar los recursos adicionales necesarios para cumplir los requisitos de seguridad de la norma 27001.

3.2 Elaboración de métricas

3.2.1 Definición de criterios de seguridad y elaboración de escalas de necesidades

En el contexto de la actividad de alojamiento de datos, que implica alojar datos, y con el fin de expresar los requisitos de seguridad, se han adoptado los siguientes criterios de seguridad:

Criterios de seguridad	Definiciones
Disponibilidad (CRISEC-DISP)	Propiedad de la accesibilidad oportuna de los datos alojados.
Integridad (CRISEC-INTE)	Propiedad de exactitud e integridad de los datos alojados.
Confidencialidad (CRISEC-CONF)	Propiedad de los datos alojados para que sólo puedan acceder a ellos los usuarios autorizados.
Auditabilidad (CRISEC-AUDI)	Capacidad para determinar la persona o el proceso automatizado responsable del acceso a los datos alojados y para determinar las demás circunstancias relevantes asociadas a dicho acceso.

Disponibilidad

La disponibilidad se mide en tasas de disponibilidad. Cloud.es se compromete a mantener una tasa de disponibilidad definida en los acuerdos contractuales de nivel de servicio. En la medida en que Cloud.es dispone de dos sitios cruzados, la ventana de indisponibilidad de un sitio permite cubrir las operaciones de mantenimiento programadas necesarias para mantener y desarrollar la infraestructura de alojamiento, sin afectar al segundo sitio.

Conviene distinguir entre la disponibilidad de la infraestructura Cloud-Infra y la disponibilidad de los entornos cliente Cloud-IaaS, en función del nivel de garantía suscrito (Gold o Silver):

- Disponibilidad de CLOUD-INFRA: disponer de dos emplazamientos completamente idénticos garantiza una alta disponibilidad de la infraestructura de CLOUD-INFRA (24 horas al día). No se programarán operaciones de mantenimiento simultáneamente en ninguno de los dos emplazamientos.
- Disponibilidad Cloud-IaaS Estándar:
  - Entorno cliente distribuido en dos sitios físicos separados, con servidores virtualizados en modo simple (sin reinicio automático en caso de caída del servidor).
  - Almacenamiento de datos en una red SAN en un emplazamiento físico, duplicación de datos cada día en el emplazamiento remoto.
- Disponibilidad de Cloud-IaaS Premium:
  - Entorno cliente distribuido en dos emplazamientos físicos distintos, con servidores virtualizados en modo clúster de alta disponibilidad (reinicio automático en caso de caída del servidor).
  - Almacenamiento de datos en una red SAN en un emplazamiento físico, duplicación de datos cada día en el emplazamiento remoto.

  Para que el alojamiento cumpla los requisitos de la norma ISO 27002, es necesario replicar los datos en distintos soportes y ubicaciones. Por lo tanto, la replicación de datos debe estar garantizada tanto en el paquete Estándar como en el Premium.
- Nivel de garantía (SLA):
  - SLA Silver: servicio 5/7 de lunes a viernes, de 8 a 18 horas, TRG < 4 horas, tasa de disponibilidad del 99,9%.
  - SLA Oro: servicio de asistencia 24/7, TRG < 4 horas, tasa de disponibilidad del 99,95%.

El service desk está formado por un equipo que supervisa todos los elementos críticos de la infraestructura Cloud.Infra. Este servicio de guardia cubre tanto el sistema como la red, garantizando una noción de TRG (Tiempo de Respuesta Garantizado).

Puede ponerse en contacto con el servicio de atención al cliente a través de un número de teléfono fijo en horario laboral (de 8.00 a 18.00 horas) y de un número de teléfono móvil en horario no laboral. Estos números se facilitan a los clientes como parte de su contrato de alojamiento.

Se utilizará la siguiente escala para expresar los requisitos en términos de disponibilidad:

Niveles de escala	Descripción detallada de la escalera
Más de 24 horas (ECH-CRI-DISP-4)	Los productos de primera necesidad pueden no estar disponibles durante más de 24 horas.
Entre las 8.00 y las 24.00 horas (ECH-CRI-DISP-3)	El artículo esencial debe estar disponible en 24 horas.
Entre las 4h y las 8h, HO (ECH-CRI-DISP-2)	El artículo esencial debe estar disponible en un plazo de 8 horas, laborables.
Menos de 4h, HO (ECH-CRI-DISP-1)	El artículo esencial debe estar disponible en un plazo de 4 horas, laborables.

El intervalo HO considerado es de 8 a 18 horas (SLA Silver).

Integridad

La integridad se implementa mediante mecanismos de software específicos para el objeto del servicio. En caso de problema de integridad, se aplicará un procedimiento de restauración de las máquinas virtuales en el momento más "adecuado". El mecanismo de replicación entre bahías y entre sitios, así como la tecnología de instantáneas, son los que garantizarán la integridad de la máquina virtual.

La copia de seguridad de los datos se realiza con el software Veeam, que aplica mecanismos de control de la integridad.

Se utilizará la siguiente escala para expresar los requisitos de integridad:

Niveles de escala	Descripción detallada de la escalera
Controlado (ECH-CRI-INTE-2)	El bien esencial puede carecer de integridad, si se identifica la alteración y se restablece la integridad.
Integrado (ECH-CRI-INTE-1)	El bien esencial debe tener una integridad rigurosa.

Tres zonas para datos críticos y sensibles:

- Espacio de almacenamiento: cuando el entorno cliente entra en producción, las máquinas virtuales se duplican en el emplazamiento secundario, en el entorno de almacenamiento.
- Espacio de copia de seguridad: también se realiza una copia en una matriz de discos en el espacio de copia de seguridad. Cada mes, se realiza una copia de la máquina virtual en este espacio de copia de seguridad.
- Zona de archivo: el archivo mensual también se realiza en los equipos de archivo de la zona de archivo.

Confidencialidad

La confidencialidad está garantizada esencialmente por dos mecanismos:

- Confidencialidad CLOUD-INFRA:

  Acceso físico a las salas de alojamiento: acceso restringido a las personas autorizadas por CLOUD-INFRA mediante acreditación (tarjetas de identificación).

  Acceso al sistema y a la red. Acceso a servidores, routers y cortafuegos reservado únicamente a los administradores de la plataforma:
  - el Director de Operaciones (responsable del alojamiento de Cloud.es)
  - el gestor de apoyo
  - el CISO (Responsable de Seguridad del Sistema de Información) y los técnicos
  - gestores de proyectos y técnicos

Acceso a los datos: el proveedor de alojamiento no tiene acceso a los datos de sus clientes.

- Confidencialidad de los entornos de trabajo de los clientes:

  Cada entorno cliente se instala en una zona privada (DMZ por *DeMilitarized Zone*), con un plan de direccionamiento de red específico. Se utilizan mecanismos de cortafuegos, encaminamiento y compartimentación de la red para garantizar una compartimentación total.

  La base de datos de cada cliente se almacena en espacios privados en bahías de almacenamiento, que a su vez están dedicadas al servicio Cloud-IaaS.

  Todos los servidores virtualizados de un cliente están en una VLAN (*Virtual LAN*) dedicada a ese cliente.

- Confidencialidad de los datos:

  Cloud.es recomienda encarecidamente a sus clientes que cifren las bases de datos de producción (espacio de almacenamiento).

  Cloud.es cifra las copias de seguridad y dispone de la clave de descifrado (espacio de copia de seguridad).

  Cloud.es utiliza copias de seguridad cifradas con fines de archivo (espacio de archivo).

Se utilizará la siguiente escala para expresar los requisitos de confidencialidad:

Niveles de escala	Descripción detallada de la escalera
Reservado (ECH-CRI-CONF-ACC-RES)	El activo esencial sólo debe ser accesible al personal autorizado por el anfitrión para fines operativos.
Limitado (ECH-CRI-CONF-ACC-LIM)	El activo esencial sólo debe ser accesible a las personas o equipos identificados que necesiten tener acceso a él (cliente, médico del huésped, proveedor, prestador de servicios, paciente).

Todos los accesos del administrador se rastrean en una herramienta de control que también registra todas las acciones. Así, es posible saber quién se ha conectado a qué recurso y qué se ha hecho en cada componente arquitectónico (hardware y/o software).

Todos los accesos de los clientes se rastrean en una herramienta de control que también registra todas las acciones. Así, es posible saber quién se ha conectado a qué recurso y qué se ha hecho a qué componente arquitectónico (hardware y/o software).

Auditabilidad

La auditabilidad del acceso a los datos alojados está garantizada esencialmente por varios mecanismos:

- Cuadro de trazabilidad de los accesos (bastión Systancia) que permite consultar el historial de acceso a los datos
- Cortafuegos de Palo Alto para rastrear a las personas que se conectan a los recursos esenciales (bahías de almacenamiento de datos sanitarios y servidor web Apache HTTPS para el acceso a las aplicaciones).
- Registros Syslog/Splunk para rastrear quién se conecta a los dispositivos de hardware y software.

La auditabilidad se refiere a las pruebas que puede aportar el anfitrión en relación con el tratamiento o el acceso a los datos sanitarios.

Un riesgo relativo a la auditabilidad corresponde por tanto a un incidente de origen humano o material que tendría como consecuencia la incapacidad* de Cloud.es de determinar la persona** responsable del tratamiento o del acceso a los datos (incluso a los datos cifrados).

* y/o autoridades si tuvieran que realizar una auditoría)

** clientes de Cloud-IaaS que se supone que acceden a los datos alojados)

Se utilizará la siguiente escala para expresar los requisitos de auditabilidad:

Niveles de escala	Descripción detallada de la escalera
Registro (ECH-CRI-AUDI-LOG)	El activo esencial sólo puede ser auditado para conexiones y/o accesos.
Inscripción (ECH-CRI-AUDI-ENR)	El activo principal es totalmente auditable y las acciones quedan registradas.

3.2.2 Elaboración de una escala de niveles de gravedad (ECH-NIV-GRA)

Se utilizará la siguiente escala para estimar la gravedad de los sucesos y riesgos temidos:

Niveles de escala	Descripción detallada de la escalera
Insignificante (ECH-NIV-GRAV-4)	Cloud.es superará el impacto sin dificultad.
Limitado (ECH-NIV-GRAV-3)	Cloud.es capeará el temporal a pesar de algunas dificultades.
Significativo (ECH-NIV-GRAV-3)	Cloud.es superará el impacto con serias dificultades.
Crítica (ECH-NIV-GRAV-1)	Cloud.es no superará los impactos (actividad de alojamiento amenazada).

3.2.3 Desarrollo de una escala de niveles de probabilidad (ECH-NIV-VRA)

Se utilizará la siguiente escala para estimar la probabilidad de escenarios y riesgos:

Niveles de escala	Descripción detallada de la escalera
Mínima (ECH-NVI-VRA-4)	Esto no debería ocurrir (otra vez).
Significativo (ECH-NIV-VRA-3)	Esto podría pasar.

Niveles de escala	Descripción detallada de la escalera
Fuerte (ECH-NVI-VRA-2)	Seguro que ocurre (otra vez) un día de estos.
Máximo (ECH-NIV-GRA-1)	Esto ocurrirá sin duda (otra vez).

4. Definición de los criterios de gestión de riesgos

Los criterios de gestión de riesgos utilizados son los siguientes:

Acción	Criterio de gestión del riesgo (norma elegida para llevar a cabo la acción)
Acontecimientos temidos	
Estimación de los acontecimientos temidos (módulo 2 del método EBIOS)	Los acontecimientos temidos se estiman en términos de gravedad utilizando la escala definida a tal efecto (escala de nivel de gravedad ECH-NIV-GRA).
Evaluación de los acontecimientos temidos (módulo 2)	Los sucesos temidos se clasifican en orden descendente de probabilidad (escala de niveles de probabilidad ECH-NIV-VRA).
Escenarios de amenaza	
Estimación de escenarios de amenaza (módulo 3)	Los escenarios de amenaza se analizan utilizando la identificación de fuentes de amenaza y la probabilidad de cada escenario de amenaza se estima utilizando la escala de probabilidad.
Evaluación de los escenarios de amenaza (módulo 3)	Los escenarios de amenaza se evalúan en orden descendente de probabilidad.

Acción	Criterio de gestión del riesgo (norma elegida para llevar a cabo la acción)
Riesgos	
Evaluación de riesgos (módulo 4)	La gravedad de un riesgo es igual a la gravedad del suceso temido. La probabilidad de un riesgo es igual a la probabilidad máxima de todos los escenarios de amenaza vinculados al suceso temido considerado (en el caso de un terremoto que provoque inundaciones y un corte de electricidad; el riesgo final es tener los servidores fuera de servicio).
Evaluación de riesgos (módulo 4)	Los riesgos de gravedad crítica y los de gravedad significativa y probabilidad alta o máxima se consideran intolerables. Se consideran significativos los riesgos cuya gravedad es alta y cuya probabilidad es significativa, y aquellos cuya gravedad es limitada y cuya probabilidad es alta o máxima. Los demás riesgos se consideran insignificantes.
Medidas de seguridad	
Formalización de las medidas de seguridad que deben aplicarse (módulo 5)	Se elabora una lista de medidas de seguridad destinadas a reducir o transferir los riesgos prioritarios y no prioritarios.
Aplicación de medidas de seguridad (módulo 5)	Se utiliza una tabla para supervisar la aplicación del plan de gestión de riesgos mediante medidas de seguridad.

5. Identificación de los bienes

5.1 Identificación de los activos esenciales, sus relaciones y sus custodios

A efectos de este estudio, Cloud.es ha seleccionado los siguientes procesos como activos esenciales (activos intangibles):

Procesos esenciales	Información esencial	Custodios
Utilización de la infraestructura Cloud-Infra	Cartografía de la base de infraestructuras Seguimiento en tiempo real e informes de seguimiento Política administrativa de gestión de copias de seguridad/ restauración de datos Política de acceso a los datos PSSI Plan de recuperación en caso de catástrofe (DRP)	TFC

Procesos esenciales	Información esencial	Custodios
Aprovechamiento de los servicios Cloud-IaaS	Cartografía de la base de infraestructuras Asignación de servicios alojados Seguimiento en tiempo real e informes de seguimiento Política de gestión del almacenamiento de datos sanitarios Política de copias de seguridad de datos sanitarios Política de archivo de datos sanitarios Política de devolución de datos Política de acceso a los datos PSSI DRP	TFC
Puesta en producción de Cloud-IaaS Standard y Premium	Lista de clientes que se han suscrito a Cloud-IaaS Standard Cloud-IaaS Premium y los SLA asociados Política de acceso de los clientes	TFC
Actualizar el entorno de los clientes Cloud-IaaS Standard y Premium con opciones de dimensionamiento	Lista de clientes suscritos a Cloud-IaaS Standard y Cloud-IaaS Premium y los SLA asociados Lista de solicitudes de desarrollo	TFC
Devolver los datos sanitarios a los clientes	Peticiones de los clientes Restitución de la copia de seguridad en el servidor del cliente	TFC

Procesos esenciales	Información esencial	Custodios
Aplicación del procedimiento de reversibilidad	Solicitud del cliente Procedimiento de reversibilidad	TFC

5.2 Identificación de los activos de apoyo, sus relaciones y sus propietarios

Cloud.es ha seleccionado los siguientes activos de apoyo:

- En la empresa:
  - SYS: Red Cloud-Infra
  - SYS: Red TFC
  - ORG: Organización TFC
  - SYS: instalaciones del proveedor de alojamiento
- Interfaz:
  - SYS: red VPN MPLS ofrecida por Cloud.es a sus clientes para la conexión a la plataforma de alojamiento
  - SYS: Red de Internet

5.3 Determinar el vínculo entre bienes esenciales y bienes de apoyo

El siguiente cuadro muestra los bienes de apoyo y sus vínculos con los bienes esenciales:

	Productos de primera necesidad					
Activos de apoyo (específicos de la actividad de alojamiento)	**Utilización de Cloud-Infra**	**Aprovechamiento de Cloud-IaaS**	**Puesta en producción de Cloud-IaaS Standard y Premium**	**Adaptar el entorno cliente (opciones de dimensionamiento)**	**Devolver los datos a los clientes**	**Aplicación del procedimiento de reversibilidad**
SYS - Red Cloud-Infra	**X**	**X**	**X**	**X**	**X**	
Interruptor MAT	X	X	X	X	X	
Enrutador MAT	X	X	X	X	X	
Cortafuegos MAT	X	X	X	X	X	
Servidor MAT PC	X	X				
Linux LOG	X	X				
VMware LOG	X	X				
Gestión del servidor MAT	X	X				
Linux LOG	X	X				
VMware LOG	X	X				
Snort LOG	X	X				
SyslogLOG	X	X				

	Productos de primera necesidad					
Activos de apoyo (específicos de la actividad de alojamiento)	**Utilización de Cloud-Infra**	**Aprovechamiento de Cloud-IaaS**	**Puesta en producción de Cloud-IaaS Standard y Premium**	**Adaptar el entorno cliente (opciones de dimensionamiento)**	**Devolver los datos a los clientes**	**Aplicación del procedimiento de reversibilidad**
Nagios LOG	X	X				
ITIL LOG	X	X				
FTP LOG	X	X				
Servidor de trazabilidad MAT	X	X				
Systancia LOG	X	X				
Servidor de copia de seguridad MAT	X	X			X	X
Linux LOG	X	X			X	X
Veeam LOG	X	X			X	X
Archivo MAT	X	X			X	X
Archivo Dell LOG	X	X			X	X
SYS - Red Cloud-Infra		**X**	**X**	**X**	**X**	
Servidor cliente MAT		X	X	X	X	
Linux LOG		X	X	X	X	
VMware LOG		X	X	X	X	
Windows LOG		X	X	X	X	

	Productos de primera necesidad					
Activos de apoyo (específicos de la actividad de alojamiento)	**Utilización de Cloud-Infra**	**Aprovechamiento de Cloud-IaaS**	**Puesta en producción de Cloud-IaaS Standard y Premium**	**Adaptar el entorno cliente (opciones de dimensionamiento)**	**Devolver los datos a los clientes**	**Aplicación del procedimiento de reversibilidad**
Bahía de almacenamiento MAT		X	X	X	X	
Dell LOG		X	X	X	X	
Bastidores de reserva MAT		X	X	X	X	
Archivo MAT		X	X	X	X	
Archivo LOG		X	X	X	X	
SYS - Red TFC	X	X				
Ordenadores MAT	X	X				
W10 / RD / Linux LOG	X	X				
SYS - Red backhaul MPLS Cloud-IaaS	X	X				
Enrutador MAT	X	X				
Enlace de telecomunicaciones	X	X				

	Productos de primera necesidad					
Activos de apoyo (específicos de la actividad de alojamiento)	**Utilización de Cloud-Infra**	**Aprovechamiento de Cloud-IaaS**	**Puesta en producción de Cloud-IaaS Standard y Premium**	**Adaptar el entorno cliente (opciones de dimensionamiento)**	**Devolver los datos a los clientes**	**Aplicación del procedimiento de reversibilidad**
SYS - Red de Internet	**X**	**X**				
Enrutador MAT	X	X				
Enlace de telecomunicaciones	X	X				
ORG - Organización TFC	**X**	**X**	**X**	**X**	**X**	
PER Director	X	X	X	X	X	
LOC - Aulas de informática	**X**	**X**	**X**	**X**	**X**	

5.4 Identificación de las medidas de seguridad existentes

Cloud.es ha identificado las siguientes medidas de seguridad existentes:

Medidas de seguridad	El soporte sobre el que se apoya	Tema ISO 27001	Prevención	Protección	Recuperación
Sistema de intervención en la red VPN MPLS (intervención del operador de telecomunicaciones 24/24)	SYS - Redes VPN MPLS	6.2 Terceros	X		X
Sistema de intervención de enlaces de Internet BGP (intervención de proveedores 24/24)	SYS - Red de Internet	6.2 Terceros	X		X
Activación de una alarma de intrusión durante las horas de cierre del edificio	LOC - Instalaciones de la empresa de alojamiento	9.1 Zonas seguras	X		
Protección de acceso a los locales informáticos	LOC - Instalaciones de la empresa de alojamiento	9.1 Zonas seguras		X	
Instrucciones de cierre para los despachos de los miembros de TFC	LOC - Instalaciones de la empresa de alojamiento	9.1 Zonas seguras		X	
Sistema contra incendios	LOC - Instalaciones de la empresa de alojamiento	9.1 Zonas seguras		X	

Medidas de seguridad	El soporte sobre el que se apoya	Tema ISO 27001	Prevención	Protección	Recuperación
Aire acondicionado	LOC - Instalaciones de la empresa de alojamiento	9.2 Seguridad de los equipos	X		
Sistema de alimentación ininterrumpida	SYS - Red Cloud-Infra SYS - Red Cloud-IaaS SYS - VPN de red PMLS SYS - Red de Internet	9.2 Seguridad de los equipos		X	
Instalación de sistemas cortafuegos	LOG Palo Alto	10.6 Gestión de la seguridad de la red		X	
Instalación de software antivirus en estaciones de trabajo W10 (estaciones de trabajo de administrador TFC)	LOG - Microsoft W10 / RDP	10.4 Protección contra código malintencionado y móvil	X		
Instalación de software antivirus en los servidores Windows de los clientes	LOG - Microsoft Windows 10	10.4 Protección contra código malintencionado y móvil	X		
Sistema de detección de intrusos	LOG - IDS Palo Alto	11.1 Requisitos de servicio para el control de acceso	X		

Medidas de seguridad	El soporte sobre el que se apoya	Tema ISO 27001	Prevención	Protección	Recuperación
Dispositivo para seguir y guardar las acciones de la sesión	LOG - Bastión Web Systancia	11.1 Requisitos de servicio para el control de acceso	X	X	
Control de acceso mediante contraseña a través de un proxy de autenticación	LOG - Bastión Web Systancia	11.2 Gestión del acceso de los usuarios	X	X	
Centralización en tiempo real de los registros en un servidor de registros	LOG - Syslog	10.10 Supervisión, control			X
Copia de seguridad de los registros en un servidor de copia de seguridad	LOG - Dell	10.5 Copia de seguridad			X
Archivar registros en un servidor de archivo	LOG -Dell	10.5 Copia de seguridad			X
Almacenamiento de contraseñas raíz en cajas fuertes bancarias	Se aplica a todos los LOGS, excluidos los perímetros SYS - Red de clientes y SYS - Red de Internet.	10.5 Copia de seguridad		X	
Replicación de máquinas virtuales de clientes en el sitio secundario	SYS - Red Cloud-Infra	10.5 Copia de seguridad		X	X

Medidas de seguridad	El soporte sobre el que se apoya	Tema ISO 27001	Prevención	Protección	Recuperación
Copia de seguridad de los datos sanitarios en el sitio primario y replicación en el sitio secundario	SYS - Red Cloud-IaaS	10.5 Copia de seguridad		X	X
Archivado de datos sanitarios en el sitio primario y replicación en el sitio secundario	SYS - Red Cloud-IaaS	10.5 Copia de seguridad		X	X
Seguro multirriesgo profesional y de riesgos informáticos	ORG - Organización TFC	14.1 Aspectos de la gestión de la continuidad de las actividades relacionados con la seguridad de la información			X
Contrato de mantenimiento de equipos informáticos (intervención en 4 horas)	ORG - Organización TFC	9.2 Seguridad de los equipos	X		X
Contrato de mantenimiento de software	LOG - Palo Alto LOG - Cisco IOS LOG - Systancia LOG Dell LOG - VMWARE	12.6 Gestión de las vulnerabilidades técnicas	X		X

6. EBIOS: el conjunto de módulos

El módulo 2 (Estudio de sucesos temidos), el módulo 3 (Estudio de escenarios de amenaza), el módulo 4 (Estudio de riesgos) y el módulo 5 (Estudio de medidas de seguridad) del método EBIOS se presentan en el apéndice: "Apéndice 1 - Resultados del análisis de riesgos EBIOS".

7. Gestor de riesgos EBIOS

En relación con el método EBIOS versión 2010 basado en el análisis y la evaluación de riesgos, la ANSSI quería actualizarlo a EBIOS Risk Manager (o EBIOS RM) en 2018.

EBIOS RM se inscribe, pues, en el contexto cibernético actual y en un nuevo marco centrado en el usuario y el ecosistema. Comienza con misiones estratégicas de alto nivel y desciende gradualmente a ámbitos empresariales y técnicos, centrándose en las posibles vías de ataque.

EBIOS RM presenta cinco talleres:

- Taller 1: Marco / fundamento de la seguridad. Durante un taller con las partes interesadas (TI, empresa, CISO, GM, DPO), se detallan los siguientes elementos: marco del estudio, misiones, perímetro empresarial y técnico, activos de apoyo, sucesos temidos, evaluación de la gravedad, definición de la base de seguridad y lagunas observadas con la situación real.
- Taller 2: Fuentes de riesgo. Se trata de identificar las fuentes de riesgo (FS) y los objetivos de seguridad (OS) previstos. En esta fase sólo se tienen en cuenta las FR/OS más relevantes para el resto del análisis RM EBIOS.

  Ejemplo: ataque de ransomware (FR) - protección de estaciones de trabajo y servidores mediante un EDR (OS).
- Taller 3: Escenarios estratégicos. Se trata de elaborar una lista de escenarios estratégicos a partir de la cartografía de la amenaza digital en relación con el objeto del estudio. Estos escenarios estratégicos son las vías de ataque utilizadas por las fuentes de riesgo. Este taller debe permitir definir las medidas de seguridad. EBIOS RM se centra en escenarios de riesgo más ricos y complejos que EBIOS 2010.

- Taller 4: Escenarios operativos. El objetivo es definir los escenarios técnicos operativos que esbozan los métodos operativos que podrían aplicar las fuentes de riesgo para alcanzar los escenarios estratégicos. Los escenarios técnicos se evalúan en función de su probabilidad.
- Taller 5: Tratamiento de riesgos. Por último, se resumen los riesgos y se define un plan de tratamiento de riesgos, con medidas de seguridad y un plan de acción, que incluye los apartados de "supervisión de riesgos" y "gobernanza general del análisis de riesgos". El PMCS (Plan de Mejora Continua de la Seguridad) es el producto final del método RM EBIOS.

Fuente: https://www.ssi.gouv.fr/administration/management-du-risque/la-methode-ebios-risk-manager/

Capítulo 6
Buenas prácticas del SI ciberseguro

1. Introducción

Tras presentar un análisis de riesgos basado en un caso práctico, es hora de analizar la respuesta tecnológica a los ciberataques. Hay muchos productos y servicios disponibles en todo el mundo, tanto en versiones comunitarias como comerciales. Elementos de arquitectura, estaciones de trabajo, correo electrónico, antivirus, EDR, cuentas privilegiadas, acceso móvil, escáneres de vulnerabilidades...

Pero, ¿por dónde empezar realmente y qué estrategia adoptar para ser lo más eficaz posible?

2. Elementos de arquitectura fundamental

Si se representa la arquitectura de un SI de la forma más exhaustiva posible, se aprecian claramente varios tipos de entidades.

2.1 Entidad central, denominada "HeadQuarter" (HQ)

Esta entidad es el centro neurálgico del sistema de información, el lugar donde se almacenan servidores, bahías de almacenamiento, elementos activos, centros de datos con y sin certificación ISO, accesos de telecomunicaciones, cortafuegos, servidores de correo, software antivirus, aplicaciones empresariales, aplicaciones colaborativas, front-ends de publicación, directorios, servidores DNS... y muy a menudo los equipos informáticos de producción (los "Ops"). En esta nube privada, ahora es necesario añadir elementos tecnológicos de ciberseguridad para completar la panoplia del cauto director informático:

- Retransmisión de correo con sistema antispam
- Sistema de protección de aplicaciones web (WAF)
- Sistema proxy de autenticación (BASTIÓN)
- Gestión centralizada de endpoints
- Gestión centralizada de cortafuegos remotos
- Gestión centralizada de registros con correladores de eventos (SIEM)
- Gestión centralizada de las operaciones NOC/SOC
- Gestión de la orquestación de eventos de seguridad (SOAR)
- Gestión automática del comportamiento de los usuarios (UEBA)
- Gestión de enlaces de telecomunicaciones seguros y calidad de las aplicaciones (SDWAN)
- Gestión de la seguridad en la nube (CSPM)
- Gestión de la seguridad de los usuarios/aplicaciones en la red (SASE)
- Gestión de prevención y detección de intrusiones (IPS/IDS)
- Gestión del filtrado web

Observación

Esta arquitectura ideal es cara. Evidentemente, no todas las empresas pueden permitirse la inversión asociada. En este caso, es necesario plantearse la subcontratación cibernética con un especialista que disponga de este tipo de entorno (compartido entre sus clientes).

Elementos de la arquitectura de ciberseguridad

La mayoría de estos elementos, y muchos más, están incorporados en Security Fabric de Fortinet, una de las plataformas tecnológicas de ciberseguridad más avanzadas del mundo.

El concepto de tejido de seguridad de Fortinet

2.2 Arquitectura de usuario

Se trata esencialmente de los puestos de trabajo de los usuarios de la sede, ya sean fijos o móviles (smartphone, tableta, portátil) y de los teléfonos IP. Como todos los recursos IP, deben estar protegidos por herramientas antivirus y EDR (*Endpoint Detection Response*). Se trata de herramientas esenciales y fundamentales, capaces de bloquear un ataque antes de que se lance, analizando las señales débiles (véase el capítulo Security Operations Center).

Para mayor seguridad, conviene segmentar las redes informáticas asociadas a los distintos departamentos que componen la sede, una especie de creación de subagencias, y asignar subredes IP diferentes:

- 10.5.0.4/16 para equipos de producción
- 192.168.6.0/24 para equipos de marketing
- ...

El uso de routers y mecanismos VLAN (asignación de una subred a los puertos físicos de la red) ayuda a limitar la propagación de elementos malintencionados (malware, ransomware, fuga de datos, etc.) o, como mínimo, a detectar problemas muy rápidamente mediante el análisis de los registros de routers inter-vlan.

Las estaciones de trabajo de telefonía IP también deben estar aisladas de la red y disponer de las últimas versiones de firmware. Con demasiada frecuencia, el sistema de telefonía IP queda fuera de servicio en caso de ataque a los servidores o puestos de trabajo, simplemente desconectando el teléfono IP (si el teléfono está conectado al PC o viceversa) o todos los conmutadores y enrutadores de la empresa. Sin embargo, el aislamiento previo puede seguir permitiendo el funcionamiento de la aplicación de telefonía, esencial en caso de crisis grave para llegar al exterior y ser localizado (como en el caso de los ciberataques que afectaron a algunos grandes hospitales franceses a principios de 2021).

2.3 Arquitectura de sucursales

Las agencias, filiales o sucursales son sitios físicos vinculados a la sede central. En general, se trata de pequeñas estructuras con entre 5 y 30 usuarios. Las necesidades informáticas de estos usuarios son prácticamente las mismas que las de los usuarios de la sede central: necesitan acceder a recursos centralizados como el correo electrónico, CRM, ERP, contabilidad, etc. Evidentemente, necesitan un enlace local de telecomunicaciones con la sede central. Este enlace puede construirse sobre un soporte físico (enlace por cable de fibra óptica, enlace por cable xDSL, enlace móvil 4G/5G, enlace por satélite para los emplazamientos situados en zonas blancas). Sobre este soporte se construye un tipo de protocolo de conectividad:

- Internet público
- VPN a través de Internet (SSL o IPSec)
- VPN en red MPLS

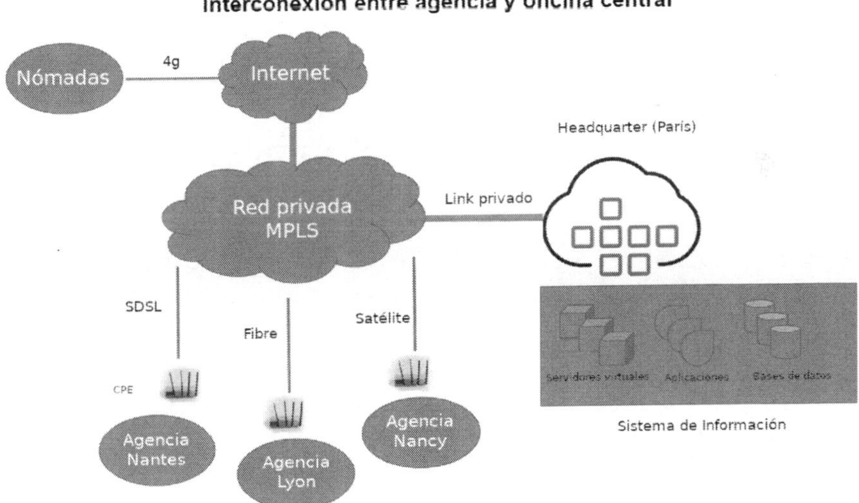

Interconexión entre HA y BO

Observación

Síndrome "avería por excavadora": siempre es preferible asegurar el enlace local de telecomunicaciones con dos operadores diferentes cuyos equipos sean totalmente independientes, en particular los enlaces entrantes (doble aducción).

Observación

La tecnología SD-WAN permite agregar dos enlaces, como un acceso a Internet de bajo coste y un acceso MPLS privado, y gestionar la calidad del servicio de forma optimizada.

El cortafuegos local, necesario sobre todo para el acceso local a Internet, debe gestionarse de forma centralizada.

En algunos casos, es necesaria la presencia de varios servidores. Es el caso de los servidores de desarrollo para equipos de desarrolladores que trabajan deslocalizados en un país extranjero.

Las copias de seguridad también deben gestionarse de forma centralizada, con una copia local.

A veces puede haber un servidor de Active Directory secundario que se sincroniza con el AD primario central, por lo que hay muchos sistemas que proteger.

Hace algunas décadas, sobre todo en el sector bancario, los sitios remotos estaban totalmente desprovistos de inteligencia de aplicaciones, en el sentido de que las operaciones se basaban en binomio bien rodado compuesto de terminales pasivos y mainframes centrales con funcionalidades robustas y probadas. Pero el panorama actual es completamente distinto, con multitud de tecnologías, arquitecturas... y, por tanto, objetivos potenciales de ciberataques.

Observación

La llegada de la arquitectura cliente/servidor a mediados de los 90 hizo que las estaciones de trabajo fueran inevitablemente pesadas y consumidoras de energía, con aplicaciones cada vez más pesadas. Al mismo tiempo, el PC ha hecho que toda la SI sea vulnerable a nuevas formas de ciberataque, en particular el ransomware.

2.4 Arquitectura nómada aislada

El nómada es el empleado sin sede fija en la empresa. Están ultraconectados desde distintos lugares: su domicilio (que, con la crisis de Covid-19, se ha convertido en su oficina principal, lo que ha replanteado la política de seguridad de los sistemas de información de la empresa), su destino de vacaciones, el tren de alta velocidad, las salas VIP de las estaciones de trentes, hoteles o simplemente la calle.

En cuanto se dispone de acceso a Internet (Wi-Fi público, 4G, router personal, router 4G, etc.), los nómadas tienen acceso potencial al SI de la empresa.

Esta situación de ultraconectividad exige una respuesta de seguridad infalible.

Es práctica común proteger las conexiones corporativas mediante una VPN (*Virtual Private Network*). Los clientes VPN deben iniciarse antes de acceder a recursos que, por definición, no son de acceso público. Y esto es muy bueno, aunque las VPN sean cada vez más criticadas. Tienes que identificarte (login), autenticarte (contraseña) y luego autenticarte fuertemente (mediante una OTP) antes de poder conectarte a tus recursos de empresa favoritos.

Algunos servidores son accesibles sin VPN, pero a través de conexiones de tipo SSL. La mensajería suele gestionarse de este modo (por ejemplo, Exchange Online). El acceso a Teams solo requiere un nombre de usuario/contraseña/MFA.

Hay muchos proveedores de VPN en el mercado mundial, y tiene sentido emparejarlos con el cortafuegos que elijas. Por ejemplo, FortiClient con FortiGate, SecureClient con el cortafuegos Checkpoint, GlobalProtect con el cortafuegos Palo Alto Netwoks, etc. Los reproductores aislados son igualmente compatibles (por ejemplo, el cliente VPN francés TheGreenBow, que cuenta con la certificación Common Criteria de nivel EAL3+).

2.5 Arquitecturas de seguridad centralizadas

2.5.1 Control de acceso y gestión de identidades

El acceso a los recursos de la SI es un elemento clave de la seguridad de la SI: ¿quién puede conectarse? ¿Quién tiene acceso a qué? ¿Cuándo? ¿Con qué tipo de dispositivos?

Con una política de gestión de identidades centralizada y unificada, es posible ofrecer una experiencia de usuario al tiempo que se protege todo el SI.

A partir de ahora, tenemos que hacer frente a una serie de factores proteicos:

- Acceso geográfico: usuarios en la sede central o filial, usuarios móviles, proveedores de servicios, usuarios, clientes.
- Acceso geográfico lógico: recursos locales, en la nube privada, en la nube pública.
- Acceso al hardware: uso de múltiples dispositivos: estaciones de trabajo fijas, portátiles, smartphones. Dispositivos empresariales y BYOD.
- Acceso a los programas informáticos: utilización de las aplicaciones de acuerdo con las autorizaciones.

La gestión es tediosa y puede ser contraproducente sin voluntad de armonizar y, por tanto, de urbanizar.

Anuario central

La piedra angular de la gestión de identidades es el directorio, basado en su mayor parte en Active Directory (Microsoft). Es, por tanto, el elemento más sensible a proteger, ya que contiene la base de usuarios, los inicios de sesión, las contraseñas y la pertenencia a grupos de trabajo. Por tanto, se utiliza para acceder a aplicaciones, unidades de red como el almacenamiento de archivos, recursos alojados en la nube, etc.

Un hacker siempre tendrá interés en intentar acceder al AD para recuperar la contraseña de un usuario y así poder usurpar una identidad, la clave para entrar en el SI y luego instalar un programa malintencionado.

Se pueden utilizar programas informáticos para realizar auditorías de configuración y, de este modo, proteger el directorio:
Ping Castel: https://www.pingcastle.com/

Observación

Dado que el SI está fragmentado y que muchas aplicaciones están en la nube, incluida la inevitable suite Office 365, se recomienda encarecidamente suscribirse a un paquete Azure AD Premium para beneficiarse de un directorio Azure AD (AAD), un directorio de cuentas de usuario en la nube de Microsoft; esto permitirá a las aplicaciones externas comunicarse con AAD directamente sin pasar por el directorio interno, lo que supone una fuente de simplificación. Corresponde al equipo técnico replicar la base de datos AD local en AAD. Esto convierte a AAD en una parte central del sistema de gestión de identidades, que debe asegurarse mediante herramientas nativas de Azure.

Gestión de contraseñas

Es el azote de la era digital: las contraseñas son esenciales para proteger una identidad, pero hay demasiadas y la memoria humana no puede recordarlas todas. Así que hay que poner en marcha dos soluciones esenciales para simplificar la autenticación de los usuarios:

- Una caja fuerte de contraseñas centralizada o, como mínimo, una caja fuerte de contraseñas local como KeePass (https://keepass.info/). El principio consiste en crear una contraseña ultrafuerte para acceder a la caja fuerte (la única que hay que recordar) y después introducir en ella todas las contraseñas de las aplicaciones. Todo lo que tienes que hacer es copiar y pegar la contraseña o utilizar la función "Perform Auto-Type" para evitar tener que introducir contraseñas. Por supuesto, debes acordarte de hacer copias de seguridad de tu base de datos local de KeePass con regularidad.
- Un sistema SSO (*Single Sign On*) que permite al usuario conectarse una vez a una página central, un sitio intranet por ejemplo, y luego poder acceder directamente a otras aplicaciones compatibles con SSO; esto requiere una configuración específica por parte de los administradores informáticos y no todas las aplicaciones son elegibles, esencialmente las aplicaciones web.

Nótese que el login sirve para identificar al usuario y la contraseña para autenticarse. Este emparejamiento login/contraseña no permite comprobar quién está detrás de la conexión: ¿un hacker que ha usurpado la información, un colega al que se ha comunicado la contraseña o el usuario real?

Autenticación fuerte

La autenticación fuerte ofrece una solución al problema del login/contraseña. El principio consiste en solicitar un código adicional para acceder a los recursos de la SI. Obviamente, este código sólo lo conoce el usuario en cuestión; puede adoptar diferentes formas: un certificado SSL instalado en el PC, protegido adicionalmente por un código PIN en el momento de la instalación, un código OTP de un solo uso enviado en cada conexión, preferiblemente por SMS (funcionalidad de autenticación MFA en Azure) o a través de un dispositivo específico como una calculadora OTP. También puede tratarse de un token criptográfico USB que debe insertarse para conectarse al SI (por ejemplo, YubiKey, Google Titan Key, etc.). Este sistema es esencial: por ejemplo, es importante implementarlo en el contexto del teletrabajo, ya que permite comprobar que se trata efectivamente de un empleado de la empresa, de una autoridad local o de un proveedor de servicios autorizado.

IAM

Las soluciones de gestión de acceso a la identidad permiten la implantación centralizada de la federación de identidades, es decir, la asociación entre la identidad digital verificada y las autorizaciones de las aplicaciones. IAM no pretende sustituir a SSO, sino que es un componente superior para gestionar el ciclo de vida de la identidad y los derechos de los empleados. IAM se basa en estándares de protocolo como SAML (*Security Access Markup Language*) u OIDC (*OpenID Connect*), que utiliza OAuth 2.0. IAM permite gestionar la identidad y el acceso desde una única plataforma, utilizando el principio de los proveedores de identidad o *identity providers* (IdP).

Existen varias plataformas de código abierto fiables: Keycloack, Shibboleth, Gluu...

PAM

La gestión de identidades y privilegios de acceso está destinada al acceso de administradores. El principio es utilizar un servidor de rebote para acceder a los recursos (principalmente servidores) y no conectarse directamente a los servidores. Este sistema se conoce como bastión de administración o proxy de autenticación. Algunos editores franceses se posicionan en este parte de mercado: Wallix, Systancia, etc. Este bastión no debe estar expuesto en Internet y sólo debe ser accesible a través de una VPN, lo que a menudo lo convierte en la bestia negra de los administradores que necesitan conectarse rápidamente a los recursos informáticos. Un PAM es esencial para asegurar los accesos privilegiados.

La gestión de identidades y accesos puede complementarse con otros sistemas:

- VPN
- NAC (*Network Access control*)
- PKI: infraestructura de clave privada para la emisión de certificados SSL X509 (certificados de servidor y certificados de usuario)
- CASB: las soluciones Cloud Access Security Broker permiten la gestión centralizada de identidades en la nube

2.5.2 XDR

En los últimos años ha aparecido un nuevo término en el mundo de la ciberseguridad: XDR (*eXtended Detection and Response*) para designar un ecosistema de seguridad global dividido en dos partes:

- XDR front-end, compuesto por varias tecnologías utilizadas para proteger el SI y colocadas en casi todas partes:
  - Cortafuegos
  - IDS/IPS: detección y prevención de intrusiones
  - EPP/EDR: antivirus basados en firmas y antivirus basados en el comportamiento
  - DPL (*Data Loss Prevention*), un módulo que puede implantarse en un cortafuegos
  - NDR (*Network Detection Response*) para la red

  - IAM (gestión de identidades y accesos)
  - UEM (gestión unificada de terminales)
  - CWPP (*Cloud Workload Protection*)
  - CASB (pasarela de acceso seguro a la nube)
  - SWG (*Secure Web Gateway*): pasarela web segura o proxy web
  - SEG (*Secure Email Gateway*)
- XDR back-office, que procesa todos los eventos del front-end XDR:
  - Nube: servicios IaaS, PaaS, SaaS
  - CTI: sistema de inteligencia sobre amenazas
  - Datalake: lago de datos central
  - API: sistema de conexión entre aplicaciones
  - Investigación de incidentes
  - Flujo de trabajo de respuesta a incidentes
  - SOAR: sistema de orquestación y automatización
  - SIEM: sistema de gestión de información y eventos

Es importante que una XDR centralice todos los datos de seguridad y disponga de un motor API para conectar con las soluciones de código abierto y propietarias que forman el escudo de seguridad indicado en el front end.

Ya hay muchos actores de XDR: Cisco, Cybereason, Tehtris (una solución francesa), Palo Alto, SentinelOne, Trend Micro, Fortinet, Sophos, Rapid 7, etc. Para simplificar la arquitectura, los editores de soluciones XDR ofrecen plataformas SaaS.

■ Observación

Según un estudio realizado por Mandiant M-Trends (https://www.mandiant.com/resources/blog/m-trends-2022), el "dwell time", el tiempo que transcurre entre el momento en que el atacante entra en la SI y el momento en que es detectado, ha ido disminuyendo constantemente desde la llegada de los enfoques EDR/XDR al mercado: 416 días en 2011, 243 días en 2012, 78 días en 2018, 21 días en 2022.

2.6 Arquitectura de nube pública

2.6.1 Definición de nube pública

La nube pública, por definición, es un conjunto de recursos informáticos disponibles en Internet y puestos a disposición del público en general. El público puede solicitar servidores virtuales, almacenamiento, un cortafuegos, una base de datos, aprendizaje automático, etc., mediante una simple tarjeta de crédito.

Por extensión, la nube pública también se dirige a las empresas, que pueden hacer sus pedidos directamente a través de una cuenta y pagar las facturas directamente a Microsoft, o recurrir a un *Cloud Service Provider* (CSP) que actúa como intermediario entre el proveedor de la nube pública y el cliente final.

El CSP es esencial en el contexto de las licitaciones privadas/públicas y en los casos en que el cliente final no dispone de tarjeta de crédito (como mínimo, el uso de una tarjeta de crédito es impensable por razones de proceso interno). El proveedor de la nube pública factura mensualmente al CSP (en función del consumo real). A continuación, el CSP factura al cliente final.

2.6.2 Las cinco características

El término "nube", demasiado a menudo sobreutilizado, tiene una definición oficial, clara y precisa que fue introducida por el NIST en septiembre de 2011 y que se basa en la regla "5-3-4":

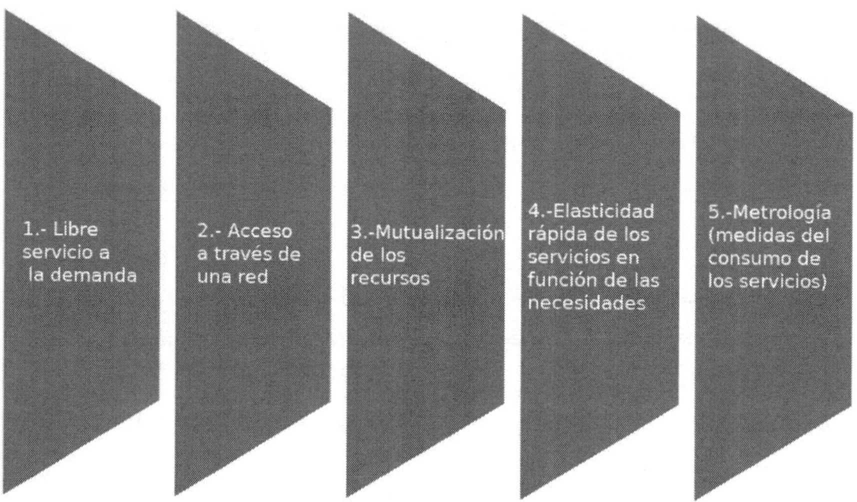

Las cinco características de la nube

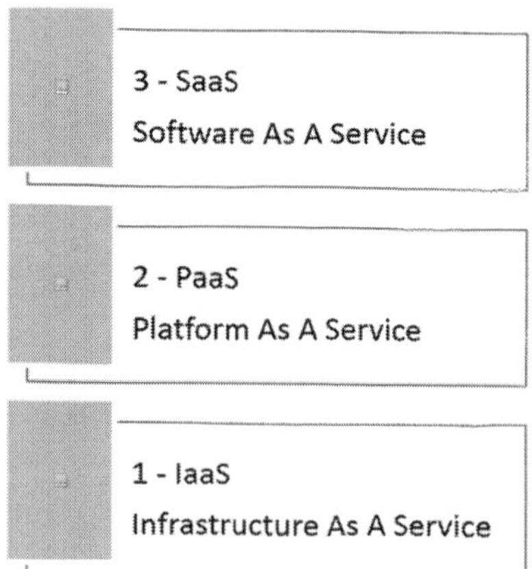

Los tres modelos de servicios en nube

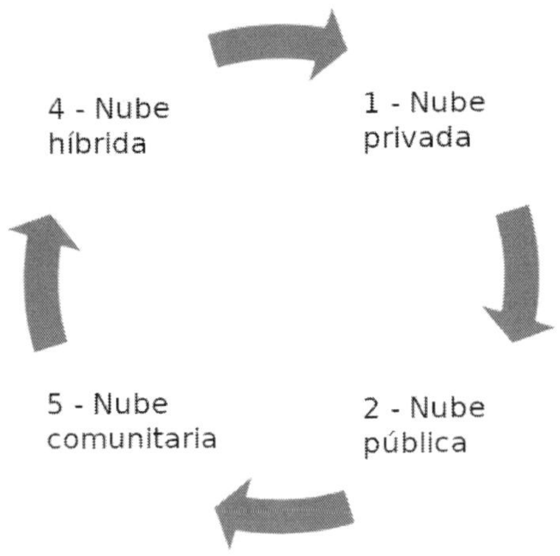

Los cuatro modelos de implantación de la nube

2.6.3 La RACI de la nube

Para distinguir claramente las responsabilidades del proveedor de la nube y del cliente, parece útil aclarar estos principios entre los tres modelos de IaaS, PaaS y SaaS, a los que convendría añadir el modelo on-premise.

On-premise	IaaS	PaaS	SaaS
Datos	Datos	Datos	Datos
Aplicaciones	Aplicaciones	Aplicaciones	Aplicaciones
Middleware	Middleware	Middleware	Middleware
Sistema operativo	Sistema operativo	Sistema operativo	Sistema operativo
Seguridad	Seguridad	Seguridad	Seguridad
Copia de seguridad	Copia de seguridad	Copia de seguridad	Copia de seguridad
Virtualización	Virtualización	Virtualización	Virtualización
Servidores	Servidores	Servidores	Servidores
Almacenamiento	Almacenamiento	Almacenamiento	Almacenamiento
Red	Red	Red	Red

On-premise	IaaS	PaaS	SaaS
Centro de datos	Centro de datos	Centro de datos	Centro de datos

Responsabilidad del cliente
Responsabilidad del proveedor

Observación

Es importante no confundir el servicio prestado por el PaaS (un conjunto de aplicaciones de software "as a service" listas para usar, como la base de datos) con el nivel de RACI del PaaS. Esta confusión es a menudo el origen de los problemas de los clientes. Es más prudente hablar de IaaS si el proveedor de servicios externaliza el sistema operativo de las máquinas virtuales de sus clientes.

2.6.4 Actores de talla mundial

Cuando se trata de la nube pública, la tendencia suele ser hacer una lista de los tres principales actores por ingresos. Este club cerrado de los tres grandes pertenece a la categoría IaaS/PaaS.

Proveedores de IaaS/PaaS

- Amazon Web Services (AWS), la más antigua (y por tanto lógicamente la más experimentada) con casi 15 años de experiencia.
- Microsoft (Azure): obviamente la más vinculada, con software mundialmente conocido como Office (local y la suite Microsoft 365), el sistema operativo Windows (cliente y servidor) y el Directorio Activo (local y Azure AD).
- Google (Google Cloud Platform): el aspirante, con su motor de búsqueda Google y su potente suite colaborativa G-Suite.

Además de este club, hay otros dos grandes actores que están haciendo incursiones significativas en la nube pública, pero que no suponen una amenaza para los Tres Grandes:

- Alibaba (Alibaba Cloud)
- IBM (IBM Cloud)

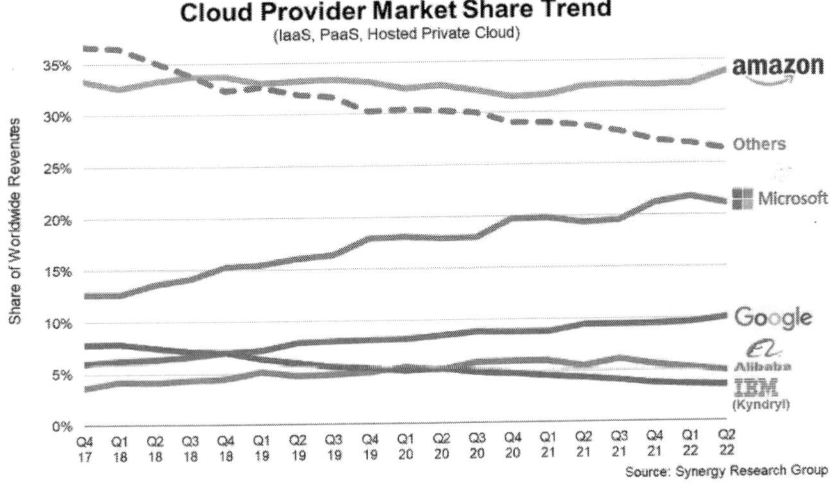

Cloud Provider Market Share Trend 2022

Ingresos de la nube pública del cuarto trimestre de 2017 al segundo trimestre de 2022

Observación

Los ingresos trimestrales por servicios de infraestructura en nube (incluidos IaaS, PaaS y servicios de nube privada alojada) ascendieron a 37.100 millones de dólares, lo que se traduciría en unos ingresos de 129.000 millones de dólares para el año 2020.

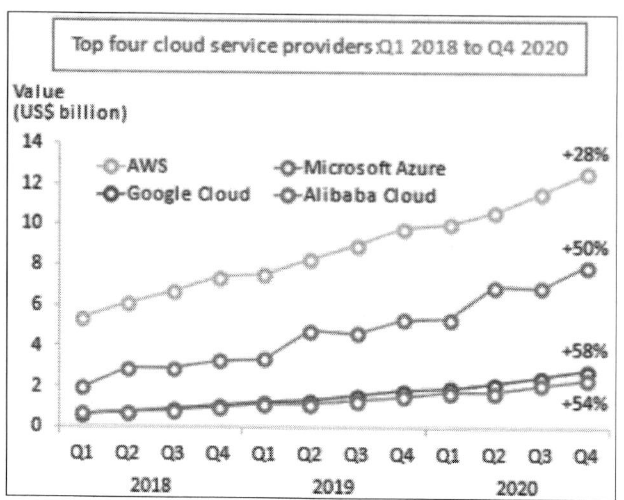

Ingresos de los cuatro mayores CSP T1 2018 - T4 2020 (Fuente: Canalys, Synergy Research Group)

Dicho esto, el panorama debe completarse en un intento de ser exhaustivos con la semántica de "nube pública", y ahora hay que añadirle otros actores, que se clasificarán en diferentes categorías.

Proveedores multicloud

Los grandes fabricantes mundiales IBM, HPE y Dell suministran servidores que se instalan in situ, en la nube privada y en la nube pública. Por lo tanto, se posicionan naturalmente como actores en las estrategias híbridas y multicloud, en el sentido de que no todas las cargas de trabajo han migrado a la nube, y es probable que el on-premise todavía tenga un brillante futuro por delante. La necesidad de proporcionar sistemas de software que faciliten la migración a la nube es una garantía de ingresos adicionales para estos tres grandes actores.

IBM ha adquirido Red Hat, el editor del sistema operativo de código abierto Red Hat Enterprise Linux (RHEL), el hipervisor Red Hat Enterprise Virtualization (RHEV), la plataforma OpenShift PaaS y el orquestador CloudForms (incluida una versión comunitaria llamada ManageIQ).

Dell también ha adquirido VMware, proveedor líder de soluciones de virtualización (vSphere/vCenter) y orquestación (vCloud Director). VMware mantiene una asociación clave con AWS.

Proveedores de SaaS

Sobre estas capas técnicas, necesitamos apilar software, aplicaciones e incluso middleware para ejecutar aplicaciones empresariales.

Este es el papel asignado a una serie de actores globales como Oracle (base de datos), SAP (ERP), Microsoft 365 (Office, SharePoint, Exchange, OneDrive, Teams), Microsoft Dynamics (ERP), Salesforce (CRM), Workday (plataforma financiera) y Adobe.

En conclusión, la nube pública ofrece una serie de soluciones de "software" que son, y serán, el futuro de los sistemas de información del mañana. Es un vector para la transición digital de la empresa, y con razón. Huelga decir que una máquina virtual en Azure que aloje una base de datos Oracle debe tener las mismas características de seguridad que una máquina virtual alojada en un centro de datos local. ¡El ciberatacante tiene como objetivo un sistema de información híbrido!

Deben conocerse y utilizarse las consolas de seguridad de los distintos reproductores mencionados en este apartado.

2.6.5 Multitud de funciones

Los catálogos de servicios de los proveedores de nubes públicas rebosan de una amplia variedad de servicios para satisfacer las necesidades de prácticamente todos los casos de uso empresarial. Es más, estos servicios están disponibles en abundancia, en comparación con los servicios generalmente disponibles de los proveedores de nubes privadas, que a menudo se contentan con el nivel IaaS, ya que el servicio PaaS parece tan difícil de conseguir.

Ejemplo de catálogo Azure

Azure ofrece no menos de 130 servicios clasificados según la siguiente nomenclatura:

- Análisis
- **Bases de datos**: se trata de servicios relacionados con la producción de bases de datos, es decir, los típicos servicios PaaS: MySQL, CosmoDB, SQL Server, etc.
- Blockchain
- Escritorio virtual de Windows
- **Cálculo**: son los servicios de tipo IaaS que permiten instanciar máquinas virtuales en el entorno Azure. Suele ser el punto de partida más sencillo en Azure. Esta categoría incluye:
  - Contenedores
  - DevOps
  - Datos multimedia
  - Gestión y gobernanza
  - Híbrido + Multicloud
  - IA + Aprendizaje automático
  - Identidad
  - Integración
  - Internet de objetos
  - Migración
  - Red
  - Móvil
  - Herramientas de desarrollo
  - Realidad mixta
- **Seguridad**: esta categoría incluye todos los servicios de seguridad asociados a los recursos producidos en la nube Azure. Tenga en cuenta que estos servicios están sujetos a facturación. El servicio principal es el Centro de Seguridad, que proporciona un portal de gestión de la seguridad con una puntuación de seguridad para medir la madurez de una empresa en materia de ciberseguridad.

- Almacenamiento
- Web

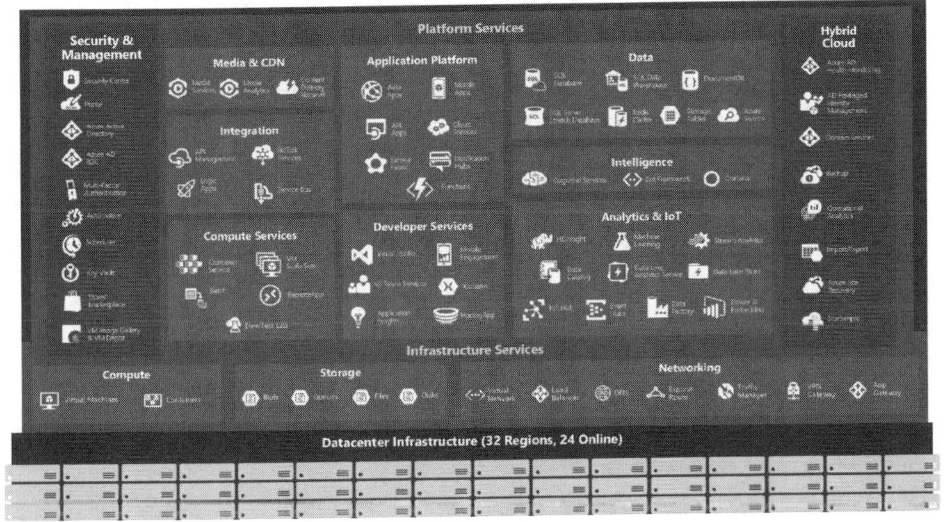

Panorama general de Azure

Lista de servicios de la categoría Cálculo

- API Apps: genere y utilice fácilmente API en la nube.
- App Service: cree rápidamente aplicaciones en la nube de alto rendimiento para la Web y dispositivos móviles.
- Azure CycleCloud: cree, gestione, opere y optimice clústeres HPC y Big Compute a cualquier escala.
- Azure Functions: procese eventos con código sin servidor.
- Azure Kubernetes Service (AKS): simplifique el despliegue, la gestión y el funcionamiento de Kubernetes.
- Azure Quantum pre-release: descubra el impacto de la computación cuántica hoy en Azure.
- Azure Spring Cloud: servicio Spring Cloud totalmente gestionado, creado y utilizado junto con VMware.

- Solución Azure VMware: ejecute sus cargas de trabajo VMware de forma nativa en Azure.
- Lote: programe tareas y gestione cálculos en la nube.
- Servicios en la nube: cree aplicaciones y API en la nube de alta disponibilidad y escalabilidad infinita.
- Container Instances: ejecute fácilmente contenedores en Azure sin gestión de servidores.
- Máquinas virtuales Linux: aprovisione máquinas virtuales para Ubuntu, Red Hat y muchos otros.
- Aplicaciones móviles: cree y aloje la aplicación principal de cualquier aplicación móvil.
- Service Fabric: desarrolle microservicios y orqueste contenedores en Windows o Linux.
- SQL Server en máquinas virtuales: alojamiento de aplicaciones SQL Server empresariales en la nube.
- Static Web Apps preview: nuevo servicio de aplicaciones web.
- Virtual Machine Scale Sets: gestione y escale hasta miles de máquinas virtuales Windows y Linux.
- Ordenadores virtuales: aprovisione máquinas virtuales Windows y Linux en cuestión de segundos.
- Web Apps: cree e implante rápidamente aplicaciones web de misión crítica a escala.
- Windows Virtual Desktop: la mejor experiencia de escritorio virtual disponible en Azure.
- Azure VM Image Builder: simplifique el proceso de creación de imágenes con una herramienta fácil de usar.
- Azure dedicated host: servidor físico dedicado para alojar sus máquinas virtuales Azure para Windows y Linux.

Observación

Fuente: https://azure.microsoft.com/es-es/services/#compute

Lista de servicios de la categoría seguridad

Azure también constituye una categoría de Seguridad a la que debe prestarse especial atención en el contexto de este libro.

- Application Gateway: cree servidores web frontales seguros, escalables y de alta disponibilidad en Azure.
- Azure Active Directory: sincronice los directorios locales y habilite el inicio de sesión único.
- Azure Active Directory Domain Services: unir máquinas virtuales Azure a un dominio sin controlador de dominio.
- Azure Defender: proteja las cargas de trabajo de la nube híbrida.
- Protección DDoS Azure: proteja sus aplicaciones contra ataques DDoS (*Distributed Denial of Service, Denegación de Servicio Distribuida*).
- Módulo de seguridad material (HSM) dedicado de Azure: gestione los módulos de seguridad de hardware que utiliza en la nube.
- Azure Front Door: CDN en la nube segura, rápida y fiable con protección inteligente frente a amenazas.
- Azure Information Protection: optimice la protección de su información confidencial, en cualquier lugar y en cualquier momento.
- Azure Sentinel: ponga a trabajar la gestión de eventos e información de seguridad (SIEM) nativa de la nube y el análisis de seguridad inteligente para proteger su empresa.
- Key Vault: proteja claves y otros secretos y mantenga el control sobre ellos.
- Centro de seguridad: unifique las funciones de gestión de la seguridad y habilite la protección avanzada frente a amenazas en todas las cargas de trabajo de la nube híbrida.
  - Concentrador VPN: establezca una conectividad segura entre locales.
  - Web Application Firewall: servicio de cortafuegos de *aplicaciones web* (WAF) nativo de la nube que ofrece una potente protección para las aplicaciones web.
  - Azure Defender para IoT: gestión de recursos y detección continua de amenazas para dispositivos IoT/OT gestionados y no gestionados.

– Atestación Microsoft Azure: una solución unificada para verificar a distancia la fiabilidad de una plataforma y la integridad de los binarios que se ejecutan en ella.

Observación

https://azure.microsoft.com/es-es/services/#security

El capítulo sobre Seguridad en la nube pública trata específicamente de los componentes esenciales de la seguridad.

2.6.6 Retos y cargas de trabajo

Retos para 2030

Los sistemas de información críticos y sensibles se enfrentan a cuatro retos principales:

1. Cumplir los requisitos de continuidad de negocio (hasta 24h al día). Los SI de la empresa deben funcionar (de forma fiable) todo el tiempo, igual que el agua y la electricidad.

2. Demostrar agilidad y control operativo en la apertura de la SI de la empresa a terceros (clientes, proveedores, instituciones, empleados, socios, plataformas gubernamentales). La agilidad o flexibilidad táctica permitirá poner en producción una nueva funcionalidad empresarial dentro de lo que se conoce como plazo de comercialización.

3. Detectar y reaccionar eficazmente ante los eventos de seguridad. Este es precisamente el tema de este libro, porque el riesgo cibernético está presente en todos los países, en todos los sectores empresariales y en todos los tamaños de empresa.

4. Mantener y desarrollar las capacidades operativas internas. Es un eufemismo creer que cualquier SI puede funcionar sin interacción humana. Es importante centrarse en el desarrollo de las competencias de RRHH y mantener internamente el control de los procesos críticos con alto valor añadido para la empresa.

Estas cuatro cuestiones simplemente hacen posible ser o seguir siendo competitivo en el mundo empresarial.

Hacia una nueva forma de consumir TI

Los servicios de agua y electricidad funcionan de forma continua y se facturan de dos maneras:

- Un componente fijo: un abono incompresible que se determina en función del perfil del cliente (tarifa standard, tarifa plana, potencia, etc.).
- Un componente variable: el consumo real.

En otras palabras, los clientes no pagan por lo que no usan, y eso les parece bien.

En TI, esto no es así. En primer lugar, a los proveedores de la nube les interesa mantener los servicios en funcionamiento continuo por simples razones de ingresos. En segundo lugar, los clientes aún no están dispuestos a detener la TI cuando no sea necesario, quizá por pereza o por miedo a correr riesgos.

Probablemente sería una buena idea establecer un método de cálculo similar. Una máquina virtual está encendida todo el tiempo, incluso los domingos cuando no hay actividad. ¿Por qué pagar por el consumo de este recurso?

Además de adoptar el doble enfoque de reducir costes y reducir la huella energética, es obvio que la superficie expuesta a ciberataques se reduce considerablemente. Un atacante nunca podrá atacar un servidor que esté apagado.

La nube pública ofrece este tipo de apagado de máquinas, pero requiere cierta destreza en la configuración. Apagar un servidor que aloja una base de datos Oracle durante el fin de semana presupone que no habrá transacciones durante dos días y, sobre todo, que un equipo informático estará listo para responder el lunes por la mañana temprano en caso de problema al reiniciar la base de datos.

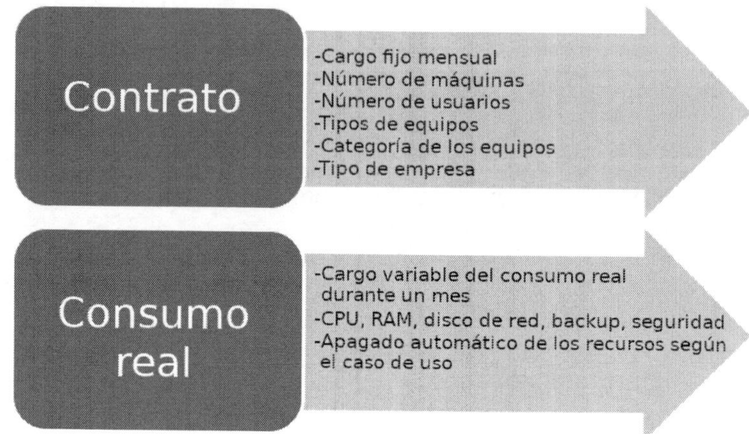

Una nueva forma de consumir TI

Cargas de trabajo en la nube pública

Hay varios tipos de cargas de trabajo que suelen ser aptas para la nube pública, pero esto puede depender en gran medida del sector empresarial:

- Entornos de creación de prototipos (integración, preproducción, prueba) o entorno desechable/sandbox
- Infraestructuras de desarrollo
- Entorno para la inteligencia artificial (IA): algoritmos de aprendizaje automático, datalake, etc.
- Intranet/Extranet
- GPU (*Graphical Processing Unit*) para doctorandos
- Entorno de producción (ERP, CRM, DPI, GAM, GED, identidades, archivos, etc.)
- Subcontratación de copias de seguridad
- Archivado en frío

Por supuesto, algunas industrias son más cautelosas que otras, y algunas, en particular las grandes empresas, han adoptado una estrategia de Public Cloud First. Esto es especialmente cierto en el sector de la automoción, que tiene unos requisitos informáticos muy exigentes.

Hibridación

La nube híbrida es una realidad y uno de los retos de los próximos diez años en términos de arquitectura de SI.

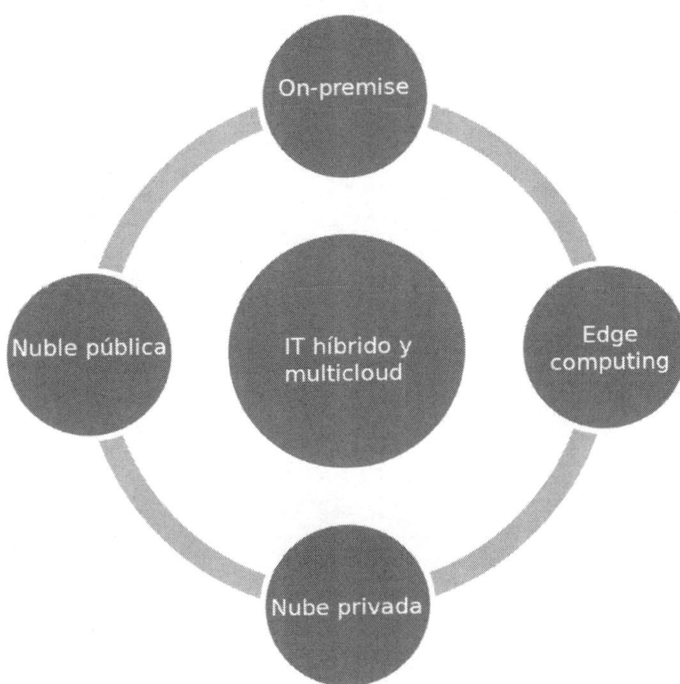

Hibridación en acción

El escenario para los próximos diez años se basa en cuatro pilares de modelos de TI:

- Digital on-premise: se trata de mantener aplicaciones heredadas (aplicaciones antiguas cuyo fin de vida es inexorable y que no deben modernizarse porque sería costoso y llevaría mucho tiempo). Este legado es, por su propia naturaleza, inelegible para la nube. La gestión de las inversiones (CAPEX), y en particular la amortización en curso, es también un factor a tener en cuenta cuando se trata de mantener los sitios de los clientes. También existe una dimensión política, en la medida en que algunos clientes se ven obligados a ubicar los datos que producen en su propio centro de producción para beneficiarse, por ejemplo, de subvenciones regionales. Este último punto se hace eco de la noción de asunción de riesgos asociada a la externalización*.

  Palabras clave : cartografía, gestión de riesgos, seguridad, interoperabilidad

Observación

** El riesgo cero no existe. Con veinte años de diferencia, dos grandes acontecimientos tuvieron consecuencias desastrosas para los sistemas de información afectados: el 11 de septiembre de 2001 y Covid-19. Más recientemente, en marzo de 2021, uno de los centros de datos de OVH en Estrasburgo se incendió, dejando inaccesibles varios miles de sitios web y servidores (29.000 servidores están alojados en el centro de Estrasburgo, que consta de 4 centros de datos).*

- Digital en Edge computing: esto significa procesar los datos lo más cerca posible del lugar donde se producen, para que puedan procesarse casi inmediatamente, sin latencia de red. ¿Por qué procesar los datos en un coche conectado con una nube en un sitio lejano? Los datos de un coche conectado deben procesarse localmente para poder proporcionar información pertinente al conductor, que no podrá esperar dos minutos a que se le devuelva la información antes de tomar una decisión. Otro caso de uso es el de los quirófanos, donde se incrustan ordenadores reales en los dispositivos médicos y se muestran en el casco virtual del cirujano. El Edge Computing es la solución para descongestionar las redes WAN. El reto de los próximos cinco años será garantizar su seguridad.

  Keywords: IoT, tiempo real, latencia de red, servicios críticos

- Nube privada digital: se refiere a la posibilidad de disponer de un entorno privado sobre infraestructuras soberanas (centros de datos servidores del propio país) en modo dedicado o compartido. Se trata del uso de proveedores de nube con capacidades a medida, seguridad no delegada y un servicio de mantenimiento operativo muy avanzado con un compromiso de resultados. Los clientes pueden estar seguros de que tendrán acceso a recursos IaaS y/o PaaS, con una conexión de telecomunicaciones a su red MPLS en el corazón del centro de datos, una conexión a Internet dedicada o compartida, un sistema de mensajería dedicado, etc. También pueden externalizar toda o parte de su producción y mezclar los tres modelos de nube (IaaS, PaaS y SaaS) con el legado on-premises.

  Keywords: externalización, personalizado, flexibilidad, IaaS, soberanía

- Digital en la nube pública: la promesa de trasladar las cargas de trabajo de las aplicaciones a una infraestructura global con una potencia de cálculo considerable, una gama de funciones inigualable y sin competencia, la garantía de todas las certificaciones de conformidad (PCI-DSS, HDS, ISO27001, etc.) y la capacidad de consumir bajo demanda. Es también la transición de un modelo de financiación en modo CAPEX (inversión con amortización, no siempre fácil de presupuestar) a un modo OPEX (explotación) que puede detenerse en cualquier momento. Incluso si ciertos recursos pueden aprovisionarse durante 1, 2 o 3 años (Instancia de Reserva en Azure) con importantes descuentos de hasta el 50%, es perfectamente posible solicitar una VM para una hora. Las grandes nubes públicas son americanas (AWS, Azure, Google Cloud Platform) con copias chinas (Alibaba, Tencent...) y ningún europeo está presente en este paisaje. Nótese que la iniciativa franco-alemana GAIA-X no es una alternativa a una nube pública europea, sino una infraestructura de datos federada.

  El proyecto GAIA-X:
  https://www.data-infrastructure.eu/GAIAX/Navigation/EN/Home/home.html

3. Clientes

3.1 Puestos de trabajo

3.1.1 Contexto principal

Los puestos de trabajo son uno de los componentes del sistema de información, casi siempre ubicados dentro de la empresa, con un sistema operativo tipo Microsoft Windows (versiones 7-8-10 actualmente soportadas durante 2021). Este sistema mayoritario los convierte en un blanco privilegiado para los atacantes que explotarán las numerosas vulnerabilidades, lo que obligará a Microsoft a proporcionar toda una serie de parches para remediar la situación.

Observación

Cada segundo martes es el "Patch Tuesday" para todos los sistemas Microsoft. También es posible configurar un servidor central de actualizaciones con Windows Update Service (WUS) para ahorrar ancho de banda de la red de Internet: es el servidor WUS el que recupera las actualizaciones y, a continuación, todas las estaciones de trabajo se sincronizan con el servidor WUS a través de la LAN.

Las estaciones de trabajo cliente son vulnerables, mucho más que los servidores, porque las utilizan personas que no son expertas en informática y que a menudo tienen poca conciencia de la ciberseguridad. Las mismas personas que hacen clic en un enlace web pensando que potencialmente han ganado un gran premio de lotería. Así es como se cierra la trampa y se instala el malware.

Los puestos de trabajo cliente deben estar protegidos por programas antivirus y EDR para detectar y prevenir las amenazas. Se trata de un punto fundamental, tanto más cuanto los puestos de trabajo cliente fijos tienden a ser sustituidos por ordenadores portátiles destinados a un uso nómada en redes domésticas, redes interconectadas a través de routers caseros con una protección completamente básica.

3.1.2 Buenas prácticas para puestos de trabajo cliente

Hay una serie de principios sencillos y de sentido común que deben aplicarse para garantizar que los puestos de trabajo de los clientes sean lo más seguros posible:

- Sistema operativo siempre actualizado (por ejemplo, es imprescindible eliminar cualquier estación de trabajo con Windows XP).
- Antivirus con EDR en cada estación de trabajo.
- Política de protección del sistema con derechos de usuario restringidos (sin modo administrador).
- Uso del máster con pocas aplicaciones locales pesadas.
- Uso de escritorios remotos (RDP, Citrix, etc.), incluidas aplicaciones empresariales.
- Utilización de una unidad de red para almacenar los documentos de trabajo, de la que el equipo informático realizará copias de seguridad.
- Uso de un cliente VPN gestionado por un sistema central en la empresa, que se utilizará para las conexiones móviles en casa.
- Uso de un navegador configurado en modo proxy con una política de filtrado para restringir el acceso ilícito o fraudulento.
- Sensibilizar a los usuarios (cuidado con las memorias USB, los correos electrónicos falsos, la copia de seguridad frecuente de datos importantes en una unidad remota).

El modelo de negocio ideal es el que se lleva probando más de veinte años: consiste en utilizar terminales ligeros como puestos de trabajo y deslocalizarlo todo a servidores remotos, independientemente de su ubicación. Estos terminales ligeros no tienen inteligencia de aplicación ni disco duro. Contienen memoria y software para conectarse a un escritorio remoto.

Para una tipo de usuario más restringido, es necesario utilizar estaciones de trabajo portátiles con las recomendaciones expuestas anteriormente.

3.2 Teléfonos móviles

Los dispositivos móviles (smartphones o tablets) rara vez se protegen por varias razones: a menudo son propiedad de los empleados (en modo BYOD) y por lo tanto no están dentro de la política de protección de la DSI. Todo el mundo está de acuerdo en que hay pocos virus o ataques a los iPhones, parece que faltan productos de protección, no hay una política central de gestión de los móviles, no es una prioridad... En fin, se dan muchas razones, pero son erróneas. Los dispositivos móviles se conectan a la red privada de la empresa, a la red doméstica y tienen muchos puntos de entrada de aplicaciones heterogéneas compuestas por aplicaciones personales, VPN de la empresa, cuentas de correo electrónico públicas generales (Yahoo, Gmail, etc.) y cuentas de correo electrónico de la empresa... Son auténticos coladeros que deben protegerse del mismo modo que un puesto de trabajo fijo o portátil en cuanto se requiere que el dispositivo se conecte a los recursos de la empresa: Cliente VPN, antivirus, EDR, filtrado web... Como mínimo, el móvil sólo debería poder conectarse a través de un punto de acceso para invitados y tener acceso a... recursos para invitados.

Cualquier otro uso debe basarse en una política centralizada de gestión de dispositivos. Numerosas soluciones como *Mobile Device Management* (MDM), *Mobile Application Management* (MAM) y *Unified Endpoint Management* (UEM) permiten centralizar la seguridad y el control de PC, portátiles, smartphones y tablets en una única consola: MobileIron (https://www.mobileiron.com/es), Zenprise, Symantec, Workspace ONE (antes VMware AirWatch), Citrix Endpoint Management, etc.

4. Servidores

Los servidores, ya sea en la nube privada, en la nube pública, en las instalaciones, en Windows o Linux, en forma de VM, bare-metal o en contenedores, deben considerarse de la misma manera desde el punto de vista de la seguridad:

- Instalación de las últimas versiones del sistema operativo y del middleware.
- Instalación de Software antivirus (incluso para Linux).
- Instalación de un EDR.
- Protección en una DMZ adecuada.
- Estar protegido por sistemas de rebote en lugar de estar expuesto en Internet:
  - Un relay SMTP protege un servidor de correo.
  - Un proxy web protege la navegación saliente.
  - Un reverse proxy protege el acceso entrante a la web.
  - Un *Web Application Firewal* (WAF) protege los recursos de las aplicaciones web.
  - Los servidores públicos deben estar protegidos por un cortafuegos (ningún servidor debe tener direcciones IP públicas configuradas en sus interfaces de red).
  - Los registros del sistema/aplicación deben exportarse a un servidor de registros centralizado y a un sistema SIEM.
  - Los servicios deben ser monitorizados (Zabbix, Nagios, What's up, Azure Monitor, Cacti, etc.).
  - Los componentes de hardware deben ser redundantes (tarjetas de red, fuentes de alimentación, discos duros, etc.).
  - Los datos críticos y sensibles deben guardarse en un dispositivo externo.
  - Hay que hacer copias de seguridad de las máquinas virtuales, los contenedores y las bases de datos.
  - Deben realizarse escaneos regulares para medir el estado de vulnerabilidad, obtener informes de vulnerabilidad (Nessus, OpenVAS, nmap, etc.) y poder tomar medidas correctoras.

- Debe realizarse un mapeo de servidores y elementos de software para disponer de una memoria del SI, memoria que será extremadamente importante en caso de catástrofe grave (con software como Carto-SI de Carto-SI, Explore de Ekialis, Solu-QIQ de AB+Software).
- etc.

5. Redes

La ciberresiliencia también puede aplicarse a las redes, en particular a los enlaces de telecomunicaciones y a los equipos "activos", como routers, conmutadores y puntos de acceso Wi-Fi.

5.1 Télécom

En general, hay que gestionar enlaces redundantes para garantizar la continuidad de la actividad utilizando varios operadores de acceso a Internet, combinados con un enlace a Internet sin velocidad garantizada (sólo burst).

Es necesario mezclar tecnologías para lograr la redundancia necesaria: 4G/5G, MPLS/FO/xDSL/Internet por cable, satélite, SDWAN, IPSec, SSL, etc.

Los packs de operadores Internet con cortafuegos gestionados son atractivos porque el riesgo se transfiere al operador (normalmente deben expertos en el tema).

Lo importante aquí es tener contratos sólidos con los operadores y un compromiso de garantía de tiempo de reestablecimiento y penalizaciones... acorde con los exigencias.

5.2 Elementos activos

Todos estos elementos deben duplicarse para garantizar la continuidad de la actividad; forman parte plenamente del sistema BCP/DRP.

Como estos equipos suelen estar equipados con sistemas operativos propietarios (por ejemplo, Cisco IOS), deben tratarse como un activo informático que hay que proteger:

- Realice actualizaciones periódicas de los últimos parches y versiones de software suministrados por el fabricante.
- Supervisión con paneles que muestran la carga de memoria, la tasa de ocupación del espacio de almacenamiento (si está disponible) y la tasa de utilización del procesador.
- Envíe los registros a un servidor de registros centralizado para alimentar un SIEM.
- Autorice las conexiones al equipo sólo desde la red local activando el filtrado de direcciones MAC para los dispositivos conocidos por la empresa; utilice mecanismos ACL (*Access Control List*).
- Cambie la contraseña por defecto por una más segura.
- Implantar mecanismos de partición de red (mediante VLAN) para los puertos de red.
- Compruebe si el fabricante permite instalar elementos de seguridad como un EDR o un antivirus.
- Para los terminales Wi-Fi, utilice estándares de cifrado como WPA2-PSK.
- Realice copias de seguridad periódicas de la configuración en un disco flash y en una unidad de red.
- Disponga de equipos de reserva idénticos y listos para instalar.
- Asistencia 24/7 del fabricante.
- Competencias internas.

6. Otros dispositivos informáticos que deben protegerse

Hay que tener en cuenta otras características fundamentales de los sistemas de información:

- Cortafuegos (local, gestionado en nube privada o modo SaaS en nube pública) : Fortinet, Palo Alto, CheckPoint...
- Almacenamiento mediante matrices de almacenamiento SAN tradicionales (fabricantes HPE, Nutanix, IBM, etc.) o almacenamiento distribuido (Ceph, PureStorage, Scality, etc.)
- Copias de seguridad: Veeam, Atempo, NetBackup, CommVault
- Directorios Active Directory/Azure AD/LDAP
- Objetos conectados/IOT
- Mensajería: Exchange Online en M365, Exchange on-premise, Roundcube, Zimbra, Postfix/Dovecot, etc.
- Acceso móvil: FortiClient VPN Client, TheGreenBow, Secure Remote CheckPoint...)
- Cuentas privilegiadas: Wallix, Balabit, BeyondTrust, Systancia, JumpServer (JumpServer es una (rara) solución de código abierto (*Privileged Access Management*), disponible en: https://www.jumpserver.org/index-en.html)...
- Exploración de vulnerabilidades: OpenVAS, iTrust IKare, Nessus...

Esta lista no es exhaustiva; sin embargo, las mejores prácticas de ciberresiliencia descritas anteriormente se aplican en todos los casos y a todos los elementos de la SI.

7. Conciencia humana

Una vez repasado el escudo tecnológico imprescindible para la supervivencia de cualquier empresa en el ciberespacio, el tema de la ciberconcienciación es sin duda el complemento ideal para perfeccionar la postura de seguridad de la SI.

La sensibilización se dirige a todos los empleados de la empresa, incluidos los altos directivos. Tiene varios objetivos y puede adoptar múltiples formas.

Objetivos

Los objetivos de la campaña de sensibilización son :

- Formar a los empleados en ciberseguridad, centrándose en los principales elementos de este campo: asegurar el entorno digital, proteger los datos personales y la privacidad.
- Empleados de pruebas: utilice pruebas automatizadas de forma regular para mantener un alto nivel de buenos reflejos de protección.
- Medir el nivel de conocimientos de los empleados.

La idea principal es que el peligro está entre la silla y la pantalla del ordenador, es decir, el ser humano, y que por tanto es necesario darle todos los trucos para que no caiga en la trampa de hacer clic en un enlace malicioso, navegar por sitios ilegales, facilitar datos personales, etc.

Formas

La sensibilización es un proceso completo del SGSI que debe documentarse:

- Descripción del proceso de sensibilización: alcance, partes interesadas, objetivos, diagrama de flujo, indicadores de medición, comunicación, herramientas utilizadas.
- Formalizar un plan de acción una vez al año:
  - Lanzamiento y presentación de la campaña de sensibilización.
  - Utilización de elementos visuales contundentes para resaltar mensajes como: "una contraseña es como un cepillo de dientes, no se puede prestar", operación escritorio limpio, etc. Estos elementos visuales pueden colocarse en zonas muy transitadas (cantina, máquina de café, puerta de los aseos, etc.).
  - Plataforma de e-learning para el aprendizaje autónomo de normas de higiene digital.
  - Tutoriales internos.
  - Sensibilización temática a cargo del CISO y/o del RPD, según el tema.
  - Campaña de pruebas antiphishing: Eset, Altospam... y Gofish de código abierto (https://getgophish.com/).

Observación

El phishing es el vector de ataque más frecuente en los últimos años (fuente: barómetro CESIN). ¿Por qué? Porque su objetivo es aprovecharse de una negligencia humana, de un error de manipulación o de configuración por parte de un empleado.

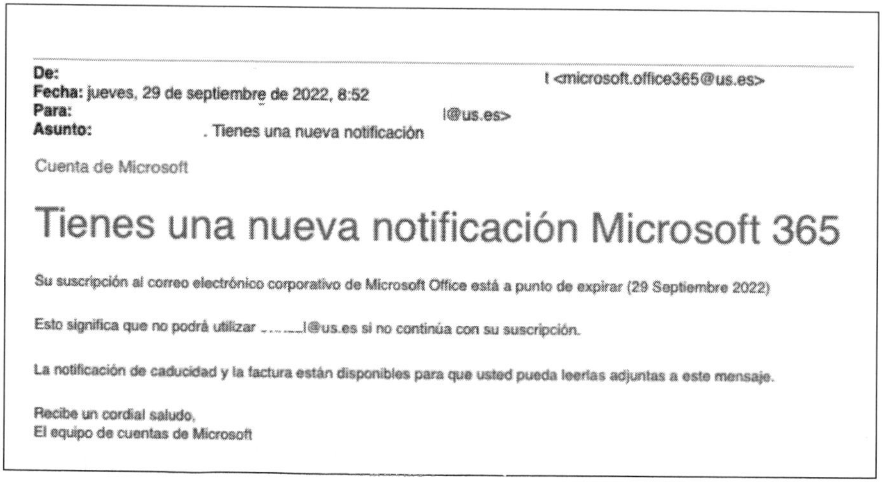

De: l <microsoft.office365@us.es>
Fecha: jueves, 29 de septiembre de 2022, 8:52
Para: l@us.es>
Asunto: . Tienes una nueva notificación

Cuenta de Microsoft

Tienes una nueva notificación Microsoft 365

Su suscripción al correo electrónico corporativo de Microsoft Office está a punto de expirar (29 Septiembre 2022)

Esto significa que no podrá utilizar ......l@us.es si no continúa con su suscripción.

La notificación de caducidad y la factura están disponibles para que usted pueda leerlas adjuntas a este mensaje.

Recibe un cordial saludo,
El equipo de cuentas de Microsoft

Ejemplo de correos electrónicos de prueba antiphishing

Este ejemplo de correo electrónico falso anima a los usuarios a analizar detenidamente el contenido del mensaje (en este caso, la dirección de correo con un dominio us.es debería sugerir inmediatamente que se trata de una estafa y no se debería hacer clic en el enlace). Un sistema como Before Clicking ofrece un botón antiphishing en Outlook. Al hacer clic en este botón, el usuario indica al servicio de asistencia informática que entiende que se trata de una estafa de phishing. Si no lo hace, recibe un mensaje en el que se le explica por qué no debería haber hecho clic.

Practicando de este modo con ejemplos aleatorios pero muy realistas, los usuarios adquirirán reflejos de protección.

Capítulo 7
Seguridad de los datos

1. Introducción

Este capítulo se centra en la gestión de datos. Examina las siete áreas que componen la gestión de datos, presenta una metodología para analizar la madurez de los datos dentro de una organización y ofrece una descripción de cada problema identificado. Por último, este capítulo propone una arquitectura robusta para asegurar cualquier tipo de datos producidos.

El DRAE define el térmido "dato" como:

```
dato
Del lat. datum 'lo que se da'.
1. m. Información sobre algo concreto que permite su conocimiento
exacto o sirve para deducir las consecuencias derivadas de un
hecho. A este problema le faltan datos numéricos.
2. m. Documento, testimonio, fundamento.
3. m. Inform. Información dispuesta de manera adecuada para
su tratamiento por una computadora.
```

Fuene : https://dle.rae.es/dato

Observación

Este capítulo se refiere a la representación convencional de la información para su tratamiento informático.

En general, es necesario formalizar la gestión de los datos en una empresa para poder –y éste es el objetivo último– añadirles valor. Los datos aislados, mal calificados, inexplicables y sin correlación no sirven para nada, salvo para contaminar el espacio de almacenamiento de las infraestructuras. Y si no aportan ningún valor añadido a la organización, es probable que generen otros datos que, a su vez, carecerán de valor. Este conjunto de datos sin gestionar conducirá inevitablemente a la inseguridad en la SI.

La puesta en marcha de mecanismos de identificación, recogida, ingesta, almacenamiento y organización de datos permitirá a la empresa mantener un nivel fiable de frescura de los datos que permitirá a directores, gerentes y empleados tomar cualquier tipo de decisión basada en hechos objetivos y tendencias calculadas (decisiones estratégicas/operativas). Por supuesto, la gestión de datos no debe ser la única fuente de toma de decisiones para los directivos; de hecho, el instinto, el olfato, ir a veces contra corriente y la asunción de riesgos son elementos irracionales de la toma de decisiones bastante interesantes. La objetividad y la subjetividad son complementarias en la toma de decisiones.

La gestión de datos propone siete áreas de actividad que deben cubrirse para poder ofrecer una propuesta de valor de alto nivel, sin comprometer la seguridad:

- Gobernanza de datos
- Arquitectura técnica del SI
- Conservación y archivo
- Calidad de los datos
- Gestión de metadatos
- Gestión de referenciales
- Confidencialidad de los datos

Los siete ámbitos de la gestión de datos

2. Gestión de datos

2.1 Gobernanza de datos

La gobernanza de datos (o gestión de datos o data management) es la definición de la organización encargada de los datos en el sentido más amplio; define claramente las funciones y responsabilidades de las partes interesadas y, por tanto, la estructura de comités asociada. Todos los datos deben pertenecer y ser útiles de forma coherente con la estrategia de la empresa.

Por ejemplo, en una empresa especializada en software de gestión de relaciones con los clientes, los datos de "Ventas mensuales de servicios" muestran un importe correspondiente a una categoría no identificada en el sistema de información. Tras analizarlo, parece que se trata de servicios de ciberseguridad (consultoría, pentests, etc.). Por tanto, es perfectamente legítimo preguntarse por qué los comerciales venden servicios que no forman parte de la estrategia de la empresa. Aunque estén obteniendo beneficios, están dedicando tiempo a seguir un rumbo diferente.

2.2 Arquitectura técnica del SI

La arquitectura técnica de los sistemas de información o, para ser más precisos, la arquitectura de datos de los sistemas de información, es el ámbito que permite cartografiar, identificar y modelizar los distintos componentes que intervienen en la utilización de los datos: recogida, transporte, almacenamiento, integración, acceso y puesta en común. Es todo el uso de los datos lo que hay que definir, su carné de identidad.

2.3 Conservación y archivo

El ámbito de la conservación y el archivo es esencial en el ciclo de vida de los datos: permite especificar los métodos de almacenamiento y archivo de los datos. Es necesario tener en cuenta toda la gama de ubicaciones de almacenamiento de datos y, por tanto, de entornos como los locales, la nube privada, la nube pública, el *edge computing*, los datos almacenados en dispositivos nómadas, etc. El contexto normativo y los requisitos operativos son elementos clave de la política de conservación y archivo de datos.

2.4 Calidad de los datos

La calidad de los datos es una realidad que a menudo se pasa por alto, dada la necesidad de realizar previamente otras tareas, como identificar los datos dentro de un repositorio, establecer la gobernanza, formar a las partes interesadas, etc. Sin embargo, unos datos de mala calidad perjudican la toma de decisiones por parte de la empresa.

La calidad de los datos se gestiona mediante un proceso formalizado, dentro del sistema de gestión de la calidad (SGC), que describe los macroobjetivos de calidad para cada familia de datos y, a continuación, para cada dato, el objetivo del proceso, las actividades del proceso, la representación del proceso en forma de diagrama de flujo, los indicadores de medición y los recursos aplicados (uso de una plataforma informática, uso de un procedimiento automatizado, análisis humano mensual, etc.). La calidad de los datos permite evaluar los problemas de calidad para poder aplicar cualquier plan de acción o corrección y medir su progreso a lo largo del tiempo.

2.5 Gestión de metadatos

Los metadatos son un tipo de datos utilizados para describir otros datos. Son datos sobre datos.

"Los metadatos son marcadores que se insertan en archivos o en lenguajes de programación apropiados, lenguajes de marcado XML. Los marcadores hacen que las búsquedas de información sean más eficaces que las búsquedas de texto completo" (fuente: https://es.wikipedia.org/wiki/Metadatos). Por ejemplo, se puede añadir una fecha a un dato para enriquecerlo, un título, el nombre de un autor, etc. o una fotografía. También es pertinente etiquetar los datos con un metadato (en un sistema EDM, con etiquetas "Compras" e "Informática" en los documentos en cuestión, será posible realizar una búsqueda rápida para encontrar todos los documentos relativos al departamento de "Compras" o de "Informática".

Los metadatos permiten compartir, recuperar y comprender correctamente los datos. La información empresarial, técnica, operativa y organizativa sobre cada dato (definición, uso, responsabilidades, calidad, etc.) debe estar documentada.

2.6 Gestión de referenciales

El referencial de datos, o catálogo de datos, es la piedra angular de la buena gobernanza. Este enumera todos los datos del ámbito del proyecto. Garantiza la armonización y la integridad de los datos dentro de la empresa. Puede presentarse en papel (el mejor ejemplo son los anuarios de Páginas Blancas y Páginas Amarillas), pero ahora se compone de una infraestructura - una pila tecnológica - que permite recopilar, procesar, almacenar, distribuir, compartir y cartografiar todos los datos de la empresa. El uso de un módulo de software de gestión de datos de referencia, conocido como MDM (*Master Data Management*), se está convirtiendo rápidamente en esencial para ser eficientes.

2.7 Seguridad de los datos

La seguridad de los datos se gestiona mediante cuatro subdominios:

- Disponibilidad (D): la disponibilidad se utiliza para especificar las condiciones en las que los datos están disponibles (ejemplo: el número de la línea directa está disponible los días laborables de 8.00 a 18.00 horas). La disponibilidad debe comprobarse.
- Integridad (I): es uno de los indicadores fundamentales de la seguridad, ya que garantiza la fiabilidad del contenido de los datos, sobre todo cuando se transportan por redes públicas. Se utilizan algoritmos para garantizar que los datos no han sido falsificados. Por ejemplo, los datos sobre la calidad del agua deben ser exactos, pues de lo contrario podrían causar graves problemas de salud pública. Las modificaciones deben ser controladas.
- Confidencialidad (C): la confidencialidad de los datos se centra en el cumplimiento de las normas internas y legales de confidencialidad de datos, prestando especial atención a todos los datos personales (RGPD) y a todos los datos sanitarios personales (DSCP) de acuerdo con la norma de alojamiento de datos sanitarios (HDS). La lista de distribución debe mantenerse bajo control.
- Trazabilidad (T): la trazabilidad o auditabilidad es la característica de los datos que permite rastrearlos en el tiempo y, por tanto, fecharlos, para saber quién ha accedido a ellos. La trazabilidad debe quedar registrada.

Por tanto, cada dato debe tener sus propios indicadores DICT para poder controlar su seguridad.

Ejemplo de indicador DICT para datos empresariales denominado Registro Electrónico de Pacientes (DPI):

	Disponibilidad	**Integridad**	**Confidencialidad**	**Trazabilidad**
DPI	24/7 Miembros del servicio hospitalario	Control de calidad de los datos según procesos definidos	Creación; personal administrativo Datos médicos: profesionales sanitarios	Médico Registros en DB (usuario, fecha, tipo de acceso, frecuencia)

3. El proyecto de datos

Al principio de todo proyecto, hay una historia, una visión, una estrategia, un objetivo... Y esto empieza con la definición de una simple nota marco, seguida del establecimiento de una carta de proyecto, que a menudo pretende ser de carácter general, aunque los objetivos deban quedar claros de inmediato.

3.1 Ejemplo de nota marco

"En un mercado competitivo, MiNubePerfecta ha optado por gestionar su actividad (comercial y técnica) mediante indicadores fiables y seguros, para poder tomar con eficacia todas las decisiones estratégicas y operativas necesarias, entendiendo que estas últimas se medirán a su vez varias veces al año para impulsar el progreso en todos los sectores de actividad.

Para ello, la Dirección General ha nombrado al Sr. X Vicepresidente de Datos con el fin de construir y ejecutar la política de gestión de datos a través de una valorización de 360 grados de los datos. De aquí a finales de 2023, un primer proyecto denominado "Data4Time" permitirá poner en marcha las primeras etapas de esta transformación de la gobernanza y la gestión de MiNubePerfecta. El Sr. X dependerá directamente del Director General".

Una política de este tipo es un documento estratégico de alto nivel que establece las principales directrices de gestión del área en cuestión: partes interesadas, objetivos principales, gobernanza e indicadores de medición. Es un documento de referencia que exige procesos, procedimientos, instrucciones, etc.

3.2 Ejemplo de carta de proyecto

Nombre del proyecto	**Fecha de creación**	**Organización**
Andrómeda	23/04/23	Ministerio de Soberanía
Solicitante	**Patrocinador**	**Nombre del director del proyecto**
Jefe de Datos	Departamento financiero	Alex Amperio

- **Situación inicial, contexto, origen del proyecto**: los datos producidos en el Ministerio no se utilizan en su totalidad, por lo que la gestión actual no permite orientar las políticas públicas ni elaborar los cuadros de mando necesarios para tomar decisiones estratégicas y operativas con conocimiento de causa.
- **Los retos estratégicos del proyecto**: el proyecto Andrómeda debe permitir cruzar datos dispersos procedentes de distintas fuentes para, simplemente, añadirles valor, asegurar toda la capa de gestión de datos e implantar la gobernanza de datos.
- **Ámbito del proyecto**: Andrómeda se dirige a los datos producidos por y para el sector público, es decir, las tres administraciones públicas (estatal, hospitalaria y local). Los datos del sector privado quedan excluidos del ámbito de este proyecto.

- **Objetivo del proyecto**: el proyecto debe producir un paquete técnico-organizativo-financiero antes del 31 de diciembre de 2023 por un importe máximo de 450.000 euros sin IVA, con un importe recurrente de 45.000 euros sin IVA al año (objetivo). Durante este proyecto deberá establecerse la gobernanza, así como la plataforma de gestión de datos (instalación, formación, puesta en producción). Se creará un almacén público de datos.
- **Beneficios para la empresa**: Este proyecto permitirá a la empresa aumentar su capacidad de resistencia en materia de gestión de datos. Se detallarán los distintos casos de uso y los cuadros de mando sectoriales proporcionarán una cultura centrada en los datos, requisito previo para la fase posterior basada en datos.
- **Riesgos identificados**: indisponibilidad de los equipos, coste prohibitivo de los proveedores de MDM, dificultad para transcribir las necesidades de la empresa y llevar a buen término este proyecto en el plazo fijado.
- **Criterios de éxito del proyecto**: fuerte patrocinio del departamento financiero, disponibilidad de los equipos (véase la priorización de la hoja de ruta).
- **Principales hipótesis y limitaciones**: la solución elegida será necesariamente una solución soberana compatible con los entornos existentes (BO, PowerBI, Oracle, MongoDB, NAS Netapp).
- **Partes interesadas identificadas**: CEO, Departamento de TI, equipo de producción, equipos de negocio para validar la documentación, CISO, DPO, equipo de datos.
- **Información adicional**: este proyecto proporcionará un repositorio de datos actualizado con los KPI de seguridad.

4. Organización del equipo de datos

Para cumplir los distintos requisitos que imponen los siete ámbitos de la gestión de datos, es preciso implantar una gestión organizativa con funciones claramente identificadas.

Generalmente, en las empresas privadas o públicas, existen divisiones de negocio responsables de la producción de los servicios empresariales prestados a los clientes/usuarios, según el sector de actividad, y una división de sistemas de información responsable de la función de recursos informáticos para todas las demás divisiones de negocio.

Centralizar la gestión de datos únicamente en el Departamento de TI es un error frecuente, ya que supone no implicar a los demás departamentos en el proyecto de datos, que por definición pretende ser global. El Departamento de TI encarna el dominio tecnológico de la gestión de datos y el mantenimiento de la plataforma de datos en condiciones operativas, pero en ningún caso es el propietario de los datos de negocio y, por tanto, de la calidad de esos datos.

Por eso parece esencial la organización de un "equipo de datos federado".

4.1 Comitología

El primer paso es crear un comité de dirección de datos (Comité responsable de Datos) responsable de patrocinar la gobernanza de datos dentro de la empresa. Trabaja a 360° para promover la cultura de datos y tomar las decisiones estratégicas definidas en la política de gestión de datos. Los miembros de este Comité responsable de Datos suelen ser el patrocinador, el vicepresidente de datos (Vice President), el director de datos (Chief Data Officer) y el director de información (CIO) como miembros permanentes, a los que se unen expertos (jefes de proyecto, analistas de datos, clientes, propietarios de productos, etc.) según sea necesario.

4.2 Los roles

4.2.1 División comercial

Se identifican tres funciones principales en los distintos departamentos de la empresa (compras, producción, ventas, preventa, inmobiliario, finanzas, RRHH, etc.).

Propietario de los datos (data owner)

Los datos deben pertenecer siempre a un propietario identificado que sea responsable de su definición, producción, calidad, disponibilidad y acceso. Estos propietarios suelen ser jefes de departamento o directores de empresa. Son responsables de que se respeten los procesos y normas de gobernanza de datos dentro de su ámbito, de conformidad con los documentos de calidad. Por ejemplo, el jefe de la unidad de negocio de Sanidad es el propietario de los datos de ventas, marketing y productos generados en su unidad de negocio.

Gestión de datos (data steward)

Un administrador de datos actúa en nombre de un propietario de datos y es responsable de la confirmación operativa de que los datos se gestionan de conformidad con los procesos y normas definidos por la empresa. Garantiza la conformidad de los datos producidos. Asesoran sobre la aplicación de las políticas de datos, planifican las necesidades de datos, gestionan el control de la información y actúan como interfaz entre los usuarios y el departamento informático para la entrega de datos.

Consumidores de datos (usuarios)

Se han identificado tres tipos de usuarios:

- **Usuarios**: son los empleados en general. Son los propietarios de los procesos que consumen datos. Por ejemplo, una técnica veterinaria que realiza análisis biológicos es el propietario de su necesidad empresarial; sabe lo que quiere, sabe cómo obtener el resultado y sabe cómo analizar los datos producidos. Es una consumidora de los datos producidos. Sin embargo, el proceso debe documentarse de acuerdo con las normas.

- **Usuarios expertos**: son usuarios avanzados de las herramientas tecnológicas puestas a su disposición. Proporcionan apoyo y formación esenciales a otros usuarios.
- **Propietarios de los análisis**: son los usuarios responsables de elaborar los informes de análisis de datos.

Por supuesto, se trata de funciones diferentes que pueden ser desempeñadas por distintas personas o por una sola, dependiendo del contexto de la empresa; por ejemplo, en una organización pequeña, una sola persona suele desempeñar las tres funciones de consumidor de datos.

4.2.2 Chief data officer (CDO), data analyst y data scientist

El director de datos (chief data officer)

Se trata de una función específica que debe desempeñar una persona que no pertenezca a una línea de negocio concreta, ni al Departamento de Informática, sino a una línea de negocio vinculada a la gestión del rendimiento de la empresa. Esta persona puede pertenecer a uno de los siguientes equipos: gestión de la calidad, gestión del rendimiento, gestión financiera o control de gestión. Su papel es asesorar, coordinar y centralizar los resultados. Sabe lo que quiere, lo que busca que sea útil para la gestión global de la empresa, y para ello se apoya en el equipo de datos federados. El CDO es miembro del Comité responsable de Datos.

El analista de datos (data analyst)

Su función está vinculada a las líneas de negocio, aunque a veces formen parte del Departamento de Informática. Se encargan de explotar e interpretar los datos. Se ocupan de la creación, administración y modelización de bases de datos. Elaboran cuadros de mando y los ponen a disposición de los usuarios. Es el punto de contacto con los demás usuarios.

El científico de datos (data scientist)

Proporcionan información sobre los datos utilizando modelos analíticos. Son especialistas en matemáticas y estadística y se encargan de diseñar y mantener herramientas de modelización. Este papel suele reservarse al tratamiento de big data para obtener tendencias de mercado. Deben ser capaces de utilizar sus análisis para orientar la toma de decisiones.

4.2.3 Departamento de Sistemas de Información

En las organizaciones estructuradas en torno a la cuestión de los datos, el departamento de TI casi siempre cuenta con un departamento de datos dentro de su organigrama con distintos tipos de funciones:

- **El Director de Datos-IT**: es el director del equipo de datos del Departamento de IT, responsable de todos los aspectos técnicos de los datos. Forma parte del Comité responsable de Datos y se apoya en los miembros del equipo:
  - **El custodio de datos (data custodian)** : responsable de recoger, almacenar, preservar y poner a disposición la información de acuerdo con los requisitos de los usuarios de datos. Diseñan la infraestructura junto con el arquitecto de datos y garantizan su seguridad. Son responsables de la seguridad de los datos y tienen una función técnica y operativa.
  - **El arquitecto de datos**: es un tecnólogo (técnico o ingeniero) que traduce las necesidades de la empresa en una plataforma tecnológica. Diseñan las arquitecturas técnicas e implantan las herramientas (ETL, BI, dashboading, etc.).

4.2.4 Otras funciones compartidas

Se identifican claramente tres funciones compartidas por el equipo de datos como partes interesadas:

- **El responsable jurídico**: es un especialista en contratos que lleva a cabo la debida diligencia jurídica en el ámbito de actividad de la empresa. Actúa de enlace con los abogados para redactar contratos o gestionar litigios. Suelen intervenir en las operaciones de compraventa de empresas.

- **El Delegado de Protección de Datos**: es un especialista en la protección de la privacidad y los datos personales, pero también actúa sobre todo tipo de datos. Actúa como asesor de las demás unidades de negocio en su área de especialización, mantiene actualizado el registro de tratamiento de datos (a menudo utilizando software especializado de cartografía) y lleva a cabo evaluaciones de impacto sobre la protección de datos (EIPD).
- **El CISO (Responsable de Seguridad de los Sistemas de Información)**. Puede depender de la dirección general o del departamento de TI. Es responsable de la aplicación de la ISSP (política de seguridad de los sistemas de información), se encarga de realizar análisis de riesgos y asesora a las unidades de negocio en materia de seguridad de los SI y ciberseguridad. Dependiendo del tamaño de la empresa, a veces centraliza los comentarios de los corresponsales de SI. Presenta denuncias ante la gendarmería.

4.2.5 Sistema federado de gobernanza de datos

El siguiente diagrama ilustra la organización federada descrita anteriormente.

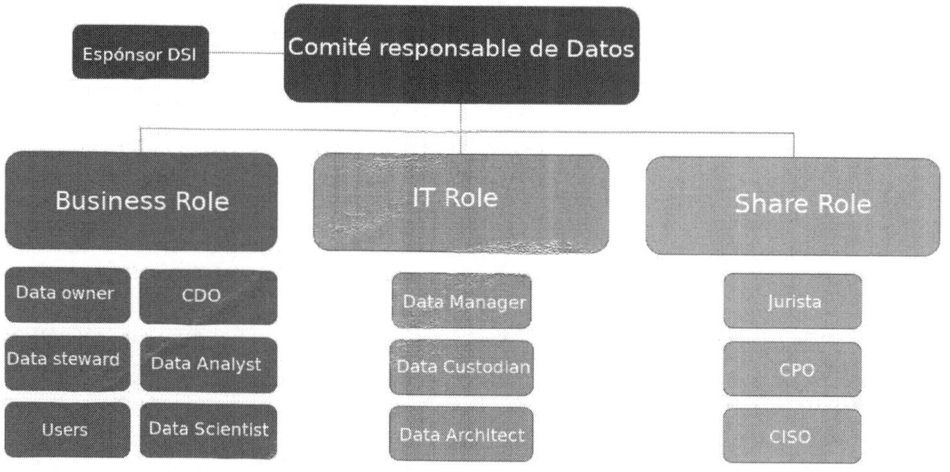

5. Metodología de gestión de proyectos de datos

Antes de lanzar cualquier proyecto de datos, conviene realizar una auditoría de las líneas de negocio para medir su nivel de madurez y elaborar un plan de acción adecuado. En efecto, de nada sirve lanzar un proyecto de repositorio de datos si el equipo no está aculturado en la materia o, peor aún, si los objetivos en términos de entregables no están claramente identificados. De hecho, es aconsejable subcontratar este servicio a empresas especializadas, para garantizar que la cartografía sea lo más neutral y objetiva posible. Un buen estudio consta de varias fases:

- Fase 1: Entrevista con el CIO
- Fase 2: Entrevistas con las unidades de negocio
- Fase 3: definición de objetivos generales (indicadores, hitos, entregables)
- Fase 4: Madurez de los equipos y plan de progreso
- Fase 5: definición de objetivos tácticos por unidad de negocio (sensibilización, formación, organización, lista de datos, etc.)
- Fase 6: recomendaciones tecnológicas

Observación

Un entregable siempre se formaliza en términos de coste, calidad y plazo.

Medir la madurez de los datos

Para cada área de actividad de gestión de datos, se propone proporcionar un nivel de madurez utilizando una escala de medición de 0 a 4:

- 0: informado | 1: reactivo | 2: proactivo | 3: gestionado | 4: eficaz

Por ejemplo, en la organización MiNubePerfecta, tras las distintas entrevistas, se señalan los siguientes elementos en materia de gobernanza de datos:

Plazo	Nivel deseado	Acciones
Actualmente	Reactivo	
Corto plazo (1 año)	Proactivo	Definir la organización destinataria. Crear el Comité de Datos. Nombrar a las personas encargadas de los datos.
A medio plazo (3 años)	Gestión/manutención	Revise las funciones y ajústelas si es necesario.

6. Diagrama de arquitectura MDM

En términos generales, una plataforma de *Master Data Management* (MDM) se compone de varios elementos cuyo único objetivo es garantizar una gestión eficaz de los datos a lo largo de todo su ciclo de vida. MDM permite reunir los datos de referencia de la empresa en un único lugar dentro de un repositorio único en el que estos datos están cualificados. Los siguientes elementos son invariables:

- Productores de datos
- Canalización de datos
  - Fuentes de datos heterogéneas (base de datos Oracle, hoja de cálculo Excel, archivo CSV, base de datos MongoDB, etc.)
  - Recogida de datos (ingestión/integración en MDM)
    - Datawarehouse, Datalake
  - Consolidación / enriquecimiento
  - Limpieza
  - Distribución
    - Datamart (almacén de datos específicos de la empresa)
    - Informes de BI (BO, PowerBI, etc.)

- Capa de servicios compartidos
  - Seguimiento y control
  - Gobernanza de datos
  - Metadatos
  - Normas empresariales
  - Repositorio de datos (Maestro)
  - Calidad de los datos
  - Servicios de seguridad
  - Archivo y conservación
- Consumidores de datos

Varios actores ofrecen plataformas listas para usar: Blueway, Informatica, Tibco, Riversand, Pimcore, SAP, Ataccama...

Fuente: https://www.gartner.com/reviews/market/master-data-management-solutions

Capítulo 8
Seguridad en la nube pública

1. Introducción

Este capítulo se centra en la seguridad de las cargas de trabajo en la nube pública, que ahora es una parte esencial del panorama de TI. Tras esbozar las cuestiones clave, el debate se centrará en la seguridad dentro de Azure y en los pasos necesarios para proteger la nube pública. Por último, se discutirán nuevos conceptos como la arquitectura SASE, los modelos CASB, CSPM y CWPP.

2. Los problemas

Los sistemas de información de las empresas siguen un patrón de hibridación tecnológica, con componentes alojados en la nube pública, es decir, en una infraestructura técnica compartida en todo el mundo. Esta infraestructura permite prestar distintos tipos de servicios: desde simples servidores virtuales hasta servicios de aplicaciones FaaS (*Function as a Service*), que permiten consumir funciones de las aplicaciones sin necesidad de servidores tradicionales.

Las cargas de trabajo son numerosas y prácticamente ilimitadas: pruebas de aplicaciones, experimentos de inteligencia artificial, alojamiento de software empresarial, plataforma de desarrollo, prueba de concepto durante unos meses, archivo de imágenes médicas, etc.

De este modo, las empresas disponen de una nueva fuente de energía digital que puede aprovisionarse y desmantelarse rápidamente, un modo de acceso de autoservicio con total autonomía en la gestión de los recursos (VM, cortafuegos, almacenamiento, etc.) o con la asistencia técnica de equipos de proveedores de servicios especializados, facturación de pago por uso, flexibilidad y elasticidad de los recursos informáticos.

En la medida en que todo o parte del sistema de información se despliegue en la nube pública, es natural proporcionar una ciberprotección adecuada.

Por tanto, es posible hacerlo de la forma tradicional, instalando el arsenal de protección habitual y/o utilizando los servicios de seguridad nativos proporcionados por el proveedor de la nube pública.

3. Soluciones

3.1 Azure

3.1.1 Azure y la seguridad

Azure proporciona abundantes recursos de documentación para tratar eficazmente las cuestiones de seguridad informática, tanto desde un punto de vista técnico como de gobernanza. Entre los documentos de interés, conviene explorar los siguientes objetivos:

Informe sobre las solicitudes de las fuerzas del orden

El objetivo es encontrar informes oficiales sobre el número de solicitudes legales de datos de clientes recibidas por Microsoft de diversas entidades de todo el mundo.

Observación

Fuente: https://www.microsoft.com/en-us/corporate-responsibility/law-enforcement-requests-report

Microsoft describe los datos no contenidos de la siguiente manera:

"*Los datos no relacionados con el contenido incluyen información básica del suscriptor, como la dirección de correo electrónico, el nombre, el estado, el país, el código postal y la dirección IP en el momento del registro. Otros datos no relacionados con el contenido pueden incluir el historial de conexiones IP, el gamertag de Xbox y la información de la tarjeta de crédito u otros datos de facturación. Necesitamos una solicitud legal válida, como una citación u orden judicial, antes de considerar la divulgación de datos no relacionados con el contenido a las fuerzas de seguridad*".

Prueba de penetración

Microsoft no realiza pruebas de penetración por cuenta de sus clientes y desde junio de 2017 ya no es necesario obtener la autorización de Microsoft para realizar este tipo de pruebas. No obstante, los clientes deben cumplir con el contenido del documento "Penetration Testing Rules of Engagement", disponible en la siguiente dirección
https://www.microsoft.com/es-es/msrc/pentest-rules-of-engagement?rtc=1

Observación

Fuente:
https://docs.microsoft.com/es-es/azure/security/fundamentals/pen-testing

Las pruebas autorizadas se limitan al entorno del cliente:

- Las diez principales vulnerabilidades identificadas por OWASP (*Open Web Application Security Project*)
- Fuzzing (inyección de datos aleatorios en las entradas del programa)
- Exploración de puertos

En cambio, los ataques DDoS están prohibidos.

Acuerdos de nivel de servicio

Es muy útil conocer los SLA que vinculan al proveedor con el cliente. Los contratos SLA describen los compromisos de Microsoft en términos de tiempo de actividad y conectividad; se enumeran por servicio Azure.

Por ejemplo, los SLA para máquinas virtuales proporcionan información valiosa a la hora de elegir una arquitectura, como :

"Para todas las máquinas virtuales que tengan al menos dos instancias desplegadas a través de dos o más Zonas de Disponibilidad en la misma Región Azure, garantizamos que tendrá conectividad de máquina virtual para al menos una instancia un mínimo del 99,99% del tiempo."

Observación

Fuente: https://azure.microsoft.com/es-es/support/legal/sla/

Trust Center

Microsoft tiene un sitio dedicado a la confianza digital, con especial atención a la seguridad, la confidencialidad y el cumplimiento de las normas. Por ejemplo, en materia de confidencialidad, el proveedor hace todo lo posible para que los clientes tengan el control de sus datos: Microsoft se compromete a no utilizar los datos de los clientes sin su consentimiento. Microsoft Azure también cuenta con numerosas certificaciones (ISO 27001, ISO27018, PCI-DSS, etc.).

Todos los informes de auditoría están disponibles en el Trust Center.

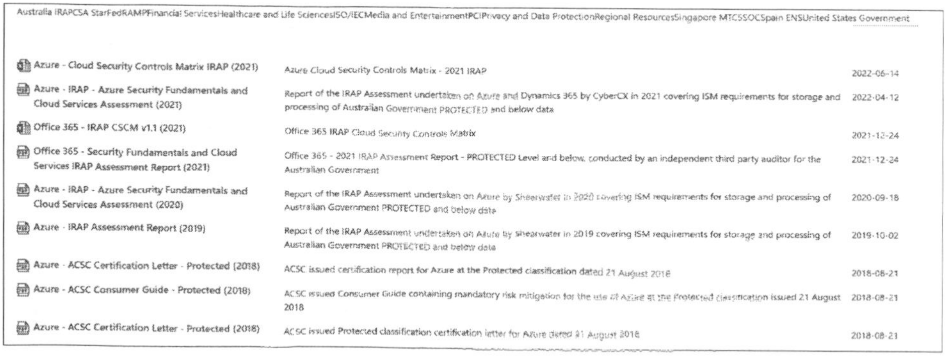

Australia IRAPCSA StarFedRAMPFinancial ServicesHealthcare and Life SciencesISO/IECMedia and EntertainmentPCIPrivacy and Data ProtectionRegional ResourcesSingapore MTCSSOCSpain ENSUnited States Government

Azure - Cloud Security Controls Matrix IRAP (2021)	Azure Cloud Security Controls Matrix - 2021 IRAP	2022-06-14
Azure - IRAP - Azure Security Fundamentals and Cloud Services Assessment (2021)	Report of the IRAP Assessment undertaken on Azure and Dynamics 365 by CyberCX in 2021 covering ISM requirements for storage and processing of Australian Government PROTECTED and below data	2022-04-12
Office 365 - IRAP CSCM v1.1 (2021)	Office 365 IRAP Cloud Security Controls Matrix	2021-12-24
Office 365 - Security Fundamentals and Cloud Services IRAP Assessment Report (2021)	Office 365 - 2021 IRAP Assessment Report - PROTECTED Level and below, conducted by an independent third party auditor for the Australian Government	2021-12-24
Azure - IRAP - Azure Security Fundamentals and Cloud Services Assessment (2020)	Report of the IRAP Assessment undertaken on Azure by Sheerwater in 2020 covering ISM requirements for storage and processing of Australian Government PROTECTED and below data	2020-09-18
Azure - IRAP Assessment Report (2019)	Report of the IRAP Assessment undertaken on Azure by Shearwater in 2019 covering ISM requirements for storage and processing of Australian Government PROTECTED and below data	2019-10-02
Azure - ACSC Certification Letter - Protected (2018)	ACSC issued certification report for Azure at the Protected classification dated 21 August 2018	2018-08-21
Azure - ACSC Consumer Guide - Protected (2018)	ACSC issued Consumer Guide containing mandatory risk mitigation for the use of Azure at the Protected classification issued 21 August 2018	2018-08-21
Azure - ACSC Certification Letter - Protected (2018)	ACSC issued Protected classification certification letter for Azure dated 21 August 2018	2018-08-21

Ejemplo de informes disponibles para el producto Azure

Observación

Estos informes son especialmente útiles si una empresa está en proceso de certificación ISO 27001 para un ámbito que incluye servicios portados a Azure.

Fuente: https://www.microsoft.com/es-es/trust-center

Visión general de la seguridad de Azure

Esta sección proporciona información general para poner en marcha una postura de seguridad Azure. Así, es posible elevar su nivel de seguridad en las siguientes áreas:

- Gestión de identidades y control de acceso
- Proteger la red
- Protección de datos
- Gestión de claves, secretos y certificados
- Visibilidad centralizada y prevención de ataques

Microsoft protege de forma nativa su nube Azure y ha puesto a disposición un informe de defensa digital en la siguiente dirección: https://www.microsoft.com/en-us/security/business/operations. Este informe se basa en la información de más de ocho mil millones de señales de seguridad diarias y en las observaciones de los expertos en seguridad e inteligencia sobre amenazas de Microsoft.

Observación

Fuente: https://azure.microsoft.com/es-es/overview/security/

3.1.2 Centro de seguridad Azure

Azure ofrece una serie de servicios de seguridad relacionados con Azure, que se pueden encontrar en la interfaz del portal Azure bajo el nombre Azure Security Center. El Secure Score, muy en boga, proporciona una puntuación de seguridad que puede mejorarse continuamente.

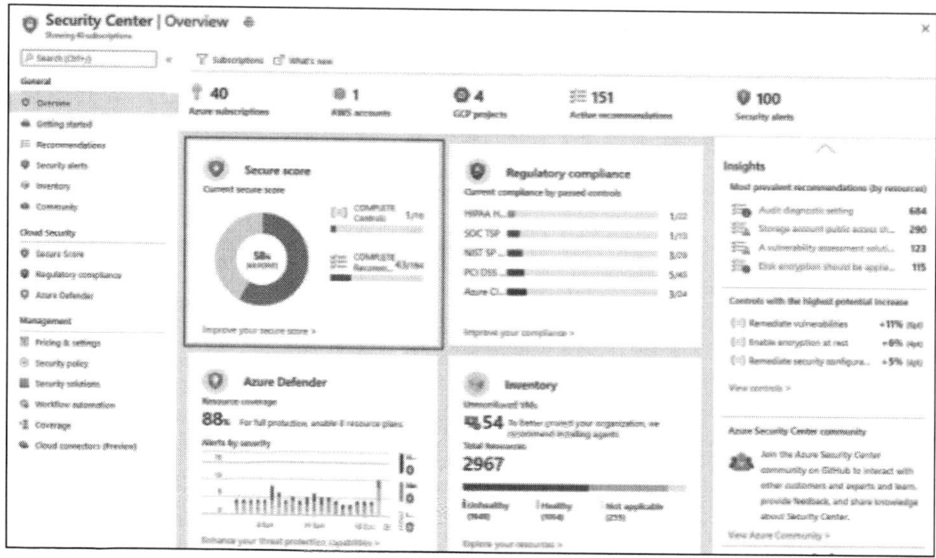

Pantalla de inicio de Azure Security Center

Azure Security Center ayuda a reforzar la postura de seguridad de los recursos aprovisionados en Azure y otras nubes públicas. También es un *Cloud Security Posture Manager* (CSPM).

El objetivo de una herramienta de este tipo es identificar y corregir errores técnicos y de configuración de los recursos de las aplicaciones (IaaS, PaaS y SaaS) de forma casi automática, con un doble objetivo: reducir los riesgos y garantizar la conformidad.

3.1.3 Azure Sentinel

General

Azure Sentinel es una solución publicada por Microsoft y disponible exclusivamente en Azure. Combina las funcionalidades SIEM (*Security Information and Event Manager*) y SOAR (*Security Orchestrated Automated Response*).

Azure Sentinel es capaz de recopilar datos de la nube y locales para reducir la superficie de exposición, detectar amenazas y responder a incidentes de seguridad mediante la orquestación y automatización SOAR.

Azure Sentinel se basa en los componentes Logs Analytics y Logic Apps presentes en Azure (lo que significa que estos servicios deben consumirse primero, es decir, configurarse y pagarse), en conectores de aplicaciones (M365, Azure AD, Microsoft Defender, etc.) y en fuentes Syslog. Se puede utilizar una API REST para conectar fuentes de datos externas.

Observación

Fuente: https://azure.microsoft.com/es-es/services/azure-sentinel/

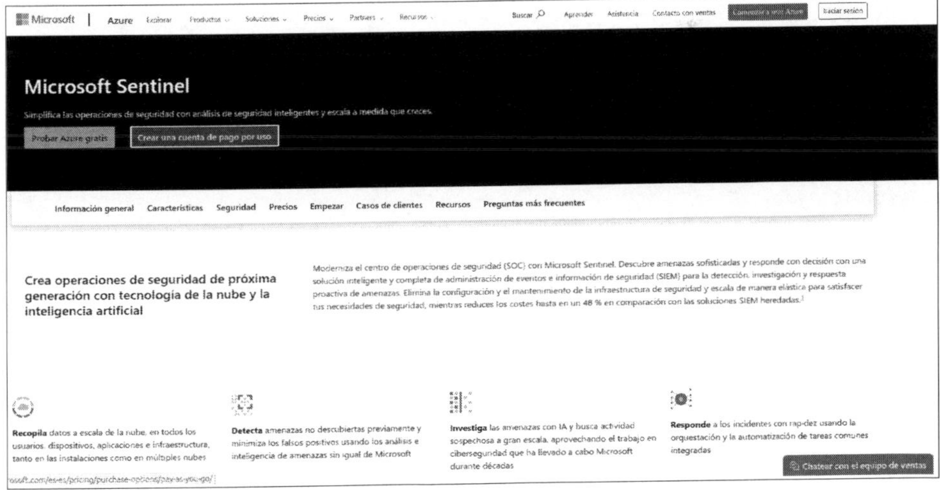

Página de inicio de Azure Sentinel

Precios de Azure Sentinel

Requisitos previos de Log Analytics

Azure Sentinel se asienta sobre el servicio Log Analytics. Por lo tanto, es necesario crear primero un espacio de trabajo de Log Analytics. Existen dos métodos de pago para este servicio (cifras vigentes a mediados de abril de 2023):

- Capacidad reservada: 100 GB/día cuestan 226,21 euros/día (frente a 206,61 euros/día en 2021, un aumento del 10% en dos años) y 500 GB/día cuestan 998,30 euros/día (frente a 911,82 euros/día en 2021).
- Pago por uso: 2,549 euros por GB al mes (frente a 2,328 euros por GB al mes en 2021).

Dos modelos de precios para Azure Sentinel

Azure Sentinel se factura en función del volumen de datos almacenados en Log Analytics de dos formas:

- Reserva de capacidad (descuento de hasta el 40% respecto a la modalidad de pago por uso): el coste es fijo por día y varía en función del volumen (a partir de 100 GB/día). Si el volumen de datos supera el nivel suscrito, los datos adicionales se facturan según la modalidad de pago por uso. A continuación se muestra la tarifa de abril de 2023:

Capacidad1	Tarifa	Descuento
100 GB al día	115,412 € por día	30 %
200 GB al día	207,74 € por día	35 %
300 GB al día	300,07 € por día	37 %
400 GB al día	384,70 € por día	38 %
500 GB al día	421,65 € por día	40 %
1000 GB al día	900,20 € por día	41 %

- Pago por uso: la tarifa integrada de pago por uso de Azure Sentinel se calcula por GB.

Funcionalidad	Tarifa
Centinela Azul	2,11 € por GB consumido al mes

Observación

En dos años, los precios de Azure Sentinel han subido casi un 10% y las tasas de descuento han caído casi un 20% de media. Así que siempre es prudente tener en cuenta la inflación (y repercutirla en los clientes finales si se revende el servicio) a la hora de calcular el presupuesto.

Caso práctico de Azure Sentinel

El caso práctico presentado se basa en una arquitectura compuesta por los siguientes elementos: una VM Linux (CentOS 8.1.1911), denominada WebServer1, en Azure con el servicio Apache instalado. Esta VM es pública y será supervisada por Azure Sentinel.

El procedimiento es el siguiente:

- Conexión a Azure Portal.
- Creación de la máquina virtual Linux.
- Instalación de Apache.
- Creación de un espacio Log Analytics (suscripción, grupo de recursos, nombre de instancia, región).
- Conexión a Azure Sentinel.
- Selección del conector de datos Apache HTTPS Server, que permite la ingesta de eventos Apache HTTP Server en Azure Sentinel.
- Instalación del agente en Apache HTTP Server donde se generan los logs (todo se hace directamente desde Azure Portal).
- Configuración de los logs a colectar (directorio Linux: /var/log/httpd/*.log).
- Información mostrada en el cuadro de mandos de Sentinel.

Observación

Azure Sentinel cuenta con 115 conectores de datos (Azure Active Directory, CheckPoint, Fortinet, base de datos SQL, Office 365, SentinelONE, Squid Proxy, VMware ESXi, etc.).

3.2 AWS

La nube pública de Amazon Web Services (AWS) también ofrece toda una serie de servicios de seguridad alojados de forma nativa en AWS.

Los detalles de todos los servicios están disponibles directamente en el sitio web de AWS.

Observación

Fuente: https://aws.amazon.com/es/products/security/

Entre los servicios de seguridad más importantes figuran :

- **Inspector**: el equivalente de Azure Security Center, para la evaluación de la seguridad, el cumplimiento y la visualización de vulnerabilidades.
- **GuardDuty**: para detectar ataques avanzados en las instalaciones y en la nube.
- **Artefact**: para la elaboración de informes de auditoría y conformidad.
- **AWS Security Hub**: para un centro unificado de seguridad y conformidad.
- **Amazon Detective**: para el análisis de la causa raíz.

Observación

Comparar uno a uno los distintos servicios de seguridad de Azure y AWS dista mucho de ser intuitivo. Sin embargo, AWS parece tener más productos de seguridad que su competidor directo. Probablemente parezca costoso utilizar productos de seguridad de ambas plataformas, y es preferible elegir un único entorno para gestionar la seguridad de la nube híbrida.

4. Pasos para proteger la nube pública

4.1 Proteger los enlaces de telecomunicaciones con SD-WAN

Históricamente, las redes de interconexión se han suministrado a través de enlaces de tipo MPLS totalmente dependientes de los operadores. El cliente no tiene absolutamente ninguna posibilidad de interactuar directamente y de forma autónoma con el enrutamiento de los flujos y la calidad del servicio (QoS). El objetivo de SD WAN (*Software Defined WAN*) es romper con esta hegemonía y recuperar la independencia en términos de seguridad de los flujos de datos, y de sus propios flujos de datos. Esta independencia aporta sin duda un alto nivel de resiliencia. Una empresa con 150 sedes en todo el mundo, por ejemplo, podrá utilizar SD-WAN para redundar económicamente sus conexiones. Se trata de un gran cambio de paradigma: los clientes, si lo desean y si tienen un mínimo de conocimientos de redes, podrán asegurar su propia red.

Observación

Por tanto, asegurar las cargas de trabajo en la nube pública implica inevitablemente asegurar los enlaces de telecomunicaciones locales.

4.2 Seguridad de los sitios físicos: metodología y sentido común

Una vez urbanizada la red y conmutada al modo SDWAN, la seguridad de la nube pública empieza por asegurar las instalaciones técnicas locales de acuerdo con el estado de la técnica (sistema de refrigeración, redundancia de bastidores de almacenamiento y equipos de servidor, redundancia del suministro eléctrico, etc.). Al fin y al cabo, ¡no todo está en la nube pública! Hay muy pocas empresas que no tengan un legado de salas de ordenadores anticuadas, por no hablar de los empleados que, incluso con el auge del teletrabajo, siguen estando muy presentes en los locales de la empresa. Por tanto, hay que proteger los activos locales. Hay que gestionar el acceso a los locales con mucho cuidado y eficacia. Y lo mismo se aplica a los centros de datos de los proveedores de nubes públicas: hay que aplicar las normas básicas de gestión de los locales antes de pasar a las capas lógicas.

Observación

El incendio de la nube de OVH en marzo de 2021 puso de manifiesto problemas en la gestión de las instalaciones. La seguridad en la nube es cuestión de metodología y sentido común. Dos años después del incendio, no se han registrado nuevos incidentes del mismo tipo.

4.3 Protección frente a las amenazas: el ejemplo de un GHT

¿Cómo evitar sobreexponer a las amenazas los sistemas de información de ayuntamientos, hospitales o empresas muy pequeñas cuando migran a la nube pública?

4.3.1 Un contexto especial

Los "groupements hospitaliers de territoire" o GHT son agrupaciones de hospitales públicos. Manejan datos sanitarios y ofrecen una serie de servicios sanitarios a sus zonas de influencia. Históricamente, se han quedado rezagados con respecto a otros sectores empresariales en términos de tecnología digital, tienen departamentos de TI con poco personal en relación con los retos empresariales y carecen de madurez en términos de ciberseguridad. Como resultado, son vulnerables a una amenaza externa muy real, que codicia datos a través de diversas formas de chantaje (revelación tras la exfiltración de datos, pago de rescates).

Los GHT se reagrupan en una media de unos cincuenta puestos de trabajo por establecimiento, y el reto del periodo actual es crear un sistema de información único y compartido.

Sin embargo, hay fuertes limitaciones normativas: cualquier intercambio de datos sanitarios requiere la certificación HDS (con la certificación ISO 27001 como requisito previo, por lo que hay muchas limitaciones y requisitos). Pero no se dispone de recursos de todo tipo: falta de recursos humanos, infraestructuras, presupuesto, plazos incompresibles para implantar las aplicaciones. Así que a menudo sólo hay una solución para moverse rápido: externalizar el alojamiento de su SI a un proveedor de alojamiento certificado por HDS, tanto en la nube privada como en la pública. La flexibilidad táctica y la facturación de pago por uso convierten a la nube pública en la solución preferida. En la actualidad, los principales hyper-scalers del mundo cuentan con la certificación HDS, por lo que es legal confiar su sistema de información sanitaria a una nube pública en la que los recursos se comparten con cientos de otros clientes.

4.3.2 Cuestiones de seguridad

El principal reto de seguridad al que se enfrenta un hospital es la gestión de la gran cantidad de personal que entra y sale y, por tanto, la gestión del acceso a las aplicaciones. Por ejemplo, los historiales informatizados de los pacientes son muy sensibles en los hospitales. El acceso debe ser totalmente rastreable.

Los directores de sistemas de información son conscientes de las ciberamenazas, pero sus equipos están demasiado ocupados con su trabajo diario como para abordar los problemas con eficacia. Saben que hay que abordar el problema, pero no saben cómo hacerlo.

A corto plazo, por tanto, la única solución es invertir con proveedores de servicios especializados. A medio plazo, el enfoque correcto sería poner en marcha un plan de ciberseguridad sólido y valiente, patrocinado por la alta dirección y las autoridades públicas locales, regionales y nacionales. Este plan aportaría la gobernanza, las competencias y los recursos financieros de los que se carece actualmente.

¿Qué hay que proteger? Las primeras necesidades de seguridad suelen referirse a las copias de seguridad, el acceso a los SI y las normas de gestión de cortafuegos.

4.3.3 Externalización: la promesa de transferir riesgos

Como los perfiles técnicos escasean, la externalización de la SI o de una parte de la SI se hace inevitable; el cliente gana también desde el punto de vista de la gestión y la transferencia de riesgos. Están tranquilos porque ya no son los únicos responsables del buen funcionamiento de los locales, los servidores físicos, etc. Confían sus TI en modo externalización según una matriz de responsabilidades contractuales (matriz RACI).

Observación

Aunque la norma ISO 27001 pueda parecer la norma mínima de seguridad informática, no garantiza en modo alguno una protección del 100% contra los ciberataques. Es un punto de partida, no un punto final.

4.3.4 El objetivo ideal

Si intentamos proyectarnos sobre un objetivo ideal en el sector hospitalario (ya sea público o privado, por cierto), surgen varias ideas:

1) El GHT obtiene la certificación HDS/ISO 27001 para un alcance inicial (por ejemplo, alojamiento y gestión de instalaciones del CIO del GHT), obviamente con la ayuda de una empresa de consultoría.

2) Se ponen en común los recursos informáticos y se nombran un corresponsal del SSI y un corresponsal de Calidad en cada establecimiento del consorcio.

3) Los establecimientos se concentran en la asistencia de nivel 1 (asistencia al usuario) y de nivel 2 (conocimientos técnicos con arreglo a procedimientos documentados, administración de activos informáticos, externalización de aplicaciones, conocimientos en sistemas críticos como el DPI, el servidor Exchange, etc.) y confían la asistencia de nivel 3 a proveedores de servicios cuyas competencias incluyen la ciberseguridad (detección, respuesta a incidentes, reparación, etc.).

4) Los contratos con los proveedores de servicios son claros y tranquilizadores: todo lo que no puede gestionarse internamente se transfiere así a una parte externa.

5) Poner en marcha un sólido plan de formación para que el personal del Departamento de TI adquiera las competencias de las que carece: cortafuegos, mensajería, redes, cibernética, etc. Se trata de un proceso largo y costoso, pero es el precio de cierto grado de independencia.

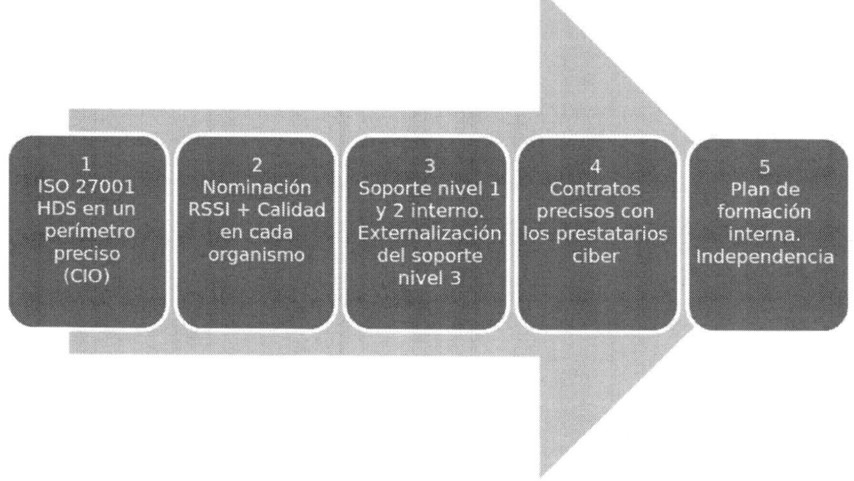

Pasos hacia un objetivo cibernético ideal en un GHT

Observación

Con este planteamiento, y con mucho esfuerzo y paciencia, el sector sanitario se encontrará en 2025 al mismo nivel de seguridad que el mundo bancario. El camino es complicado porque la ecuación es compleja: presupuesto + cuestiones locales + proveedores + competencias + amenazas +... No hay otra opción posible, debemos asegurar el SIS.

4.4 Proteger la aplicación

Una vez aseguradas las capas de primer nivel –telecomunicaciones y centros de datos–, ahora es crucial centrarse en asegurar las aplicaciones, estén donde estén.

Observación

Las aplicaciones de hoy se convierten en los pasivos de mañana.

4.4.1 El rompecabezas del legado chino

Las aplicaciones heredadas son complejas de mapear y migrar a la nube y a las nuevas tecnologías. No tiene sentido intentar renovarlas y/o hacerlas compatibles con la nube. Sin embargo, hay que protegerlas con soluciones complementarias, como el WAF (*Web Application Firewall*), una superposición tecnológica capaz de examinar los paquetes de solicitud HTTP/HTTPS y los patrones de tráfico web, protegiendo así los servicios web con un coste menor y sin tener que modificar el código de la aplicación. Este tipo de software, disponible en forma de dispositivo o virtualizado, compensa las deficiencias en la seguridad de las aplicaciones.

Al igual que en una ciudad, la urbanización también se ha convertido en un tema muy importante en las aplicaciones. La consecuencia es que una mala urbanización genera inevitablemente disfunciones (presencia de "código muerto", componentes de middleware obsoletos y vulnerables, mal diseño de los esquemas de las bases de datos, mal posicionamiento de los servicios de las aplicaciones en la infraestructura, problemas de diseño de las aplicaciones a secas, y también problemas de cableado en los locales técnicos, mala configuración de la red, etc.).

Observación

Las empresas presionan para que los proyectos salgan adelante lo antes posible, una de las consecuencias de la deriva urbanística.

4.4.2 La complejidad de proteger la nube

Pasarse al 100% a la nube significa trasladar la responsabilidad fuera de la empresa, y eso es un problema de perspectiva. Solo el análisis de riesgos y la posición del comité ejecutivo o de dirección te permitirán posicionar el cursor financiero y el porcentaje de responsabilidad externalizado.

Observación

¡Lo mejor es que gestiones tú mismo tus datos!

Al trabajar con un proveedor de nube pública, ¿están los clientes obligados a adoptar las soluciones de seguridad del proveedor?

- Sí, si el modelo RACI implica que el proveedor es responsable de este componente: la capa de seguridad impone su modelo de cortafuegos, EDR, WAF y escáner de vulnerabilidades. Todo gestionado; el cliente paga el servicio de mantenimiento de la seguridad.
- No, si el cliente sólo compra IaaS y gestiona los capas de seguridad; ¡pero a qué precio!

¿Basta con comprar un servicio de seguridad gestionado u operado? Probablemente no. Al cliente le interesaría comprender los elementos básicos de la seguridad para poder juzgar el servicio de su proveedor, no depender de él, y poder analizar las configuraciones de seguridad a petición (en principio, cualquier contrato de servicio en la nube digno de ese nombre incluye la posibilidad de auditar al proveedor). De lo contrario, el cliente no tendrá ninguna elección y todo puede volverse opaco rápidamente.

Es evidente que la escasez de competencias en ciberseguridad no favorece al cliente. Mientras que a corto plazo todavía es posible encontrar competencias WAF en las grandes ciudades, en las pequeñas es misión imposible.

4.4.3 Seguridad: una elección meditada

Aunque siga siendo una opción, la externalización se convierte rápidamente en algo natural para el cliente, que no tiene más remedio que confiar en el proveedor de la nube pública y en los proveedores de externalización del SI (técnico, middleware, aplicaciones). Hay que estar dispuesto a comprar con los ojos cerrados y aceptar que no se puede comprobar nada.

Observación

Una visita/auditoría de las infraestructuras de los centros de datos de las nubes públicas es un esfuerzo inútil. Es sencillamente imposible de obtener.

¿Qué piensan los clientes de la situación del alojamiento? ¿Están desilusionados y/o resignados con los proveedores de alojamiento?

En modo operado o no, la seguridad no es una opción y los mecanismos del mantenimiento de las condiciones de seguridad son obligatorios. Una vez más, todo es cuestión de madurez, competencias, aceptación y gestión del riesgo. En caso de que un criptovirus paralice por completo la actividad de la empresa, ¿es caro o no el servicio? ¿Merece la pena la inversión? Si, en efecto, el coste de la pérdida de volumen de negocio (y por tanto de márgenes, lógicamente) asciende a varios millones por hora de interrupción, cualquier interrupción es crítica y no hay ninguna razón real para cuestionar la inversión en ciberresiliencia. Si, por el contrario, el análisis de riesgos ha demostrado que la interrupción no ha tenido consecuencias financieras inmediatas y que el SI de la empresa puede reiniciarse sin problemas con las copias de seguridad del día anterior y al cabo de 5 días como máximo, entonces hay que sopesar la inversión.

Observación

No existe una solución realmente buena en materia de ciberinversión. Todo es cuestión de dosis.

Hay que ser vigilante, incluso intransigente, cuando se trata de la presión empresarial, ya que de lo contrario se cometen errores importantes, como abrir el SI a todo el mundo y/o crear funcionalidades que van en contra de las mejores prácticas de seguridad informática.

4.5 Modelo SASE

4.5.1 El matrimonio de la red y la seguridad: Connect-it + Secure-it

Gartner ha reconocido la necesidad de transformar las redes y la seguridad como parte de la transformación digital presentando el *Secure Access Service Edge* (SASE). SASE (pronunciado "Sasi") es una nueva arquitectura que hace converger las redes, el acceso a las aplicaciones y la seguridad en un único servicio en la nube. En cierto modo, SASE es el nuevo marco de seguridad para redes en la nube, que permitirá gestionar los complejos requisitos de agilidad y acceso dinámico: acceso rápido a cualquier recurso de la empresa, desde cualquier lugar y desde cualquier tipo de equipo. Cada usuario debe poder autenticarse, y cada acceso a los datos debe ser seguro (es decir, cifrado).

Hasta hace cinco años, el acceso a Internet de una empresa estaba centralizado tras un sólido cortafuegos situado en un centro de datos, en la inmensa mayoría de los casos.

Pero el contexto económico y el panorama digital han cambiado considerablemente en los últimos cinco años: La proliferación de la nube, la aceleración de la transformación digital, los cambios constantes en la estrategia corporativa, la creciente complejidad de los sistemas de información, la necesidad de crecimiento externo, la extensión del teletrabajo, el aumento de las necesidades de ancho de banda de red para las sedes remotas, una mayor necesidad de agilidad, la necesidad de ser una organización resiliente (e incluso ciberresistente), la gestión de la amenaza del "ransomware"... Todo ello está cambiando los usos y las arquitecturas técnicas.

Observación

Un ataque comienza 206 días antes de ser lanzado (Gartner).

Como resultado, las empresas tienen que apilar capas de tecnología, a menudo heterogénea, para hacer frente a nuevos problemas, lo que genera una nueva carga de trabajo para los equipos de TI y, en última instancia, más costes y más riesgos asociados al aumento de equipos que hay que mantener. Al mismo tiempo, la empresa se vuelve menos resistente al depender de múltiples tecnologías.

La idea principal de SASE es simplificar la complejidad de las redes y la seguridad. Los editores especializados deben ofrecer plataformas convergentes que aúnen estas dos áreas, ofreciendo plataformas para gestionar la seguridad informática de los distintos activos de SI (estaciones de trabajo, servidores, cortafuegos, filtrado web, acceso móvil, acceso de proveedores de servicios, aplicaciones web, conexiones de usuarios, etc.).

Con este concepto de red troncal SASE, los usuarios pueden conectarse a los recursos internos desde cualquier lugar del mundo.

Observación

Octubre de 2019: Gartner anuncia el fin de SD-WAN en favor de la llegada de SASE, lo que convierte a SD-WAN en solo una pieza del rompecabezas.

Sólo en el año de 2020, el mercado de capas de red y seguridad ha cambiado por completo para convertirse en "conforme a SASE".

4.5.2 WANaaS o ¿cómo unificar redes con éxito?

Como ocurre a menudo, necesitamos tener una instantánea del punto de partida, un mapa cuantitativo y cualitativo de los activos implicados: lista de usuarios, grupos de asignación, lista de aplicaciones, lista de sitios, ancho de banda actual/utilizado/futuro, lista de prioridades de negocio (por ejemplo, en 2021, la aplicación Teams necesita ser resistente, con una mayor necesidad de enormes cantidades de ancho de banda debido a los flujos de vídeo). Esta exigencia modifica la arquitectura de la red que, además de segura, debe ser tan sencilla como una especie de WAN as a Service.

Así, con máquinas en emplazamientos remotos, en la sede central o en la nube pública, es posible crear una red troncal privada con gestión centralizada de la red y la seguridad, lo que reduce aún más la carga de trabajo de los equipos técnicos.

Una de las ideas de SASE es pensar en términos de uso, liberándonos al mismo tiempo de la tecnología cerrada de la red de operadores MPLS y del apilamiento de capas tecnológicas.

4.5.3 Arquitectura SASE

El viejo mundo contra SASE

Las sedes remotas y los usuarios en movimiento se conectan al centro de datos de la empresa y luego rebotan a la nube pública, a Internet o incluso a aplicaciones en modo SaaS.

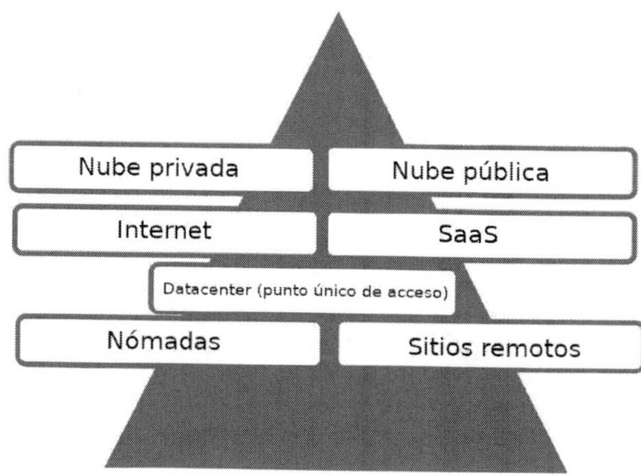

El viejo mundo

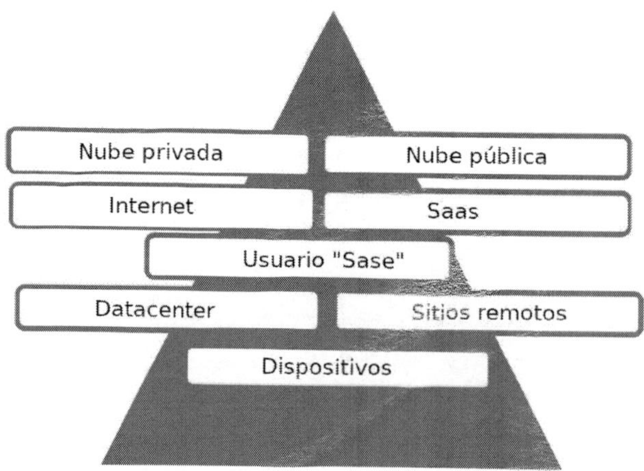

El modelo SASE

Estudio de caso con Fortinet

Fortinet ofrece una gama de soluciones compatibles con SASE:

- Un cortafuegos de nueva generación (NGFW) en cada sitio remoto con funciones SD-WAN.
- Servicios UTP (*Unified Threat Protection*) ubicados en los NGFW y centralizados para bases de datos de firmas (antivirus, IPS, etc.).
- Un servicio de acceso Zero Trust para la autenticación de usuarios en aplicaciones con autenticación robusta (MFA).
- Una Secure Web Gateway para gestionar el filtrado de URL, la inspección SSL, etc.
- Un servicio CASB (*Cloud Access Security Broker*) para proteger los datos sensibles (fuga de datos, robo, etc.) de las aplicaciones SaaS: informes sobre recursos, usuarios, comportamientos, uso de datos en la nube, etc.
- Un agente de SDP (*Software-Defined Perimeter*) en los puntos finales a través de FortiClient para habilitar Zero Trust y el acceso a un recurso:
  - Conexión a un servidor sólo si está autorizado
  - Verificación de la identidad del usuario
  - Evaluar el estado del dispositivo fuente

Arquitectura SASE de Fortinet

4.5.4 El mercado SASE

El mercado SASE, muy joven, está formado por una treintena de actores en todo el mundo (Fortinet, Cato Networks, Zscaler, Juniper, Cloudflare, VMware, Versa Networks, CheckPoint, etc.) con tasas de conversión POC muy buenas (más del 90%).

Versa Networks, considerada por Gartner líder mundial en soluciones Secure SD-WAN y SASE, ofrece una solución SASE denominada Titan.

Versa ofrece dispositivos finales (CPE) y software para gestionar la conectividad, la seguridad y la calidad de servicio de las aplicaciones:

- Conectividad: configuración de puertos Ethernet, Wi-Fi, port forwarding y DHCP, interfaces WAN con elección del flujo a enrutar (tráfico de Internet, túnel dividido, tráfico entre sitios).
- Seguridad: reglas de cortafuegos, perfil de seguridad, categorización de URL, filtrado antivirus, IPS, categorización de aplicaciones.
- *Traffic steering* (Dirección del tráfico): gestión de la QoS (*real time, business critical, low priority*, y *default*, que se basa en todos los CPE instalados).

La aplicación Titan también ofrece una interfaz web intuitiva para supervisar los CPE y el tráfico en tiempo real, así como un módulo de análisis para obtener una visión de 360° de toda la red, todas las aplicaciones y todos los usuarios. Por ejemplo, se puede bloquear fácilmente el uso de aplicaciones desconocidas.

4.6 CASB, CSPM, CWPP

Con la constante evolución de los usos y las tecnologías, en los últimos dos años (2019-2020) han surgido nuevos conceptos cuya ambición es dar forma al futuro de la seguridad en la nube para los próximos años.

4.6.1 CASB: Cloud Access Security Broker

CASB es un verdadero broker de seguridad que actúa como pasarela de acceso a la nube, verificando sistemáticamente las políticas de seguridad. Por ejemplo, un usuario de una filial italiana no puede conectarse los sábados al sistema de facturación alojado en Azure. Ningún usuario de la empresa puede conectarse a todo el SI los domingos... La idea objetivo es proporcionar CASB 'as a Service' accesible vía API desde cualquier aplicación.

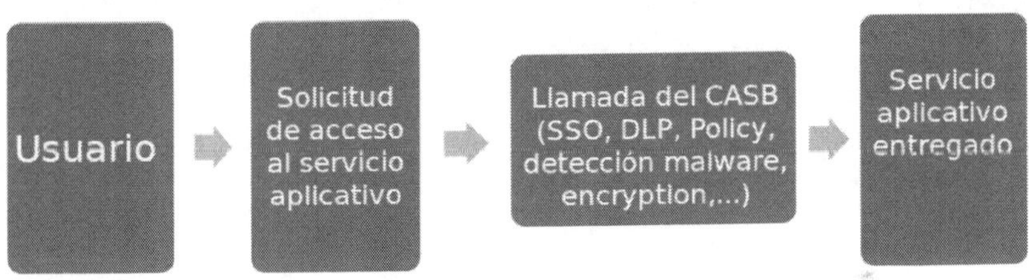

Esquema de funcionamiento del CASB

4.6.2 CSPM: Cloud Security Posture Management

Sobre todo, la postura de seguridad en la nube proporciona un cuadro de mandos de indicadores especializados. ¿Cumplo la política de seguridad de la empresa? ¿Están actualizadas las configuraciones de estaciones de trabajo y servidores? ¿Se respeta la política de gestión de contraseñas? Esto permite ver esta postura en un único lugar y actuar en consecuencia para remediarla. Una herramienta CSPM es capaz de proponer y llevar a cabo medidas correctoras (por ejemplo, bloquear el acceso SSH inadecuado, bloquear el acceso a una cuenta de usuario si la contraseña es demasiado débil, etc.). Por supuesto, el CSPM está especialmente recomendado en un proceso DevSecOps donde las llamadas a herramientas de seguridad (escaneo OWASP, escaneo de vulnerabilidades API, escaneo de código, etc.) ayudan a asegurar toda la producción de software.

Observación

CSPM es a la seguridad en la nube lo que la mejora continua es a ITIL.

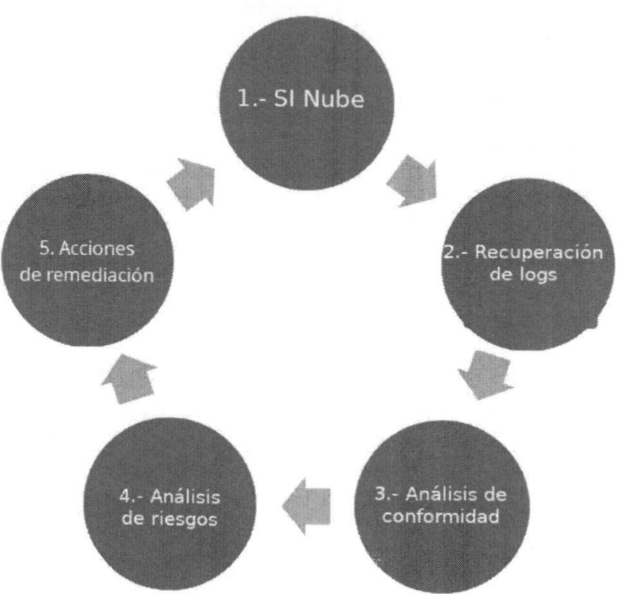

El círculo virtuoso de los CSPM

4.6.3 CWPP: Cloud Workload Protection Platform

CWPP se centra en las cargas de trabajo en la nube y no en el estado de seguridad de los activos. De este modo, complementa CASB y CSPM, y los complementa muy bien. CWPP adopta la forma de una plataforma de software que puede gestionar la seguridad de las cargas de trabajo de las aplicaciones en entornos virtualizados y en contenedores, en bare-metal y/o serverless, todo ello en el contexto de ecosistemas híbridos:

- Protección contra el robo de datos
- Gestión de API inseguras
- Comprobación de las características técnicas utilizadas en IaaS
- Gestión de vulnerabilidades
- Gestión de accesos

Observación

Una cloud workload es una cantidad de trabajo en una instancia de la nube: un servidor web, una consulta a una base de datos, el acceso a un contenedor, etc.

5. Seguridad en Microsoft 365 / Office 365

Los productos Microsoft 365 y Office 365 están tan extendidos por todo el mundo y en todo tipo de organizaciones, incluidas las del sector público, que merece la pena presentar los mecanismos de seguridad subyacentes.

5.1 Diferencias entre Microsoft 365 y Office 365

O365 Enterprise: Office 365 es la nueva versión (el nuevo método de comercialización) de la famosa suite de colaboración Office. Es importante entender que Microsoft ahora quiere ofrecer su suite en modo SaaS, pero con algunas variantes que se traducen en diferentes versiones. Para las grandes organizaciones con más de 300 empleados, existen las versiones E1, E3, E5, F3, etc:

E1 Nivel básico: aplicaciones Office sólo web (Word, Excel, PowerPoint, OneNote, Access), Exchange Online (correo electrónico, calendario y contactos), reuniones de equipo Teams, OneDrive 1 TB, SharePoint. Requiere una conexión constante a Internet. No se puede instalar en dispositivos móviles.
Nota: los datos no pueden guardarse en una unidad local, sólo en OneDrive o SharePoint.

E3 Versión E1 con la opción de instalar el software localmente en hasta 5 ordenadores, 5 tabletas y 5 smartphones.
Protección de datos mejorada (cifrado de mensajes, gestión de derechos, prevención de pérdida de datos, archivado de correo electrónico).

E5 Versión E3 con protección de datos adicional (phishing, malware 0-day, prevención de pérdida de datos).
Herramientas de análisis (MyAnalytics y PowerBI Pro).

F3 Idéntica a la versión E1. Todo en modo web con restricciones en Exchange (2 GB de espacio) y OneDrive (2 GB). Sólo acceso web a Outlook.

M365: Microsoft 365, lanzado más tarde que O365, se compone en realidad de O365 con algunas características adicionales (Windows 11, Teams, seguridad en la nube, etc.).

5.2 Protección del entorno de Office 365

La migración de datos de correo electrónico a la nube y el uso de herramientas como Teams y OneDrive en particular requieren el uso de un Azure Active Directory en la nube, conocido como Azure AD. No sustituye al directorio AD local, sino que lo complementa y requiere especial atención en términos de seguridad.

De hecho, es totalmente posible tener un modo híbrido con Exchange, con algunos usuarios totalmente migrados a Exchange Online y otros en un sistema Exchange local.

Es aconsejable suscribirse al menos a una versión E3 de O365 para tener acceso a las opciones de seguridad mejoradas que se pueden implementar a través de la consola de administración de O365.

Como administradores de la plataforma O365, hay algunas cosas importantes que deben hacer:

- Introducción de la autenticación multifactor (MFA) para proteger contra la usurpación de identidad. La MFA es obligatoria para las cuentas de administrador. La versión Azure AD Premium permite la implementación de un sistema MFA de alto nivel (la versión básica de MFA de O365 no debe reservarse para un sistema de producción y es preferible comenzar con Azure AD Premium tipo P1, que puede suscribirse además de las licencias de O365. Tenga en cuenta que existen dos versiones de Azure AD Premium: P1 (integrada en M365 E3) y P2 (integrada en M365 E5).

- Activación del registro de auditoría (a través del Centro de Seguridad). Esto permite detectar amenazas en las aplicaciones en la nube (Exchange Online, OneDrive, Teams, Azure AD, etc.) para poder recibir notificaciones en caso de problema y, en última instancia, tomar las medidas correctoras necesarias.
- Activación de la auditoría de buzones. Esto permite realizar análisis de seguridad posteriores a incidentes.
- Configuración de la sincronización de contraseñas para Azure AD. Cuidado con el alcance de la opción "Sincronización de contraseñas", que sobrescribe las contraseñas de Azure AD con las contraseñas locales de AD.

5.3 Asignación de riesgos de Office 365

Tiene todo el sentido poner en marcha una política de seguridad inflexible, así como un informe sobre O365 y la seguridad :

- Principales componentes de Office 365
- Riesgos asociados al uso de Office 365
- Buenas prácticas y medidas de seguridad a adoptar

Ejemplo de riesgo O365 - RD02 Gestión incorrecta de derechos

"Una cuenta de servicio o aplicación con derechos demasiado elevados en Office 365 o Azure AD aumenta la superficie de compromiso y el impacto en caso de ataque.

Más información

Los roles de Azure AD o RBAC para los distintos servicios de Office 365 se pueden asignar a cuentas de servicio, servicios principales o grupos de seguridad.

Ejemplo

Para simplificar la gestión de usuarios (creación, eliminación, cambio de contraseñas, etc.), un administrador de Office 365 crea una cuenta de servicio y le otorga derechos de Administrador Global para facilitar su uso, sin respetar el principio de mínimo privilegio. En caso de compromiso, esta cuenta de servicio podría dar acceso a todos los datos de la plataforma.

Medidas

- CMG-5 Formación de administradores y desarrolladores en materia de seguridad
- CMD-1 Supervisar los cambios de configuración
- CMD-3 Supervisar el acceso a los datos

Capítulo 9
Respaldo, PCN, DRP

1. Introducción

Este capítulo aborda tres aspectos fundamentales de la ciberresiliencia: la copia de seguridad de los datos, el plan de continuidad del negocio (PCN) y el plan de recuperación en caso de catástrofe (DRP, *Disaster Recovery Plan*). Como parte inseparable de la política de seguridad de los sistemas de información, el tríptico Copia de seguridad-PCN-DRP debe ser operativo, gestionado y visible, mediante indicadores sencillos, fiables y tranquilizadores, tanto para la dirección general como para las unidades de negocio, los departamentos de TI y todas las demás partes interesadas (proveedores, prestadores de servicios, clientes, inversores, etc.).

2. Copia de seguridad

2.1 Almacenamiento legítimo y seguro de datos críticos y sensibles

Los datos de esta naturaleza, que se producen en grandes cantidades en las empresas (centros sanitarios, industria, PYMES, autoridades locales, instituciones, etc.) representan sin duda una memoria persistente: en el sector sanitario, se trata de recetas médicas, resultados de análisis biológicos, actas de reuniones multidisciplinares, registros de tratamientos de pacientes, registros electrónicos de tratamientos, resultados de imágenes médicas, registros longitudinales de seguimiento de pacientes, datos producidos por objetos conectados, etc. En el sector industrial, se incluyen patentes, catálogos de productos, listas de precios, cifras de ventas, expedientes de clientes/prospectos, documentos de diseño de servicios o productos, etc. La conservación y protección de esta memoria es, por tanto, fundamental a ojos de pacientes, cuidadores, autoridades públicas y todas las demás partes interesadas. Por lo tanto, corresponde a los responsables del tratamiento de datos utilizar sistemas de protección de última generación, como copias de seguridad y archivado, en cumplimiento de la política de seguridad de los sistemas de información vigente.

2.2 Copias de seguridad: ¿cómo restaurar los datos dañados?

Porque no existe el riesgo cero, porque son posibles catástrofes como incendios, daños por agua, vandalismo o robos, porque los paros en la cadena de producción son costosos y porque los usuarios ya no toleran la indisponibilidad de los servicios digitales (ya sean empresariales, ofimáticos, de correo electrónico, telefonía o Internet), la aplicación de una política de copias de seguridad controlada y adaptada a los riesgos identificados se ha convertido en una obligación. El estado del arte recomienda una copia de seguridad 3-2-1, es decir, hacer un mínimo de 3 copias de los mismos datos en 2 soportes diferentes con 1 copia de seguridad externa.

Observación

"El 60% de los datos sensibles en la nube se almacena en documentos de Office y el 75% no tiene copia de seguridad". (https://www.veeam.com/es/backup-microsoft-office-365.html)

2.3 Archivo: ¿cómo almacenar a largo plazo?

Aunque las copias de seguridad pueden utilizarse para gestionar emergencias y restaurar datos fiables lo antes posible para poder reiniciar la producción, no están diseñadas para almacenar datos durante un largo periodo. Después de más de un año, tiene sentido eliminar los datos originales y recurrir a dispositivos de archivo en sistemas menos costosos, como cintas, discos capacitivos o incluso sistemas específicos ad hoc en la nube pública. Para recuperar los datos, el software de búsqueda de archivos debe ser potente. Al ofrecer archivado con valor probatorio (por ejemplo, con las soluciones de software de Docaposte/Arkhineo, Tessi y Everteam, por citar las más conocidas), aporta una riqueza adicional de funciones que permiten garantizar la autenticidad, integridad e inteligibilidad de los documentos archivados, en cumplimiento de la ley. En otras palabras, permite demostrar que el documento archivado no es una falsificación.

2.4 Subcontratación de un proveedor de alojamiento

Externalizar las copias de seguridad y/o los archivos se considera parte de las mejores prácticas de seguridad de la información. Lejos de ser una opción, el uso de un proveedor de alojamiento es un complemento esencial para cualquier buena política de copias de seguridad/archivo, y es también un excelente punto de partida para un Plan de Recuperación de Desastres (DRP). La interconexión segura, rápida y fiable de la empresa con el proveedor de alojamiento es otro elemento en el que no se debe transigir.

2.5 El método 3-2-1

Se recomienda utilizar el método 3-2-1 para garantizar la máxima ciberresistencia de los datos respaldados:

- 3: tener al menos tres copias de tus datos (los datos principales de producción y otras dos copias de seguridad) en distintos dispositivos (por ejemplo, disco duro 1, disco duro 2, disco 3).
- 2: almacenar estas copias en dos soportes diferentes (por ejemplo: un disco duro, n memorias USB de alta capacidad, cintas, discos duros externos, tarjetas SD, CD, DVD o incluso disquetes).
- 1: mantener una copia de seguridad fuera del sitio (en otra parte de la empresa, en la nube privada o pública o, mejor aún, en ambas), y desde luego no en el sitio de producción (cuidado con el síndrome del incendio de OVH).

Observación

Veeam incluso añade un 0 a la regla haciéndola 3-2-1-0 para 0 errores durante la comprobación automática de consistencia de cada copia de seguridad utilizando la función SureBackup de Veeam (solución Veeam Backup & Replication).

2.6 Arquitectura de copia de seguridad externalizada

2.6.1 En las instalaciones

¿Qué guardar?

Está claro que un sistema de copia de seguridad debe existir in situ y ser capaz de realizar copias de seguridad de todos los datos necesarios para proteger los activos de información de la empresa: máquinas virtuales, archivos de oficina en una unidad de red, bases de datos, maestros de estaciones de trabajo y servidores, archivos de configuración, archivos PST de Outlook, etc.

El sistema debe configurarse en un espacio de red distinto del de producción para evitar confusiones en caso de ataques o averías varias (¡no conviene poner todos los huevos en la misma cesta!).

Los datos de las copias de seguridad deben almacenarse en un espacio físico distinto del de los servidores de producción.

Las copias de seguridad deben estar disponibles en cantidad y reproducirse todos los días con una política coherente con respecto a los SLA de la empresa: una copia de seguridad completa todos los domingos, una copia de seguridad incremental todas las tardes de la semana, etc.

Por último, las copias de seguridad deben contener datos cifrados para evitar falsificaciones.

Tipos de copias de seguridad

Existen tres tipos principales de copias de seguridad:

- Completa (*Full*): consiste en copiar todas las carpetas y archivos de un sistema de origen (por ejemplo, el contenido de una carpeta de base de datos de recursos humanos) en una ubicación de destino. Con cada copia de seguridad completa, se realiza una copia de seguridad de todo el sistema fuente hasta la fecha en que se creó la copia de seguridad. Este método se utiliza al menos una vez al inicio del proceso de copia de seguridad y después regularmente (una vez a la semana, una vez al mes, etc.). Hay que tener cuidado de no dejar demasiado tiempo entre dos copias de seguridad completas, ya que esto podría alargar el tiempo de restauración.
- Incremental: después del Full, el método incremental permite guardar sólo los cambios realizados desde la última copia de seguridad (es decir, incremental). Por ejemplo, se guarda una copia completa el domingo por la noche, seguida de una copia incremental cada día de la semana de lunes a sábado, una copia completa el domingo siguiente y copias incrementales durante la semana, y así sucesivamente. La ventaja de las copias de seguridad incrementales es que puedes hacer copias de seguridad de pequeñas cantidades de datos cada vez. Por supuesto, si necesitas restaurar, tienes que empezar desde el último Full y luego aplicar todos los incrementos posteriores.
- Diferencial: es el mismo principio que el método incremental, con la diferencia de que el método diferencial guarda todos los cambios desde el último Full. La ventaja es que se ahorra espacio en disco en cada copia de seguridad diferencial.

Caso de copia de seguridad GFS (Grandfather-Father-Son)

La copia de seguridad GFS es un método de rotación de las copias de seguridad para garantizar la conservación necesaria y a menudo suficiente de los datos copiados: un conjunto de copias de seguridad diarias (*son* o hijo), un conjunto de copias de seguridad semanales (*father* o padre) y un conjunto de copias de seguridad mensuales (*grandfather* o abuelo). Este método de rotación garantiza que las mejores opciones de restauración estén disponibles en todo momento.

Observación

Para los datos críticos y sensibles, es posible y deseable ampliar el sistema GFS externalizando la última copia de seguridad mensual del año en un soporte de tipo cinta magnética con archivado durante tres años.

Ejemplo de rotación de copias de seguridad del GFS con rotación anual

Tiempo	Copia de seguridad	Rotación semanal	Facturación mensual	Rotación anual
Semana 1	Lunes: Copia de seguridad completa Martes-miércoles-jueves-viernes-domingo: copias de seguridad incrementales	Mantener el domingo completo de la semana 1		
Semana 2	Lunes: Copia de seguridad completa Martes-miércoles-jueves-viernes-domingo: copias de seguridad incrementales	Mantener el domingo completo de la semana 2		
...				

Tiempo	Copia de seguridad	Rotación semanal	Facturación mensual	Rotación anual
Semana 4	Lunes: Copia de seguridad completa Martes-miércoles-jueves-viernes-domingo: copias de seguridad incrementales	Mantener el domingo completo de la semana 4	Mantener el *Full* para el mes 1	
...				
Semana 52				Mantener el *Full* del mes 12 durante 36 meses

El mercado de copias de seguridad

El mercado de las copias de seguridad se divide tradicionalmente entre soluciones propietarias y de código abierto, con una arquitectura específica in situ y opciones de externalización a una plataforma de nube pública y/o un host soberano. En ambos casos, es necesario desplegar un servidor de copia de seguridad y agentes en los servidores/PC de origen, así como un repositorio para almacenar las distintas copias de seguridad.

Algunas de las soluciones más populares son: Veeam Backup & Replication (VBR), Atempo, Acronis, ARCserve Backup, Backup Exec, Cobian Backup, IBM Tivoli Storage Manager, NetVault Backup, NetBackup.

Y para el mundo del código abierto: Bacula (www.bacula.org), cuya primera versión data de hace más de veinte años, Amanda y BackupPC, por citar las más conocidas.

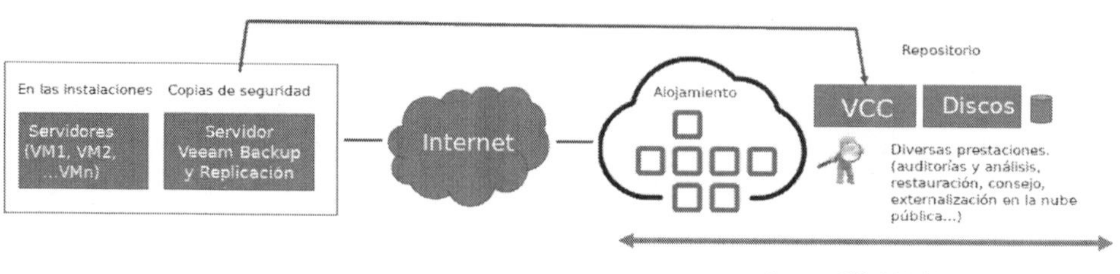

Cómo funciona el backup externalizado con Veeam

2.6.2 En la nube

Soluciones de nube pública

Los actores de la nube pública también ofrecen soluciones de copia de seguridad para gestionar las copias de seguridad de máquinas virtuales alojadas en Azure, AWS o GCP.

Azure Backup

La solución de Azure se llama Azure Backup y ofrece una serie de características:

- Realiza copias de seguridad de recursos locales en Azure, como archivos o carpetas, mediante un agente de copia de seguridad MARS (*Microsoft Azure Recovery Services*), y también de máquinas virtuales (en Hyper-V o VMware) mediante el agente DPM o un servidor de copia de seguridad de Azure.
- Realiza copias de seguridad de máquinas virtuales Azure (Windows o Linux) directamente en Azure.

Hay varias opciones de almacenamiento disponibles: almacenamiento redundante local (LRS) con replicación de datos tres veces dentro de la misma región Azure, almacenamiento georredundante (GRS) con replicación sincrónica de copias de seguridad tres veces a una región Azure secundaria, almacenamiento redundante entre zonas (ZRS) con replicación de una copia de seguridad en tres zonas de disponibilidad dentro de la misma región Azure.

Azure Blob Storage

Azure ofrece una interesante funcionalidad para almacenar copias de seguridad mediante almacenamiento Blob. Por tanto, es posible asociar un software de copia de seguridad local a este tipo de almacenamiento para externalizar las copias de seguridad en Azure, a un precio muy competitivo (500 GB en almacenamiento Blob de archivado en frío cuestan unos 7 € al mes sin IVA, según los precios de Azure), en modo "pay as you go".

Fuente: https://azure.microsoft.com/en-us/pricing/calculator/

Observación

Tenga en cuenta que cualquier volumen que salga de Azure para la recuperación de datos Blob se factura (0,010 euros sin IVA por GB saliente), por lo que esta métrica debe tenerse en cuenta para las restauraciones.

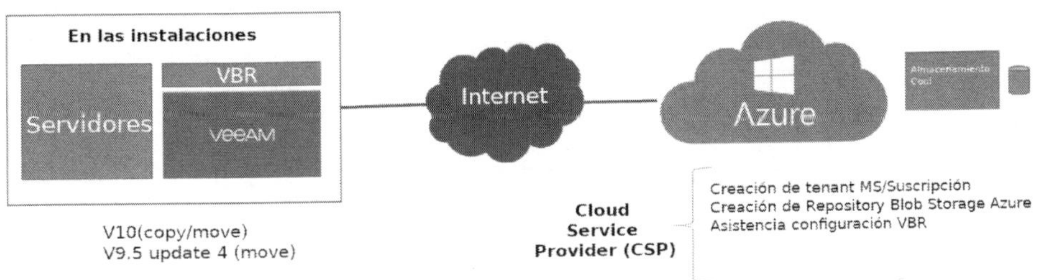

Principio de copia de seguridad externalizada de Azure Veeam y Blob Storage

Box de copias de seguridad

En algunos casos, es útil utilizar soluciones de tipo "box" de hardware y/o software, en las que un agente está siempre instalado in situ y se sincroniza con un host externo. Es el caso, por ejemplo, de las siguientes soluciones (lista no exhaustiva):

- BeeMo Technologies (http://www.beemotechnologie.com/), que ofrece la instalación de una box de copias de seguridad dentro de la empresa y externaliza las copias de seguridad a la nube. Beemo incorpora protección antivirus para los datos de las copias de seguridad y ofrece cifrado de datos (algoritmo AES de 128 bits), un punto fuerte innegable de su propuesta de valor.

- DropCloud (https://www.dropcloud.fr/) con sus soluciones para transferir archivos de gran tamaño (WeTransfer), compartir archivos y realizar copias de seguridad en línea. DropCloud cuenta con la certificación HDS.
- NextCloud (https://nextcloud.com/) ofrece una solución de código abierto que puede instalarse in situ para crear su propio servidor de intercambio/compartición de datos con almacenamiento, así como una versión de pago en la nube.
- OneDrive (https://www.microsoft.com/es-es/microsoft-365/onedrive/online-cloud-storage).
- DropBox (https://www.dropbox.com/es/), muy conocido por el gran público y que ofrece soluciones para las empresas.
- etc.

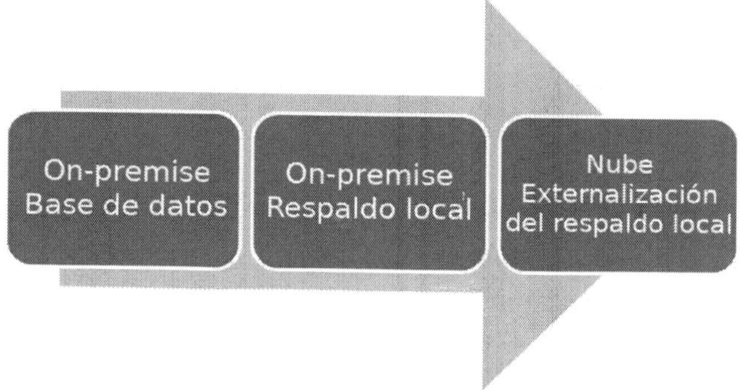

Arquitectura de una solución de caja de hardware local

Observación

OneDrive (Microsoft) es una solución muy fiable y asequible que puede adquirirse de forma independiente o como parte de una licencia de Microsoft 365. Aunque esta solución responde a la necesidad de almacenar archivos, es perfectamente posible utilizarla para realizar copias de seguridad de archivos que contengan bases de datos y programar copias de seguridad periódicas en OneDrive. Las licencias M365 (Microsoft 365 Business Basic a 5,60 euros sin IVA/usuario/mes, Microsoft 365 Business Standard, Microsoft 365 Business Premium) ofrecen todas ellas la funcionalidad OneDrive con 1 TB de espacio de almacenamiento. Fuente: https://www.microsoft.com/es-es/microsoft-365/business/compare-all-microsoft-365-business-products-b.

Observación

OneDrive forma parte de la gama M365 (antes O365), que entra en el ámbito de la certificación HDS (alojamiento de datos sanitarios) de Microsoft.

3. Plan de continuidad del negocio/PCN

3.1 La necesidad vital de la disponibilidad digital

Anticipar los riesgos potenciales permite sin duda gestionar la seguridad de los sistemas de información (SI): lista de acontecimientos temidos (imposibilidad de acceder a la información médica durante una intervención quirúrgica, cierre total de las gasolineras en caso de contención generalizada debido a una pandemia mundial, etc.), lista de escenarios de amenazas (ataques de ransomware, robo de datos por un empleado, falsificación del motor de inteligencia artificial utilizado para controlar la estrategia de construcción de una plataforma petrolífera, mantenimiento de baterías con consecuencias en términos de riesgo de incendio, etc.), cartografía de riesgos, definición de medidas de seguridad, etc. Todas estas son cuestiones de estructuración que deben estudiarse con suficiente antelación antes de embarcarse en la aplicación de una estrategia global de seguridad empresarial.

Ahora que los procesos empresariales están muy digitalizados o en proceso de digitalización, es esencial implantar un conjunto de soluciones fiables para asegurarse de que la SI permita a la empresa funcionar y alcanzar sus objetivos, prestando especial atención a los componentes de los cuatro pilares de la seguridad: **disponibilidad**, **confidencialidad**, **integridad** y **trazabilidad**, más conocidos por las siglas DICT.

3.2 El rompecabezas de la aplicación del DRP

Durante muchos años, la idea ha sido casi siempre la misma: hay que encontrar una solución alternativa en caso de que el centro informático principal se caiga. Una solución consiste en replicar todos los elementos de SI (incluidas las telecomunicaciones) en un sitio secundario, ya sea dentro de la propia empresa o en centros de datos externalizados gestionados por una empresa de alojamiento. Este escenario, conocido como PRI, se centra principalmente en proporcionar recursos de TI listos para reiniciarse cuando llegue el momento. Tranquilizador en principio para los miembros del departamento de TI y la alta dirección, y demandado por las compañías de seguros, el PRI se vio afectado desde el principio por los tres aspectos: complejidad, coste, obsolescencia. Rara vez activado, el PRI ha ido cayendo en desuso en favor del plan de continuidad informática (PCI), más sencillo de aplicar, con dispositivos de redundancia a todos los niveles: servidores, tarjetas de red, alimentación eléctrica, elementos activos y dispositivos de software dentro de un único centro de datos multiseguro (dispositivo de detección y extinción de incendios, SAI, doble alimentación eléctrica, doble aducción de red y multioperador, sistema contra daños por agua, etc.). Este enfoque presenta la ventaja de situar todo el SI en un único emplazamiento, con los equipos operativos cerca y equipos de reserva a veces disponibles en el mercado, al tiempo que resulta atractivo para la dirección general por la sencillez de su implantación y la aceptación del riesgo asociado a un único emplazamiento. De repente, las copias de seguridad pasaron a ser esenciales y susceptibles de externalización. Así pues, la sobreprotección de la PCI de sitio único ha decidido el destino de la PCI de doble sitio.

Pero el síndrome de la "Ground Zero" de 2001 y sus desastrosas consecuencias para muchas empresas obligadas a cerrar siguen firmemente arraigados en las mentes de todo el mundo, junto con el feroz deseo de disponer siempre de una infraestructura formada por emplazamientos remotos para la producción digital.

Un aspecto importante a señalar es que sólo se tiene en cuenta los elementos informáticos (infraestructura y sistemas de información), dejando poco o ningún espacio para las demás dimensiones fundamentales de la empresa. De hecho, activos intangibles como el capital organizativo, el capital humano, el capital de marca y el capital de los accionistas suelen estar ausentes de las estrategias de disponibilidad de continuidad de negocio. La crisis sanitaria de 2020 fue un recordatorio de la necesidad de poner los recursos humanos en estado de alerta, al menos para misiones y tareas críticas para la empresa.

Las exigencias cotidianas de la empresa, combinadas con las "prisas por tenerlo todo hecho" y la falta de tiempo para aplicar una auténtica política de pruebas continuas, están en el origen de la falta de previsión, tan crucial para el éxito de los proyectos de protección de datos y recuperación en caso de catástrofe.

4. Una transformación contextual necesaria

4.1 De la continuidad a la resiliencia

Casi siempre es el entorno contextual de un ecosistema, generador de grandes acontecimientos, el que conduce a un cambio de paradigma. La transición digital de las empresas, iniciada hace muchos años, se ve ahora amplificada y acelerada por el contexto del post Covid, en el que la disponibilidad y la continuidad de las actividades ceden el paso a otros conceptos como **la adaptabilidad, la agilidad y la resiliencia**, no solo de los SI, sino de todas las actividades de la empresa. Sobre todo, se está redibujando un nuevo paisaje construido en torno a tres grandes tendencias –la dependencia de tecnologías y herramientas, el uso generalizado de la nube y la interconexión de los sistemas de información– que traen consigo multitud de nuevos riesgos al tiempo que aumentan la superficie de exposición. La empresa debe demostrar resiliencia y autonomía en relación con sus partes interesadas: clientes potenciales y clientes, empleados, accionistas, proveedores y otros organismos de supervisión, y para lograrlo, la palabra clave es anticipación continua.

4.2 Hacia la normalidad de la hibridación de las SI

Es un hecho: los sistemas de información son ahora híbridos. Se basan y utilizan todas o parte de las características de los entornos locales, de nube privada, de nube pública y de Edge Computing para llevar a cabo el procesamiento lo más cerca posible de los datos, lo que es especialmente relevante en el ámbito del IoT y de los sistemas autónomos conectados. Alojando los capas de aplicación en el mejor lugar, podemos repartir el riesgo, pero sobre todo alinear el servicio adecuado con el uso adecuado. Por ejemplo, el recurso a la nube pública es esencial cuando hay una necesidad temporal de potencia de cálculo, el uso de plataformas de videoconferencia global externalizadas (Teams, Zoom, Webex...) se ha convertido en cuestión de días en algo tan esencial como un procesador de textos al uso, el mantenimiento de aplicaciones heredadas de tipo AS/400 sigue teniendo sentido en una infraestructura local, el uso de infraestructuras privadas de tipo nube con un proveedor de alojamiento que disponga de certificaciones reglamentarias (ISO27K, PCI/DCS, HDS...) es una necesidad para externalizar una aplicación empresarial.) es una necesidad si se quiere externalizar legalmente una aplicación crítica y sensible, o externalizar una copia de seguridad a una nube privada y/o pública está en línea con las buenas prácticas de copia de seguridad 1-2-3. Más que una tecnología, la hibridación del SI es un elemento real en la implementación de un enfoque de resiliencia empresarial.

Como los sistemas de X-Computing (IaaS, PaaS y SaaS) son seguros de forma nativa, tanto física como lógicamente, no es necesario plantear la cuestión de PCN/DRP, ya que se aborda en el propio diseño de sus ofertas, incluida la dimensión de copia de seguridad. Si una empresa confía todo su sistema de información a un proveedor de alojamiento, todo lo que tiene que hacer "al final" es centrarse en tres aspectos de la resiliencia:

- Acceso seguro a los datos: fibra/SDSL para la sede central, xDSL/4G/satélite para las sedes remotas y 4G/5G para los usuarios móviles.
- Fiabilidad supervisada de las aplicaciones: creación de una arquitectura de n niveles de alta disponibilidad con dos tipos de componentes: técnicos (equilibrador de carga, clústeres de aplicaciones, clúster de bases de datos) y de software (microservicios autónomos).

– Gestión de su proveedor o proveedores de alojamiento mediante contratos de servicios, o más bien contratos de confianza.

4.3 Ha llegado el momento de cambiar el chip

Al seguir pensando en términos tradicionales, basados en PCN y DRP, la empresa asume que su SI es falible (que es el caso) y que un desastre en el sitio principal ocurrirá inevitablemente, de ahí la necesidad de un plan de respaldo con un sitio remoto. Pero imaginando que los componentes del SI utilizados para asegurar la empresa deben diseñarse para ser nativamente resilientes, es posible modelar, simplificar y tener éxito con un proyecto de actividad continua de 360°.

El retorno de la inversión de un sistema de continuidad de la actividad es nulo hasta el momento del incidente; después ya no se puede medir, ¡porque es infinito!

4.4 Hacia la noción de ciberresiliencia

Más allá de la ciberseguridad, existe una disciplina denominada ciberresiliencia, cuyo objetivo es minimizar el impacto de una catástrofe utilizando una metodología particular, explicada específicamente en este libro: el método "M.E.R.C.I." –que consiste en inyectar componentes de resiliencia en todos los aspectos de negocio vinculados a la actividad global de la empresa. La evolución de este modelo se refleja en el concepto de RaaS (*Resilience as a Service*).

4.4.1 Gestión

Al igual que el CISO y el DPO, es esencial designar a un RAR (Responsable de Actividades Resilientes), que debe conocer bien las actividades de la empresa. Es el responsable de dirigir el proyecto de ciberresiliencia, en coordinación con las líneas de negocio, calidad, TI y proveedores de servicios.

4.4.2 Desarrollo

Esta fase de estudio consiste en el análisis de riesgos y el diseño del sistema de resiliencia.

Análisis de riesgos

Estudio del contexto, definición del alcance, identificación de actividades críticas, lista de fuentes de amenazas, definición de criterios de seguridad, definición de objetivos de continuidad, cartografía del sistema, procesos, recursos y aplicaciones:

- Estudio de sucesos temidos, estudio de escenarios de amenaza
- Evaluación de riesgos, estudio de medidas de seguridad

Ejemplo de identificación de actividades críticas

Se acordó no crear un sitio secundario por razones de coste. Sin embargo, en caso de desastre grave en la sala de ordenadores principal, tres aplicaciones críticas (ERP/CRM, mensajería y contabilidad) deben poder reiniciarse en menos de 72 horas.

Diseño del proceso

En función de los resultados del análisis de riesgos y de las medidas de reducción de riesgos, esta etapa permite diseñar y aplicar las medidas organizativas y técnicas en cada una de las unidades de negocio afectadas.

Ejemplo de descripción de dos procesos:

- Copia de seguridad externalizada: identificación de los datos que deben externalizarse según los niveles de servicio definidos (SLA), elección del host, elección del software de copia de seguridad, definición de escenarios de prueba/restauración, formación del personal informático, etc.
- Alojamiento de tres aplicaciones críticas: metodología, acceso remoto, rehidratación de datos, pruebas, formación del personal informático

4.4.3 Producción

Esta fase consiste en poner en marcha los procesos definidos en la fase de diseño. Ejemplo: uso de la tecnología Veeam para replicar las tres máquinas virtuales locales en el centro de datos del proveedor de alojamiento, creación del repositorio para alojar las copias de seguridad de los datos.

4.4.4 Control

Esta fase abarca todo lo que se puede hacer para mejorar RaaS, a través de pruebas periódicas, revisiones de diseño, comentarios, medición de indicadores de satisfacción, identificación de posibles modificaciones de la aplicación, producción de cuadros de mando, etc. Ejemplos: prueba de conmutación de fin de semana, acceso remoto a través de un cliente ligero, prueba de conmutación en las instalaciones, medición de los tiempos de acceso.

4.4.5 Información

Esta última fase es fundamental, ya que permite poner al corriente a todas las partes interesadas de la empresa: empleados, clientes, directivos, accionistas, proveedores, aseguradoras, etc. Su objetivo es demostrar el control de la capacidad de recuperación de la empresa y, por tanto, tranquilizar a todo el ecosistema. Por supuesto, forma parte del proceso de comunicación ad hoc.

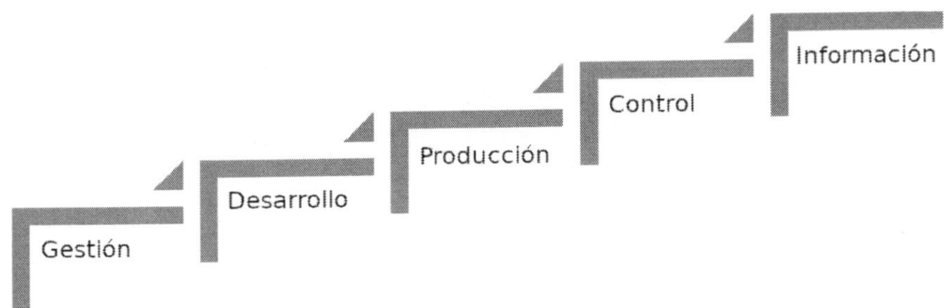

Las etapas del método MERCI para RaaS

5. Arquitectura DRP - casos de uso

5.1 Contexto

El caso práctico se refiere a una empresa del sector textil con 300 empleados, 12 centros en España (administrativos y técnicos) y una sede en Bilbao. La sede central alberga el sistema informático de la empresa, que consta de los siguientes componentes:

- 20 servidores virtuales en Hyper-V
- 9,5 TB de almacenamiento
- 230 GB RAM
- 4 servidores físicos
- 1 compartimento de almacenamiento
- 1 acceso a Internet en la sede
- 1 VPN MPLS para sitios remotos

5.2 Objetivo

La necesidad expresada es la de una solución para asegurar los servidores críticos del SI, como un plan de recuperación de desastres que incluya nociones de criticidad de la aplicación, tiempo máximo de reinicio y frescura de los datos. Este plan de recuperación en caso de catástrofe implica necesariamente el uso de un servicio en la nube. La empresa no proporcionará ningún sitio secundario.

La empresa también desearía beneficiarse del apoyo de un proveedor de servicios para la aplicación del DRP, desde su activación hasta la vuelta a la normalidad.

5.3 Metodología

El proyecto DRP consta de varias etapas esenciales:

- Explicación del contenido del DRP (infraestructuras de software y hardware, procedimientos de transferencia de datos, procedimientos de acceso al sistema remoto, procesos organizativos desde el lanzamiento del DRP hasta la vuelta a la normalidad).
- Realización de un inventario de los sistemas, redes y telecomunicaciones existentes, así como del sistema de copias de seguridad implantado.
- Definición de los SLA de los DRP (RPO y RTO): el RPO (pérdida máxima admisible de datos) y el RTO (duración máxima admisible de la interrupción) se expresan en horas (en general, un DRP estándar propone un RPO de 24 horas y un RTO de 24 horas).
- Estudio de la interconexión con el proveedor de la nube que alojará el DRP (VMs listas para arrancar con datos actualizados).
- Diseño de la arquitectura DRP basada en la nube.
- Aplicación del DRP.
- Documentación.
- Test.
- Receta final.

5.4 Arquitectura DRP

La arquitectura en nube propuesta se basa en los siguientes elementos:

- Un servidor físico dedicado para alojar las máquinas virtuales del centro de producción de la empresa, que ejecuta Hyper-V con almacenamiento integrado.
- Un cortafuegos virtual dedicado.
- Un enlace de fibra con VPN dedicada para la replicación y la producción de DRP.

5.5 Etapa de espera (DRP stand-by)

En esta fase, se utiliza la matriz RACI para definir las funciones y responsabilidades del proveedor del DRP y de la empresa cliente.

- Proveedor de servicios
  - Instalación del entorno técnico para el PCN alojado.
  - Implantación de mecanismos de replicación de datos.
  - MCO de la plataforma alojada: alojamiento del servidor físico, supervisión del hardware, gestión de incidencias de hardware, prueba anual de activación del DRP a petición del cliente, asistencia técnica para la plataforma de reserva.
- Empresa cliente
  - Configuración de la replicación con Hyper-V Replica (el cliente tiene acceso al hipervisor del servidor DRP).
  - Supervisión diaria del correcto funcionamiento de las réplicas (integridad de los datos en particular).

5.6 Etapa de activación DRP (DRP activado)

La activación del DRP es responsabilidad del cliente, que para ello se pone en contacto con el equipo de asistencia del proveedor de servicios. En esta fase, se supone que el sitio primario está fuera de servicio (en caso de incendio, por ejemplo).

El proveedor de servicios activa el DRP realizando las siguientes acciones:

- Conmutación de redes y máquinas virtuales (el centro de recuperación de desastres se convierte en el centro de producción).
- Activación de copias de seguridad alojadas (el sistema de copias de seguridad de producción IS se crea en el proveedor de alojamiento y no en las instalaciones del cliente).
- Evacuación de Internet en la red básica (debe planificarse de antemano en el marco de un contrato específico de telecomunicaciones).
- Asistencia al cliente para el cambio de puestos de trabajo y nómadas (en principio, todo esto se ha probado antes del lanzamiento del DRP).

5.7 Fase de producción en el emplazamiento secundario (DRP activo)

Esta etapa es más parecida al alojamiento tradicional de SI.

El proveedor de servicios suministra la plataforma alojada (en modo IaaS), supervisa el hardware y su incidentología, proporciona soporte técnico para la infraestructura de recuperación ante desastres en modo HO o HNO (en función de los niveles del acuerdo de servicio), gestiona las copias de seguridad, la evasión de Internet y administra el hipervisor alojado.

Corresponde al cliente estar en modo IaaS, con la responsabilidad de la gestión de las instalaciones de las máquinas virtuales (SO, middleware, aplicaciones, datos) y, por tanto, de la ciberseguridad.

6. La DRP simplificada

Un plan de recuperación ante desastres (DRP) permite replicar de forma continua y segura la totalidad o parte de un sistema informático local en un centro de datos de nube privada y/o en la nube pública Azure: máquinas virtuales, aplicaciones, archivos y bases de datos.

La activación del DRP, siempre a cargo del cliente, permite poner en marcha el SI externalizado, garantizando así una perfecta disponibilidad tras una catástrofe.

El backtracking consiste en replicar los datos del sitio remoto a las máquinas virtuales del sitio local.

Un DRP consta de varias fases:

- Análisis de riesgos.
- Puesta en marcha (construcción y configuración de la plataforma DRP) y redacción de la documentación (procedimientos de puesta en marcha y desmantelamiento de DRP).
- Activación del DRP en espera: el DRP alojado está inactivo (en principio, las máquinas virtuales están apagadas para no consumir energía).

- Activación del DRP (sólo en caso de catástrofe): el sitio de producción es el del proveedor de alojamiento.
- Backtracking + reactivación del DRP en espera: el sitio primario vuelve a ser el del cliente local y el sitio secundario es el del proveedor de alojamiento (el PCN vuelve a estar en espera hasta su próxima activación).

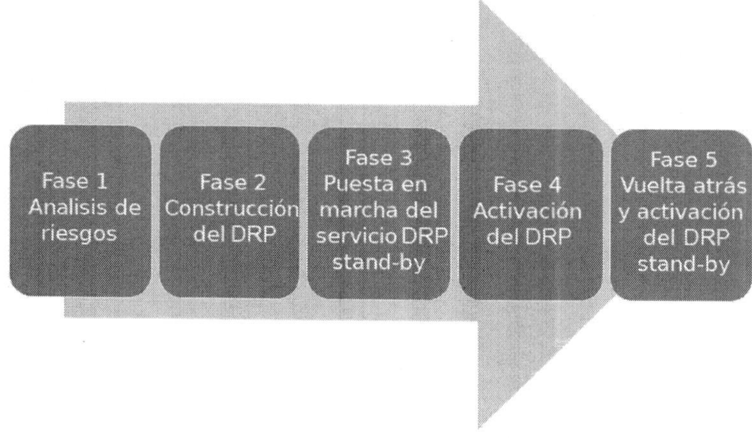

Las cinco etapas del DRP

Observación

Un DRP puede proporcionarse de varias formas: DRP autónomo en el que el cliente opera el DRP por sí solo (activación y reversión), DRP gestionado en el que el cliente delega la gestión total del DRP en el proveedor de servicios, DRP semigestionado con una matriz RACI adecuada.

DRP stand-by: Esquema

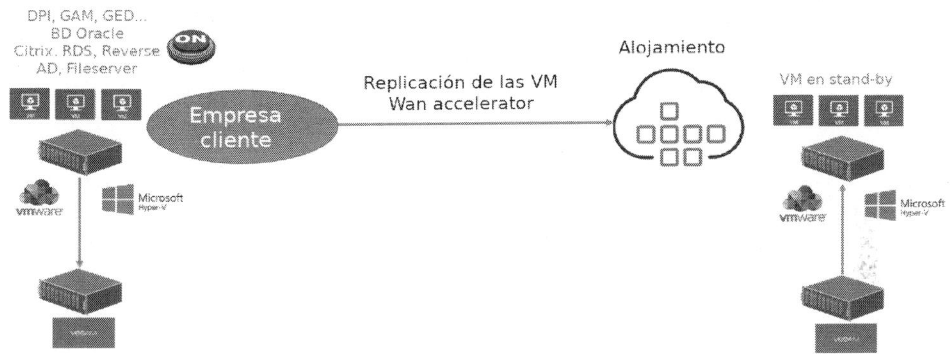

DRP en espera con tecnología Veeam

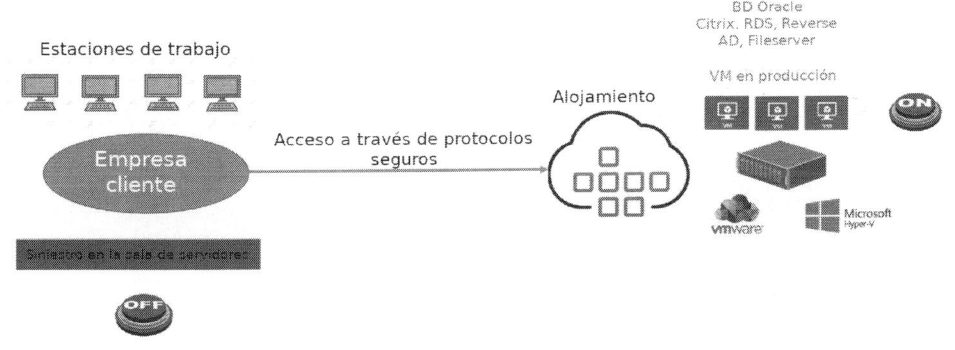

DRP habilitado con tecnología Veeam

7. ¿Es posible prescindir del DRP?

Una organización con un sistema informático complejo debe decidirse: ¿merece la pena lanzar un proyecto de DRP para todo su sistema informático? La respuesta es obviamente no: el alcance del plan de recuperación en caso de catástrofe debe ser proporcional a lo que hay que cubrir en caso de que una catástrofe grave bloquee los recursos locales. Hay que pensar en términos de aplicaciones críticas: ¿cuáles son las tres aplicaciones estrella de mi organización sin las cuales me sería imposible trabajar a diario? ¿Cuánto tiempo debo aceptar el tiempo de inactividad de estas aplicaciones? ¿Qué debo hacer con el acceso de los teletrabajadores? ¿Es crítico el correo electrónico? ¿Qué debo hacer con las aplicaciones subcontratadas? En resumen, hay muchas preguntas que hacerse antes de definir el alcance del DRP, que es el primer documento de trabajo.

Requiere un método y, como cualquier proyecto, implica redactar una carta de proyecto (coste - calidad - plazo).

Ejemplo de carta de proyecto de DRP

Nombre del proyecto	**Fecha de creación**	**Organización**
DRP-APP-CRITICAS	23 de abril de 2023	Mi hermosa nube
Solicitante	**Patrocinador**	**Nombre del director del proyecto**
Director de Sistemas de Información	Dirección general	Irene García Manzano

<table>
<tr><td>1. Situación inicial, antecedentes, origen del proyecto...
En el pasado, el SI ya ha sufrido numerosas interrupciones relacionadas con vulnerabilidades identificadas, como ciberataques y cortes de electricidad. Algunas aplicaciones se han convertido en críticas, y ahora es necesario prever un plan de recuperación en caso de catástrofe para este ámbito, dado el preocupante contexto de los ciberataques.</td><td>2. Retos estratégicos del proyecto
La PCN es vital para la continuación de la actividad comercial de la empresa en un contexto marcado por la competencia, la inflación y el consiguiente retraso en la toma de pedidos, y la falta de competencias especializadas en la empresa.</td></tr>
<tr><td>3. 3. Alcance del proyecto
El DRP consiste en garantizar la continuidad de las actividades de las aplicaciones de gestión financiera y contable, gestión de pedidos y gestión técnica.</td><td>4. Objetivo del proyecto
El proyecto debe producir un paquete técnico-organizativo-financiero antes del 31 de diciembre de 2023 por un importe máximo de 50.000 sin IVA/año (objetivo). Deben documentarse todos los procedimientos del DRP, así como un simulacro de prueba que debe realizarse con retroalimentación.</td></tr>
<tr><td colspan="2">5. Interés para la empresa
Gracias a este proyecto, la empresa podrá aumentar su resiliencia tanto para sus clientes como para sus empleados y socios.</td></tr>
<tr><td>6. Riesgos identificados
Incompatibilidad tecnológica con el stack on-premise, indisponibilidad de los equipos, coste prohibitivo de los proveedores de DRP (empresas de hosting).</td><td>7. Criterios de éxito del proyecto
Fuerte patrocinio de la dirección general, disponibilidad de los equipos (véase la hoja de ruta de priorización de la DRP).</td></tr>
</table>

8. Principales hipótesis y limitaciones La solución elegida debe ser una solución soberana compatible con los entornos existentes (Nutanix, Veeam, Pure Storage). La solución debe funcionar en modo gestionado, con equipos internos presentes en el momento de la activación. El teletrabajo debe funcionar en estas tres aplicaciones en cuanto se activa el DRP.	9. Partes interesadas identificadas CEO, Departamento de TI, equipo de producción, equipos de negocio para realizar pruebas de aplicaciones sin regresión (ventas, preventa, finanzas). CISO, DPO. Se pedirá a un socio importante que realice pruebas de interconexión.
10. Información adicional Se necesitará apoyo metodológico para llevar a buen término este proyecto, que podrá ser proporcionado por una empresa consultora distinta de la empresa anfitriona.	

Un proyecto de DRP bien definido desde el principio garantiza que todas las partes interesadas estén alineadas: el cliente y el proveedor.

Por tanto, parece casi impensable no disponer de un plan de recuperación de desastres adecuado, gestionado por especialistas y probado.

8. Buenas prácticas

También es fundamental diseñar el SI de forma que se repartan los riesgos, lo que hará que el plan de recuperación sea más sencillo, ya que se concentrará en lo esencial en caso de que el sistema on-premise deje de funcionar, entendiendo que el proyecto no tiene en cuenta el plan de recuperación de las aplicaciones ya alojadas en la nube pública/privada (el riesgo ya se ha transferido, aunque haya que estar atentos a los SLA y a las penalizaciones):

- Externalizar la mensajería (esta área tiene poco valor añadido en realidad y requiere tiempo y competencias internas para garantizar que se mantiene plena y eficazmente en condiciones operativas).

- Externalizar todos los sitios web abiertos al exterior (además, un sitio web corporativo tiene poco valor añadido si lo gestiona un equipo de producción interno; esto también es un vector de riesgo adicional para los atacantes, que pueden rebotar en el SI desde un sitio web mal configurado).
- Externalizar el sistema de videoconferencia, por ejemplo utilizando productos como Teams, Goto Meetings, etc.
- Realizar copias de seguridad fuera de la empresa copiándolas a un proveedor de alojamiento.
- Externalizar la ciberseguridad, que es cosa de especialistas (los logs deben colocarse en la nube con un pure player en SIEM, SAR, SOC, EDR, NDR...).
- En función del contexto, puede ser necesario externalizar algunas aplicaciones: desde el punto de vista táctico, puede tratarse de aplicaciones críticas y/o no críticas. También en este caso, es importante ser prudente y adaptar la política de alojamiento en producción en función de la historia y el ADN de la empresa. No tiene sentido precipitarse, siempre y cuando exista un mecanismo de resiliencia.
- Ponga en marcha un sistema alternativo en caso de que los puestos de trabajo no estén disponibles, por ejemplo, implantando un proceso para reformatear los PC en un único lugar, un proceso para utilizar un ordenador personal en casa o un proceso para entregar terminales ligeros (listos para usar).

Observación

Para un primer DRP, hay que concentrarse en unas pocas aplicaciones críticas (menos de cinco) para ganar en eficacia. Incluir todo el SI en el ámbito del DRP es un error que puede resultar costoso en términos de tiempo, implantación y suscripciones.

Un DRP es ante todo un plan informático, pero es aconsejable desarrollar una cultura de gestión de riesgos dentro de los departamentos de negocio. Esto puede lograrse implicando a los gestores de aplicaciones en una comunidad específica cuya función sea coordinar el funcionamiento del SI en caso de colapso.

Se requiere un proceso de gestión de la SI en papel y lápiz, con la redacción de un documento denominado "plan de seguridad de las aplicaciones". El objetivo es permitir plantearse las preguntas adecuadas antes de que se produzca una avería informática y ver cómo es posible funcionar, aunque sea en modo degradado, sin TI. Este trabajo, que lleva mucho tiempo, es esencial para tomar conciencia de este escenario, cartografiar el funcionamiento de las aplicaciones (¿cómo funcionan?) y enumerar los datos esenciales necesarios para funcionar y dónde almacenarlos.

Todo este trabajo sobre las aplicaciones y los APS puede y debe realizarse sin esperar a que se produzca una caída. Ayudará a elevar el nivel de madurez de ciberresiliencia de una empresa.

Capítulo 10
Seguridad de las aplicaciones - Etiqueta aplicativa

1. Introducción

Este capítulo aborda una cuestión fundamental en la seguridad de las aplicaciones empresariales instaladas tanto en las instalaciones como en la nube. Básicamente, independientemente de la ubicación, el objetivo aquí es elaborar un conjunto de requisitos que sirvan para alcanzar un grado de madurez necesario antes de que cualquier aplicación pueda ponerse en producción. La cuestión que nos ocupa es un elemento esencial de la seguridad del sistema de información que, conviene recordar, está constituido por aplicaciones, las mismas que generan los datos. Sin embargo, no existen normas, certificaciones, etiquetados ni homologaciones de seguridad en este ámbito. Es una lástima.

2. Contexto

2.1 Objeto

Este capítulo presenta una propuesta de norma para una etiqueta de aplicación. Esta norma se aplica a cualquier empresa que aloje aplicaciones en sus centros de datos (ya sea un cliente final o un proveedor de alojamiento). Se utilizará como base para comprobar que las aplicaciones son seguras y, por tanto, será obligatoria para los editores de software.

Se refiere a la empresa ficticia "MaxiHost" cuya actividad es el alojamiento de sistemas de información sanitaria. MaxiHost cuenta con la certificación HDS de nivel 1 a 6 (véase el capítulo Ecosistema sanitario).

Expresa la estrategia global decidida por la dirección de **MaxiHost** con respecto a las aplicaciones que pueden tratar datos sensibles (datos personales, datos médicos, etc.).

Describe los requisitos de seguridad aplicables a la aplicación alojada y a su editor **SuperSoft** con el fin de mantener un alto nivel de seguridad en todo el servicio ofrecido al cliente final.

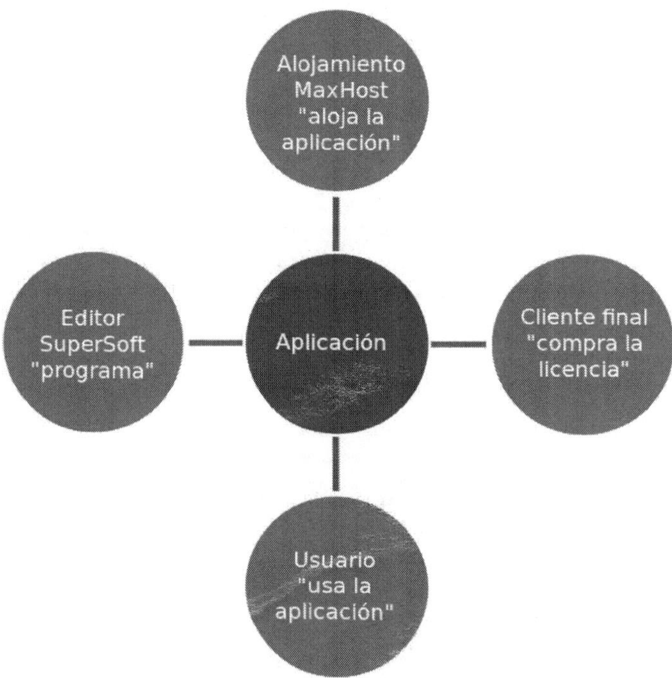

Las entidades implicadas en la solicitud

2.2 Documentos de referencia

En aras de la coherencia y la exhaustividad, esta política de seguridad se ha elaborado teniendo en cuenta los siguientes documentos:

- Leyes y reglamentos aplicables a MaxiHost.
- Las obligaciones contractuales de seguridad de MaxiHost para con sus clientes, definidas en sus contratos de servicios.
- Estrategia de gestión de riesgos de MaxiHost.
- Documentos de referencia reconocidos en materia de seguridad de la información, como:
  - La familia de normas ISO 2700x, que proporciona un marco reconocido y compartido por el sector, y un medio para afrontar los retos de la certificación.
  - Normas y guías publicadas por organizaciones internacionales reconocidas como NIST y ENISA.
  - Reglamento europeo de protección general de datos personales (RGPD).
- Normas ITIL y CobIT.
- Un análisis de riesgos que abarque todo el ámbito de la empresa.

2.3 Objetivos de la política de seguridad

2.3.1 Requisitos de la política de seguridad

La política de seguridad proporciona un conjunto de medidas para reducir los riesgos del sistema de información de MaxiHost y contener sus efectos a un nivel aceptable, controlando al mismo tiempo el nivel de restricciones impuestas a los usuarios y al personal informático.

También pretende cumplir las obligaciones legales, reglamentarias y sectoriales (por ejemplo, HDS, RGPD) y ajustarse al estado de la técnica en materia de protección de activos de información.

Su aplicación es esencial para los siguientes elementos:

- Continuidad del servicio.
- Proteger los activos de información.
- Proteger la imagen de marca de la empresa.

2.3.2 Clasificación política

Esta política no contiene información sensible. Se ha clasificado como "Para uso interno" para facilitar su distribución. Una vez firmada una cláusula de no distribución externa, también puede ser utilizada por proveedores de servicios y socios.

2.3.3 Presentación de la política de seguridad

Esta política de seguridad operativa se basa en los requisitos de la norma ISO 27001 y en las buenas prácticas de seguridad.

Cada tema tendrá tres características:

- se describen los requisitos de seguridad que deben cumplirse;
- MaxiHost tiene la obligación de asesorarle en todo lo que necesite;
- campo libre que debe rellenar el editor para centralizar la información relativa a la aplicación en el contexto de su alojamiento seguro.

3. Organización de la seguridad de la información

3.1 Funciones y responsabilidades en materia de seguridad de la información

ISO	Se ha identificado formalmente un contacto de seguridad en la editorial. Este contacto actúa como mediador entre MaxiHost y el editor SuperSoft en caso de incidente de seguridad que afecte a la aplicación.
Consultoría MaxiHost	En caso de fallo de seguridad de una aplicación, MaxiHost se pone en contacto con el relé de seguridad (corresponsal de seguridad) del editor. Este corresponsal de seguridad centraliza todos los intercambios entre MaxiHost y el editor y se encarga de la comunicación relativa al tratamiento de la vulnerabilidad.
Elementos del editor SuperSoft	

3.2 Relaciones con los grupos de trabajo especializados

ISO	El editor debe organizar una vigilancia de la seguridad de los elementos clave de su aplicación.
Consultoría MaxiHost	El encargado de seguridad del editor recopila las vulnerabilidades relacionadas con la aplicación suministrada (supervisión externa y recopilación de información enviada directamente al editor).
Elementos del editor SuperSoft	

3.3 Seguridad de la información en la gestión de proyectos

ISO	Las especificaciones de seguridad funcional se incluyen en el pliego de condiciones.
Consultoría MaxiHost	El objetivo de este documento es especificar los requisitos de seguridad que deben cubrir las aplicaciones HDS. Las especificaciones funcionales basadas en estos requisitos deben incluirse en el pliego de condiciones.
Elementos del editor SuperSoft	

3.4 Dispositivos móviles, teletrabajo y dispositivos médicos

Política sobre dispositivos móviles

ISO	Las aplicaciones conectadas a dispositivos médicos deben ser objeto de una descripción formal de los medios de autenticación y protección de las comunicaciones entre la aplicación y el dispositivo.
Consultoría MaxiHost	Al conectar una aplicación a un dispositivo médico, las comunicaciones deben protegerse en términos de confidencialidad e integridad. También es necesario definir procedimientos de autenticación entre la aplicación y el dispositivo para garantizar un emparejamiento correcto. Recomendamos el cifrado AES 256 de las comunicaciones y una autenticación fuerte para emparejar los equipos.
Elementos del editor SuperSoft	

Aplicaciones móviles

ISO	Las aplicaciones de telefonía móvil necesitan una protección específica en lo que respecta a las comunicaciones con los sistemas conectados.
Consultoría MaxiHost	Las comunicaciones entre la aplicación y los sistemas conectados deben cifrarse utilizando AES 256.
Elementos del editor SuperSoft	

4. Gestión de datos

4.1 Identificación de datos sensibles

RGPD	Los datos sensibles tratados por la aplicación deben identificarse como tales.
Consultoría MaxiHost	Los datos personales se identifican en la solicitud. También se identifican los datos médicos personales. En el caso de campos de entrada libre que puedan contener datos sensibles, el contenido global del campo se identifica como de máxima sensibilidad.
Elementos del editor SuperSoft	

4.1.1 Propiedad de los activos

RGPD	Los datos sensibles tienen propiedades específicas.
Consultoría MaxiHost	El acceso a los datos sensibles está sujeto a una trazabilidad por nombre. Ningún rastro debe contener datos sensibles. Cada tipo de datos se identifica con un periodo máximo de conservación.
Elementos del editor SuperSoft	

4.1.2 Depuración de datos

RGPD	Los datos que hayan alcanzado su periodo de conservación reglamentario deben suprimirse.
Consultoría MaxiHost	Todos los datos identificados como sensibles deben tener una fecha máxima de conservación. Una vez alcanzado este periodo de conservación, la aplicación debe eliminar automáticamente los datos o depositarlos en un contenedor protegido de la confidencialidad para su posterior purga manual.
Elementos del editor SuperSoft	

4.1.3 Portabilidad de los datos

RGPD	La aplicación debe poder proporcionar un extracto de los datos en virtud del requisito de portabilidad de datos del RGPD.
Consultoría MaxiHost	La aplicación dispone de una función de exportación de datos, personalizada para cada cliente.
Elementos del editor SuperSoft	

4.1.4 Información de marcado

ISO	Cualquier impresión de datos sensibles a través de la aplicación debe incluir una etiqueta de "confidencial".
Consultoría MaxiHost	
Elementos del editor SuperSoft	

4.2 Medios de manipulación

Gestión de soportes extraíbles

ISO	En caso de posibles exportaciones de datos en soportes extraíbles, deben aplicarse medidas de protección adecuadas.
Consultoría MaxiHost	Si la aplicación implica la exportación de datos a un soporte extraíble, debe ofrecerse al usuario una opción de cifrado de datos.
Elementos del editor SuperSoft	

5. Control de acceso

5.1 Requisitos para el control de acceso

5.1.1 Política de acceso de usuarios

ISO	Los usuarios de la aplicación acceden a ella utilizando los métodos de autenticación adecuados.
Consultoría MaxiHost	Todas las cuentas de administrador deben acceder a la solución utilizando autenticación fuerte. Cualquier usuario que pueda acceder a datos personales de salud debe autenticarse en la aplicación utilizando un mecanismo de autenticación fuerte que cumpla con las recomendaciones de la ANS (Agencia nacional de salud francesa) y el PGSSI-S (Política general de seguridad de los sistemas de información de salud francesa). Los usuarios que no tienen acceso a datos sanitarios personales pueden autenticarse en el sistema mediante mecanismos sencillos de autenticación.
Elementos del editor SuperSoft	

5.1.2 Política de contraseñas

ISO	Una política de establecimiento de las contraseñas utilizadas en la aplicación debe seguir ciertas recomendaciones.
Consultoría MaxiHost	1. Gestión de contraseñas Las contraseñas se gestionan de acuerdo con las recomendaciones: Caso 1: sólo contraseña Si la autenticación se basa únicamente en un nombre de usuario y una contraseña, la Comisión considera que: – la contraseña debe tener al menos 12 caracteres; – la contraseña debe incluir letras mayúsculas y minúsculas, números y caracteres especiales. La solidez de esta autenticación depende exclusivamente de la calidad intrínseca de la contraseña del usuario. El CISO tiene el deber de alertar a los usuarios sobre este hecho y, siempre que sea posible, aconsejarles sobre cómo crear su contraseña. Caso 2: restricción de contraseñas y acceso a cuentas Si la autenticación prevé un acceso restringido a la cuenta, la Comisión considera que: – La contraseña debe tener al menos 8 caracteres;

	– la autenticación debe implicar una restricción de acceso a la cuenta, que debe adoptar una o varias de las siguientes formas: – un tiempo de espera para acceder a la cuenta tras varios intentos fallidos, cuya duración aumenta exponencialmente con el tiempo. Se recomienda que este tiempo sea superior a 1 minuto tras 5 intentos fallidos, y que permita un máximo de 25 intentos cada 24 horas; – y/o un mecanismo de protección contra el envío automatizado e intensivo de intentos (por ejemplo, "captcha"); – y/o bloqueo de la cuenta tras un número de autenticaciones fallidas consecutivas no superior a 10. Caso 3: contraseña e información adicional Si la autenticación incluye información adicional, la comisión considera que : – La contraseña debe tener al menos 5 caracteres; – la autenticación debe implicar información adicional, que puede adoptar una de las siguientes formas: – información facilitada por el responsable del tratamiento o el interesado. Se recomienda que esta información tenga al menos 7 caracteres y que sólo la conozcan el usuario y el responsable del tratamiento. Si esta información corresponde al identificador de la cuenta, se recomienda que este último sea específico del servicio (sólo dedicado), facilitado por el responsable del tratamiento, y conocido únicamente por el usuario y el responsable del tratamiento;

	– y/o cualquier parámetro técnico exclusivo del terminal informático utilizado por el usuario (dirección IP, dirección MAC, agente de usuario, etc.) para el que el usuario haya validado previamente que se trata de un terminal de confianza (por ejemplo, un terminal no público) y que pueda revocar en cualquier momento; – el acceso a la cuenta debe estar restringido de una o varias de las siguientes maneras: – un tiempo de espera para acceder a la cuenta tras varios intentos fallidos, cuya duración aumenta exponencialmente con el tiempo. Se recomienda que este tiempo sea superior a 1 minuto tras 5 intentos fallidos, y que permita un máximo de 25 intentos cada 24 horas; – y/o un mecanismo de protección contra el envío automatizado e intensivo de intentos (por ejemplo, "captcha"); – y/o bloqueo de cuenta tras un número de autenticaciones fallidas consecutivas igual o inferior a 5. Caso 4: contraseña y equipo propiedad del usuario Si la autenticación se basa en equipos propiedad del usuario, la comisión considera que : – La contraseña debe tener al menos 4 dígitos; – la autenticación sólo puede implicar un dispositivo de hardware propiedad del usuario, es decir, sólo tarjetas SIM, tarjetas inteligentes y dispositivos que contengan un certificado electrónico que pueda desbloquearse mediante una contraseña (token); – el dispositivo debe bloquearse tras un máximo de 3 autenticaciones fallidas consecutivas.

	2. Procedimientos de autenticación En cuanto a los métodos de autenticación de cuentas, se considera que la función de autenticación debe ser segura (es decir, que utilice un algoritmo público considerado fuerte y cuya implementación de software esté libre de vulnerabilidades conocidas). Cuando la autenticación no tenga lugar localmente, se recomienda implementar una medida de control de la identidad del servidor autenticador mediante un certificado de autenticación del servidor. Además, se recomienda cifrar el canal de comunicación entre el servidor autenticado y el cliente mediante una función de cifrado segura (es decir, implementando un algoritmo público conocido por su solidez y cuya implementación de software esté libre de vulnerabilidades conocidas). También se recomienda garantizar la seguridad de las claves privadas.
	3. 3. Condiciones de almacenamiento En cuanto a los métodos de almacenamiento, la contraseña nunca debe almacenarse en texto claro. Se recomienda transformarla mediante una función criptográfica segura y no reversible (es decir, utilizando un algoritmo público considerado fuerte y cuya implementación de software esté libre de vulnerabilidades conocidas), incorporando el uso de una sal o una clave. La sal o clave debe generarse utilizando un generador de números pseudoaleatorios criptográficamente seguro (es decir, basado en un algoritmo público conocido por su solidez y cuya implementación de software esté libre de vulnerabilidades conocidas), y no debe almacenarse en el mismo espacio de almacenamiento que el elemento de verificación de la contraseña.

	4. Procedimientos de renovación de contraseñas y notificación a los usuarios Se recomienda renovar siempre las contraseñas si se han visto comprometidas. En todos los casos, la contraseña nunca debe comunicarse al usuario en texto claro, especialmente por correo electrónico. Renovación periódica de la contraseña Se recomienda que el responsable del tratamiento garantice que la contraseña se renueva a intervalos adecuados y razonables, en función, en particular, de la complejidad de la contraseña, de los datos tratados y de los riesgos a los que están expuestos. También se recomienda que el CISO permita al usuario en cuestión cambiar su contraseña por sí mismo. En este caso, se aplican las normas que rigen la creación de contraseñas. Renovación de contraseña previa solicitud A petición del usuario interesado, por ejemplo en caso de olvido, se recomienda que el responsable del tratamiento aplique un procedimiento de renovación de la contraseña conforme a lo siguiente: – Cuando esta renovación requiera la intervención de un administrador, el procedimiento de autenticación deberá exigir que la contraseña asignada temporalmente por el administrador se modifique cuando el usuario se conecte por primera vez.

	– Cuando la renovación es automática: – la contraseña no debe transmitirse en texto claro al usuario; se recomienda redirigir al usuario a una interfaz que le permita introducir una nueva contraseña; la validez de la sesión en esta interfaz no debe superar las 24 horas, y no debe permitir más de una renovación; – o si la renovación implica uno o varios elementos adicionales (número de teléfono, dirección postal, etc.): – estos elementos no deben conservarse en el mismo espacio de almacenamiento que el elemento de verificación de la contraseña; en caso contrario, se recomienda que se conserven cifrados mediante un algoritmo público considerado fuerte y que se garantice la seguridad de la clave de cifrado; – para evitar intentos de usurpación basados en el cambio de estos elementos, el usuario debe ser informado inmediatamente de cualquier cambio. Notificación de la infracción al usuario afectado : Se recomienda que el responsable del tratamiento notifique al usuario afectado cuando se haya detectado una violación de su contraseña o de sus datos de renovación (por ejemplo, la dirección de correo electrónico), en un plazo máximo de 72 horas desde que se detectó la violación. En este caso, el CISO deberá exigir al afectado que cambie su contraseña la próxima vez que se conecte, y recomienda al usuario que cambie sus contraseñas para otros servicios si ha utilizado la misma contraseña para ellos.
Elementos del editor SuperSoft	

5.1.3 Comprobación de la política de contraseñas

ISO	La aplicación debe poder comprobar que una contraseña cumple las recomendaciones.
Consultoría MaxiHost	Cuando se introduce una nueva contraseña, se comprueba automáticamente con la política de seguridad de contraseñas integrada en la aplicación.
Elementos del editor SuperSoft	

5.2 Gestión de acceso de usuarios

5.2.1 Alta y baja de usuarios

ISO	Sólo un administrador de la aplicación debe poder crear usuarios en la aplicación.
Consultoría MaxiHost	Las cuentas de usuario son creadas por un usuario privilegiado, que administra la solución en nombre del cliente. Este administrador también es responsable de cerrar las cuentas de usuario según sea necesario.
Elementos del editor SuperSoft	

5.2.2 Gestión de la información secreta de autenticación de usuarios

ISO	La información secreta de autenticación debe asignarse como parte de un proceso formal de gestión.
Consultoría MaxiHost	La información secreta de autenticación debe ser enviada a los usuarios por el administrador de la aplicación utilizando un canal seguro y dos canales de comunicación separados (por ejemplo, inicio de sesión enviado por correo electrónico y contraseña enviada por SMS). Las contraseñas iniciales utilizadas en la aplicación deben cambiarse en cuanto el usuario se autentique por primera vez.
Elementos del editor SuperSoft	

5.2.3 Revisión de los derechos de acceso de los usuarios

ISO	Cualquier cuenta que no se utilice durante un periodo de tiempo formalmente definido debe ser comunicada al administrador de la aplicación.
Consultoría MaxiHost	Toda cuenta que no se utilice durante un periodo de un mes deberá ser comunicada al administrador de la aplicación para su investigación.
Elementos del editor SuperSoft	

5.2.4 Uso de información secreta de autenticación

ISO	Los usuarios deben seguir las prácticas de la organización para utilizar información secreta de autenticación.
Consultoría MaxiHost	La aplicación debe incluir las mejores prácticas para gestionar la información de autenticación en una página que se muestra cuando el usuario se conecta por primera vez a la aplicación.
Elementos del editor SuperSoft	

5.2.5 Procedimientos de conexión segura

ISO	El acceso a los sistemas y aplicaciones que tratan datos sanitarios debe controlarse mediante un procedimiento de conexión segura.
Consultoría MaxiHost	La conexión a la aplicación debe realizarse a través de un canal o entorno seguro.
Elementos del editor SuperSoft	

5.2.6 Control de acceso al código fuente del programa

ISO	El acceso al código fuente del programa debe estar restringido.
Consultoría MaxiHost	El usuario de la aplicación no debe poder acceder al código fuente del programa.
Elementos del editor SuperSoft	

6. Criptografía

6.1 Medidas criptográficas

6.1.1 Política de uso de medidas criptográficas

ISO	Las operaciones criptográficas deben describirse en la documentación de la aplicación e incluir mecanismos de última generación.
Consultoría MaxiHost	Deben identificarse las funciones que utilizan criptografía. Estos pueden ser: – funciones de encriptación, – funciones de firma, – protocolos de comunicación, – mecanismos de control de la integridad.
Elementos del editor SuperSoft	

6.1.2 Gestión de claves

ISO	Las claves criptográficas deben guardarse de forma segura.
Consultoría MaxiHost	La documentación de la aplicación describe cómo se almacenan las claves criptográficas.
Elementos del editor SuperSoft	

7. Seguridad operativa

7.1 Procedimientos operativos y responsabilidades

7.1.1 Procedimientos operativos documentados

ISO	La aplicación debe estar documentada (uso y funcionamiento general).
Consultoría MaxiHost	La aplicación debe documentarse para que el proveedor de alojamiento pueda ponerla a disposición del cliente en las mejores condiciones posibles y cumpliendo los requisitos de seguridad.
Elementos del editor SuperSoft	

7.1.2 Gestión del cambio

ISO	Los cambios en la aplicación deben documentarse y comunicarse al proveedor de alojamiento.
Consultoría MaxiHost	Cualquier cambio que afecte a las funciones de seguridad o que repercuta en el alojamiento y el cumplimiento de los requisitos de seguridad debe comunicarse y documentarse al proveedor de alojamiento.
Elementos del editor SuperSoft	

7.2 Copias de seguridad y archivo

Guardar información

ISO	La información sensible debe ser fácil de guardar y exportar de forma encriptada.
Consultoría MaxiHost	La aplicación debe ofrecer una función para guardar y exportar datos sensibles (empresariales, personales o médicos). Siempre que sea posible, debe ser posible hacer una copia de seguridad de los datos alojados específicamente sin tener que hacer una copia de seguridad global de la aplicación (imagen de copia de seguridad).
Elementos del editor SuperSoft	

HDS específico	Debe elaborarse un plan general de copias de seguridad para la aplicación en función de los datos tratados.
Consultoría MaxiHost	El proveedor de la aplicación debe elaborar una política general de copias de seguridad como parte de la documentación de seguridad de la aplicación. En ella se debe proponer un ejemplo estándar de frecuencia de las copias de seguridad en función de los datos alojados. Este plan de copias de seguridad debe establecer los métodos de copia de seguridad recomendados (frecuencia, método, periodo de almacenamiento). Se recomienda la copia de seguridad por "lotes de datos" para que los datos de los que se ha realizado la copia de seguridad puedan ser procesados de forma tipológica por la persona responsable de las copias de seguridad, de acuerdo con los objetivos y principios del RGPD.

Elementos del editor SuperSoft	

HDS específico	La funcionalidad de restauración de datos de las copias de seguridad debe integrarse en las aplicaciones.
Consultoría MaxiHost	Para facilitar las pruebas de restauración y la recuperación de incidentes, la aplicación debe disponer de una función que permita restaurar los datos de los que se ha realizado una copia de seguridad/exportado desde la aplicación.
Elementos del editor SuperSoft	

HDS específico	Un perfil específico, bajo autorización, debe integrarse en la aplicación para acceder a los elementos de copia de seguridad.
Consultoría MaxiHost	Es necesario autorizar el acceso a las funciones de copia de seguridad (copia de seguridad, restauración, exportación de datos, etc.) y crear un perfil específico para segregar las tareas y cumplir los requisitos del RGPD.
Elementos del editor SuperSoft	

RGPD	Los datos que hayan alcanzado su fecha de caducidad deben suprimirse.
Consultoría MaxiHost	A cada tipo de datos se le asocia un periodo de conservación. Cuando se alcanza este periodo, debe enviarse una alerta al administrador de la aplicación para que elimine los datos o prepare una exportación para archivarlos. Esta fecha de conservación puede ser modificada/aumentada por el administrador de la aplicación.

Elementos del editor SuperSoft	

7.3 Registro y control

7.3.1 Registro de eventos

ISO	La aplicación debe disponer de una función de trazabilidad nominativa para el acceso a datos sensibles.
Consultoría MaxiHost	Cada acceso (lectura, modificación, supresión) a los datos de la empresa es rastreado por la aplicación. Estas trazas son nominativas y están vinculadas a cada cuenta de aplicación.
Elementos del editor SuperSoft	

7.3.2 Protección de la información registrada

ISO	Los medios de registro y la información registrada deben estar protegidos contra los riesgos de falsificación o acceso no autorizado.
Consultoría MaxiHost	Sólo un perfil específico (administrador de aplicaciones o CISO) puede acceder a los datos de trazabilidad. Opcionalmente, se puede integrar en la aplicación una función de exportación segura de las trazas de la aplicación para su comunicación al CISO/DPO del host.
Elementos del editor SuperSoft	

7.3.3 Registros de administrador y operador

ISO	Las actividades del administrador de la aplicación deben registrarse, protegerse y comprobarse periódicamente.
Consultoría MaxiHost	Las acciones de los administradores de la aplicación también deben ser trazables y no modificables por ellos (almacenamiento de sólo lectura).
Elementos del editor SuperSoft	

7.3.4 Sincronización de relojes

ISO	Los relojes de todos los sistemas de tratamiento de la información afectados en una organización o ámbito de seguridad deben estar sincronizados con una única fuente de referencia temporal.
Consultoría MaxiHost	La aplicación debe ajustarse a un reloj compartido con el sistema anfitrión.
Elementos del editor SuperSoft	

7.4 Dominio del software operativo

Instalación de software en sistemas en funcionamiento

ISO	El editor debe elaborar recomendaciones para controlar la instalación de la aplicación en la plataforma de alojamiento.
Consultoría MaxiHost	Cualquier requisito previo para instalar una aplicación en la plataforma de alojamiento debe comunicarse al proveedor de alojamiento antes de ponerla a disposición del cliente.

Elementos del editor SuperSoft	

8. Seguridad de las comunicaciones

8.1 Conexión de la aplicación a sistemas externos

ISO	Las transferencias de datos a través de la aplicación deben estar protegidas.
Consultoría MaxiHost	La aplicación debe poder conectarse a sistemas externos mediante protocolos seguros (cifrado de túneles). Debe existir una autenticación mutua sólida entre la aplicación y los sistemas externos.
Elementos del editor SuperSoft	

8.2 Mensajería electrónica

ISO	La información enviada por correo electrónico debe estar debidamente protegida.
Consultoría MaxiHost	Los datos sensibles de la aplicación que puedan enviarse por correo electrónico deben estar cifrados/firmados por la aplicación. Una función específica de la aplicación debe poder exportar datos de forma segura para su transmisión por correo electrónico (función de archivo cifrado para la comunicación).
Elementos del editor SuperSoft	

9. Adquisición, desarrollo y mantenimiento de sistemas de información

9.1 Seguridad de los procesos de desarrollo y asistencia técnica

9.1.1 Privacy by Design

ISO	Las aplicaciones deben desarrollarse de acuerdo con el principio de "Privacy by design".
Consultoría MaxiHost	La seguridad de los datos sensibles debe garantizarse desde el principio del desarrollo de la aplicación. Este documento puede servir de base para integrar especificaciones funcionales de seguridad. En términos generales, la aplicación debe identificar desde el principio los datos sensibles para poder tratarlos de forma segura (transferencias cifradas, trazabilidad nominativa de los accesos, exportación de datos, etc.).
Elementos del editor SuperSoft	

9.1.2 Procedimientos de control de cambios del sistema

ISO	Los cambios en la solicitud deben comunicarse.
Consultoría MaxiHost	Cualquier cambio que pueda afectar a los datos alojados debe comunicarse al proveedor de alojamiento para garantizar que se mantiene el nivel general de seguridad del servicio ofrecido.
Elementos del editor SuperSoft	

9.1.3 Prueba de seguridad del sistema

ISO	Las pruebas de funcionalidad de seguridad pueden ser realizadas por el proveedor de alojamiento de acuerdo con el editor.
Consultoría MaxiHost	El proveedor de alojamiento puede pedir que se realicen pruebas de seguridad de la aplicación antes de ponerla en producción en su infraestructura, con el fin de garantizar que cumple los principios de seguridad descritos en este documento. Por ejemplo: prueba OWASP.
Elementos del editor SuperSoft	

9.2 Datos de la prueba

Proteger los datos de las pruebas

ISO	Los datos de las pruebas deben seleccionarse, protegerse y controlarse cuidadosamente.
Consultoría MaxiHost	Los datos de prueba se generan aleatoriamente y no son datos de producción.
Elementos del editor SuperSoft	

10. Gestión de incidentes de seguridad de la información

10.1 Responsabilidades y procedimientos

ISO	El editor debe ofrecer al proveedor de alojamiento un contacto privilegiado para gestionar las incidencias.
Consultoría MaxiHost	Para gestionar el soporte de la aplicación y la mediación en caso de incidente, el editor pone a disposición del proveedor de alojamiento un contacto dedicado.
Elementos del editor SuperSoft	

10.2 Notificación de incidentes relacionados con la seguridad de la información

ISO	La aplicación debe disponer de una función de alerta en caso de sospecha de incidente.
Consultoría MaxiHost	Un usuario debe poder, mediante una función de la aplicación, emitir una alerta en caso de sospecha de incidente o mal funcionamiento. Esta alerta se transmite al administrador de la aplicación y, a continuación, se dirige a los contactos adecuados en función del contenido de la alerta y de los procedimientos acordados entre el host y el editor.
Elementos del editor SuperSoft	

10.3 Supervisión de aplicaciones

ISO	El editor está obligado a vigilar la seguridad de su aplicación.
Consultoría MaxiHost	El editor debe notificar al proveedor de alojamiento cualquier fallo de seguridad que detecte y que pueda afectar a la seguridad de los datos alojados.
Elementos del editor SuperSoft	

11. Aspectos de seguridad de la información en la gestión de la continuidad de las actividades

Continuidad de la seguridad de la información

Modo degradado

ISO	En función de las funciones que ofrezca la aplicación, habrá que proponer un modo de funcionamiento degradado.
Consultoría MaxiHost	Se puede ofrecer a los usuarios un modo de funcionamiento offline de la aplicación en caso de incidente que afecte a la plataforma de alojamiento. De este modo, la aplicación permite reanudar los datos en modo nominal una vez resuelto el incidente.
Elementos del editor SuperSoft	

12. Conformidad

Cumplimiento de los requisitos de seguridad

Identificación de la legislación y los requisitos contractuales aplicables

ISO	Este documento puede ser utilizado por el proveedor de alojamiento como repositorio de auditoría de la aplicación.
Consultoría MaxiHost	Se pueden realizar auditorías editoriales de la aplicación para garantizar que ésta cumple las normas y requisitos de seguridad del proveedor de alojamiento.
Elementos del editor SuperSoft	

Capítulo 11
Gestión de la seguridad de la información

1. Introducción

Este capítulo se basa en el tema de la gestión de la seguridad de la información, con una presentación de un SGSI y su implantación: metodología para la redacción de procesos/procedimientos/instrucciones, estructuración dentro de un sistema de gestión utilizando la herramienta Confluence (Atlassian), gestión del SGSI.

2. Objetivo

El objetivo de un SGSI es proteger a la organización en cuestión y mejorar esta protección en los ámbitos de la confidencialidad, la integridad y la disponibilidad de la información. La aplicación de controles de seguridad fomenta la confianza entre las partes interesadas. Por último, un SGSI sólido y eficaz garantiza el cumplimiento del marco legal (ISO/IEC 27001).

El SGSI es un marco de referencia que comprende temas obligatorios para garantizar la protección de la información, de acuerdo con los objetivos definidos previamente por la organización:

- Directrices
- Políticas
- Proceso
- Procedimientos
- Cualquier recurso asociado (instrucciones, procedimientos operativos, documentos modelo, tutoriales, enlaces documentales externos, etc.).

Este marco debe ser adoptado por toda la organización, de lo contrario habrá problemas con la gobernanza de la organización y se reducirán los riesgos para la seguridad de la información.

Es importante aspirar a la implantación de un SGSI operativo y no de mera fachada: patrocinio sin fisuras de la dirección general (lo ideal es que la orden de implantar un SGSI provenga del más alto nivel de responsabilidad), del personal (RRH, CFO, ITD, CTO, DIRCO, Marketing, Licitaciones, etc.), de los responsables locales y de los agentes implicados (ingenieros, técnicos, auxiliares, comerciales, función RRHH, etc.). Un SGSI no es más que una herramienta, un medio para dar respuesta a los objetivos de seguridad fijados por la alta dirección; en última instancia, permitirá a toda la organización mejorar su imagen y reputación.

Un SGSI debe estar impulsado por un líder (suele ser el CISO o el director de calidad, pero también puede ser otra figura que sea una autoridad en materia de cumplimiento y que tenga capacidad de liderazgo, comunicación, organización y unificación). Nunca debe imponerse, sino que siempre debe explicarse, venderse y comercializarse para que se adopte mejor; en algunas organizaciones, es una obligación desde el momento en que se exige la certificación ISO, y en otras, es una necesidad para modelar el funcionamiento de la seguridad de la información y, por tanto, para aumentar el nivel de madurez en la materia con el fin de lograr la tan ansiada eficacia.

Observación

¿Eficacia o eficiencia? Para entender la diferencia entre estos dos términos, es útil tomar el ejemplo de la mosca: "Estás viendo una película en la televisión y una mosca perturba tu entretenimiento. Tienes dos soluciones para deshacerte de ella (tu objetivo): 1/ utilizas una raqueta eléctrica: consigues matar a la mosca y, por tanto, eres eficaz porque tu objetivo se ha cumplido. 2/ Utilizas un bazooka para matar a la mosca: eres igual de eficaz porque has conseguido tu objetivo. Ahora bien, ¿en qué caso eres eficaz? En el caso 1, la raqueta te costó 10 euros y no causaste ningún daño a tu salón; en el caso 2, el bazooka te costó 3.000 euros y destruiste todo tu salón y parte de tu casa. En este ejemplo, la diferencia entre eficacia y eficiencia es fácil de ver.

3. Contenido de la SGSI

3.1 Aplicación del SGSI

La implantación de un SGSI sigue tres etapas secuenciales:

- Etapa 1: evaluación de la madurez, para conocer la situación de la organización con respecto a la SI y los requisitos de la norma ISO IEC 27001. Esta fase crucial proporciona un inventario de la situación y un mapa de los elementos que faltan, lo que permite definir el plan de acción necesario para su corrección (plan de acción organizativo, estratégico y técnico con los recursos asociados). Esta fase suele implicar la formación previa de las partes interesadas en el SGSI, con una duración media de dos días. Se recomienda encarecidamente nombrar lo antes posible al jefe de proyecto del SGSI, a menudo el CISO, y formarlo en la aplicación de la norma ISO IEC 27001 (formación de Lead Implementor), así como a un auditor con la formación adecuada (Lead Auditor). Esta primera fase también ofrece la oportunidad de comprobar que la alta dirección respalda el proyecto y de comunicar el plan de implantación.

- Etapa 2: implantación y funcionamiento, que permite poner en práctica el plan de implantación y hacer funcionar el SGSI. Es necesario situarse en un contexto de certificación y, por tanto, ser capaz de dar vida al SGSI durante al menos un año antes de la certificación. Esta fase debe contar con el apoyo del patrocinador. También hay que desplegar y adaptar los recursos cuando sea necesario.
- Etapa 3: gestión y mejora, que permite validar y medir la eficacia del SGSI e introducir mejoras útiles. Gestionar un SGSI implica supervisar su funcionamiento, por lo que es necesario definir los indicadores de medición del sistema.

3.2 Modelo PDCA

En términos generales, la implantación de un SGSI sigue el modelo PDCA (Plan-Do-Check-Act):

- Plan: planificar, establecer el SGSI con respecto a los requisitos de la norma ISO IEC 27001 y crear el cuerpo de documentación del sistema.
- Do: implantar el SGSI, hacer cumplir el sistema.
- Check: comprobar, supervisar y evaluar el SGSI.
- Act: pasar a la acción aplicando medidas de mejora continua del SGSI.

3.3 Estructura del SGSI

El SGSI se compone de varios elementos:

- Una visión global representativa del perímetro empresarial en cuestión: se trata de una macrosecuencia de procesos (por ejemplo, ventas, marketing, oferta, finanzas, logística, soporte, etc.) con referencia a las partes interesadas. Esta visión permite medir el rendimiento global del SGSI.
- Una política de ISS que define cómo se gestiona la ISS.
- Un manual del SGSI no es una obligación reglamentaria en el sentido de la norma ISO/IEC 27001, pero este tipo de documento explica cómo funciona el SGSI, por dónde empezar, qué se espera, terminología, etc.

- Conjunto de procesos que describen la actividad empresarial; un proceso describe el "qué" y permite medir la eficacia del tema en cuestión (ejemplos: proceso de gestión de documentos, proceso de gestión de proyectos, etc.). Un proceso se compone de procedimientos y actividades, interdependientes o no, que consumen inputs y producen outputs.
- Conjunto de procedimientos que describen el "cómo". Un procedimiento sirve para medir el funcionamiento de un tema (ejemplos: procedimiento de mantenimiento a distancia, procedimiento de revisión de la hoja de ruta, etc.). Un procedimiento detalla las tareas que hay que realizar; incluye instrucciones.
- Conjunto de instrucciones de trabajo centradas en los detalles de una tarea concreta (por ejemplo, instrucciones para crear una cuenta de usuario).
- Grabaciones, registros o pruebas. Se trata de registrar pruebas de las operaciones cotidianas en el SGSI (por ejemplo, revisión de derechos, análisis de riesgos versionados, lista de proveedores sensibles, registros de conexión de sistemas, etc.).

La información documentada en ISO/IEC 27001 se refiere a todos estos tipos de elementos, aunque a menudo se refiere a instrucciones y pruebas. Un auditado podrá comprobar que la información documentada en un requisito está realmente presente, es decir, que está escrita directamente en el SGSI o en otro lugar.

Ejemplos de información documentada necesaria: ámbito de aplicación, política de SSI, proceso de evaluación de riesgos, proceso de tratamiento de riesgos, planes de tratamiento, objetivos de SSI, prueba de competencias de RRHH, procedimiento de gestión de documentos, información sobre los resultados del proceso, proceso de comunicación, etc.

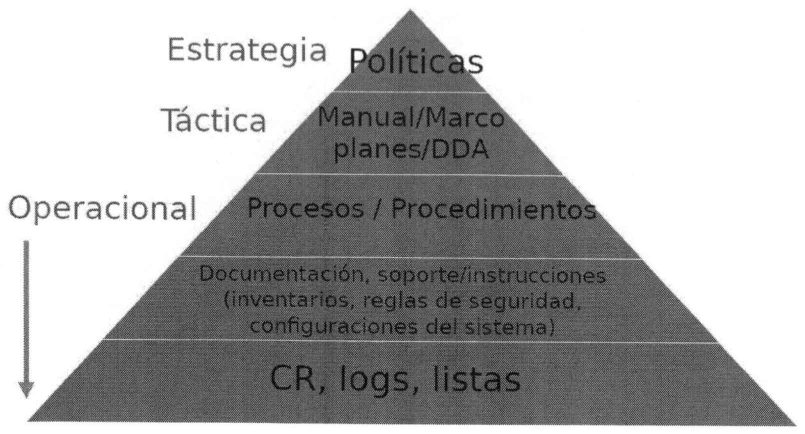

SGSI - Corpus documental

4. Centrarse en el proceso de gestión de crisis

4.1 Presentación del proceso

El proceso de gestión de crisis es especial y particularmente crítico.

Ejemplo de proceso de gestión de crisis del SSI

Archivo de documentos				
Tipo de documento	Proceso	Validación informal	Fecha :	Por :
Distribución informal	Interno	Última revisión	Fecha :	Por :
Propietario	CISO	Última grabación	Fecha :	Por :
Referencia del documento	PRSS-410-Gestión de crisis	Ubicación	Confluence	

Definición de gestión de crisis

La gestión de crisis puede definirse como una situación repentina, a menudo brutal, inesperada y con consecuencias potencialmente graves para la empresa, para la que los mecanismos y reacciones habituales resultan inadecuados.

Finalidad del proceso

Gestión de las situaciones de crisis del SSI en la organización.

Objetivos del proceso

- Movilizar los recursos y medios excepcionales necesarios para la gestión de crisis.
- Mejorar la toma de decisiones.
- Adaptar las respuestas a la situación.
- Adaptar los niveles de escalada en función de la gravedad.
- Reducir el impacto de la crisis en la organización y los clientes de la empresa.
- Limitar el número de casos de crisis mejorando continuamente las prácticas de gestión de incidentes.

La organización debe:

- Definir los retos y sensibilizar a los recursos sobre la gestión de crisis.
- Planificar y anticipar escenarios y disposiciones para la gestión de crisis.
- Cuando se produce una crisis:
  - analizar la situación y sus repercusiones,
  - organizar y coordinar acciones,
  - movilizar los conocimientos necesarios para una gestión eficaz de las crisis,
  - comunicar, tranquilizar y calmar.
- Después de la crisis:
  - gestionar el final de la crisis y la vuelta a la normalidad,
  - tomar las medidas necesarias para conservar los rastros y registrar las acciones,
  - recoger y archivar pruebas con fines forenses.

Actividades del proceso

- Fase de seguimiento
- Fase de activación
- Fase operativa
- Fase de consolidación

4.2 Descripción del proceso

4.2.1 Fase de seguimiento

En condiciones normales de funcionamiento, la gestión de crisis proporciona un marco permanente para la toma de decisiones dentro de la organización. Además, en el marco de su función de responsable de la gestión de crisis, el responsable del departamento de acogida vela por que las medidas previstas en la gestión de crisis estén bajo control y puedan aplicarse lo más rápidamente posible. Tiene un papel esencial para que los equipos conozcan y estén preparados para las disposiciones de la gestión de crisis.

Prevención

El plan de formación incluye una jornada anual de formación sobre las disposiciones de la gestión de crisis para todos los miembros permanentes de la célula de crisis.

Además de los cursos de formación, el jefe del departamento de alojamiento sensibiliza sobre la gestión de crisis a las distintas personas implicadas, mediante actualizaciones y recordatorios de buenas prácticas.

Cada seis meses, el jefe del departamento de alojamiento organiza un ejercicio para ensayar los procesos y sensibilizar a los miembros permanentes y a los contactos pertinentes. Durante este ejercicio, el jefe de la gestión de crisis presenta un escenario de su elección a los miembros permanentes, a quienes se pide que se pongan en contacto con las partes pertinentes. El grupo de trabajo debe encontrar una salida a la crisis. El responsable de la gestión de crisis y el responsable de calidad supervisarán el ejercicio y anotarán los puntos de mejora y de trabajo, que comunicarán a los equipos en la reunión informativa del ejercicio de la gestión de crisis. Si es necesario, revisarán los procesos y escenarios para que el procedimiento se adapte siempre a los casos reales que puedan darse.

Preparación

El jefe del departamento de alojamiento actualiza periódicamente el directorio de gestión de crisis basándose en la información que recaba del departamento de RRHH.

También garantiza la disponibilidad de los recursos necesarios para la gestión de crisis (salas, apoyo, pizarras, catering, etc.).

Junto con el CISO, el Director de Producción, el Director de Relaciones con el Cliente, el Director de Comunicación y el Director de Calidad, actualiza periódicamente una base de conocimientos de escenarios y procedimientos que abordan situaciones típicas de crisis.

Pruebas de activación de la unidad de crisis

Para garantizar el buen funcionamiento del proceso, al menos una vez al año se realiza, total o parcialmente, una prueba de gestión de crisis. Esta prueba sirve para validar los procedimientos de aplicación práctica (locales, herramientas de comunicación, disponibilidad de personal). La prueba se analiza para identificar las áreas susceptibles de mejora, que se recogen en un plan de acción. El responsable de la gestión de crisis se encarga del seguimiento del plan de acción.

Cada vez que se activa la célula de crisis en una situación real, se analiza para enumerar los puntos de mejora, que se recogen en un plan de acción. El responsable de la gestión de crisis se encarga de supervisar el plan de acción.

Ampliación de la alerta

Las partes implicadas deben comunicar todos los incidentes importantes al gestor de crisis lo antes posible.

Durante las horas de trabajo, esta presencia permanente se refleja en un sistema de escalada a la persona encargada de la gestión de crisis, identificada por el equipo de gestión de incidentes de acuerdo con los procedimientos de gestión de incidentes (teléfono y correo electrónico).

Durante las horas no laborables, el jefe del departamento de alojamiento y el jefe de producción están de guardia para tomar decisiones. Esto complementa el servicio técnico de guardia a disposición de los clientes.

4.2.2 Fase de activación

La fase de activación comienza en el momento en que el gestor de la gestión de crisis recibe una llamada de la gestión de crisis o del sistema técnico de guardia.

En cuanto se recibe una escalada, el gestor de la gestión de crisis lleva a cabo una evaluación inicial del perímetro de crisis.

Si la crisis es específica de un determinado perímetro de clientes, el director de gestión de crisis delega la gestión de la crisis en el director de operaciones de cuenta encargado del cliente. Este director se hace responsable por delegación de la función de gestor de crisis. El director mantiene regularmente informado al director de gestión de crisis de la evolución de la crisis, y puede decidir en cualquier momento que la crisis se eleve a nivel corporativo.

Si la crisis es más global y afecta a toda la empresa (definimos una crisis a nivel de empresa como la que afecta a varios clientes o la que tiene un impacto tal que afecta a toda la organización), entonces el jefe de la gestión de crisis es el gestor de crisis, y es responsable de gestionar la crisis y la unidad de crisis.

El gestor de crisis debe establecer rápidamente un diagnóstico en profundidad de la gravedad de la crisis. Puede considerar o no que la crisis es grave:

- **Una crisis grave** es aquella cuyas consecuencias son tales que justifican inmediatamente una reunión de la célula de crisis y la aplicación urgente de un plan de tratamiento.
- **Una crisis no grave** es una crisis de naturaleza seria pero de urgencia más moderada, con soluciones sencillas o planificadas que parecen capaces de poner fin rápidamente a la crisis. El gestor de crisis realiza un seguimiento permanente de la situación y dirige personalmente un primer plan de acción para contener la crisis. Al mismo tiempo, moviliza a la célula de crisis y le informa de que debe estar preparada para actuar en cualquier momento.

Si las contramedidas iniciales tienen éxito, se considerará que la crisis ha sido contenida y se disolverá la célula de crisis. A continuación, la célula de crisis llevará a cabo una consolidación en frío de la crisis.

Si fallan las contramedidas iniciales, o si el gestor de crisis considera que la situación empeora, se activará la célula de crisis.

4.2.3 Fase de operación

La unidad de crisis corporativa es el nivel más alto de escalada en caso de una situación de crisis. Desempeña un papel decisorio y estratégico. Está formada por los actores clave de la organización.

Responsable de la célula: el responsable de la gestión de crisis

Función y responsabilidades:

- Realiza un análisis inicial de la situación e inicia la gestión de la crisis.
- Moviliza la unidad de crisis.
- Supervisa y dirige la gestión de la crisis durante toda su duración.
- Aprueba los planes de acción.
- Anuncia el fin de la crisis.

Miembros permanentes de la unidad: CISO, jefe de producción, director de TI

Función y responsabilidades:

- Participar en la elaboración del plan de acción.
- Gestionar todas las comunicaciones relacionadas con crisis.
- Decidir cómo poner fin a la crisis.

Recursos: todos los contactos que figuran en el directorio gestión de crisis

Función y responsabilidades:

- Llevar a cabo las acciones derivadas de los planes de acción aprobados por la célula de crisis.
- Informar de la situación al gestor de crisis.

La unidad de crisis de la empresa se moviliza durante toda la fase aguda de la crisis y se reúne al menos cada 4 horas.

Operaciones, escenarios y comunicación

Los distintos escenarios de gestión de crisis son los siguientes:

Escenario	Descripción
Respuesta inmediata a los incidentes	Esto implica la creación de un grupo de trabajo formado por personas que suspenderán sus actividades normales para poner en marcha un plan de acción curativo destinado a tratar inmediatamente los hechos observados.
Respuesta posterior al incidente	Consiste en la creación de un grupo de trabajo de personas que suspenderán su actividad normal para aplicar un plan de acción alternativo o una solución degradada para restablecer un servicio mínimo aceptable. El incidente en sí se tratará mediante un escenario curativo o un cambio en el modo previsto.

Escenario	Descripción
Contención	Consiste en contener la crisis y evitar que se extienda a otras actividades o se generalice. Este escenario prevé el cierre voluntario de determinados vectores de crisis para que la vulnerabilidad o la amenaza dejen de estar presentes.
Análisis forense	Consiste en reunir todas las pruebas y pedir a la autoridad competente que actúe sobre el origen de la crisis (por ejemplo, ataque de denegación de servicio, incidente relacionado con malicia interna/externa).
Comunicación	Se trata de informar a los interesados de la situación y de la evolución de los acontecimientos, y animarles a que adopten ellos mismos determinadas medidas para hacer frente a la situación.
Plan de emergencia	Consiste en activar los dispositivos previstos en el plan de emergencia.
Escalada	Se trata de ponerse en contacto con socios (fabricantes, editores, consultores, etc.) y responsables que puedan aportar un apoyo estratégico a la célula de gestión de crisis, o incluso suministrar medios de tratamiento excepcionales.
Registro y trazabilidad	Se trata de registrar y recopilar todas las trazas y los registros para poder analizarlos a posteriori o cotejarlos para comprender la cronología de los sucesos ocurridos.

Principio de comunicación

Comunicación interna

La comunicación interna se convierte en vital en caso de crisis. Se ponen a disposición de las partes interesadas herramientas específicas para garantizar que las decisiones se toman teniendo en cuenta la situación actual.

Comunicación externa

La alta dirección es responsable de la comunicación sobre una situación de crisis.

Sólo los altos directivos están autorizados a hacer declaraciones a la prensa en estas situaciones.

El departamento de comunicación preparará comunicados de prensa para la prensa, los accionistas, los empleados, los clientes, los proveedores y el público en general.

Evaluación de los resultados

El responsable de la gestión de crisis supervisa permanentemente las acciones emprendidas en el marco del plan de gestión de crisis. Informa a la célula de crisis, que analiza la evolución de los acontecimientos y decide colectivamente las medidas que deben tomarse. La decisión de poner fin a la crisis la toman colectivamente los miembros de la célula de gestión de crisis, cuando se cumplen las condiciones.

4.2.4 Fase de consolidación

Comunicación posterior a la crisis

El jefe de la DGC es el responsable de comunicar el fin de la crisis, y es la única persona autorizada para hacerlo.

Registro de rastros y pruebas

El gestor de la gestión de crisis recopila todos los registros y rastros significativos del periodo en cuestión y se asegura de que se almacenan adecuadamente. Consolida toda la información de que dispone para elaborar un informe cronológico de la crisis destinado a los responsables de la célula de crisis y los departamentos afectados por la crisis.

Revisión de procesos/procedimientos

Al final de cada crisis, el responsable de la gestión de crisis revisa los documentos del sistema para evaluar las mejoras que deben introducirse.

5. Aplicación con Confluence

Confluence es una herramienta interesante para implantar un sistema de gestión de tipo ISO. Se trata de una aplicación informática basada en web que permite redactar documentos del SGSI en forma de páginas wiki. El motor de búsqueda y numerosos plugins (flujo de trabajo, diagramas, etc.) pueden utilizarse para mejorar todo el SGSI. El producto puede instalarse en un servidor en modo on-premise (suscripción anual con un mínimo de 500 usuarios, a un coste de unos 45.000 euros al año) o puede accederse directamente en modo SaaS (más barato, empezando por 10 usuarios).

5.1 Carta de compromiso con la SGSI

Esta carta es fundamental. Es el documento fundacional que justifica el enfoque de calidad para lograr el SGSI. Debe estar firmada por la alta dirección, demostrando así la implicación al más alto nivel de la empresa.

Ejemplo

Archivo de documentos				
Tipo de documento	*Política*	*Validación*	*Fecha:*	*Por:*
Distribución informal	*Interno*	*Última revisión*	*Fecha: 6 de enero de 2023*	*Por: Responsable de calidad*
Propietario	*Director de Calidad*	*Última inscripción*	*Fecha : 28 de abril de 2023*	*Por: CISO*

Referencia del documento	*POLI-I-001-DQUAL-Política de calidad en apoyo del SGSI*	*Ubicación*	*Confluence*

Índice

Compromiso del Departamento de TI para implantar un SGC

Mi Linda Nube ofrece servicios soberanos de computación en nube (IaaS, PaaS, SaaS) a sus clientes corporativos y autoridades locales. Su misión principal es comercializar los servicios de su catálogo, producir los servicios y mantenerlos en condiciones operativas.

La fábrica informática, compuesta por una serie de recursos digitales (infraestructura de sistemas y redes, aplicaciones empresariales, aplicaciones ofimáticas colaborativas, sistema de visualización de datos, etc.), permite ofrecer recursos digitales por cuenta de sus clientes. En este contexto de necesidad de confianza en las herramientas digitales, el personal de Mi Linda Nube debe implantar un sistema de gestión de la calidad de sus propias actividades, orientado en particular a:

- prestar un servicio de calidad a sus clientes;
- dominar todos los procesos de producción de la fábrica de TI;
- cumplir los compromisos contractuales y la normativa vigente (en particular, el RGPD);
- garantizar la seguridad de los datos de los usuarios mediante el control de los indicadores de seguridad de la SI (disponibilidad, integridad, confidencialidad, trazabilidad);
- elaborar indicadores para la mejora continua de los procesos.

Objetivos:

- Cumplir los requisitos de los clientes
- Gestión del rendimiento de los procesos empresariales de la empresa
- Participación de las partes interesadas en la gestión del SGSI
- Garantizar un grado fiable de resistencia en toda la cadena de producción.

Alcance del SGSI

El alcance del SGSI corresponde a los cinco procesos empresariales de Mi Linda Nube:

- Gobernanza (gestión informática, comité de gestión informática, gestión administrativa y financiera, gestión del cumplimiento)
- Producción (departamento de sistemas, departamento de redes y telecomunicaciones, departamento de arquitectura)
- Investigación (departamento de investigación formado por gestores de proyectos)
- Ayuda
- Ciberseguridad

El SGSI es la herramienta utilizada para estructurar las acciones, requisitos y normas de funcionamiento vigentes en la organización. Su objetivo es controlar el nivel de gestión de los procesos. Los requisitos de calidad se tienen en cuenta desde la fase de diseño del servicio. El SGSI se basa en dos normas:

- ISO 9001:2015: requisitos del sistema de gestión de la calidad).
- ISO 27001:2022: requisitos relativos a la seguridad del sistema de información, conocido como SGSI (sistema de gestión de la seguridad de la información).

Compromiso de la dirección

La Dirección General se compromete a apoyar a los equipos de Mi Linda Nube en la implantación del SGSI, aportando recursos humanos y técnicos, y participando en la promoción del SGSI y en su mejora. Durante las revisiones de la dirección, el Director de Calidad y todos los departamentos implicados informarán sobre el funcionamiento del SGSI y su nivel de madurez. La dirección general definirá las orientaciones estratégicas de la calidad.

Recursos y medios

Todo el equipo del proyecto SGSI está plenamente comprometido con la creación, utilización y mejora del SGSI. El presupuesto anual del equipo del proyecto SGSI se adapta constantemente a la calidad de los servicios ofrecidos a los clientes.

El equipo del proyecto SGSI está formado por los siguientes miembros: director de calidad, CISO, director de TI, director de producción, director de investigación, director de relaciones con los clientes.

Este equipo se encarga de crear la SGSI y darle vida. También se encarga de ponerla en práctica en los distintos departamentos de la organización.

Un proveedor de servicios externo especializado (Mi Lindo Proveedor de Servicios) proporciona apoyo metodológico.

Responsabilidades

El Director de Calidad y el CISO dirigen e impulsan el enfoque del SGSI.

Por delegación, el CISO actualiza el manual del SGSI, que establece los principios básicos de la gestión de la calidad en la organización. El Director de Calidad es responsable de la auditoría interna.

El Director de Calidad	El Director General
Jorge Feria	John decide

Historial de modificaciones :

¿Cuándo?	¿Quién es?	¿De qué se trata?
28 de abril de 2023	Judith Castaño	ACTUALIZACIÓN
7 de enero de 2023	Jorge Feria	Consulte
28 nov. 2022	Judith Castaño	Creación

5.2 Proceso de gestión de documentos

Este proceso de gestión de documentos es uno de los primeros que deben implantarse en un SGSI, ya que define las normas de funcionamiento de toda la documentación producida.

Archivo de documentos				
Tipo de documento	Proceso	Validación	Fecha :	Por :
Distribución informal	Restringido (DSI)	Última revisión	Fecha :	Por :
Propietario	DSI (Gestión)	Última grabación	Fecha: 28 de abril de 2023	Por: Déon Sébastien
Referencia del documento	PRSS-R-001- Gestión de la documentación del SGSI	Ubicación	Confluence	

Índice

- Objetivos del proceso
- Jugadores en el proceso
- Descripción del proceso
  - Principio general
  - Formato del documento

  - Cartucho
  - Nomenclatura
    - Tipo de documento
    - Código de emisión
    - Número de incremento
- Diagrama de flujo
- Riesgos operativos
- Indicadores de proceso
- Historial de modificaciones

Finalidad del proceso

Formalizar la metodología de gestión de la documentación del SGSI.

Objetivos del proceso

- Definir la denominación de los documentos.
- Especifique el flujo de trabajo de gestión de documentos.

Jugadores en el proceso

Actor	Descripción	RACI
Director de Calidad	Propietario	A
Empleados	Creación de un documento SGSI en modo borrador	R
Jefe de departamento unidad	Validación de documentos	R
Departamento de calidad	Documento de publicación en la SGSI	R
Empleados	Acceso a la documentación de la SGSI	C

Descripción del proceso

Principio general

Cualquier miembro de la organización puede crear documentos en SGSI en modo borrador.

El jefe de departamento/unidad valida el documento.

El documento lo publica el departamento de calidad.

Formato del documento

Todos los documentos de la SGSI se crean en formato Confluence. Cada página puede contener anexos en formato Office, PDF, BMP, etc. para información adicional (diagramas, listas, etc.).

Bloques

Cada documento de Confluence contiene un bloque de título para su identificación. Deben rellenarse todos los campos.

Ejemplo

Archivo de documentos			
Tipo de documento	Validación	Fecha:	Por:
Distribución informal	Última revisión	Fecha:	Por:
Propietario	Última grabación	Fecha:	Por:
Referencia del documento	Ubicación	Confluence	

Nomenclatura

Todos los documentos se crean utilizando la siguiente nomenclatura: <categoría de documento>-<código de difusión>-<número de incremento>-<nombre explícito del documento>.

Tipo de documento

Tipo de documento	Designación	Descripción
Política		
POLI	Política	Descripción de la política de una organización en un ámbito determinado.
Procesos / Procedimientos / Instrucciones		
PRSS	Procesos empresariales	Hoja que describe un proceso que pertenece a una función empresarial dentro de la organización. Un proceso corresponde a una actividad realizada dentro de la organización.
PINS	Procedimiento de instalación	Procedimiento específico utilizado para describir la instalación de una aplicación, un servidor, un router, etc.
POP	Procedimiento operativo	Procedimiento específico utilizado para describir el funcionamiento de una aplicación, un servidor, un router, etc.
PROC	Procedimiento (otros)	Procedimiento utilizado para explicar cómo llevar a cabo una actividad en un proceso empresarial.
INST	Instrucciones	Tutoriales, guías...
Documentos varios		
DAT	Documento de arquitectura técnica	Documento que describe la arquitectura técnica de un servicio (aplicación, sistema de información específico, hipervisor, redes de interconexión, etc.).
INI	Documento de inicio de la producción	Documento que describe los elementos que intervienen en la puesta en marcha de la producción.

Tipo de documento	Designación	Descripción
FINSC	Formulario de inscripción	Cualquier tipo de registro del SGSI que tenga valor probatorio (auditoría, revisión, etc.).
NINT	Nota interna	
CTP	Cláusulas técnicas especiales	
CDP	Cartera de proyectos	
ADR	Actas de la reunión	

Código de emisión

Carta	Designación	Descripción
P	Público	Documento que puede comunicarse libremente fuera de la organización.
I	Interno	Documento que debe distribuirse únicamente al personal de la organización.
R	Restringido	Documento restringido a las funciones/equipos/grupos de personas afectados.
C	Confidencial	Este documento sólo puede distribuirse a las personas físicas mencionadas.

Número de incremento

Función empresarial	Intervalo - Número de incremento
Gobernanza	00XX
Estudios	1XX
Producción	2XX
Ciberseguridad	3XX

Función empresarial	Intervalo - Número de incremento
Relaciones con los clientes	4XX
General	9XX

Organigrama

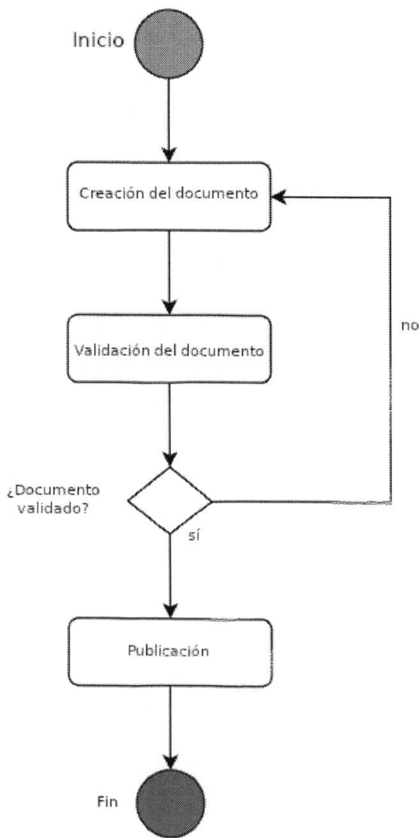

Riesgos operativos

La ausencia de una gestión formalizada de los documentos tiene consecuencias inmediatas:

- No explotabilidad de la SGSI (no normalización).
- Fuga de información (clasificación errónea).
- Pérdida de productividad (dificultad para buscar documentos).

Indicadores de proceso

- Número de documentos de la SGSI elaborados (publicados) al mes.
- Tipo de documentos de la SGSI producidos (publicados) por mes.
- Lista de documentos a los que se hace referencia como "información documentada" en el sentido de la norma ISO/IEC 27001, con frecuencia de actualización.
- Número y frecuencia de accesos de usuarios a la SGSI.

Historial de modificaciones

Historial de modificaciones			
Versión	En	Quién	Qué
1.2	28 de abril de 2023	Jorge Feria	Añadir bloque, código 9XX
1.1	2 de febrero de 2023	Judith Castaño	Actualizar número de incremento
1.0	7 de enero de 2023	Irene Perrin	Creación

5.3 Otros documentos esenciales en un SGSI

Un SGSI adecuado debe contener los siguientes elementos.

5.3.1 Políticas y otros documentos de alto nivel

- Política de SSI (PSSI)
- Manual de la SGSI
- Carta de compromiso de la DG con la SGSI

5.3.2 Proceso

- Proceso "Organizar la seguridad de la información"
- Proceso "Gestión del teletrabajo y la movilidad"
- Proceso "Gestión de los RRHH"
- Proceso "Gestión de los activos"
- Proceso "Gestión de la documentación"
- Proceso "Manipulación de los soportes"
- Proceso "Gestión de los controles de acceso"
- Proceso "Gestión de la criptografía"
- Proceso "Gestión de la seguridad física y medioambiental"
- Proceso "Gestión de la seguridad operativa"
- Proceso "Gestión de la seguridad de las comunicaciones"
- Proceso "Gestión de la adquisición, el desarrollo y el mantenimiento de los SSII
- Proceso "Gestión de las relaciones con los proveedores"
- Proceso "Gestión de incidentes del SSI"
- Proceso "Gestión de la SSI en la gestión de la continuidad de las actividades".
- Proceso "Gestión de la conformidad"

Estos diferentes procesos se hacen eco del Anexo A de la norma ISO/IEC 27001.

■ Observación

Es aconsejable añadir otros procesos a medida que evolucione la madurez de la SI de la organización: el proceso "Gestionar la ciberseguridad", el proceso "Gestionar la seguridad de los datos", el proceso "Gestionar las relaciones con los clientes", el proceso "Gestionar la auditoría interna", etc.

5.3.3 Pruebas

El SGSI también actúa como registro de los documentos útiles que deben presentarse durante una auditoría; esta lista no es exhaustiva:

Revisión del PSSI

Registros de acceso a servidores críticos

- Lista de supresiones de cuentas de administrador de TI
- Lista de proveedores sensibles y críticos
- Declaración de aplicabilidad de la SGSI (DDA)
- Informe de revisión de la gestión
- Análisis de riesgos
- Diversos planes de acción
- etc.

6. Gestión de aplicaciones

En el ámbito de la gestión de las aplicaciones, es esencial implantar un mapa de aplicaciones mediante un software específico que ofrezca una visión completa de esta parte del SI:

- Lista de aplicaciones
- Descripción de cada aplicación
- Funcionamiento entre aplicaciones
- Enlace con la infraestructura (sistema, red, almacenamiento, middleware, etc.)
- Análisis de impacto (¿cuál es el impacto si detengo una aplicación concreta?)
- etc.

Dos documentos parecen ineludibles:

- La ficha descriptiva de la solicitud (FDS), verdadero documento de identidad de la solicitud.
- El Plan de Seguridad de la Aplicación (PSA), una guía metodológica en caso de caída total de la aplicación durante un periodo incierto e inicialmente largo (en caso de ciberataques). La idea es utilizar este plan para operar sin aplicación, con papel y lápices.

6.1 Ficha de datos de la solicitud (FDS)

Ejemplo de modelo FDS (para ser instanciado por la aplicación):

6.1.1 General

Nombre de la aplicación :	
Direction: **Características principales:**	
	Fecha
Editorial	
Creación	
Validación	
Fecha de la última actualización	
Fecha de la primera publicación de la aplicación	

6.1.2 Contexto

Interesados	**Descripción**
DSI	
Direcciones	
Usuarios internos (empleados, funcionarios, etc.)	
Usuarios externos (clientes, usuarios, etc.)	

Interesados	Descripción
Proveedores de servicios	

6.1.3 Principales riesgos

Riesgos identificados	Medidas correctoras

6.1.4 Propietarios

Actores	Descripción	Número de contacto
Gestor de aplicaciones		
Desarrolladores		
Gestor de proyectos informáticos		
Directores funcionales		
Gestor de proyectos para clientes		
Contacto con proveedores de servicios (editores, revendedores, etc.)		

6.1.5 Guía del usuario

	Enlaces
Manual del usuario	
Videotutorial para usuarios	
Procedimientos de instalación	
Otros documentos ...	

		Enlaces
Módulos de aplicación	Descripción	Enlace a otras FDS

6.1.6 Interacciones

Aplicaciones / interfaces asociadas	Descripción	Enlaces documentales

6.1.7 Contrato de mantenimiento

Nº de contrato	Fecha de inicio	Fecha final	Número de teléfono directo	Póngase en contacto con	Perímetro	Costes (compra y mantenimiento)

- **SLA (Acuerdo de nivel de servicio) : GTI, GTR, RTO, RPO, PSG**
- **Sanciones**

6.1.8 Documentación

Temas	Descripción	Enlaces
Normativa		
Usuario		
Técnico	DAT (documento de arquitectura técnica) DOP (documento operativo)	

Temas	Descripción	Enlaces
Seguridad	PSA (plan de seguridad aplicativa) EIPD (Evaluación de impacto de la protección de datos) ARSSI (análisis del riesgo de SSI)	
Funcional		

6.1.9 Lista de proyectos asociados

Proyecto	Proyecto n	Enlaces

6.2 Plan de seguridad de las aplicaciones (ASP)

Ejemplo de APS (a instanciar según la aplicación):

Nombre de la aplicación	Coordinador de TI	Referente

Información de esta ficha

Versión	Editor	Fecha de creación	Última fecha de actualización	Validador	Fecha de validación
V1.0					

Índice

- Ámbito de aplicación del PSA
- Glosario empresarial
- Documentos relacionados

- Ficha de datos de aplicación (FDA)
  - Características
  - Otros flujos entrantes o salientes
- Repercusiones de detener la aplicación
- No tratado en en PSA
- Requisitos previos para la PSA
- Procedimiento en tiempos de crisis / modo degradado
- Comunicación al inicio de una crisis
- Reanudación de la actividad

Ámbito de aplicación de la PSA

Definición del ámbito tenido en cuenta y de los límites de las exclusiones.

Glosario empresarial

Definición precisa de los términos comerciales o cuantificación de determinados términos.

Ejemplo: Informe, Deliberación, Orden del día/Resumen...

Documentos relacionados

- Funcional : FDA
- Técnica: DAT

FDA

- **Funciones afectadas**

Características	Descripción	Período crítico	Duración habitual del tratamiento	SLA	Grupos destinatarios	Flujos entrantes	Flujos salientes

- **Otros flujos entrantes o salientes**
  - Repercusiones de detener la aplicación

  Ejemplo: procesamiento de archivos actuales, procesamiento de archivos nuevos, retardo en un proceso en función del funcionamiento de la aplicación, etc.
  - Impacto en el proceso XXX

No tratado en la PSA

Indique los puntos no cubiertos en la PSA y, si es posible, el motivo.

Requisitos previos para la PSA

Elementos que deben preverse fuera de los momentos de crisis para aplicar el PSA.

Ejemplo: copia en papel de las entrevistas profesionales, lista de proveedores de servicios, etc.

Elementos	Descripción	Actor	Frecuencia	Actor verificador	Almacén

Procedimiento en tiempos de crisis / modo degradado

En caso de que se requiera un procedimiento en modo degradado.

Suponiendo que el software ofimático funcione (tratamiento de textos).

Características	**Acciones**	**Jugadores**	**Documentos que deben conservarse para la vuelta a la normalidad**

Comunicación al inicio de una crisis

... (a construir según el contexto)

Reanudación de la actividad

... (a construir según el contexto)

Capítulo 12
Ciberseguro

1. Introducción

Este capítulo trata de los aspectos de la ciberseguridad relacionados con los seguros. Todas las empresas están obligadas a tener un seguro de responsabilidad profesional, que cubre cualquier daño involuntario causado por la empresa a terceros. Lamentablemente, dada la explosión de los ciberataques, las pólizas de seguros ofrecen poca o ninguna cobertura para los ciberriesgos, por lo que corresponde al director de la empresa decidir si contrata o no un seguro cibernético. Este capítulo presenta el funcionamiento del ciberseguro, un ejemplo de servicio de asistencia, un ejemplo de póliza de ciberseguro y una visión general de los distintos actores de este mercado.

Dado que cualquier tipo de organización es vulnerable a una crisis cibernética, el ciberseguro puede aplicarse a todos los sectores de actividad, y en particular a las microempresas y las PYME, que suelen ir a la zaga en materia de seguridad informática.

No existe un contrato genérico que pueda aplicarse a empresas privadas o públicas, porque los SI y las organizaciones son muy diferentes. El campo de la ciberseguridad es joven y muy técnico, por lo que realmente hay que demostrar a la aseguradora que su SI es seguro, para que ésta minimice su intervención. En determinadas situaciones, una empresa no será cibersegurable. Por ejemplo, la ausencia de un enfoque de SI, la ausencia de un CISO, etc. son obstáculos para la elegibilidad del seguro.

En la práctica, la aseguradora basa su oferta en un cuestionario de seguro que pide detalles sobre las medidas de protección aplicadas (gestión de incidentes, gestión de crisis, gestión de reparación, etc.). Para ser asegurable, primero hay que conocer los riesgos.

Dado el nivel de compromiso financiero y humano que implica, es necesario plantearse las preguntas adecuadas antes de iniciar el largo proceso que lleva a la firma de una póliza de seguros. ¿Cuál es el impacto en caso de crisis grave?

Ejemplos

- Una empresa que fabrica zapatos y genera un volumen de negocio diario de 2 millones de euros podría hacer bien en contratar un seguro en caso de parada de la producción de varios días. Aunque el importe pagado por el seguro no cubra todas las pérdidas de margen, la empresa podrá recurrir a un panel de especialistas y evitar dañar demasiado su reputación. En el subconsciente de los clientes existe un recuerdo, a veces no objetivo, que consiste en rehuir las empresas que no tienen una buena imagen de gestión.
- ¿Debe una empresa muy pequeña contratar un servicio que es sustancial en relación con el riesgo que implica? Una peluquería puede seguir funcionando con papel y lápiz y seguir reservando citas a través de un smartphone. Lo importante es tener copias de seguridad completas para poder restaurar el SI (que a menudo consiste en un único ordenador y un buzón de Internet).

- Una autoridad local debe plantearse la cuestión, no en términos de posibilidad real de recuperar una posible pérdida de margen financiero, sino en términos de pérdida de imagen y confianza ante sus ciudadanos. La indisponibilidad de un servicio público valioso puede ser catastrófica: imposibilidad de acceder al estado civil, retrasos en el pago de prestaciones, filtración de datos personales, etc. Pero también en este caso la evaluación del abono debe hacerse con la mayor lucidez y con pleno conocimiento de la relación inversión-beneficio.

Observación

En términos generales, cuanto mayor sea el nivel de madurez cibernética, menor será el coste del seguro cibernético.

Principios de funcionamiento y cobertura

El ciberseguro, como cualquier otro campo, tiene su propio vocabulario heredado directamente de los seguros tradicionales:

- Póliza de seguro: es un término de uso común que establece el contrato de seguro con sus condiciones de aplicabilidad, coste, alcance de la cobertura, exclusiones y posibles opciones. Especifica la cobertura básica y las coberturas opcionales.
- Prima de seguro: es la suma que paga el tomador del seguro a su aseguradora por un conjunto de riesgos cubiertos. Las primas varían en función de las opciones, que se componen de los siguientes puntos: límite de cobertura y franquicia.
- Franquicia: es una cantidad que la compañía debe pagar a la aseguradora en caso de siniestro. No puede reducirse y suele deducirse de la prima. Las franquicias suelen fijarse por siniestro. Las franquicias pueden variar entre 25.000 y 200.000 euros y dependen del límite financiero de la prima. Por ejemplo, un cliente que contrate una póliza con un límite de prima de 5 millones de euros tendrá una franquicia por siniestro de unos 75.000 euros.

- Límite de cobertura: toda póliza de seguro contiene limitaciones, o incluso exclusiones. El primer límite es el importe pagado por la aseguradora a su cliente o, más exactamente, una capacidad de garantía. Las pólizas ofrecen diferentes opciones en función del presupuesto de la empresa, que van de 1 a 10 millones de euros. Dado que la suma pagada por la aseguradora al asegurado depende siempre del contexto y de las negociaciones, es muy importante recurrir a un corredor que pueda defender los intereses del cliente frente a la aseguradora. Este límite de cobertura se aplica a un cliente en función de su estado de ciberprotección, tras una auditoría previa.

Ejemplo de opciones posibles

	Opción 1	Opción 2	Opción 3	Opción 4
Bono	30 k€	100 k€	160 k€	430 k€
Garantía limitada	1 M€	3 M€	5 M€	10 M€
Franquicia	25 k€	35 k€	75 k€	200 k€

2. Contratos de asistencia

En el mundo de los ciberseguros, hay apoyo antes, durante y después de la crisis.

2.1 Las fases de la ayuda

2.1.1 Antes de la crisis

Durante los periodos normales de producción, una empresa que desee suscribir una póliza de ciberseguro tendrá que realizar una auditoría preliminar de cibermadurez. Esta auditoría consta de varios elementos:

- Una auditoría de la información realizada por una empresa especializada (distinta de la propia aseguradora), basada en las declaraciones: una serie de preguntas sobre la organización de la SSI, los elementos de protección existentes, etc.

- Un pentest (test de penetración) interno y externo para conocer el estado de vulnerabilidad del SI; lo realiza la misma empresa que la auditoría o uno de sus socios.
- Respuesta final al cliente que solicita el ciberseguro; en función del resultado, el cliente puede o no ser ciberseguro.

Observación

En tal caso, se hará una oferta de seguro al cliente.

2.1.2 Durante la crisis

Cuando se confirma la crisis y el cliente informa a su aseguradora o corredor de seguros asociado, se activa la asistencia para gestionar la emergencia. Un experto está de guardia las 24 horas del día, los 7 días de la semana, al comienzo de la crisis para llevar a cabo las operaciones iniciales. Presta asistencia jurídica y técnica.

En el caso de una empresa estructurada con experiencia en la gestión de crisis cibernéticas y que ya dispone de una base organizativa (unidad operativa, unidad de toma de decisiones, proveedores de servicios locales especializados, proceso de gestión de crisis formalizado, ejercicio de gestión de crisis, etc.), es importante informar previamente a la aseguradora, ya que ésta desempeñará un papel importante en la organización global de la crisis. Sin recurrir a la aseguradora, es seguro que no podrá obtener indemnización.

Observación

Es vital incluir a la aseguradora en el proceso de gestión de la crisis cibernética.

El recurso al ciberseguro pone en tela de juicio la gobernanza de la cibercrisis. En este caso, el cliente debe externalizar todo el proceso de gestión de la crisis.

2.1.3 Después de la crisis

Por lo general, se trata de una época más tranquila, ya que la producción vuelve a estar en marcha. Es entonces cuando llega el momento de indemnizar al asegurado en relación con la cobertura básica de la póliza (interrupción de la actividad, daños a la imagen, reclamaciones de terceros, costes de reparación, etc.). Un proveedor de servicios de intermediación (a menudo un corredor de seguros) desempeña un papel importante como parachoques negociador del cliente frente a la aseguradora.

2.2 Apoyo a la ciberauditoría

Generalmente, un contrato de tipo auditoría incluye una fase de auditoría de seguridad, una fase de diagnóstico de riesgos y una fase de plan de prevención de ciberataques.

2.2.1 Fase de auditoría

Se basa en los requisitos de la norma ISO 27001. Se revisan todos los aspectos del SSI, incluida la seguridad de las contraseñas, la presencia de un ISSM, el sistema de copias de seguridad, la política de continuidad de la actividad (presencia de sitios primarios y secundarios), la seguridad de los accesos nómadas, el plan de recuperación de la actividad, la presencia de un plan de gestión de crisis, etc.

La auditoría debe permitir:

- obtener una puntuación de ciberseguridad por tema principal de amenaza: ransomware, denegación de servicio, robo de datos, fraude financiero, etc;
- enumerar los puntos positivos y negativos importantes (por ejemplo, ausencia de una política de SI, ausencia de un ISSM, ausencia de un MFA para el nomadismo y, por tanto, alto riesgo de ransomware, alto nivel de madurez en la detección de incidentes, SGSI implantado desde hace más de un año, presencia de una sala secundaria, uso generalizado de un EDR, implantación de un SIEM, concienciación de los empleados, etc.);
- concluir sobre el nivel de madurez cibernética de la organización (fuerte, satisfactorio, necesita mejorar, débil).

2.2.2 Fase de evaluación de riesgos

No se trata de un verdadero análisis de riesgos, sino de un inventario de los riesgos que pesan sobre la organización: lista de procesos críticos, mapa de riesgos, recomendaciones y plan de acción.

El diagnóstico puede revelar vulnerabilidades críticas durante las exploraciones de vulnerabilidades (por ejemplo, n versiones obsoletas de Windows Server en producción, protocolos TLS/SSL obsoletos, configuración insegura de servidores web Apache, configuración demasiado permisiva del Active Directory, etc.).

Se proponen áreas de mejora:

- Uso generalizado de la AMF.
- Evolución de la política de contraseñas.
- Implantación de un sistema NAS con opción antiransomware.
- etc.

La cartografía del riesgo residual adopta la forma de una tabla (véase el método EBIOS):

	Nivel de control	Fuerte	Satisfactorio	Limitado	Bajo
Nivel de riesgo					
Consulte		ransomware (disponibilidad)			
Importante			Desglose (disponibilidad)	Robo de datos (confidencialidad)	
Limitado					
Insignificante					

Lo que es importante analizar se encuentra en las columnas "Limitado" y "Bajo" y en las filas "Importante" y "Crítico", es decir, donde el riesgo es mayor y el control de la seguridad es más débil.

El plan de acción enumerará las medidas correctoras para mitigar y eliminar los riesgos, por tema, por nivel de inversión (Capex, Opex, RRHH) y por plazo de aplicación. Crear un equipo dedicado a la ciberseguridad compuesto por un SOC interno puede llevar un mínimo de 1 año y hasta 3 años antes de contar con un verdadero grupo de trabajo. En cambio, adquirir un software centralizado de gestión de contraseñas puede implantarse en menos de seis meses.

2.2.3 Fase del plan de prevención de ciberataques

Se trata de preparar a la organización para una respuesta de gestión de crisis y presentar una metodología de respuesta. En función del grado de madurez de la organización, puede ser conveniente establecer el proceso de gobernanza de la cibercrisis, elaborar planes de seguridad de las aplicaciones, realizar ejercicios de simulación de crisis y elaborar el proceso de gestión de crisis con la ayuda de las partes interesadas (departamentos comerciales, clientes, usuarios, proveedores, alta dirección, etc.).

Por último, debe especificarse un perfil de riesgo cibernético, que servirá de base para el estudio de asegurabilidad:

Id	Controles	Estado (no conforme, parcial, conforme, no aplicable)	Recomendaciones
1			
2			
...			

Hay muchos controles esenciales que cumplir: filtrado de correo electrónico, seguridad web, autenticación fuerte, gestión de vulnerabilidades, gestión de accesos privilegiados, EDR, SIEM, copias de seguridad, gestión de crisis, concienciación del personal, gestión de proveedores, gestión de parches, gestión de registros, gestión de directorios, etc.

3. Ejemplo de ciberseguro

El elemento más importante del contrato de seguro cibernético es sin duda la cobertura ofrecida por la aseguradora, así como las posibles opciones. También debes comprobar que se incluye un glosario.

3.1 Glosario

Este glosario nos ayuda a ponernos de acuerdo sobre las definiciones de los eventos que activarán la cobertura cibernética.

- Sistema de información: se refiere a cualquier elemento utilizado para procesar información, como servidores, routers, bases de datos, software, la red, bahías de almacenamiento, datos, etc. El SI puede estar ubicado en las instalaciones o alojado (a menudo en parte), y puede ser operado en su totalidad por el tomador del seguro o por un proveedor de servicios (también en parte). Como el SI se ha convertido en híbrido, el tomador del seguro debe supervisar estrictamente sus contratos con los proveedores de servicios (contratos de alojamiento, contratos de mantenimiento de software y hardware, contratos de servicios, etc.). En efecto, la aseguradora se dirigirá en primer lugar a un prestador de servicios si el elemento origen del siniestro es de su competencia, por lo que el contrato celebrado entre el asegurado y su prestador de servicios se tomará como fehaciente, razón por la cual es más que recomendable subcontratar a un prestador de servicios certificado ISO 27001 e incluir cláusulas cibernéticas en cada contrato.
- Ataque malintencionado: se trata de un acontecimiento no autorizado en el SI del asegurado, como el acceso de un ciberatacante, una denegación de servicio (ataque masivo a los componentes del SI para paralizarlo) o la exfiltración de datos a estructuras piratas. También puede tratarse de un acto malintencionado de un empleado (en caso de conflicto, un administrador del sistema puede paralizar y bloquear el SI); es importante comprobar si la póliza cibernética cubre un siniestro de este tipo. En muchos casos, la aseguradora excluirá este tipo de reclamación, y el asegurado tendrá que recurrir a la cobertura de su póliza de responsabilidad civil de empresa.

- Suceso accidental: se trata de un suceso no malintencionado, y por tanto no deseado, que puede ocurrir en la vida de un SI. A menudo, existe un riesgo para la disponibilidad (un devops que pone en producción un parche que bloquea todo el sistema financiero durante 3 días, el tiempo que se tarda en volver a poner en funcionamiento el subsistema, o un DBA que restaura una copia de seguridad defectuosa), la integridad (un contable que realiza transferencias bancarias erróneas con consecuencias para la tesorería de la empresa), la confidencialidad (un profesional de la salud que publica en su blog resultados de exámenes de pacientes con datos personales), etc. En todos estos casos, las consecuencias pueden ser dramáticas para el buen funcionamiento de la empresa. El seguro cibernético puede cubrir este riesgo de forma opcional.

3.2 Garantías básicas

La siguiente lista no exhaustiva ofrece una visión general de las coberturas básicas que ofrece el ciberseguro; es decir, todas las coberturas financieras en caso de incidente cibernético:

- Consiguiente pérdida de márgenes brutos.
- Coste total de la reparación del SI (identificación del origen de la pérdida, costes de reconstrucción/restauración para que funcione, reconstitución de datos).
- Gastos de comunicación, notificación a las autoridades y asesoramiento jurídico.
- Gastos de asistencia jurídica.
- Gastos por sanciones económicas (incumplimiento de la normativa).
- Reembolso de los fondos pagados a un atacante antes de que sean descubiertos (como en el caso de la estafa del Presidente, por ejemplo).
- Gastos de defensa en caso de recurso por parte de un tercero (clientes, proveedores, pacientes, usuarios, etc.), en caso de reclamación por parte de estos últimos (por ejemplo, un usuario que no ha cobrado a tiempo los servicios que el asegurado debería haber pagado, un autor que sufre daños en su imagen, un proveedor que no cobra a tiempo, un cliente que sufre daños en su reputación).

Cabe señalar que existen coberturas de "ciberdaños" y de "ciberresponsabilidad civil".

4. Los actores

4.1 Corredores

Los corredores son empresas especializadas con un profundo conocimiento del ciberseguro y la ciberseguridad. Algunos están especializados en un campo de actividad concreto.

Hay muchos corredores en el mercado, entre ellos :

- Marsh (https://www.marsh.com/es/es/services/cyber-risk.html), capaz de operar en todo el mundo y en cualquier sector de actividad (organizaciones privadas/públicas).

  "*Con oficinas en más de 130 países, Marsh es líder mundial en correduría de seguros y consultoría de riesgos. Prestamos servicios de correduría, asesoramiento y siniestros centrados en el sector. Nuestras soluciones tecnológicas y herramientas de análisis y extracción de datos ayudan a nuestros clientes a reducir el coste total del riesgo.*"

- Cyber-Cover (https://www.cyber-cover.fr/) para seguros de ciberriesgos, RGPD y fraude

  "*Aseguradora experta en ciberriesgos para pymes y ETI de todos los tamaños, CYBERCOVER es una correduría independiente que trabaja únicamente con empresas líderes.*"

- Zenioo (https://www.zenioo.com/cyber-pro-zenioo/), un corredor mayorista especializado en seguros personales (salud, previsión y préstamos), que se ha asociado con la insurtech Stoik para ofrecer a sus clientes una oferta cibernética.

  "*Asegure sus VSEs/SMEs contra ciberataques.*"

- Major Courtage (https://www.majorcourtage.fr/courtier-cyber-assurance), que ofrece ciberseguros, herramientas de prevención integradas en la póliza y asistencia técnica 24 horas al día, 7 días a la semana.

  "Nuestro producto 2 en 1 consiste en un ciberseguro y un software de ciberseguridad para proteger a las VSE y las PYME contra los ciberataques."

El mercado se compone de muchos actores centrados en empresas muy pequeñas, pero muy pocos de ellos han contratado cobertura cibernética.

Otros corredores también están presentes en el mercado (Ageo assurances, Finaxy group, Verspieren, Filhet-Alhard, Roederer, etc.).

4.2 Centrales de compras

Las centrales de compras son muy útiles para las organizaciones público-privadas, ya que permiten evitar acudir a la contratación pública para necesidades que se consideran estándar u off-the-shelf. En otros casos mucho más específicos, como la compra de un paquete informático de gestión de la acción social para un departamento, la compra de una plataforma de Expediente Electrónico del Paciente para un hospital universitario, la compra de un plan de recuperación empresarial para un ministerio, etc., se recomienda encarecidamente recurrir a un contrato público, para que el poder adjudicador tenga pleno control sobre el tema y sus propias necesidades.

Existen varias centrales de compras, entre ellas la polivalente UGAP (Union des groupements d'achats publics), abierta a todos los organismos públicos, la CAIH (Centrale d'achat de l'informatique hospitalière), abierta al sector sanitario y a las entidades locales, así como la UniHA (Union des hôpitaux pour les achats, Unión de los hostpitales para las adquisiciones) y la RESAH (Réseau des acheteurs hospitaliers, Red de compradores hospitalarios) para el sector sanitario y las entidades locales. También se puede acceder a otras centrales de compras regionales de ámbito territorial, como Cap'Oise, la Central de Compras Metropolitana de Lille, o dedicadas al sector privado (Helpevia, etc.).

Hay que decir que muy pocas centrales de compras ofrecen ciberseguros. Entre las pocas ofertas de ciberseguros realizadas por centrales de compras, cabe destacar UniHA (https://www.uniha.org/marche/m_2409/), con un contrato que data de 2022 para un servicio de apoyo y seguro que cubre el ciberriesgo. Este contrato se extiende hasta diciembre de 2025 e incluye los siguientes lotes:

- Lote 1: contrato de seguro que cubre el riesgo cibernético de los establecimientos sanitarios pertenecientes a la UniHA (CHU, CH, EPSM, CLCC, etc.). El tomador del seguro es el consorcio Sham / Advens.
- Lote 2: contrato de seguro que cubre el riesgo cibernético de otros establecimientos miembros de la UniHA por sus actividades relacionadas con el tratamiento de datos de investigación médica y datos sanitarios (estructuras de cooperación hospitalaria, estructuras que operan en el ámbito médico, universidades con laboratorios de investigación) y también autoridades locales. El titular es el consorcio Marsh / Beazley.

Los servicios previstos son los siguientes:

- Diagnóstico y análisis del riesgo de ciberseguridad.
- Prevención: establecer un plan de prevención en caso de ataque.
- Contrato de seguro dedicado al riesgo de ciberseguridad (vinculado a los daños causados por el ataque a los activos de la institución, pero también a las pérdidas de explotación y a los daños causados a terceros).
- Organización y apoyo a la gestión de crisis (durante el atentado).

En el caso del paquete 2, el corredor Marsh propone llevar a cabo una auditoría de madurez cibernética (con un coste medio de 6 millones de euros) y sólo entonces, si la organización es cibersegurable, una póliza de ciberseguro a través de la aseguradora Beazley.

4.3 Las aseguradoras

A continuación figura una lista no exhaustiva de aseguradoras de distintos tamaños y enfoques cuyas ofertas conviene estudiar antes de contratar un seguro.

- Beazley (https://www.beazley.com/es-ES) es una aseguradora global, fundada en 1986, con numerosas oficinas en todo el mundo. Ofrece ciberseguros para todo tipo de empresas. Es el socio ideal para Marsch.
- Sham (Grupo Relyens) (https://www.relyens.eu/es/), especializada en el sector sanitario. "*Su establecimiento alberga datos confidenciales y una gran cantidad de equipos médicos conectados. Esto lo convierte en un objetivo prioritario para los ciberdelincuentes*".
- Stoik (https://www.stoik.com/es-es), una start-up insurtech que ofrece ciberseguros directamente a sus clientes y presta sus servicios a través de una amplia red de corredores. En abril de 2022, Stoik se asoció con Free Pro para ofrecer seguros a todos los clientes del operador. Estos clientes (principalmente empresas muy pequeñas) tendrán esta opción de seguro en su contrato. Stoik también se ha asociado con Oxibox, especialista en copias de seguridad.

4.4 Aseguradoras de aseguradoras

- SCOR Global P&C (https://www.scor.com/en)

  "*Como reasegurador líder mundial, SCOR ofrece a sus clientes una gama innovadora y diversificada de soluciones y servicios de reaseguro y seguro para el control y la gestión del riesgo.*"

5. Conclusión y perspectivas

El ciberseguro es recomendable, pero no obligatorio. Ante la digitalización total e irreversible de nuestro mundo, tenemos que afrontar los hechos: **protegernos y asegurarnos**.

No todas las organizaciones tienen el mismo nivel de madurez en materia de ciberseguridad y, por tanto, de ciberseguro: Las grandes empresas ya se han lanzado a la carrera del ciberseguro ante el riesgo financiero de pérdida de volumen de negocio y, por tanto, de márgenes; las pequeñas y medianas empresas empiezan a estructurarse para hacer frente al ciberriesgo, pero aún no han dado el paso de asegurarse; las organizaciones públicas, que no tienen volumen de negocio en juego, siguen siendo reacias a contratar seguros; y los particulares son completamente ignorados, bien por falta de concienciación, bien por la ausencia de ofertas atractivas.

El legislador hará probablemente obligatorio el ciberseguro en el mundo profesional (y en particular para las organizaciones sujetas a la NIS/2) y después para los particulares, como ocurre en los sectores de la vivienda o el automóvil. Para las empresas, este seguro podría ser obligatorio en 2030, antes de la puesta en producción de cualquier sistema de información destinado a terceros. Europa tiene un importante papel que desempeñar en este ámbito, con vistas a armonizar una futura "**licencia digital**".

Capítulo 13
Security Operations Center

1. Introducción

El objetivo de este capítulo es presentar paso a paso el tema del Centro de *Operaciones de Seguridad* (SOC): origen del problema, necesidad de herramientas potentes de cibervigilancia, explicación detallada del contenido del SOC ideal en tres dimensiones (proceso - humano - tecnología), panorámica de las soluciones existentes en el mercado, estudio de la oportunidad de crear un SOC de código abierto, rentabilidad de la inversión, especificación de un SOC empresarial, presentación de casos de uso. Por último, al final del capítulo se detallará un proyecto para crear un portal que presente un cibercuadro de mando.

2. Origen del problema

La transición digital de todos los sectores empresariales es como una moneda: tiene dos caras.

- Lado Cara, es un facilitador, que simplifica la vida de los profesionales, ayuda a mejorar los procesos empresariales y, en definitiva, hace más eficientes los sectores empresariales.
- Lado Cruz, es fuente de inquietud porque genera nuevos riesgos vinculados a la dependencia de las tecnologías y herramientas, al uso generalizado de la nube y a la interconexión de los sistemas de información.

Las dos caras de la transición digital

El aumento del número de sistemas conectados, es decir, dotados de una dirección IP (privada o pública), multiplica la exposición en las redes de comunicación.

En una red local (una LAN privada por definición), los objetos conectados (PC, conmutadores, terminales Wi-Fi, cortafuegos, autocomunicadores IP, servidores informáticos, escáneres médicos y cualquier otro dispositivo conectado) son fuentes de "ganancia" y codicia potencial para los atacantes externos o internos.

Internet es la menos segura de todas las redes, ya que reúne al público en general, profesionales, ciberdelincuentes, organismos gubernamentales, hospitales, y cualquier objeto conectado puede ser atacado por definición mediante un simple escaneo de IP, rango de IP, nombres de dominio o direcciones de sitios web.

El contexto global de los ciberataques es, por tanto, el principal factor a tener en cuenta en todas las consideraciones sobre ciberseguridad.

3. Herramientas necesarias

La multiplicidad y el carácter dinámico de los ataques, las amenazas, las vulnerabilidades y los riesgos hacen imposible que una sola persona u organización pueda controlarlo y vigilarlo todo y, por tanto, preverlo todo antes de que ocurra lo peor.

Por lo tanto, es esencial disponer de un arsenal de herramientas eficaces, profesionales, robustas y baratas para proporcionar la ayuda más automatizada posible en términos de prevención, detección y remediación.

4. Contenido del SOC ideal

El SOC tiene tres componentes fundamentales:

- Organización: con sus propias políticas, procesos, procedimientos e instrucciones de funcionamiento.
- Equipo: con un equipo totalmente dedicado a las tareas de supervisión, respuesta a incidentes, análisis diversos (post-mortem, vulnerabilidades 0-day*, etc.), pruebas de penetración, escaneos de vulnerabilidades, configuración y mantenimiento en condiciones operativas del software que conforma la plataforma técnica, etc.
- Técnico: con componentes de software como SIEM (*Security Information Event Manager*).

El objetivo del SOC es actuar en cuatro áreas principales: prevención, detección, reparación y cumplimiento.

Observación

** Vulnerabilidad 0-day: se trata de una vulnerabilidad informática que aún no ha sido remediada (antivirus, parche, etc.). En otras palabras, se trata del peor escenario posible, ya que no existe -a priori- ninguna protección.*

4.1 Componente organizativo

Para funcionar correctamente (idealmente en una organización que cumpla la norma ISO 27001), es esencial escribir lo que se hace y hacer lo que se escribe. Esto significa establecer diversos documentos (políticas, procesos, procedimientos, instrucciones) dentro de un sistema de gestión de documentos al que pueda acceder todo el equipo que compone el SOC, en particular..:

- Documento de arquitectura técnica (DAT) que describa la solución técnica utilizada; por ejemplo, el software de gestión de logs se definirá desde un punto de vista técnico (diagrama de arquitectura, direcciones IP, lista de máquinas virtuales, potencia de las máquinas virtuales, componentes funcionales, relación con otros elementos de SI como la gestión de tickets, rotación de logs, elementos de copia de seguridad y archivo, reglas de cortafuegos para asegurar el sistema de logs, definición de logs registrados, lista de personas con acceso a la plataforma, etc.). La DAT es un elemento valioso para todo el equipo y debe mejorarse constantemente.

Ejemplo de sección DAT

```
0 Contexto del proyecto
1. Tipo de servicio y contexto empresarial
- Existencias, limitaciones
- Alcance
- Usuarios / Clientes
- Contactos
2. Arquitectura general Arquitectura general
3. Arquitectura detallada
- Esquema técnico
- Lista de servidores
--Producción
--Preproducción
4. Seguridad
- Flujos de red y cortafuegos
5.Gestión de accesos
- Acceso de administrador
- Acceso de aplicación
- Acceso de superusuario
6. Calidad del servicio
- Disponibilidad
--Nivel de servicio
```

```
--Nivel de servicio garantizado
--Nivel de mantenimiento recomendado
--Nivel de procesamiento
7. Copia de seguridad
8. Supervisión
```

- Procedimiento de gestión de los incidentes de seguridad, en función del tipo de ataque. Por ejemplo, todo debe estar claramente escrito: ¿qué se debe hacer si se detecta malware? Phishing, robo de datos, cifrado vinculado a ransomware, intrusión, filtrado web, DDoS, seguridad deficiente de las reglas del cortafuegos, etc. Evidentemente, toda esta base documental se irá construyendo con el tiempo, en función del tipo de problemas encontrados, la experiencia de los equipos SOC, el nivel de madurez y los elementos de protección implantados.
- Procedimiento de gestión de problemas.
- Lista de descripciones.
- Procedimiento para explotar los registros de Linux.
- Procedimiento para procesar los registros de Windows.
- Procedimiento de gestión de crisis de clientes.
- Política de garantía de calidad (QAP).
- Procedimiento de comunicación en caso de incidencias de los clientes.
- Procedimientos operativos.
- Y así sucesivamente.

4.2 Componente humano

Desde el punto de vista de los recursos humanos, un SOC se compone de varios perfiles con funciones específicas:

- SOC Manager: es realmente el jefe de la unidad SOC, que garantiza que los servicios prestados y los niveles de servicio asociados (SLA) funcionan. Para ello se requieren competencias tanto técnicas como de gestión. También gestiona las escaladas de su equipo y dirige la actividad de acuerdo con los requisitos previos definidos por la empresa y/o los clientes.

- Analistas del SOC (niveles 1 y 2): son las funciones esenciales del SOC, es decir, analizar y procesar las alertas, vigilar la ciberseguridad en colaboración con CERT (*equipos de respuesta a emergencias informáticas*) públicos o privados, generalistas o específicos de las empresas, utilizar las herramientas del SOC (SIEM, SOAR, gestión de EDR, UEBA, ticketing de terceros) y gestionar los incidentes de seguridad.
- Técnico(s) del SOC: responsable(s) de la instalación y el mantenimiento de la plataforma del SOC (gestión del cortafuegos, exposición del producto a Internet, actualización de las funciones del software del SOC, enlace con el equipo de sistemas y redes, etc.).
- Ingeniero(s) de ciberseguridad (nivel 3): se trata de una persona con sólidos conocimientos técnicos que se encarga de la arquitectura, el mantenimiento de la base técnica del SOC y las investigaciones avanzadas. Apoyan a los equipos de analistas del SOC.

Equipos de color

Los equipos están codificados por colores en el entorno de la ciberseguridad de la siguiente manera:

- Equipo Rojo: este equipo es responsable de los pentests en modo *hacking ético*. El equipo Rojo también actúa en el ámbito de la intrusión física ("me hago pasar por repartidor, hago una tarjeta de identificación falsa, la enseño en recepción, consigo entrar en la empresa y hago fotos de diagramas en la sala de reuniones"). Este tipo de intrusión la encarga la alta dirección para conocer el estado de la seguridad en términos de intrusión física, un caso que a menudo se olvida. Del mismo modo, todo el campo de la ingeniería social también es competencia de este equipo.

Observación

Ingeniería social: técnica de manipulación psicológica utilizada por los ciberatacantes para divulgar datos confidenciales valiosos (por ejemplo, phishing para obtener un número de tarjeta de crédito o una contraseña, estafa al Presidente para realizar una transferencia bancaria).

- Equipo azul: es el equipo de defensa, encargado de reaccionar ante los ataques del equipo rojo y de detectar cualquier nueva amenaza. Su objetivo es la resiliencia y un alto nivel de proactividad. Un equipo Azul que no detecta un ataque del equipo Rojo debe analizar inmediatamente las causas y tomar medidas correctivas.
- Equipo púrpura: se trata de un nuevo equipo en la escena cibernética que actúa como interfaz entre el equipo rojo y el equipo azul, actuando como mediador o facilitador para lograr los objetivos de asegurar la empresa o los clientes bajo SOC.

Otros equipos se despliegan principalmente en el marco de ejercicios cibernéticos:

- Equipo blanco: es el equipo encargado de supervisar la ejecución de los ciberejercicios.
- Equipo amarillo: es el equipo de usuarios que está detrás de las vulnerabilidades (por ejemplo, un equipo de desarrolladores, técnicos de sistemas o usuarios de correo electrónico que no tienen cuidado con los enlaces maliciosos en los que pueden hacer clic).

4.3 Componente técnico

4.3.1 Antivirus clásico

El software antivirus es, con diferencia, la solución más extendida en el panorama de la protección informática, tanto para profesionales como para particulares. El software antivirus, aunque sigue siendo esencial, ya no está adaptado a las amenazas actuales porque funciona únicamente sobre la base de firmas conocidas. En otras palabras, un virus cuyo ADN no se conoce en la base de datos de firmas del antivirus puede atravesar el sistema de información y llevar a cabo su acción maliciosa.

Otro gran problema del software antivirus es el tiempo que transcurre entre las actualizaciones de la base de datos de firmas: ¿cómo protegerse de un nuevo virus entre dos actualizaciones?

4.3.2 EPP (Endpoint Protection Platform)

EPP es un software que proporciona protección avanzada para los puntos finales. Funciona de forma similar a las soluciones antivirus tradicionales, añadiendo funciones inteligentes de prevención de amenazas como:

- análisis del comportamiento;
- monitorización de la memoria;
- análisis de indicadores de compromiso. como direcciones IP rusas, URL de servidores de mando y control, tráfico saliente inusual, fallos de autenticación significativos, etc.;
- protección contra programas maliciosos (phishing, criptominería, ransomware);
- funciones de cortafuegos en el puesto de trabajo...

Hay tres características principales que distinguen al EPP de un simple antivirus, a saber :

- El aprendizaje automático, que permite a la plataforma EPP encontrar correlaciones entre el comportamiento de los terminales, gracias a las cantidades de datos retroalimentados y analizados de forma centralizada.
- Inteligencia sobre amenazas, que utiliza datos sobre amenazas conocidas para bloquear el código malicioso.
- Sandboxing, que permite aislar los archivos sospechosos en un sandbox para poder controlarlos mejor y hacer frente al malware potencial, sin ningún riesgo para el sistema de producción en buen estado. Esta función permite hacer frente a las amenazas de día cero.

Algunas soluciones EPP ofrecen funciones adicionales como acceso VPN IPsec y SSL, SSO (*Single Sign Out*), supervisión del cumplimiento, escaneado de vulnerabilidades, protección contra exploits, etc.

Observación

Terminal EPP funciona con un sistema de gestión centralizado alojado en un MSSP o en el propio proveedor de la solución (Cloud Editor).

Observación

Un EPP es un buen sustituto de una solución antivirus convencional, a un coste más que razonable (unos 15 euros al año por terminal, sin descontar).

Las soluciones EPP comerciales más comunes son F-Secure Business Suite (F-Secure), FortiClient (Fortinet), Symantec Endpoint Protection (Symantec), ESET, Carbon Black, Cisco, Cylance, Microsoft Defender Advanced Threat Protection (Microsoft), SentinelOne, ESET Endpoint Protection Advanced (ESET). Esta lista no es exhaustiva.

Figure 1: Magic Quadrant for Endpoint Protection Platforms

EPP Cuadrantes Mágicos de Gartner 2022

Observación

Curiosamente, en el mercado mundial hay muy pocas soluciones de EPP de código abierto.

4.3.3 EDR (Endpoint Detection and Response)

EDR, que apareció en 2013, se presenta como el antivirus de nueva generación.

El software antivirus convencional sólo actúa si el elemento atacante es conocido por la base de datos de firmas del antivirus. Esta técnica no puede proteger un sistema de información en caso de virus desconocido, de ahí su potencial vulnerabilidad.

Por lo tanto, es necesario disponer de un sistema de protección inteligente que detecte las amenazas y, en particular, las actividades sospechosas.

Por ejemplo, si el malware de un archivo adjunto se ejecuta en un PC, intenta conectarse al Active Directory tratando de elevar privilegios. Esta fase es sospechosa y se traslada inmediatamente a la consola central de gestión EDR, donde se puede emitir una alerta a los equipos de ciberseguridad.

En algunos casos, es posible automatizar la activación de acciones específicas, como desconectar la estación de trabajo de la red, modificar una regla del cortafuegos, etc.

Observación

Las acciones correctoras deben ser llevadas a cabo preferiblemente por humanos para evitar acciones automáticas en respuesta a una amenaza no probada.

El EDR es la solución que se instala en estaciones de trabajo, servidores y dispositivos móviles.

Cuando el EDR se combina con un motor de inteligencia artificial, resulta aún más valioso para detectar y bloquear amenazas como virus desconocidos, malware, ataques de día cero, etc.

Aunque los EDR están diseñados para instalarse en los dispositivos de los usuarios finales (que son las principales fuentes de vulnerabilidades y el vector preferido para los ataques de phishing), también pueden instalarse en los servidores, sobre todo en los más críticos, que manejan datos sensibles.

Las principales soluciones EDR propietarias son F-Secure (RDR para *Rapid Detection Response*), Sophos, SentinelOne, Kaspersky, ESET, FireEye, FortiEDR (Fortinet integró la solución enSilo EDR en octubre de 2019).

En el mundo del código abierto empiezan a surgir soluciones cada vez más sólidas, como OpenEDR (Comodo), OSSEC y Wazuh (este software se detalla en el Apéndice 2 - La plataforma HIPS/SIEM de Wazuh).

Observación

Aunque es una empresa reciente (2016), la estadounidense SentinelOne fue la primera en integrar las funciones de EPP y EDR en un único producto de software, anunciando el fin de los productos antivirus tradicionales. El principal inconveniente de esta solución para las empresas usuarias finales es el coste de mantenimiento de la solución y la necesidad casi inevitable de recurrir a los servicios de un MSSP.

EDR y IOT

El mundo de los objetos conectados (cámaras, sensores de entrada, tensiómetros, marcapasos, etc.) está creciendo rápidamente (más de 125 000 millones previstos para 2030 según el estudio de IHS Markit de octubre de 2017) y, al mismo tiempo, estos objetos son vulnerables (falta de robustez física, ataques de botnet, ataques DDoS, toma de control remota, falta de seguridad del sistema operativo, registro y contraseñas básicas como 123456 o qwerty o admin, etc.). Por lo tanto, estos objetos deben protegerse de la misma manera que las estaciones de trabajo, pero a menudo es imposible instalar un agente EDR en ellos porque sus sistemas operativos están cerrados o simplemente no hay suficiente espacio en disco. Aquí es donde pueden introducirse mecanismos más sutiles, incluido el uso de agentes EDR existentes para escanear objetos conectados y capturar el tráfico generado. A continuación, este tráfico se almacena y analiza en un punto de gestión central (es el caso, por ejemplo, de la solución Ranger de SentinelOne, que se lanzará al mercado en marzo de 2019). Esto permite mapear todos los objetos conectados vulnerables dentro de una consola de gestión, supervisar comportamientos sospechosos y tomar medidas correctivas lo antes posible.

Observación

Fuente SentinelOne: https://www.sentinelone.com/press/sentinelone-first-take-endpoint-security-iot-discovery-enforcement/

NDR (Network Detection Response)

La NDR es la cibernoticia de 2023 y es probable que sea una importante fuente de ingresos para los editores de software cibernético en los próximos cinco años. NDR permite "gestionar" las amenazas en la red antes de que se produzcan. Es el complemento esencial de EDR y SIEM para completar el contenido de un SOC.

Obviamente, los registros NDR tendrán que retroalimentarse al SIEM.

Los NDR pueden instalarse como agentes en los servidores o como máquinas virtuales o dispositivos instalados cuidadosamente en la red.

Ya hay varias soluciones NDR en el mercado, como Vectra (EE.UU.) y Nano Corp (una start-up francesa):

- Vectra: https://www.vectra.ai/products/ndr
- Nanco Corp: https://nanocorp.fr/

Los NDR pueden utilizarse para detectar señales débiles de ataques a la red, pero también tienen dos funciones interesantes:

- Utilización como prueba de ataque en casos forenses y judiciales.
- Ejecutar rutinas para realizar cambios de seguridad (bloquear una regla demasiado permisiva en el cortafuegos, detener un protocolo sospechoso en un servidor, etc.).

Observación

Sería interesante que los operadores de telecomunicaciones y los proveedores de servicios de Internet ofrecieran paquetes NDRaaS a sus clientes y/o implantaran soluciones NDR sólidas en el corazón de sus infraestructuras de red.

4.3.4 SIEM (Security Information and Event Management)

Preámbulo

Un SIEM es ante todo una herramienta de correlación de registros de todo tipo: registros del sistema, de las aplicaciones, de la red, etc. Puede utilizarse para supervisar la seguridad global de un sistema de información mediante paneles de eventos.

Cómo funciona

Un SIEM combina las funciones de (*System Information Management*) y SEM (*System Event Management*): en otras palabras, utiliza la gestión de la información de seguridad y la gestión de eventos de seguridad.

- La SIM contiene un área central de almacenamiento de información de seguridad: registros de servidores Linux, registros de eventos de Windows (seguridad, aplicación, sistema), registros de cortafuegos, registros de routers, etc.

  Ejemplos de información de seguridad: registro/desregistro, cambio de perfil, una llave USB conectada el domingo a las 14:00, acceso a un sitio web, actualización del sistema operativo, acceso de un proveedor de servicios, etc.
- El SEM supervisa la información de seguridad en tiempo real, emite alertas y correlaciona los eventos. Proporciona análisis visuales en forma de cuadros de mando.

  Ejemplo de correlación de eventos de seguridad: un usuario se conecta a un sitio remoto un domingo a pesar de que el sitio está cerrado los domingos. Este suceso debe interpretarse seriamente y puede constituir una sospecha probada.

SIEM puede extraer información de los registros y proporcionar valiosa información de diagnóstico. Hace legibles registros que son incomprensibles para el ojo humano, especialmente si los registros están aislados.

El círculo virtuoso de SIEM

Observación

Syslog es el sistema de gestión de logs más conocido en el mundo Linux; primero hay que configurar los logs en los distintos servicios (SMTP, IMAP, HTTP, MySQL, etc.).

El SIEM genera un ahorro de tiempo considerable, ya que los analistas de seguridad ya no necesitan conectarse a cada sistema que proporciona registros, sino únicamente a la consola de gestión centralizada. También permite gestionar los requisitos de gobernanza y conformidad (mediante cuadros de mando).

Los SIEM generan todo tipo de eventos de forma masiva y continua, y luego los almacenan. Los editores de software especializado necesitan, por tanto, una métrica universal para poder comercializar una oferta clara. En muchos casos, el modelo de precios de SIEM se basa en un indicador denominado EPS (*Event per Second*).

Observación

Los relojes del sistema de cada equipo deben estar sincronizados, de lo contrario no será posible una correlación fiable de los registros.

Enlace con el SOC

Un SOC, que no puede funcionar sin una buena herramienta de correlación de logs, debe disponer de un conjunto de reglas basadas en la información disponible; así, una regla puede asociarse a un evento.

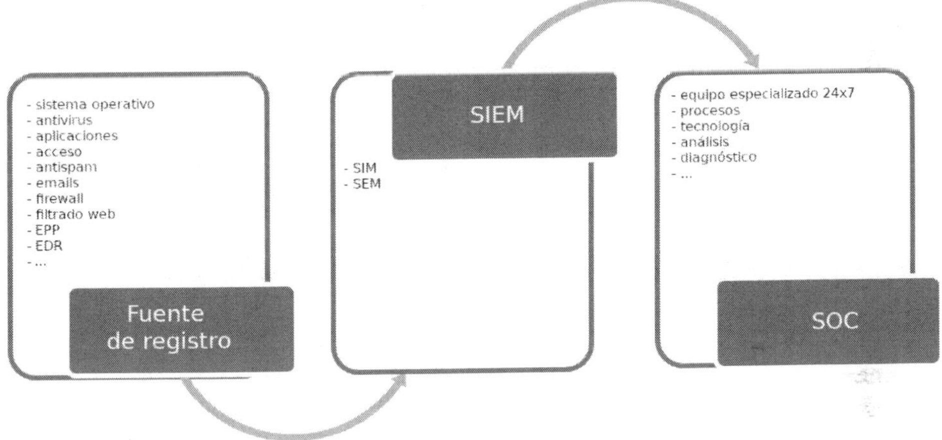

Relación SIEM/SOC

Principales soluciones

Entre las soluciones comerciales figuran las del cuadrante mágico de Gartner, como LogPoint, IBM QRadar y Splunk. La solución FortiSIEM de Fortinet (https://www.fortinet.com/uk/products/siem/fortisiem) tiene la ventaja de estar perfectamente integrada con los dispositivos de cortafuegos FortiGate. Parece una buena idea elegir un SIEM que se integre con los activos integrados en las instalaciones del cliente.

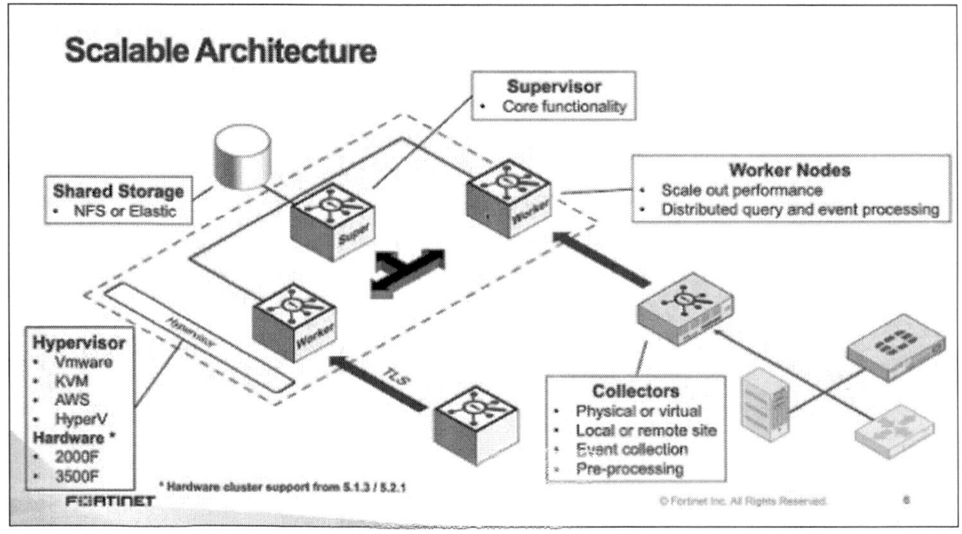

Diagrama de arquitectura de FortiSIEM

Desde la perspectiva del código abierto, cabe mencionar la famosa suite ELK (*Elasticsearch, Logstash and Kibana*), así como Graylog, que se basa en Elasticsearch.

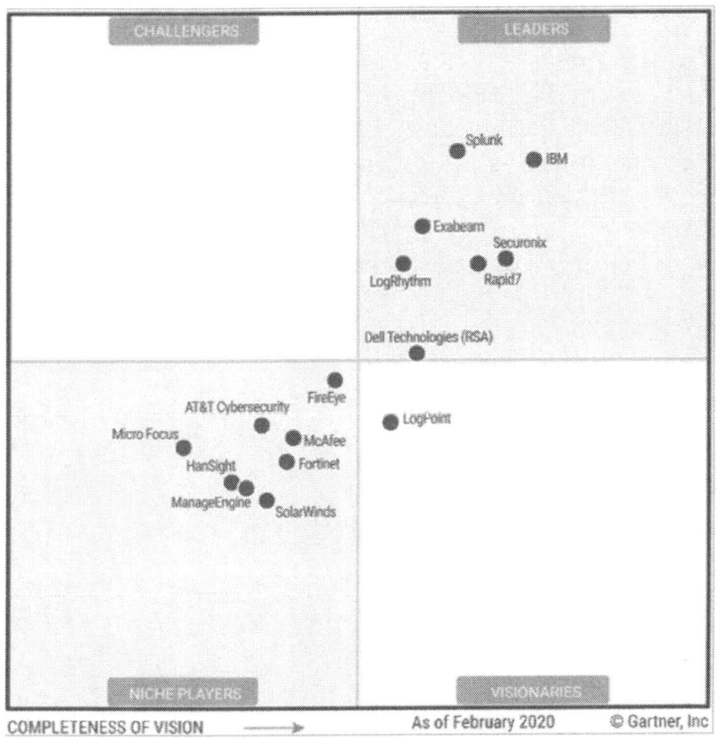

Cuadrante mágico 2020 de Gartner para SIEM

4.3.5 SOAR (Security Orchestration, Automation and Response)

Para completar la panoplia tecnológica, hay que añadir SOAR, que es una herramienta relativamente reciente (2018) que permite automatizar ciertas tareas de ciberseguridad (por ejemplo, crear automáticamente un incidente en una base de datos de tickets y asignar tickets a los analistas del SOC), orquestar el buen funcionamiento de las distintas soluciones de ciberseguridad (como el SIEM, el antispam, el cortafuegos, etc.), gestionar la remediación de amenazas y vulnerabilidades mediante funcionalidades de flujo de trabajo, mejorar la gestión de las alertas de seguridad con triaje automático y reducir los falsos positivos.), la gestión de la corrección de amenazas y vulnerabilidades mediante funcionalidades de flujo de trabajo, la mejora de la gestión de alertas de seguridad con triaje automático y la reducción de falsos positivos.

Las plataformas de SOAR ofrecen funciones que ahorran tiempo en las operaciones de seguridad:

- capacidad de detección de amenazas y vulnerabilidades;
- capacidad de triaje de incidentes de seguridad;
- capacidad de respuesta a incidentes de seguridad;
- capacidad para gestionar las prioridades.

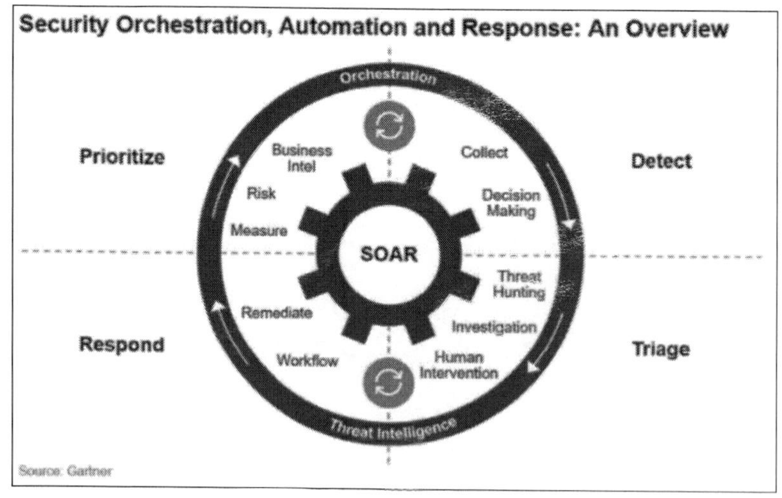

Resumen de las funciones de SOAR

Ejemplo de uso: gestión del spam

A diario, el spam contamina innecesariamente los buzones de correo. Algunas organizaciones han creado un buzón del tipo spam-abuse@midominio.es para que los empleados puedan denunciar el spam, pero sigue siendo necesario ocuparse del contenido de este buzón.

El concepto SOAR permite gestionar el volumen de datos recibidos y evitar la necesidad de procesarlos manualmente:

- Lee el contenido del BAL spam-abuse@midominio.es.
- Analiza el contenido del spam (archivos adjuntos, URL, contenido).
- Decide poner el dominio en la lista negra.
- Modifica el sistema anti-spam.
- Y así sucesivamente.

SOAR permite automatizar tareas manuales, realizar clasificaciones automáticas, añadir información contextual, consultar una base de datos documentada de amenazas/vulnerabilidades/inteligencia y buscar información comprometedora (IOC) mediante la definición de un flujo de trabajo de procesamiento. Estos flujos de trabajo pueden basarse en modelos de procesamiento predefinidos conocidos como playbooks.

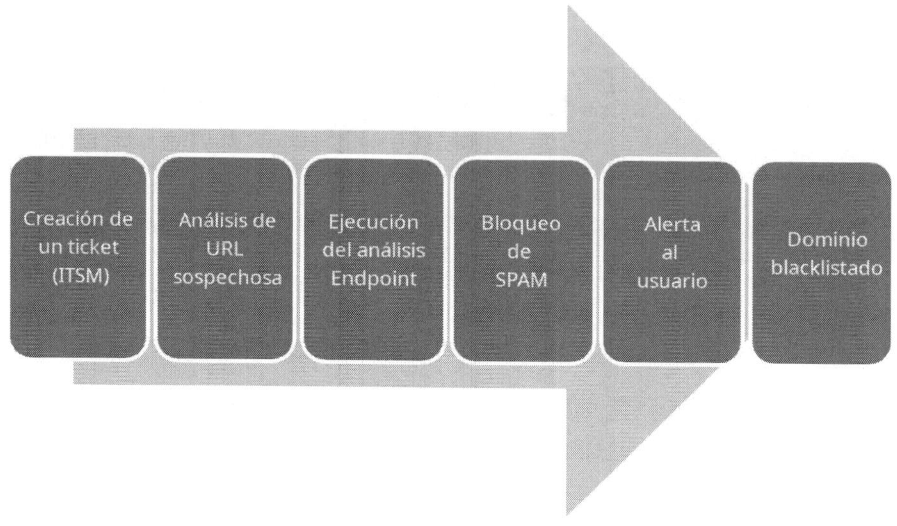

Ejemplo de flujo de trabajo SOAR

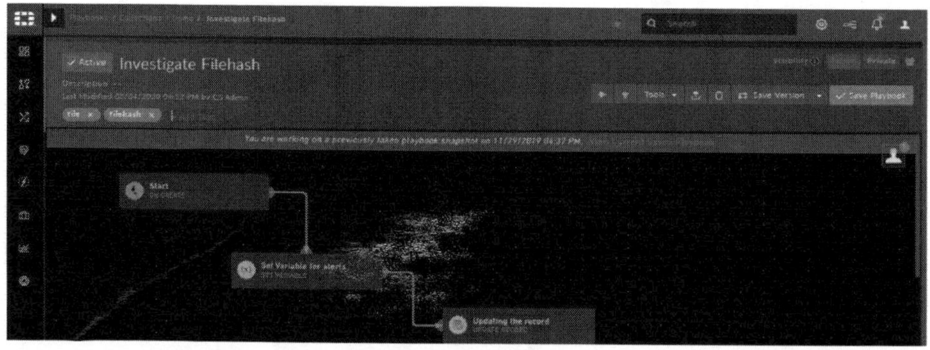

Creación BPMN de playbooks en FortiSOAR

Otros casos típicos de uso de los SOAR incluyen el análisis de correos electrónicos de phishing, la gestión de alertas del SIEM y la creación/cierre automático de tickets de incidentes de seguridad.

Soluciones informáticas en el mercado

Entre las soluciones más destacadas se encuentran FortiSOAR (Fortinet), Resilient Systems (IBM), FireEye, Microsoft (Sentinel), Phantom Cyber (Splunk), Exabeam, SIRP, RespondX (LogRhythm), Insight Connect (Rapid 7) y Palo Alto XSOAR.

Observación

Un SOAR requiere madurez en los equipos SOC, que primero deben dominar el uso del SIEM y documentar los procesos de respuesta a incidentes. Los flujos de trabajo deben "jugarse" manualmente antes de intentar una implementación de software.

4.3.6 UEBA (User and Entity Behavior Analytics)

UEBA (*User and Entity Behavior Analytics*) es un componente de gran interés en la panoplia tecnológica y organizativa del SOC.

La capa UEBA permite vigilar los comportamientos sospechosos gracias al autoaprendizaje de la inteligencia artificial (*machine learning*); tiene en cuenta el comportamiento del usuario y el de entidades como endpoints, servidores, amenazas, etc.

La idea es reducir drásticamente los falsos positivos que surgen de los análisis de las gigantescas cantidades de datos, procedentes de múltiples fuentes, que se vierten en el SIEM.

De este modo, UEBA podrá detectar actividades anómalas como, por ejemplo, un contable (identificado por su cuenta de Active Directory) que intenta acceder a un recurso compartido del sistema de archivos a las 7 de la mañana, desde un acceso VPN. En otras palabras, el contable siempre se conecta al SI después de las 8.45 de la mañana y siempre accede al recurso compartido desde la red local de la empresa y siempre desde su PC fijo identificado por una dirección IP fija.

El análisis del comportamiento de un usuario puede llegar muy lejos, por ejemplo analizando las pulsaciones que hace en el teclado de su ordenador. Una base de datos almacenará un indicador de la velocidad de tecleo del usuario. En caso de actividad sospechosa, como el acceso a datos sensibles, será posible comprobar que el indicador de pulsaciones es coherente con el indicado en la tabla. Cualquier desviación demasiado grande revelará probablemente un problema que debe ser analizado, ya sea por un analista SOC o por la automatización SIEM/SOAR.

Entre las soluciones UEBA más destacadas se encuentran LogPoint SIEM 6.5 y UEBA 2.0, FortiInsight junto con FortiSIEM (Fortinet), LogRhythm Enterprise UEBA, Splunk UBA, Cloud App Security (Microsoft), Exabeam Advanced Analytics y Datalert (Varonis). A menudo complementan el software SIEM.

En cuanto al código abierto, una solución como OpenUBA (www.openuba.org) es un buen punto de partida para implementar un módulo UEBA. La solución hace uso de muchos otros módulos, como ELK, Apache Spark (procesamiento de big data), Keras (biblioteca para interactuar con algoritmos de IA), gp-learn (aprendizaje automático), etc.

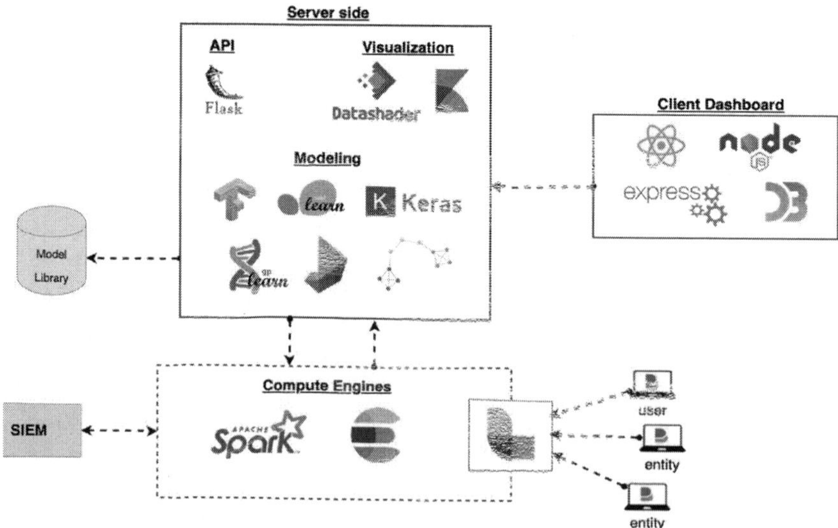

Esquema de OpenUBA

4.3.7 Información sobre amenazas

La inteligencia sobre amenazas es una disciplina de ciberseguridad que va más allá de la postura de protección, ya que ayuda a comprender cómo funcionan las ciberamenazas, a obtener información sobre los ciberatacantes, a descubrir estrategias de ataque y a identificar problemas. Es el complemento ideal y esencial de las herramientas básicas del SOC descritas anteriormente.

Por supuesto, la inteligencia sobre amenazas proporciona datos –más datos– denominados "*feeds CTI*" para designar los flujos de tipo *Cybersecurity Threat Intelligence*, que las herramientas SOC (SIEM/SOAR) analizarán para enriquecer el análisis de la información de seguridad.

Existen muchas fuentes de información que pueden utilizarse para buscar y recopilar información sobre amenazas a partir de productos OSINT (*Open-Source Intelligence*). La lista que figura a continuación no es exhaustiva:

- MISP (https://www.misp-project.org/): plataforma que se instala en un SI y que le permite gestionar su propia CTI, incluida la puesta en común de indicadores de compromiso.
- MALTEGO (https://www.maltego.com/): especializada en el descubrimiento de relaciones entre personas, empresas y organizaciones.
- Shodan (https://www.shodan.io/): motor de búsqueda para el IoT
- SpiderFoot (https://www.spiderfoot.net/): útil para controlar la información de la empresa expuesta en Internet.
- MITRE ATT&CK (https://attack.mitre.org/): base de datos abierta que contiene información sobre las tácticas y técnicas de los atacantes:
  - 14 Tácticas: Reconocimiento, Desarrollo de recursos, Acceso inicial, Ejecución, Persistencia, Elevación de privilegios, Evasión de defensas, Acceso a identificadores, Descubrimiento, Movimiento lateral, Recolección, Mando y control (C&C), Exfiltración, Impacto.
  - Cada táctica incluye una lista de técnicas (en Mitre se presentan más de 250 técnicas de ataque) y se actualiza varias veces al año. Por ejemplo, la táctica C&C incluye 16 técnicas de ataque (codificación de datos, puerto no estándar, software de acceso remoto, etc.).

Matriz de Mitre - Ejemplo de técnica de puerto no estándar

La matriz Mitre comienza proporcionando una descripción del ataque y luego proporciona una lista de información (los procedimientos) que se puede utilizar para profundizar conocimients sobre los ataques reales (aquí, el malware Emotet utilizado HTTP en puertos como 20, 22, 7080 y 50000, así como el uso de puertos generalmente asociados con HTTP / S). Al hacer clic en Emotet, Mitre proporciona información sobre el software asociado y las técnicas de ataque utilizadas.

Toda la información de la base de datos de Mitre está codificada, lo que facilita la búsqueda de información y la integración con herramientas de terceros.

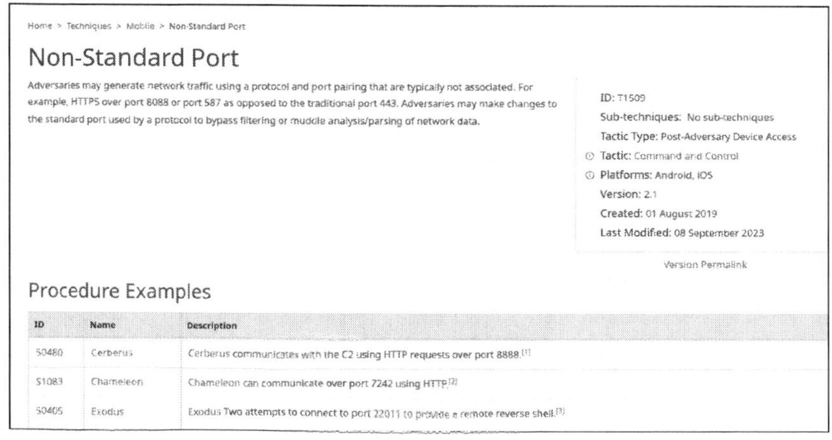

Home > Techniques > Mobile > Non-Standard Port

Non-Standard Port

Adversaries may generate network traffic using a protocol and port pairing that are typically not associated. For example, HTTPS over port 8088 or port 587 as opposed to the traditional port 443. Adversaries may make changes to the standard port used by a protocol to bypass filtering or muddle analysis/parsing of network data.

ID: T1509
Sub-techniques: No sub-techniques
Tactic Type: Post-Adversary Device Access
Tactic: Command and Control
Platforms: Android, iOS
Version: 2.1
Created: 01 August 2019
Last Modified: 08 September 2023

Version Permalink

Procedure Examples

ID	Name	Description
S0480	Cerberus	Cerberus communicates with the C2 using HTTP requests over port 8888.[1]
S1083	Chameleon	Chameleon can communicate over port 7242 using HTTP.[2]
S0405	Exodus	Exodus Two attempts to connect to port 22011 to provide a remote reverse shell.[3]

Presentación de la técnica "Puerto no estándar

Ejemplos de procedimientos

Identificador	Nombre	Descripción
G0099	APT-C-36	APT-C-36 ha utilizado el puerto 4050 para las comunicaciones C2.
G0050	APT-32	Una backdoor APT32 puede usar HTTP en un puerto TCP no estándar (por ejemplo 14146) especidicado en la configuración de la backdoor
G0064	APT-33	APT-33 ha utilizado HTTP en los puertos 808 y 880 para el comando de control
S0245	BAD CALL	BADCALL comunica en los puertos 443 y 8000 con un método Fake TLS
S0239	Bankshot	Bankshot escucha en el puerto 1058 para el tráfico HTTP usando un método Fake TLS
S0574	BendyBear	BendyBear ha usado un protocolo cifrado RC4 y XOR personalizado en el puerto 443 para C2
G0105	DarkVishnya	DarkBishnya a utilizado los puertos 5190 y 7900 para los listeners de shellcode y 4444, 4445, 31337 para el shellcode C2
S0021	Derusbi	Derusbi ha utilizado HTTP no cifrado en el puerto 443 para C2
S0367	Emotet	Emotet ha usado HTTP en los puertos 20, 22, 7080 y 50000, además de utilizar los puertos generalmente asociados a HTTP/S

Lista de procedimientos de la técnica "Puerto no estándar

Ejemplo de FortiGuard (Fortinet)

Fortinet ofrece a sus clientes una suscripción adicional a sus productos de seguridad (cortafuegos Fortigate en particular) denominada FortiGuard. Proporciona una protección adicional que se actualiza constantemente gracias a los centros de investigación FortiLabs, una verdadera plataforma de vigilancia de amenazas, como el servicio antivirus de flujo, el control de aplicaciones, la protección antispam, el servicio IPS (*Intrusion Prevention System*), *Security Rating Service*...

https://www.fortinet.com/uk/fortiguard/labs?tab=security-subscriptions

Observación

Los editores de software han comprendido claramente la importancia de las fuentes CTI integrándolas en sus soluciones de ciberseguridad. La idea es ofrecer un único punto de entrada para gestionar la ciberseguridad de una empresa.

5. Estudio de oportunidad para un SOC de código abierto completo

Es totalmente posible construir un SOC con bloques tecnológicos de alta calidad en una versión comunitaria, es decir, disponible para su descarga gratuita en Internet.

El siguiente cuadro muestra los distintos productos utilizados por el SOC:

Categoría	Productos	Página web
Cortafuegos	pfSense	https://www.pfsense.org/
IPS/IDS	Suricata, Esnifar	https://suricata-ids.org/ https://www.snort.org/
Motor de análisis y clasificación del tráfico de red	Zeek	https://zeek.org/
SIEM	Elasticsearch Ejemplifique	https://www.elastic.co/es/ https://www.siemplify.co/
Fuente de información sobre amenazas	MISP	https://www.misp-project.org/
EDR	Wazuh OpenEDR Bluespawn OSSEC La Colmena	https://wazuh.com/ https://openedr.com/ https://www.reddit.com/r/netsecstudents/comments/hihlyt/bluespawn_an_open-source_active_defense_and_edr/ https://www.ossec.net/ https://thehive-project.org/
UEBA	OpenUBA	http://openuba.org/
CTI	OpenCTI	https://www.opencti.io/

Observación

Cuidado con el tiempo que se tarda en familiarizarse con toda esta panoplia de código abierto. El coste de instalación y mantenimiento en condiciones operativas puede resultar rápidamente inversamente proporcional al ahorro realizado en licencias. Sobre todo porque, sin apoyo comercial, necesitarás un equipo de SOC especialmente experimentado con una inclinación emprendedora/intraemprendedora.

Por lo tanto, el SOC ideal está equipado con componentes de software diseñados para que la empresa sea ciberresistente:

- Recuperación de registros a través de un concentrador de registros.
- Enriquecimiento del registro.
- Análisis y corrección del comportamiento local/nube.
- Exploración y cartografía de vulnerabilidades.
- Alerta.
- Aprendizaje automático y análisis del comportamiento.
- Gestión de dispositivos IoT.
- Automatización de tareas.
- Portal de ciberseguridad con indicadores de seguridad y madurez (puntuación, desviación de la normativa, lista de incidentes/problemas, libros blancos, noticias cibernéticas).
- Conexión con fuentes CTI y gestión de Inteligencia de Amenazas.

6. Especificación de un SOC empresarial: el SOC sanitario

Con el arsenal presentado a lo largo de este capítulo, resulta interesante crear SOC empresariales, es decir, diseñar técnicas de protección, alerta y gestión de amenazas acordes con el negocio de la organización a proteger.

Por ejemplo, en el caso de un hospital, tras realizar un análisis de riesgos EBIOS adecuado, es posible enumerar las entidades de riesgo, es decir, aquellas en las que el riesgo médico está demostrado debido a anomalías digitales:

- Un empleado sospechoso o con un perfil cibernético por debajo de la norma establecida (esto es posible gracias a las técnicas UEBA).
- Un activo como un registro electrónico de pacientes o un servidor de aplicaciones que muestra pocos signos de compromiso.
- Equipos Wi-Fi totalmente locos e incontrolables (una cámara de videovigilancia, por ejemplo) que toman el control de equipos de resonancia magnética o de los marcapasos de pacientes hospitalizados (en resumen, ¡el peor de los escenarios que esperamos que nunca ocurra!).

Otros casos de uso deben considerarse como ciberriesgos (robo de datos, falsificación de datos, usurpación de identidad, revelación de datos):

- Un médico que se conecta al expediente de un paciente 30 veces al día.
- Un médico intenta conectarse al expediente del paciente de uno de sus colegas.
- Un médico accede al expediente de un paciente VIP y descarga información médica.
- Un médico consulta el expediente de un familiar.
- Una enfermera intenta obtener medicamentos accediendo al software de la farmacia del hospital desde una VPN un domingo por la mañana.
- Y así sucesivamente.

El equipo encargado de la seguridad y el SOC debe ser capaz de identificar la gran mayoría de los casos de uso empresariales, basándose en su experiencia del sector y en entrevistas con las distintas unidades (Dirección General, Departamento Médico, Oficina de Admisiones, Departamento de Radiología, Departamento de Restauración, Departamento de Recursos Generales, etc.).

Observación

*Una idea interesante sería compartir esta base de conocimientos dentro de la comunidad sanitaria y poner en marcha un verdadero **SOC de Salud mancomunado** para reducir los costes de funcionamiento asociados.*

Una vez elaborado el mapa de entidades en riesgo, el SOC interno o externo estará en condiciones de tomar medidas correctoras lo antes posible y desempeñar así plenamente su función principal, que es evitar lo peor.

7. Cuadro de mandos de seguridad (Cyberboard)

Cada cliente debe disponer de un cuadro de mandos de ciberseguridad compuesto por apartados y elementos de los bloques tecnológicos de las soluciones de protección utilizadas.

En el ejemplo siguiente, el arsenal tecnológico consta de los siguientes elementos: FortiAnalyzer / Nessus / F-Secure RDR.

Un cuestionario de auditoría flash basado en la norma ISO 21827 y una ficha de noticias cibernéticas completan el paquete.

El Cyberboard estará disponible en un entorno web y móvil (iOS/Android) con un sistema de notificación/alerta (correo electrónico + notificaciones de aplicaciones móviles). Es importante que los clientes estén al tanto de los problemas de ciberseguridad: número de intrusiones, número de mensajes spam bloqueados, número de virus, botnets, malware, etc. detenidos, nuevas reglas de cortafuegos, nuevos proveedores de acceso, ancho de banda sobrecalentado, etc.

Cualquier señal fuerte o débil debe ser transmitida al cliente. En cada apartado, unos puntos con indicadores visuales (números, indicadores, etc.) hacen saber al cliente que hay información nueva.

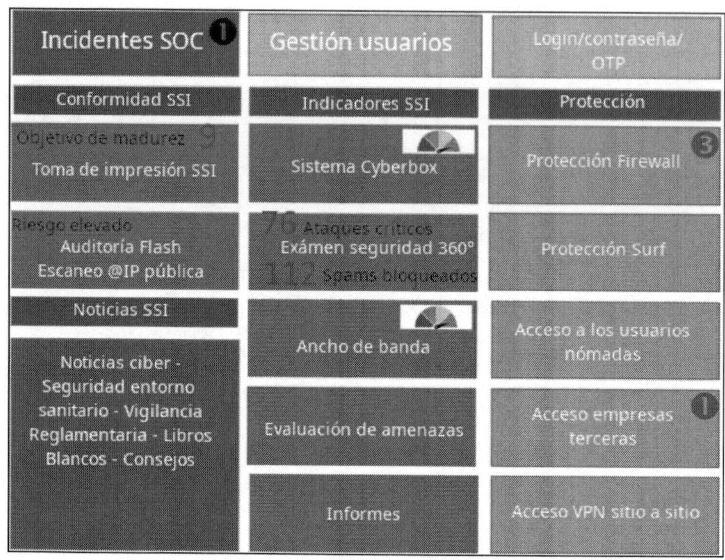

Ejemplo de Cyberboard

7.1 Usuarios

- **Inicio de sesión/contraseña/OTP**

  El portal permite la conexión mediante un nombre de usuario, contraseña y OTP (o dispositivo equivalente). Se trata de la cuenta principal del representante del cliente. Las credenciales las facilita el ciberoperador al suscribirse al servicio.

- **Gestión de usuarios**

  El portal permite gestionar usuarios: se pueden añadir/modificar/eliminar cuentas secundarias y conceder derechos de acceso a fichas; por ejemplo, un asociado, un técnico de preparación o personal administrativo del sector médico-social.

  Una base de datos central de USUARIOS alojada en la infraestructura del ciberoperador centraliza todos los usuarios de las sedes de los clientes. Esta base de datos se utilizará desde todos los buzones cliente para la autenticación de los usuarios mediante un protocolo de tipo RADIUS o LDAP.

7.2 Incidentes SOC

Este apartado da acceso a la lista de incidentes en curso, tanto desde un punto de vista central como local. Esta sección está tomada del FortiAnalyzer (informede incidentes SOC). Los incidentes SOC son introducidos por el equipo SOC en la herramienta FortiSOC, que es una característica del FortiAnalyzer.

7.3 Cumplimiento de la SSI

Esta sección da acceso a dos apartados:

- Huellas dactilares SSI

  Consiste en una lista de 12 preguntas utilizadas para evaluar el nivel de madurez SSI del cliente (véase en este capítulo, la sección 12 preguntas para evaluar su madurez SSI - Autodiagnóstico rápido). La descripción del autodiagnóstico rápido permite comprender la metodología. El cliente responde a las preguntas y se calcula una puntuación de madurez. Una puntuación elevada justifica la implantación de medidas de protección de la SI, en particular servicios de ciberseguridad: una farmacia o un SGSI deberían obtener una puntuación de entre 9 y 12 (en una escala de 0 a 12).

- Auditoría flash de la dirección IP pública

  Desde la IP pública del router de telecomunicaciones o la IP privada del router de telecomunicaciones del cliente, se lanza un escaneo de vulnerabilidades (Nessus) y muestra los resultados de las vulnerabilidades (puertos abiertos, vulnerabilidades detectadas, etc.) con información de puntuación CVSS (*Common Vulnerability Scoring System*) y remedios sugeridos.

7.4 Indicadores SSI

Apartado "CyberBox System

Objetivo: proporcionar una visión general de los recursos físicos de Fortigate. Un estado anormal de los recursos puede ser una señal débil de un ciberataque.

API: FortiAnalyzer (informe de estadísticas de rendimiento de FortiGate).

- Uso del procesador
- Uso de la memoria
- Uso del disco
- Número de sesiones FortiGate

Apartado "Control de seguridad de 360 grados

Objetivo: proporcionar una revisión completa de la ciberseguridad de forma visual mediante indicadores. El informe 360° Security Review proporciona los indicadores esenciales que deben extraerse.

API: FortiAnalyzer (informe de revisión de seguridad de 360°) y F-Secure RDR Management.

- Resumen
- Visibilidad y control de las aplicaciones
- Detección y prevención de amenazas
- Detección y prevención de la filtración de datos
- Protección de terminales (RDR)
- Medidas recomendadas

Ejemplo

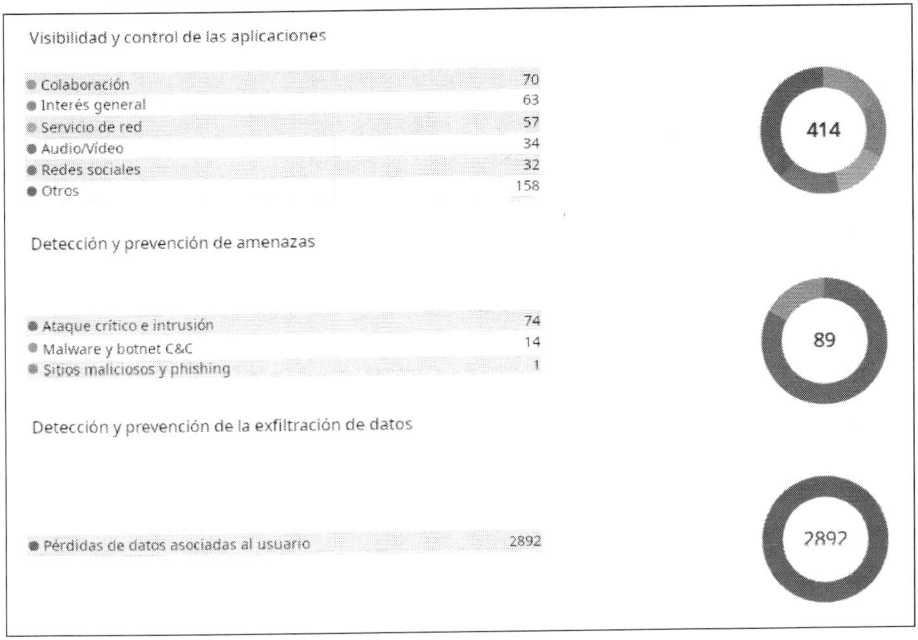

Visibilidad y control de las aplicaciones

Colaboración	70
Interés general	63
Servicio de red	57
Audio/Vídeo	34
Redes sociales	32
Otros	158

414

Detección y prevención de amenazas

Ataque crítico e intrusión	74
Malware y botnet C&C	14
Sitios maliciosos y phishing	1

89

Detección y prevención de la exfiltración de datos

Pérdidas de datos asociadas al usuario	2892

2892

Apartado "Ancho de banda

Objetivo: proporcionar estadísticas sobre el ancho de banda medio por hora, para los principales destinos y, a continuación, las principales direcciones de origen consumidas.

API: FortiAnalyzer, informes sobre ancho de banda y aplicaciones.

Apartado de evaluación de amenazas

Objetivo: presentar un informe sobre la evaluación de las ciberamenazas.

API: FortiAnalyzer, informe de evaluación de ciberamenazas.

Apartado "Informes

Objetivo: proporcionar un informe temático semestral en formato PDF. Los informes se archivan durante un año móvil (siempre dos informes al año).

API: FortiAnalyzer

- Informe de seguridad de 360 grados
- Informe IPS
- Informe sobre riesgos y control de aplicaciones
- Informe sobre ancho de banda y aplicaciones
- SOC Informe de incidentes
- Informe de análisis de seguridad
- Informe de situación
- Informes sobre amenazas (malware, botnets, intrusiones)
- Informe de uso de la web
- Informe resumido de la red Wi-Fi

7.5 Protección

Esta sección presenta una vista de los distintos sistemas de protección del cliente. Se trata de una vista de solo lectura, ya que la protección de ciberseguridad es operada por los equipos de los SOC.

Estas opiniones no son técnicas. Deben ser comprensibles para un profesional sanitario que no sea especialista en ciberseguridad.

La información está disponible en el FortiManager, que centraliza todas las configuraciones de las cibercajas cliente.

Una base de datos central de USUARIOS alojada en la infraestructura del operador centraliza todos los usuarios del sistema para cada cibercaja cliente.

Protección cortafuegos

Este apartado muestra una tabla de reglas de cortafuegos locales (origen, destino, protocolo).

Se dará una breve explicación de los protocolos (por ejemplo, HTTPS corresponde a un flujo web seguro, HTTP a un flujo web inseguro, etc.). Los orígenes y destinos se presentarán en forma de alias y no de IP (por ejemplo, aplicación 1, Internet, etc.). Se podrá acceder a los registros de los últimos 7 días.

Protección de la navegación en Internet

Este apartado muestra una tabla de reglas de filtrado web establecidas por perfil de seguridad: nombre de usuario, categorías autorizadas, categorías bloqueadas.

Los usuarios se crean en la base de datos central USERS. Los registros de los últimos 7 usuarios serán accesibles.

Acceso móvil para los empleados

Este apartado muestra la lista de usuarios autorizados a acceder a los recursos del cliente desde el exterior: nombre de usuario / recursos autorizados (IP con alias) + eventuales restricciones horarias. Esta información se incluye en las reglas de cortafuegos.

Al añadir los registros de los últimos 7 días, los clientes pueden ver sus conexiones más recientes.

El nómada tiene un cliente FortiClient VPN (no gestionado) y debe conectarse al cortafuegos de destino utilizando una dirección IP (o nombre DNS), un nombre de usuario y una contraseña. El inicio de sesión se gestiona en la base de datos central USUARIOS.

Acceso de proveedores

Este apartado muestra la lista de proveedores de servicios autorizados a acceder a los recursos del cliente desde el exterior: nombre del proveedor / recursos autorizados (IP con alias) + posibles restricciones horarias. Esta información se incluye en las reglas de cortafuegos.

Al añadir los registros de los últimos 7 días, los clientes pueden ver sus conexiones más recientes.

Acceso VPN de sitio a sitio

Este apartado muestra la lista de VPN permanentes que se han implementado (por ejemplo, entre una farmacia y un almacén, o entre la sede central de un hospital universitario y sus anexos, etc.): nombre de la VPN, recursos de origen/destino, protocolos autorizados. Al añadir los registros de los últimos 7 días, los clientes pueden consultar la información más reciente sobre tráfico y conexiones.

7.6 Modelo

El modelo utilizado para crear este portal es el siguiente:

- Infraestructura de ciberoperadores
  - 1 FortiAnalyzer VM (licencia gratuita de 15 días)
  - 1 FortiManager VM (licencia gratuita de 15 días)
  - 1 servidor con Nessus Essential (gratuito, limitado a 16 IP); la versión Enterprise se instalará más adelante.
- Entorno del cliente
  - Caja
    - 1 FortiGate Wi-Fi FG40F en línea BBox
    - 1 FortiGate W-Fi FG40F en enlace Freebox
    - 1 FortiGate Wi-Fi FG60F 1 FortiGate FG40 en LiveBox
  - 1 Entorno de prueba RDR
  - 1 PC con Windows 10 y agente RDR
  - 1 servidor (Linux) con agente RDR

Acceso a un FortiAnalyzer de demostración :
https://fortianalyzer.fortidemo.com/p/login/

Acceso a una demo de FortiManager :
https://fortimanager.fortidemo.com/p/login/

Se instalará un nuevo FortiAnalyzer en el entorno del operador.

El acceso al programa "Fortinet Developer Network" puede negociarse con Fortinet: https://www.fortinet.com/resources-content/fortinet/assets/data-sheets/file/Fortinet_Developer_Network

Las cajas fortiGte Wi-Fi también están disponibles como VM (licencia de evaluación de 15 días) y pueden utilizarse como parte del proyecto "Cyberboard".

7.7 Prioridades para la primera entrega del CyberBoard

Ante todo, el proyecto CyberBoard requiere la implantación de las siguientes funcionalidades:

1. Gestión de usuarios

2. Gestión de los indicadores SSI

3. Gestión de la protección SSI

4. Gestión de la exploración SSI

5. Gestión de la madurez SSI

El principal reto de este proyecto era tener en cuenta las API de FortiAnalyzer y la visualización gráfica de los datos en el portal.

El MVP (*Producto Mínimo Viable*) se compone de los puntos 1, 2 (revisión de seguridad 360°), 3 (protección de cortafuegos), 4 (escaneado de direcciones IP públicas) y 5.

8. 12 preguntas para evaluar su madurez SSI

8.1 Cinco niveles de madurez

ISO/IEC 21827 define cinco niveles de madurez de la SI. Representan la forma en que una organización ejecuta, controla, mantiene y supervisa un proceso:

1. Práctica informal: prácticas básicas aplicadas de manera informal y reactiva por iniciativa de quienes creen necesitarlas.

2. Práctica repetible y continuada: prácticas básicas aplicadas de forma planificada y continuada, con relativo apoyo de la organización.

3. Proceso definido: aplicación de un proceso descrito, adaptado a la organización, generalizado y bien comprendido por la dirección y quienes lo llevan a cabo.

4. Proceso controlado: el proceso se coordina y controla mediante indicadores para corregir los fallos observados.

5. Procesos continuamente optimizados: la mejora de los procesos es dinámica, está institucionalizada y tiene en cuenta la evolución de las circunstancias.

8.2 ¿Por qué evaluar la madurez de su SSI?

Controlar los costes del SSI

El nivel de madurez de la SSI determina las acciones y herramientas que corresponden a los retos reales de seguridad. Por tanto, los gastos de SSI en que se incurra corresponderán a las medidas necesarias y suficientes.

Adaptar sus acciones SSI

El análisis de los retos de seguridad justifica el nivel de las medidas y define las directrices para cada ámbito de la SI. Contribuye a la elaboración del plan de acción para alcanzar el nivel adecuado.

Compararse con la competencia

Posicionar una organización en términos de madurez de la SSI le permite compararse con organizaciones del mismo sector. El posicionamiento por departamento, sistema de información o proceso pone en perspectiva las prioridades de la SI.

8.3 Autodiagnóstico rápido

Para determinar el nivel de madurez que debe alcanzarse, pueden plantearse las mismas preguntas a una organización, un departamento, un sistema, un proyecto, etc.

Consecuencias potenciales de un incidente de SSI

P1 - Adhesión al sistema de información: ¿cómo valora la importancia de su sistema de información en el cumplimiento de sus misiones?

0. El sistema de información es auxiliar para el cumplimiento de la misión.

1. El sistema de información es útil para cumplir las misiones.

2. El sistema de información es necesario para el cumplimiento de las misiones.

3. El sistema de información es vital para el cumplimiento de nuestras misiones.

P2 - Nivel de impacto interno: ¿cuáles son las consecuencias internas (impacto financiero, jurídico, empresarial, etc.) de una catástrofe de la SI?

0. Sólo pueden ser despreciables.

1. Pueden ser significativos.

2. Pueden ser graves.

3. Pueden ser mortales.

P3 - Nivel de impacto externo: ¿cuáles son las consecuencias externas (imagen, contratos, seguridad personal, etc.) de una catástrofe de la SI?

0. Sólo pueden ser despreciables.

1. Pueden ser significativos.

2. Pueden ser graves.

3. Pueden ser catastróficos.

El nivel de consecuencias potenciales es igual al valor máximo de las tres respuestas.

Sensibilidad de los activos de información

P4 - Requisitos de disponibilidad: ¿qué importancia tiene la disponibilidad de la SI?

0. La inaccesibilidad del SI no supone un obstáculo para la empresa.

1. Perturba considerablemente la actividad.

2. Se considera serio para la empresa.

3. Puede ser fatal para la empresa.

P5 - Requisitos de integridad: ¿qué importancia tiene la integridad de los datos para la empresa?

0. La corrupción de datos no afecta prácticamente a las empresas.

1. Perturba considerablemente la actividad.

2. Se considera serio para la empresa.

3. Puede ser fatal para la empresa.

P6 - Necesidades de confidencialidad: ¿qué importancia tiene la confidencialidad para la empresa?

0. La información comprometida no tiene prácticamente ningún impacto en el negocio.

1. Perturba considerablemente la actividad.

2. Se considera serio para la empresa.

3. Puede ser fatal para la empresa.

La sensibilidad de los activos de información es igual al valor máximo de las tres respuestas.

Grado de exposición a las amenazas

P7 - Frecuencia de solicitudes de SSI: ¿cuál es la frecuencia estimada de solicitudes de SSI?

0. Los incidentes de SSI (reales o imaginarios) son extremadamente raros (menos de una vez al año).

1. Varios incidentes de SSI durante el año.

2. Varias solicitudes de SSI por trimestre.

3. Varias solicitudes de SSI al mes.

P8 - Nivel de motivación de los agresores: ¿hasta qué punto están motivados los posibles agresores?

0. Un ataque SSI dirigido al perímetro es relativamente inimaginable.

1. Se considera débil.

2. Puede ser fuerte.

3. Puede ser muy importante.

P9 - Recursos de los atacantes: ¿de qué recursos disponen los posibles atacantes?

0. Los atacantes potenciales sólo disponen de recursos limitados.

1. Pueden disponer de significativos recursos.

2. Pueden disponer de importantes recursos.

3. Sus recursos son potencialmente ilimitados.

El grado de exposición a las amenazas es igual al valor máximo de las tres respuestas.

La importancia de las vulnerabilidades

P10 - Heterogeneidad del SI: ¿cuán variado es el SI?

0. Se considera que el SI es homogéneo.

1. Se considera que sólo es ligeramente heterogénea.

2. Se considera muy heterogénea.

3. Se considera extremadamente heterogénea.

P11 - Apertura del SI: ¿Hasta qué punto es abierto el sistema de información?

0. El SI no está abierto.

1. Sólo está abierto a los sistemas internos.

2. Está abierto a sistemas externos pero bajo control.

3. Está abierto a sistemas externos no controlados.

Variabilidad del SI: ¿hasta qué punto son variables los componentes del sistema de información (hardware, software, redes, organización, locales, personal, etc.) y el contexto en el que opera (limitaciones, requisitos normativos, amenazas, etc.)?

0. El SI y su contexto se consideran estables.

1. Cambian poco.

2. Cambian con relativa frecuencia.

3. Cambian muy a menudo.

La importancia de las vulnerabilidades es igual al valor máximo de las tres respuestas.

8.4 Determinar el nivel adecuado de madurez de la ESI

El nivel adecuado de madurez SSI para el perímetro elegido depende de la suma de los cuatro valores que acaba de calcular:

Suma	Nivel adecuado de madurez del SSI
De 0 a 2	1 - Práctica informal
De 3 a 5	2 - Práctica repetible
De 6 a 8	3 - Procesos definidos
De 9 a 10	4 - Procesos controlados
De 11 a 12	5 - Procesos contínuamente optimizados

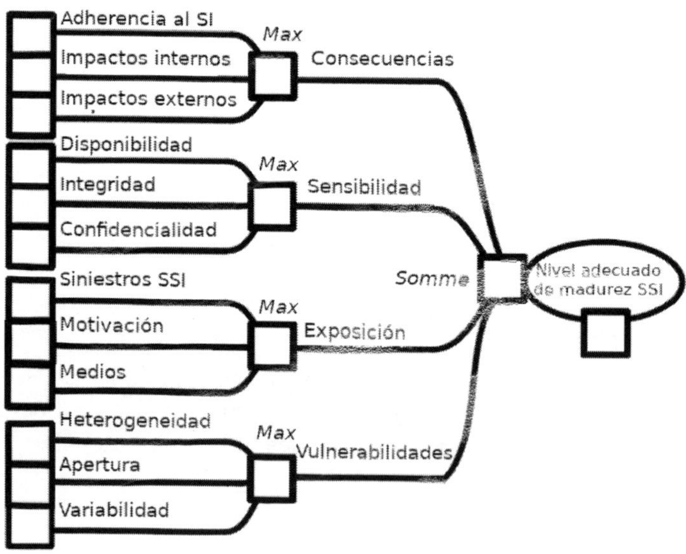

Capítulo 14
Ecosistema sanitario

1. Introducción

Alojar datos sanitarios personales exige madurez por parte de los equipos informáticos. Es un proyecto en sí mismo, que requiere tener en cuenta componentes técnicos, organizativos y humanos. Como en cualquier proyecto de transformación digital, es importante adoptar los reflejos adecuados para evitar futuros fallos de funcionamiento.

Tras un preámbulo dedicado al contexto de los ciberataques en el sector sanitario, este capítulo presenta los siete errores que se pueden cometer si no se alojan los datos sanitarios. Así que es mejor conocerlos para evitar estos errores y seguir los consejos que se dan al final de cada sección.

Por último, al final del capítulo se hará una presentación de las normas de certificación HDS actuales y futuras.

2. Preámbulo

2.1 Ransomware, ¡mi mejor enemigo!

Desde finales de 2019, los principales hospitales franceses han sido claramente atacados: el Hospital Universitario de Rouen, el Hospital de Dax, el Hospital de Villefranche-sur-Saône, la dirección de ORPEA, etc. Algunos servicios habrán tardado más de cuatro meses en poder reiniciarse en modo normal. ¡Al hacker no le queda ética!

Cada vez, el modus operandi es el mismo: un ataque de phishing, ransomware, cifrado de estaciones de trabajo y servidores, parálisis del SI y petición de rescate. Y en la mayoría de los casos, hay que empezar de cero:

- Producción de estaciones de trabajo y servidores a partir de una imagen de disco (denominada "maestro").
- Restaurar datos y máquinas virtuales a partir de copias de seguridad.

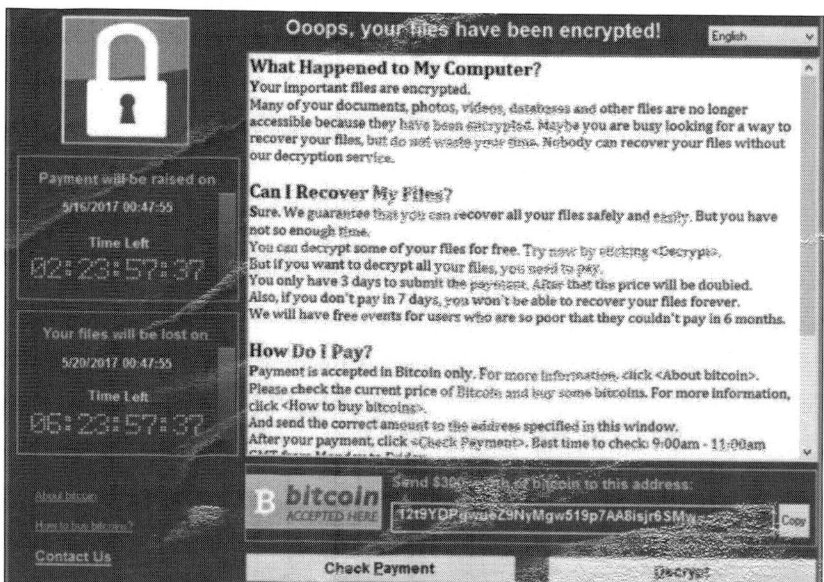

Ransomware: el temor de todo usuario

Observación

En 2020, el primer ransomware fue sospechoso de ser la causa de una muerte en Alemania (hospital de Düsseldorf): se denegó el acceso a los servicios de urgencias y el paciente murió mientras era trasladado a otro hospital.

Hasta la fecha (abril de 2021), se ha producido "un intento de ataque por semana a infraestructuras como EHPAD, CHU, hospitales y clínicas u otras entidades vinculadas a los servicios sanitarios". En el mundo industrial privado también se producen muchos ataques, pero son menos visibles y menos críticos que en los hospitales, aunque hay contraejemplos como el ataque en mayo de 2021 a Colonial Pipeline, uno de los mayores sistemas de oleoductos de pozos de petróleo refinado de Estados Unidos. Una versión obsoleta de Exchange permitió a los hackers bloquear las operaciones durante 5 días y pedir un rescate de 5 millones de dólares (rescate pagado en principio). Este ciberataque, que tuvo consecuencias organizativas y económicas aterradoras para el público, obligó incluso a la Casa Blanca a reaccionar reforzando las líneas de defensa de las empresas privadas americanas.

Observación

Los ciberataques al sistema sanitario son visibles y aparecen en los telediarios: de hecho, un ciberataque al Hospital Universitario de Burdeos es más difícil de ocultar que uno a la PYME Mi Bonita Piscina de Nancy.

2.2 Consecuencias de 360 grados

Las consecuencias son evidentemente dramáticas: parada general de equipos informáticos, ascensores, sistemas de análisis e imágenes médicas, aplazamiento de intervenciones quirúrgicas, desvío de personas que acuden a urgencias a otros establecimientos, costes internos de reparación, imagen interna/externa. Los ciberataques de la primavera de 2021 provocaron una reacción al más alto nivel del gobierno con anuncios específicos para mejorar el estado de la ciberseguridad en los hospitales franceses.

2.3 Mayor seguridad

En abril de 2019, el programa francés HOP'EN (hospital abierto a su entorno) para el sector sanitario introducirá un nuevo indicador (P2.5) relativo a la ciberseguridad. Se concederán subvenciones si se cumple con este indicador.

La acción 9 de la hoja de ruta para la sanidad digital se centra en el refuerzo de la seguridad operativa de los sistemas de información sanitaria, y está destinada a todos los agentes sanitarios (incluido el sector médico-social).

Por lo tanto, de momento este indicador es un incentivo más que un requisito.

2.4 La vida real

Cuando se trata de proyectos de HPC a gran escala, el Departamento de TI tiene poco tiempo; sabe que necesita tomar el camino de la ciberseguridad e ir más allá con la ciberresiliencia, pero no sabe muy bien cómo. Los presupuestos de seguridad son insuficientes y faltan competencias.

Observación

La ciberseguridad no es la actividad principal del departamento informático de un hospital.

Y para el sector médico-social es aún más crítico, porque no existe ningún departamento de informática.

2.5 ¿Subirse a la ola o esperar a la siguiente?

Las importantes sumas asignadas a la ciberseguridad en el sector sanitario son la ocasión perfecta para dar un paso adelante en términos de madurez cibernética.

Observación

La solución valiente ya está ahí: externalizar el ciberriesgo con ofertas de proveedores de servicios conservando el control básico localmente (nivel 1): UTP, EDR-XDR, pentests, FIR, SOC gestionado, IA, UEBA, etc.

2.6 P2.5 indicador de ciberseguridad

El programa francés HOP'EN, que data de abril de 2019, hace referencia a un requisito previo en materia de ciberseguridad que los establecimientos afectados deberán cumplir para poder solicitar subvenciones: se trata de la realización periódica de una auditoría externa de supervisión cibernética por parte de una empresa externa especializada.

El alcance de la auditoría es de libre elección (análisis de vulnerabilidades, prueba de penetración, auditoría de seguridad AD, escaneo de puertos, etc.), se aplica a cada establecimiento y el umbral de elegibilidad es la presentación de un certificado de realización de una auditoría de cibervigilancia firmado por el director general de la organización o una orden de pedido a una empresa especializada firmada por el director del establecimiento.

2.7 Gestos de barrera digital

Hay que tomar tres medidas esenciales para evitar el primer bloqueo digital:

- **Concienciar a los usuarios** (que son, por naturaleza, benévolos): usa contraseñas seguras, no des información sobre tu empresa en Internet (cuidado con las redes sociales), no creas en Papá Noel (así que cuidado con el phishing: ¿quién ha ganado un millón de dólares en la lotería pinchando en un enlace?).
- **Seguridad proactiva**: comprobación de las infraestructuras (nivel de parches, solidez de las contraseñas, etc.) mediante herramientas de exploración de vulnerabilidades, cartografía de la superficie de ataque. Evidentemente, todo esto debe hacerse con regularidad. Disponer de un buen sistema de copias de seguridad actualizado.
- **Disponer de un antivirus de nueva generación**: con motores de inteligencia artificial como EDR. Se trata de una herramienta de toma de decisiones para gestionar los ataques selectivos.

Observación

En el verano de 2020, el grupo Carlson Wagonlit Travel (CWT) fue víctima de un ciberataque y aceptó pagar un rescate de 4,5 millones de dólares (en bitcoins). Hubo una auténtica negociación comercial con los hackers, que dieron algunos consejos, como utilizar un EDR.

2.8 ¿Lo peor está por llegar?

El hecho es que los hospitales no están pagando los rescates exigidos. Así que los piratas informáticos cambiarán sus métodos para obtener beneficios. Los ataques de bandas organizadas que utilizan técnicas sencillas tienen como objetivo ganar dinero.

Otro tipo de atacante estatal es más aterrador. Se trata de espionaje complejo con intereses geopolíticos más que financieros.

¿Qué ocurrirá cuando los gobiernos tomen el control de un fabricante de marcapasos? ¿Cuando la fabricación de vacunas se vea comprometida y se produzcan millones de dosis con la fórmula equivocada? ¿Qué ocurrirá cuando se altere el agua del grifo cambiando intencionadamente su composición? ¿Qué actitud adoptaremos si España queda completamente aislada de Internet y, sobre todo, cuáles serán las consecuencias financieras para la economía, la industria agroalimentaria y la salud?

3. Siete errores que puede cometer para que su proyecto HDS salga mal

3.1 No hacer un análisis de riesgos adecuado

3.1.1 Oído en la vida real

¿"Análisis de riesgos"? Realmente no tengo tiempo, quiero que todo esté disponible en todo momento. Y además, con un alojamiento HDS, son ellos los que asumen toda la responsabilidad del buen funcionamiento de mi SI, ¡hasta hay penalizaciones por ello!".

3.1.2 Análisis de riesgos

Es tentador querer externalizar su historial clínico electrónico, por razones normativas, por ejemplo, y querer actuar con rapidez. Pero, ¿cuáles son los riesgos reales? Indisponibilidad del sistema, corrupción de datos, divulgación de datos, etc. Sólo un análisis de riesgos y sus resultados pueden ofrecer una imagen clara del objetivo que hay que alcanzar. Mejor aún, este análisis es esencial antes de lanzar un proyecto de externalización. "¿Qué quiero externalizar exactamente? ¿Estoy amenazado, por qué, por quién y cómo? ¿Cuáles son mis puntos vulnerables? Es esencial un trabajo preparatorio meticuloso: identificación de activos esenciales, activos de apoyo y sus relaciones - estudio de sucesos temidos y escenarios de amenazas - evaluación y valoración de riesgos - medidas de seguridad y plan de acción. Una vez evaluados y clasificados los riesgos, teniendo en cuenta factores como la probabilidad de que se produzcan y su impacto, hay que establecer un conjunto de medidas de seguridad para reducirlos.

Dicho esto, dos ejemplos con casi veinte años de diferencia ilustran que el riesgo cero no existe:

- **09/11/2001** - Nueva York: algunas empresas tenían sus salas de ordenadores en las torres gemelas (producción en la torre 1 y copia de seguridad en la torre 2). Un acontecimiento de baja probabilidad (derrumbe de las dos torres al mismo tiempo) con un impacto muy elevado (desaparición completa del SI y quiebra de las empresas afectadas). Un centro de respaldo situado en un punto geográfico suficientemente alejado del centro de producción habría permitido reanudar la actividad.
- **17/03/2020** - Francia: la crisis Covid-19 provoca un bloqueo general del país y la implantación del teletrabajo para 8 millones de personas en el espacio de unas horas. Un acontecimiento de baja probabilidad (teletrabajo para todos los empleados de una misma empresa al mismo tiempo) con un impacto muy elevado (interrupción del servicio y apertura de brechas de seguridad). Un plan de recuperación en caso de catástrofe probado periódicamente permite afrontar este tipo de escenarios con calma y seguridad.

3.1.3 Consejo n° 1

Defina el alcance de la externalización, realice un análisis de riesgos utilizando una metodología contrastada como EBIOS y piense en... lo impensable.

3.2 Desconocimiento de sus activos informáticos

3.2.1 Oído en la vida real

"¿Si alguien me pide un mapa de mi sistema de información? No te preocupes, tengo un archivo Excel casi actualizado que contiene la lista de mis servidores, el número de vCPU, el tamaño de la memoria, el tamaño de los discos y la versión del sistema operativo, ¡eso es suficiente para empezar!".

3.2.2 Cartografía

Lamentablemente, por supuesto, no es tan sencillo. Antes de plantearse la externalización de su sistema de información sanitaria a un proveedor externo de HDS, necesita saber todo lo posible sobre sus componentes desde distintos ángulos:

- Vista de infraestructura (lista de servidores, roles de servidor, direcciones IP, lista y versiones de middleware, lista de estaciones de trabajo y dispositivos móviles, lista de elementos activos y versionado, etc.).
- Vista de las aplicaciones (lista y objetivos de las aplicaciones, diagrama de funcionamiento, número de usuarios, interacciones de las aplicaciones, propietarios, etc.).
- Vista de seguridad (lista de flujos de seguridad entrantes/salientes, estado de la seguridad de las aplicaciones, conexiones nómadas, acceso de proveedores de servicios, etc.).
- Vista funcional (descripción de todos los subsistemas de SI, como suministro de equipos, GAM, DPI, etc.).
- Vista de los datos (naturaleza y finalidad del tratamiento de datos personales, criterios de seguridad DICT, matriz de autorización, etc.).
- Vista de procesos (lista de misiones de la organización sanitaria, profesiones, actores, procesos empresariales, etc.).

Un buen conocimiento de los activos informáticos demuestra un alto nivel de madurez en el funcionamiento de su sistema de información. Para empezar con buen pie como cartógrafo y/o urbanista, es aconsejable utilizar un enfoque basado en los planes de uso del suelo y el diagrama de infraestructura técnica, que es probablemente el más sencillo de elaborar.

Dado que un sistema de información sanitaria (y sus subsistemas) nace, vive y muere, es necesario conocerlo bien, así como sus puntos fuertes y débiles, para mantenerlo en buen estado de salud. Las metodologías y los programas informáticos específicos permiten ofrecer rápidamente una cartografía actualizada dentro de una interfaz gráfica de usuario basada en web, fácilmente accesible y legible para los interesados de la empresa.

3.2.3 Consejo nº 2

Llevar a cabo un mapeo exhaustivo de los componentes de la SI que se van a externalizar, empezando por la vista de la infraestructura y pasando por la vista del proceso, y mantener este mapeo actualizado.

3.3 Migración de su sistema de información sanitaria a isoperímetro

3.3.1 Oído en la vida real

"¡El proyecto va a ir rápido! Voy a hacer una copia de mis 20 máquinas virtuales en un NAS y la empresa de alojamiento las integrará en su infraestructura. Luego pasaremos a producción. Es una cosa menos de la que preocuparme."

3.3.2 Migración

Externalizar su SI a un especialista no le exime de plantearse LA cuestión de la fiabilidad de la arquitectura técnica y de software subyacente. Un SI, por definición algo vivo y vulnerable, está programado desde el principio para quedarse obsoleto. Partiendo de los requisitos y del tríptico "Infraestructura - Aplicaciones - Datos", ¿no es el momento de emprender la ingeniería inversa? Esa famosa ingeniería inversa que analiza en profundidad el sistema existente y, con una buena dosis de reingeniería, permite mejorarlo para producir el sistema objetivo.

Esto significa que puede haber varios enfoques de la externalización, todos los cuales pueden coexistir dentro de una hoja de ruta coherente y gestionada:

- Modernización de las aplicaciones, primera etapa de la transición digital, que implica varias revisiones: revisión de la infraestructura, revisión de la arquitectura del software, revisión del código, revisión de la seguridad, pruebas OWASP. Estas revisiones permiten formular las primeras recomendaciones, como actualizar los sistemas operativos y el middleware (Java, PHP, Oracle, etc.) o implantar una infraestructura de cortafuegos de doble nivel).
- Cloud-native (la propia mecánica de la SI se recodifica totalmente para utilizar las mejores características de la nube, como la escalabilidad, la elasticidad y los servicios "as a Service" de valor añadido, sobre todo con el uso de microservicios y los ya inevitables contenedores).
- SaaS (los componentes de SI afectados se sustituyen por soluciones "off-the-shelf" totalmente gestionadas por el proveedor de alojamiento y/o el editor).

Sea cual sea el enfoque elegido, y para que tenga un éxito duradero, el proyecto de externalización de datos sanitarios deberá contar con una sólida base de "ciberseguridad" en cada una de las hélices de su ADN, una base que le permita aplicar la "Security by Design".

Parece obvio que la externalización de un SI sanitario es el momento perfecto para darle un lavado de cara y prepararlo para los próximos tres años (como mínimo). La única regla realmente buena es no tocar las aplicaciones "legacy"; la migración sería demasiado costosa en todos los sentidos.

3.3.3 Consejo n° 3

Aproveche la externalización para actualizar total o parcialmente su sistema de información sanitaria.

3.4 Ningún interés en medir la experiencia del usuario

3.4.1 Oído en la vida real

"Al migrar mis aplicaciones sanitarias a un proveedor de alojamiento HDS, dada la potencia de las máquinas que he pedido, nunca podría ser peor que lo que tengo hoy en mi sala de TI. Lo he planificado todo, incluido el aumento del ancho de banda de la red, el uso de bahías de almacenamiento con discos ultrarrápidos y la migración de la base de datos a Oracle 19c. No hay duda, ¡las cosas se van a calentar! Las pruebas de aplicaciones son una auténtica fábrica de gas.

3.4.2 Medir la experiencia del usuario

Es un hecho que los datos que manejan los sistemas de información sanitaria alojados deben estar disponibles y ser completos, confidenciales y rastreables. Como la mayoría de las veces se accede a estos datos a través de programas informáticos de empresa, hay un indicador especialmente interesante que medir: el índice de satisfacción de los usuarios. Pero, ¿cuándo y cómo medirlo? Tras el proyecto de externalización, ¿qué puede haber más desagradable que escuchar un estribillo del tipo "antes era mejor", ennegreciendo desde el principio la relación con el proveedor de alojamiento? Así que ya es hora de interesarse por la medición de la experiencia del usuario y, en otras palabras, de abordar el tema del rendimiento de las aplicaciones.

En un contexto de cloudificación masiva, de alineación de los indicadores de seguimiento de la experiencia de usuario y de digitalización a ultranza de los procesos de negocio, se ha convertido en un reto para todo tipo de organización sanitaria poder mejorar esta experiencia en el sentido más amplio del término: usuarios internos (personal de enfermería, administrativo y técnico), VIP, clientes, proveedores, socios y, por supuesto, pacientes.

Adoptando esta postura antes de la migración del SIS, y con la ayuda de herramientas de supervisión adecuadas, los departamentos de negocio podrán tomar una instantánea de la situación existente: ¡acceder a mi DPI para crear un expediente de paciente tarda 8 segundos! La página de visualización del portal del paciente tarda 3 segundos, pero se visualiza en secuencia, empezando por el banner situado en el centro de la ventana. La consulta BI para conocer el estado de mis existencias de mascarillas FFP2 se bloquea cada dos por tres...

Es en esta fase cuando resulta más oportuno dar prioridad a la definición de las vías de acceso de los usuarios, la definición de los KPI de negocio (número de visitantes por hora, número de pedidos, número de SMS/correos electrónicos enviados para una campaña de marketing, consumo, etc.), los KPI técnicos (CPU/RAM/almacenamiento/disco IO, tiempo de respuesta, tasa de disponibilidad, etc.) y el trabajo de corrección técnica/funcional con los editores de software y otros proveedores de servicios.

Por supuesto, estas medidas también deben tomarse durante las otras dos fases del proyecto de migración:

- Durante la fase de *Build*, cuando será posible realizar ciertos ajustes cualitativos. Es sobre todo durante esta fase cuando se pondrá en marcha el arsenal tecnológico necesario para llevar a cabo las mediciones: supervisión de recursos, pruebas de carga de aplicaciones mediante robots (pruebas de estrés), alertas, etc. Será necesario realizar ciertas auditorías: auditoría de aplicaciones, auditoría de rendimiento, auditoría de red.
- Durante la fase de *Run*, cuando el seguimiento continuo de las variaciones de los indicadores debe permitir solucionar los problemas de la aplicación en caso de deterioro grave del rendimiento. Podría tratarse, por ejemplo, de una disfunción temporal vinculada a un aumento de la actividad (importación de un catálogo actualizado de consumibles sanitarios cada 2 meses, pedido de gel hidroalcohólico, etc.), a la que hay que hacer frente, sobre todo si es de carácter repetitivo y estacional.

Cada vez que se realice un cambio importante en la arquitectura, cada vez que se añada una nueva aplicación, será necesario garantizar la coherencia de los indicadores de rendimiento de la aplicación y, como mínimo, que no se produzca una regresión en la medición de la experiencia del usuario.

3.4.3 Consejo n° 4

Ponga en marcha un proyecto para medir la experiencia del usuario antes, durante y después de la migración a HDS. Adopte un enfoque de casos de uso empresarial, centrándose en la aplicación más visible dentro de su organización.

3.5 Pensar que es sólo un proyecto técnico

3.5.1 Oído en la vida real

"Al externalizar mis aplicaciones sanitarias a un alojamiento HDS, nada va a cambiar realmente. Lo he consultado con él y puedo seguir gestionando mis máquinas virtuales como antes. ¡Tanto mejor! Se trata sobre todo de un proyecto técnico: vCPU, RAM, discos SAN, cortafuegos, copias de seguridad, velocidad de Internet, sistema operativo, reverse proxy, etc.".

3.5.2 Un proyecto complejo y polifacético

Si se considera este proyecto únicamente desde el punto de vista técnico, es casi seguro que se pasarán por alto los demás aspectos fundamentales de un proyecto de externalización: transferencia de riesgos y responsabilidades, cláusulas contractuales, garantías de nivel de servicio (tiempo de respuesta garantizado - GTI, tiempo de recuperación garantizado - GTR, tiempo de actividad garantizado - GTD, etc.), gestión del acceso móvil de los usuarios, formación de los usuarios, control de las misiones del proveedor de servicios, preparación e implicación de los departamentos de la empresa afectados por las aplicaciones alojadas, cuestiones de acceso de los subcontratistas y editores de software sanitario, gestión de licencias, concienciación de los usuarios en materia de seguridad, gestión de los diferentes entornos de trabajo (desarrollo, integración, puesta en escena, preproducción y producción), gestión de la anonimización de los datos de producción, plan de recuperación en caso de catástrofe (DRP), mecanismos de reversibilidad, implantación de la trazabilidad de los accesos, etc. Son tantas las cuestiones implicadas que van más allá del simple marco de un proyecto de migración técnica.

Por supuesto, la parte técnica desempeña un papel importante e indispensable, pero se trata sobre todo de responder a la problemática global de la externalización de un sistema de información sanitaria, que requiere un pliego de condiciones sólido.

Expresiones de necesidades, pliegos de condiciones, *Request For Information* (RFI), *Request For proposal* (RFP) o incluso cláusulas técnicas y particulares son documentos cuyo funcionamiento y retos es esencial comprender para formalizar el proyecto de externalización en un lenguaje universal que el proveedor de servicios de alojamiento pueda entender. Son verdaderas herramientas de gestión.

Las buenas prácticas deben abarcar al menos los siguientes ámbitos:

- Presentación del solicitante (cliente/beneficiario), el contexto, los problemas y el origen del proyecto.
- Descripción de los "paquetes" previstos: aspectos técnicos, organizativos, contractuales, comerciales (catálogo de servicios), servicios prestados, indicadores de calidad, etc.
- Requisitos reglamentarios: certificación ISO 27000, HDS, RGPD, etc.
- Requisitos de seguridad: plan de garantía de seguridad (SAP) del proveedor de servicios e, idealmente, del solicitante.
- Requisitos de la política de seguridad de los sistemas de información (ISSP). Las 114 medidas descritas en la norma ISO/CEI 27002 constituyen una base sólida de buenas prácticas en materia de implantación de un sistema de gestión de la seguridad de la información (SGSI). La aplicación de estas medidas es deseable (al menos en parte) por parte del solicitante y obligatoria por parte del proveedor de alojamiento.
- Explicación de los criterios utilizados para evaluar la propuesta del proveedor de servicios. Puede haber múltiples criterios que abarquen aspectos técnicos, precios, calidad de la respuesta, amplitud del catálogo de servicios, etc.

- Requisitos de calidad con el plan de garantía de calidad del proveedor de servicios. Este plan es un documento esencial que cubre todos los detalles del servicio de alojamiento. Incluye al menos las siguientes secciones: principios del plan, circularización de la información, organización de los equipos del proveedor de servicios y del solicitante, directorio de participantes, presentación de los servicios prestados (técnicos, servicios gestionados, etc.), límites del alcance, fases del proyecto con la matriz RACI subyacente. El plan es un documento contractual vivo, por lo que se actualiza periódicamente.
- Requisitos contractuales en materia de reversibilidad (formalización de un plan de reversibilidad).
- Auditorías internas/externas, comités y seguimiento de proyectos.
- Nivel de servicio esperado (compromiso con los resultados/medios, SLA, asistencia, etc.).

Un proyecto de HDS es obviamente complejo debido a la naturaleza de los datos sensibles y críticos que maneja. No deben hacerse concesiones en materia de seguridad, disponibilidad, integridad, confidencialidad y trazabilidad del sistema de información sanitaria. Es el precio que hay que pagar para establecer la confianza entre las partes implicadas, en beneficio exclusivo del paciente y de la mejora de la calidad asistencial.

3.5.3 Consejo n° 5

Dirigir un proyecto HDS participando en la redacción de los requisitos empresariales e implicando a todas las partes interesadas, empezando por los departamentos empresariales afectados.

3.6 Querer hacerlo todo uno mismo, pensando que es una fuente de ahorro

3.6.1 Oído en la vida real

"Voy a pedir al menos cinco presupuestos y presentaré el más barato a mi dirección. Los precios de los servicios de externalización que ofrecen los proveedores de HDS son prohibitivos. Voy a formar a mis equipos para que se ocupen de la seguridad, las copias de seguridad, los parches de los sistemas operativos, etc., ¡y así reduciré mis costes de alojamiento!

3.6.2 A cada cual lo suyo

Para una organización sanitaria, el alojamiento de datos sanitarios no tiene realmente sentido desde el punto de vista estratégico, ni mucho menos económico. En primer lugar, el coste de convertirse en un proveedor de alojamiento certificado no es nada desdeñable: hay que obtener la certificación ISO27001 y luego la certificación HDS, lo que implica al menos un año de trabajo preparatorio, coordinando varios departamentos de la empresa. Luego hay que mantener estas certificaciones a lo largo del tiempo, con auditorías anuales de vigilancia y auditorías de renovación completa cada 3 años.

También es necesario disponer de dos centros de datos de última generación - salas blancas - con servidores, bahías de almacenamiento, redes, cortafuegos, etc., y luego los recursos humanos para mantener el hardware/software y proporcionar servicios de gestión de instalaciones (IaaS, PaaS, copias de seguridad, etc.). Por último, hay que organizarse para ofrecer un servicio HDS certificado contractualmente. Esto es necesario en el caso de una base de datos sanitarios a la que acceden entidades jurídicas distintas (por ejemplo, un laboratorio de análisis y un hospital).

Si opta por convertirse en proveedor de alojamiento, está eligiendo un auténtico sacerdocio, y es consciente de que la energía que gastará irá en detrimento de su actividad principal, como prestar servicios de telemedicina a los pacientes, ayudar a los profesionales sanitarios a familiarizarse con las herramientas de teletrabajo, prestar asistencia en el funcionamiento de la infraestructura informática del establecimiento, supervisar el funcionamiento de los activos informáticos, realizar análisis de riesgos, actuar como gestor de proyectos de investigación de alto valor añadido, etc. ¿Por qué intentar convertirse en mecánico de taller cuando ya existen centros especializados en carrocería, mecánica y tuberías que existen desde hace años y en los que trabajan artesanos experimentados?

Más de 100 alojamientos HDS y ofertas difícilmente comparables

Los proveedores de alojamiento no tienen todos el mismo enfoque y las respuestas no son realmente comparables (a excepción de una gran parte del catálogo de servicios de los tres GAFAM certificados HDS). Algunos propondrán un alojamiento de tipo IaaS sin verdaderos servicios asociados (a veces en detrimento de las restricciones de seguridad más elementales), mientras que otros propondrán un asesoramiento con mucha antelación y una respuesta adaptada al perfil del proyecto HDS y de la organización sanitaria. ¿Tiene conocimientos de SQL Server? ¿Desean parchear ellos mismos sus sistemas operativos? ¿Desea interconexión a través de una VPN de sitio a sitio? ¿No sería una buena idea una sonda de monitorización de bases de datos sanitarias, dada la criticidad de las aplicaciones implicadas? ¿Es obligatorio un orquestador de contenedores?

No existe una respuesta estándar. El papel del proveedor de alojamiento es, ante todo, asesorar, y es muy posible que proponga un enfoque distinto al de la solicitud inicial. Por ejemplo, podrían separar el sistema de información en dos partes: una para el entorno no HDS y otra para el SI que contiene datos sanitarios, todo ello protegido por una interconexión privada y filtrado por cortafuegos internos.

Un análisis preciso de los datos que se van a alojar puede revelar la necesidad de reducir el tamaño del entorno de producción e implantar servicios gestionados:

- supervisión de sistemas y aplicaciones,
- externalización de la ciberseguridad con sistemas de cortafuegos de doble nivel, sistemas EDR en servidores, sistemas WAF, etc.

Una asociación humana por encima de todo

Ante todo, es un contrato basado en la confianza lo que hay que buscar. Por tanto, es necesario poder "sentir" este aspecto de la confianza a través de intercambios y encuentros físicos (y virtuales) tan diversos como variados: comerciales, preventa, técnicos, servicio al cliente, jurídicos, ofertas, etc. Evidentemente, la capacidad de reacción, la agilidad y un cierto sentido de la artesanía deben estar en el centro de las preocupaciones de los proveedores de servicios HDS.

3.6.3 Consejo nº 6

Elegir a un socio-asesor y no a un mero adivino significa exigir un auténtico contrato de confianza.

3.7 No invertir al menos el 10% del coste total del proyecto en ciberseguridad

3.7.1 Oído en la vida real

"Estoy con un proveedor de alojamiento HDS, por lo que la seguridad es obviamente de primera categoría, y no temo ningún ciberataque, así que no hay necesidad de invertir en equipos caros. Puedo estar seguro de que mi hospital no será víctima de un ransomware y de que no apareceré en los titulares".

3.7.2 Seguro de tranquilidad

Si contrata el alojamiento HDS con un proveedor de servicios que ha sido certificado en los niveles adecuados, es probable que este último haya puesto en marcha las medidas de seguridad adecuadas para proteger su infraestructura y también la de sus clientes: firewalling, trazabilidad, dual-DC, copias de seguridad externalizadas, supervisión, etc. Después de todo, el proveedor de alojamiento cuenta con la certificación 27001, por lo que cubre los 114 requisitos de la norma 27002, ¿no es así?

Por supuesto, pero es importante entender que 27001 es una norma de sistema de gestión de la seguridad de la información, no una norma de certificación de técnicas de protección de la ciberseguridad. Tampoco es 27001 una norma que imponga capas esenciales de mantenimiento de la seguridad (MCS) como:

- la presencia de un SOC, el uso de software EDR en las estaciones de trabajo de los clientes locales,
- la presencia de sistemas regulares de pentesting,
- sistemas de exploración de vulnerabilidades,
- arquitectura de confianza cero,
- uso del Web Application Firewall,
- configuración de proxies de autenticación (bastion),
- suscripción a sistemas IPS/IDS,
- suscripción a servicios de inteligencia sobre amenazas o sistemas de clasificación de seguridad...

Obviamente, hay que leer atentamente el objeto del contrato: alojar aplicaciones empresariales en un entorno certificado por HDS, y a veces ahí acaba todo.

Los clientes que quieran ciberseguridad, ciberseguridad de verdad, tendrán que plantearse suscribirse a un servicio ad hoc y probablemente optarán por un servicio SOC gestionado por el propio proveedor de alojamiento o por un proveedor de servicios externo, en su caso, dada la distinta naturaleza y especificidades de la empresa.

Es necesario cubrir dos tipos de entorno: el local y el propio alojamiento HDS.

En las instalaciones

Es responsabilidad del cliente proteger sus estaciones de trabajo con sistemas antivirus y EDR.

Es responsabilidad del cliente establecer sistemas de protección para su acceso a Internet con cortafuegos locales, sistemas IPS/IDS en los flujos de red, sistemas antivirus de red, sistemas de filtrado de URL con políticas de navegación según la población...

Sistema de información sanitaria alojado

Es responsabilidad del anfitrión asesorar a sus clientes proponiéndoles diversos mecanismos de seguridad:

- Antivirus/EDR en servidores alojados.
- Copias de seguridad encriptadas y subcontratadas en cinta en una sala separada de los centros de datos de producción.
- Exploraciones periódicas de vulnerabilidades de la superficie de exposición (servidores públicos y privados no visibles desde Internet) con informes periódicos y vías de corrección.
- Sistema de proxy inverso para conexiones web entrantes.
- Sistema de separación de redes para el front-end de acceso a la aplicación y la base de datos de salud.
- Sistema de trazabilidad para conexiones VPN móviles y acceso de proveedores de servicios.

Todos estos consejos pueden formar parte de la oferta básica o, en algunos casos, de presupuestos independientes.

Dos contratos con dos empresas diferentes es probablemente el compromiso más interesante: el cliente no pone todos los huevos en la misma cesta y las dos empresas actúan en interés del cliente sin ser juez y parte. De este modo, el cliente puede cuestionar tanto al proveedor de alojamiento sobre posibles fallos de seguridad como al proveedor de ciberservicios sobre las opciones y modificaciones de la arquitectura de alojamiento.

3.7.3 Consejo n° 7

Confíe en su proveedor de alojamiento HDS, añadiendo al servicio de alojamiento un servicio específico de ciberseguridad con servicios de protección/detección/remediación de amenazas avanzadas, con cuadros de mando de monitorización y un servicio de respuesta rápida en caso de ciberataque. Piense en lo impensable (un centro de datos que se incendia, por ejemplo) e invierta el 10% del proyecto HDS en ciberseguridad.

4. Certificación HDS

4.1 La norma HDS 1.0 (actualmente en vigor)

Las directrices de certificación HDS de julio de 2018 suponen una ruptura con el anterior sistema de homologación HDS, basado en un procedimiento declarativo sin controles por parte de las autoridades. A partir de ahora, la certificación HDS se basará en requisitos y, en particular, en la necesidad de contar con la certificación ISO 27001, un importante ticket de entrada.

Principales requisitos para la certificación HDS

- Requisitos normativos de referencia
  - ISO 27001/Diciembre 2013: SGSI, toda la norma más 4 requisitos adicionales.
  - ISO 20000-1/Junio 2012: Gestión de servicios - Parte 1. Requisitos del sistema de gestión de servicios. Requisitos del sistema de gestión de servicios, en parte: 4 capítulos más 1 requisito adicional, lo que hace un total de 26 requisitos.
  - ISO 27018:2014: código de buenas prácticas para la protección de la información de identificación personal (PII) en el alojamiento en la nube, en parte, 30 requisitos.
- Requisitos sanitarios específicos: 5 nuevos requisitos

Dos tipos de anfitrión y seis niveles

Como hosting de infraestructura física, deberá obtener la certificación HDS de nivel 1 y 2:

- N1: vivienda
- N2: vivienda con suministro y MCO de equipos físicos

El proveedor de alojamiento debe obtener la certificación HDS de nivel 3 a 6:

- N3: PaaS
- N4: IaaS
- N5: externalización de operaciones (un nivel bastante vago al fin y al cabo)
- N6: copia de seguridad externalizada

Así, un proveedor de alojamiento certificado en los seis niveles puede ofrecer seis paquetes de alojamiento muy distintos: puesta a disposición de metros cuadrados seguros en un centro de datos (el cliente aporta sus propios equipos y se encarga él mismo de todo el mantenimiento y soporte), mantenimiento técnico PaaS y soporte de la aplicación alojada, puesta a disposición de una base técnica de tipo IaaS (el cliente se encarga del mantenimiento y soporte de sus máquinas virtuales), etc.

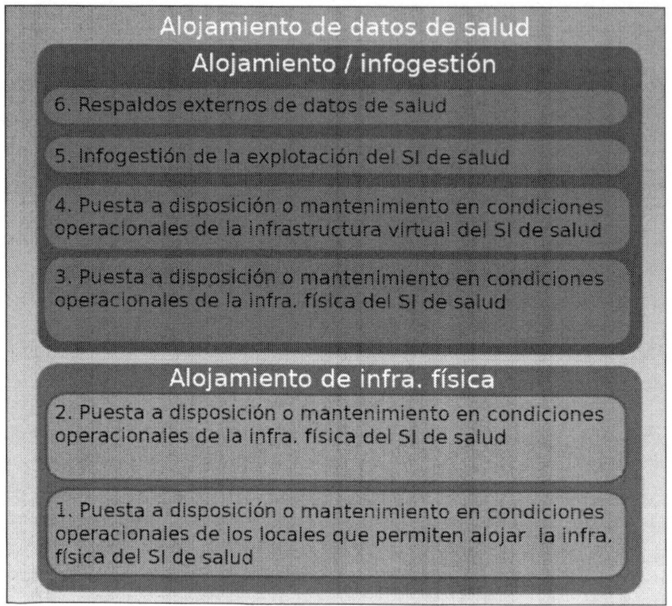

Los seis niveles de certificación HDS

4.2 La norma HDS 2.0 (próximamente)

Está en proceso de publicación un proyecto de norma HDS 2.0 (véase el capítulo sobre Directrices principales y guías cibernéticas - Protección de datos sanitarios personales - Certificación HDS).

Los principales cambios técnicos que se avecinan (si se confirman) son los siguientes (fuente ANS):

- **Base de infraestructura utilizada para alojar datos sanitarios (en lo sucesivo, "base de infraestructura HDS")**

  La base de infraestructuras HDS comprende las infraestructuras de hardware y software mencionadas en el artículo R.1111-9 del Código de Salud Pública francés.

  - La infraestructura física incluye los locales, el equipamiento y la red interna del proveedor de alojamiento.

- La infraestructura de software incluye la infraestructura virtual, la plataforma de software (incluidos el sistema operativo, el middleware, el sistema de gestión de bases de datos, etc.) y la copia de seguridad de los datos sanitarios. La aplicación empresarial queda excluida de la base de infraestructura HDS.

- **Administración y funcionamiento del sistema de información que contiene los datos sanitarios**

  La administración y el funcionamiento del sistema de información que contiene los datos sanitarios contemplados en el artículo R.1111-9 del Código de Salud Pública francés incluyen :

  - Externalización de aplicaciones: la externalización de aplicaciones, que entra en el ámbito de la actividad 5 de la certificación HDS, consiste en supervisar y gestionar el acceso de terceros ajenos a HDS a la aplicación empresarial a través de la base de infraestructura de HDS. Esto no incluye el acceso de los usuarios finales o del controlador de datos.
  - Externalización técnica: la externalización técnica, que entra en el ámbito de la actividad 5 de la certificación HDS, consiste, además de en las actividades 3 y 4, en mantener la seguridad de la base de infraestructuras HDS y del centro de atención al cliente. Estos servicios deben adaptarse a la criticidad de los datos sanitarios y a las obligaciones que incumben al responsable del tratamiento.

- **Mantenimiento de las condiciones de seguridad (MCS)**

  Este término se refiere a la aplicación por parte del proveedor de alojamiento de todas las medidas técnicas y organizativas para garantizar la seguridad de la base de infraestructuras HDS.

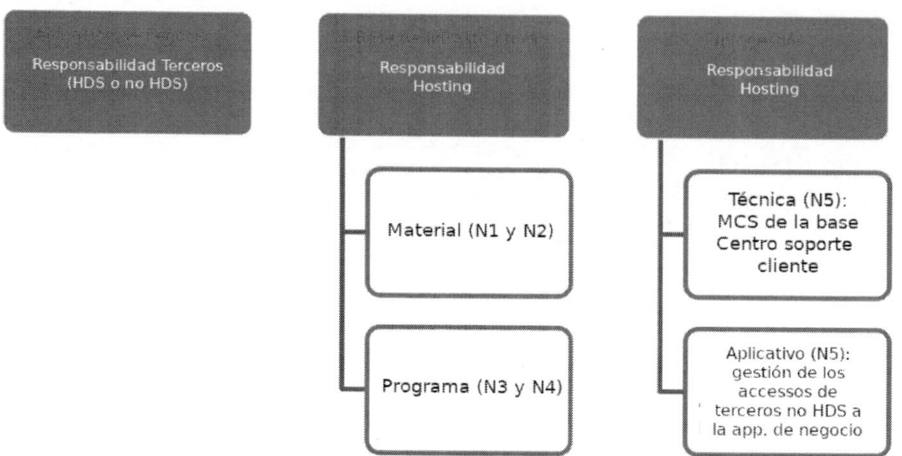

El nuevo HDS 2.0 RACI

Responsabilidad de terceros: afecta principalmente a los proveedores de servicios, editores e integradores que participan en la externalización de aplicaciones. Cabe señalar que estos últimos ya no tendrían que tener la certificación HDS.

Anexo 1
Resultados del análisis de riesgos EBIOS

1. Introducción

Este apéndice es la continuación del capítulo Análisis de riesgos con EBIOS.

2. Módulo 2: estudio de los acontecimientos temidos

2.1 Evaluación de los acontecimientos temidos

Análisis de todos los acontecimientos temidos

Cada línea de la siguiente tabla representa un evento temido por Cloud.es (activo esencial, criterio de seguridad, necesidad de seguridad según la escala de necesidades, fuentes de amenazas e impactos). La gravedad de cada evento crítico se estima (véase la escala de gravedad) sin tener en cuenta las medidas de seguridad existentes.

Evento temido	Necesidades de seguridad	Fuentes de amenazas	Impactos	Gravedad
Utilización de la infraestructura CLOUD-Infra				
Indisponibilidad de la infraestructura CLOUD-INFRA	8-24h	Avería eléctrica Incendios de locales Virus no dirigidos Ataques Error de software Problema de hardware	Imposibilidad de disponer de la base técnica para hacer funcionar los servicios CLOUD-IAAS No hay solución APS disponible	3-Importante
Alteración de la infraestructura CLOUD-INFRA	Masterizado	Error de software Error humano	Avería parcial Pérdida de credibilidad	2-Limitado
Compromiso de la infraestructura CLOUD-INFRA	Reservado	Ataques	Divulgación de información confidencial Avería parcial o total Pérdida de credibilidad	3-Importante
Imposibilidad de auditar la infraestructura CLOUD-INFRA	Grabación	Error humano o material	Imposibilidad de identificar al responsable del tratamiento o del acceso a los datos, riesgo de ataque	3-Importante

Evento temido	Necesidades de seguridad	Fuentes de amenazas	Impactos	Gravedad
Explotar el acceso a Internet				
Falta de acceso a Internet	8-24h	Avería eléctrica Incendios de locales Virus no dirigidos Ataques Error de software Problema de hardware	No se pueden conectar clientes de Internet a CLOUD-INFRA? Acceso remoto imposible	3-Importante
Alteración de la plataforma de Internet BGP	Masterizado	Error de software Error humano Ataques	Avería parcial Pérdida de credibilidad	3-Importante
Compromiso de la plataforma de Internet BGP	Reservado	Ataques	Divulgación de información confidencial Avería parcial o total Pérdida de credibilidad	2-Limitado
Imposibilidad de auditar la red de Internet	Registro	Error humano o material	Imposibilidad de identificar al responsable del tratamiento o del acceso a los datos, riesgo de ataque	2-Limitado

Evento temido	Necesidades de seguridad	Fuentes de amenazas	Impactos	Gravedad
Utilización de los servicios de CLOUD-IAAS				
Indisponibilidad de los servicios CLOUD-IAAS	8-24h	Avería eléctrica Incendios de locales Virus no dirigidos Ataques Error de software Problema de hardware	Imposibilidad de alojar aplicaciones y datos sanitarios Acceso imposible para los interesados	3-Importante
Cambios en los servicios de CLOUD-IAAS	Masterizado	Error de software Error humano	Incapacidad para cumplir las obligaciones legales Avería parcial Pérdida de credibilidad Problema de integridad Riesgo de fuga de datos sanitarios	4-Críticas

Evento temido	Necesidades de seguridad	Fuentes de amenazas	Impactos	Gravedad
Compromiso de los servicios CLOUD-IAAS	Reservado	Ataques	Incapacidad para cumplir las obligaciones legales Divulgación de información confidencial Avería parcial o total Pérdida de credibilidad Riesgo de fuga de datos sanitarios	4-Críticas
Imposibilidad de auditar los servicios CLOUD-IAAS	Grabación	Error humano o material	Imposibilidad de identificar al responsable del tratamiento o del acceso a los datos, riesgo de ataque	3-Importante

Evento temido	Necesidades de seguridad	Fuentes de amenazas	Impactos	Gravedad
Puesta en producción de los servicios CLOUD-IAAS Standard y Premium				
Indisponibilidad de la infraestructura CLOUD-IAAS	8-24h	Avería eléctrica Incendios de locales Virus no dirigidos Ataques Error de software Problema de hardware Fallo de la red (acceso)	Imposibilidad de contratar nuevos clientes en los servicios CLOUD-IAAS	3-Importante
Alteración de la infraestructura CLOUD-IAAS	Masterizado	Error de software Error humano	Incapacidad para cumplir las obligaciones legales y contractuales Avería parcial Pérdida de credibilidad Problema de integridad	4-Críticas
Compromiso de la infraestructura CLOUD-IAAS	Reservado	Ataques	Divulgación de información confidencial Avería parcial o total Pérdida de credibilidad	3-Importante

Evento temido	Necesidades de seguridad	Fuentes de amenazas	Impactos	Gravedad
Imposibilidad de auditar la infraestructura CLOUD-IAAS	Grabación	Error humano o material	Imposibilidad de identificar al responsable del tratamiento o del acceso a los datos, riesgo de ataque	3-Importante
Desarrollar el entorno para los clientes de CLOUD-IAAS				
Indisponibilidad de la infraestructura CLOUD-IAAS	8-24h	Avería eléctrica Incendios de locales Virus no dirigidos Ataques Error de software Problema de hardware Fallo de la red (acceso)	Imposibilidad de actualizar los servicios de los nuevos clientes a los servicios CLOUD-IAAS	3-Importante
Alteración de la infraestructura CLOUD-IAAS	Masterizado	Error de software Error humano	Incapacidad para cumplir las obligaciones legales y contractuales Avería parcial Pérdida de credibilidad Problema de integridad	4-Críticas

Evento temido	Necesidades de seguridad	Fuentes de amenazas	Impactos	Gravedad
Compromiso de la infraestructura CLOUD-IAAS	Reservado	Ataques	Divulgación de información confidencial Avería parcial o total Pérdida de credibilidad	4-Críticas
Imposibilidad de auditar la infraestructura CLOUD-IAAS	Grabación	Error humano o material	Imposibilidad de identificar al responsable del tratamiento o del acceso a los datos, riesgo de ataque	3-Importante
Devolver los datos sanitarios a los clientes				
Indisponibilidad de las redes de acceso a Internet	8-24h	Avería eléctrica Corte de Internet Problema de hardware Error de software	No se puede conectar con el cliente para restaurar los datos restaurados.	2-Limitado
Alteración de la infraestructura CLOUD-IAAS	Masterizado	Error de software Error humano Ataques	Avería parcial Pérdida de credibilidad	4-Críticas

Evento temido	Necesidades de seguridad	Fuentes de amenazas	Impactos	Gravedad
Compromiso de la infraestructura CLOUD-IAAS	Reservado	Ataques	Divulgación de información confidencial Avería parcial o total Pérdida de credibilidad	4-Críticas
Imposibilidad de auditar la infraestructura CLOUD-IAAS	Grabación	Error humano o material	Imposibilidad de identificar al responsable del tratamiento o del acceso a los datos, riesgo de ataque	3-Importante
Aplicación del procedimiento de reversibilidad				
Indisponibilidad de la infraestructura CLOUD-IAAS	8-24h	Avería eléctrica Corte de Internet Problema de hardware Error de software	Imposibilidad de llevar a cabo el procedimiento de reversibilidad	3-Importante
Alteración de la infraestructura CLOUD-IAAS	Masterizado	Error de software Error humano Ataques	Avería parcial Pérdida de credibilidad	4-Críticas

Evento temido	Necesidades de seguridad	Fuentes de amenazas	Impactos	Gravedad
Compromiso de la infraestructura CLOUD-IAAS	Reservado	Ataques	Divulgación de información confidencial Avería parcial o total Pérdida de credibilidad	4-Críticas
Imposibilidad de auditar la infraestructura CLOUD-IAAS	Registro	Error humano o material	Imposibilidad de determinar si la reversibilidad funciona correctamente, riesgo de ataque, riesgo de no confidencialidad	3-Importante

2.2 Evaluación de cada suceso peligroso

Se trata de evaluar la importancia de los acontecimientos temidos clasificándolos según los criterios de gestión de riesgos adoptados. La importancia de los sucesos temidos se evalúa utilizando la siguiente tabla:

Gravedad	Acontecimientos temidos
4 - Revisión	Alteración de la infraestructura CLOUD-IAAS Compromiso de la infraestructura CLOUD-IAAS

Gravedad	Acontecimientos temidos
3 - Importante	Indisponibilidad de la infraestructura CLOUD-INFRA Compromiso de la infraestructura CLOUD-INFRA Imposibilidad de auditar la infraestructura CLOUD-INFRA Indisponibilidad de la infraestructura CLOUD-IAAS Imposibilidad de auditar la infraestructura CLOUD-IAAS Falta de acceso a Internet Cambios en la plataforma de Internet
2 - Limitado	Alteración de la infraestructura CLOUD-INFRA Compromiso de la plataforma de Internet Imposibilidad de auditar la red de Internet
1 - Insignificante	

3. Módulo 3: estudio de escenarios de amenazas

El objetivo de este módulo es identificar sistemáticamente los modos de funcionamiento genéricos que pueden socavar la seguridad de la información en el ámbito del estudio: los escenarios de amenaza. La atención se centra en los activos de apoyo y no en los activos esenciales.

Análisis del escenario de amenazas

Se identifican las fuentes de amenazas que pueden dar lugar a los escenarios de amenaza y se estima la probabilidad de cada escenario de amenaza utilizando la escala de probabilidad.

Escenarios de amenaza	Fuentes de amenazas	Verosimilitud
SYS - Red CLOUD-INFRA		
Amenazas a la red CLOUD-INFRA que causan tiempos de inactividad	Error humano Ataques Fallo de hardware Incendio de locales Un fenómeno natural Virus no dirigidos Mantenimiento informático	3 - Fuerte
Amenazas a la red CLOUD-INFRA que causan daños	Error humano Fallo de hardware Error de software	2 - Significativo
Amenazas a la red CLOUD-INFRA que provocan un compromiso	Error humano Ataque Error de software	2 - Significativo
Amenazas a la red CLOUD-INFRA que causan problemas de auditabilidad	Error humano Error material	2 - Significativo
SYS - Red CLOUD-IAAS		
Amenazas a la red CLOUD-IAAS que causan tiempos de inactividad	Error humano Ataques Fallo de hardware Incendio de locales Fenómeno natural Virus no dirigidos Mantenimiento informático	3 - Fuerte
Amenazas a la red CLOUD-IAAS que causan daños	Error humano Fallo de hardware Error de software	2 - Significativo

Escenarios de amenaza	Fuentes de amenazas	Verosimilitud
Amenazas a la red CLOUD-IAAS que provocan un compromiso	Error humano Ataque Error de software	2 - Significativo
Amenazas a la red CLOUD-IAAS que provocan la imposibilidad de auditoría	Error humano Error material	2 - Significativo
SYS - Red de Internet		
Amenazas a la red de Internet que causan indisponibilidad	Error humano Ataques Fallo de hardware Incendio de locales Un fenómeno natural Virus no dirigidos Mantenimiento informático	3 - Fuerte
Amenazas a la red de Internet que causan daños	Error humano Fallo de hardware Error de software	2 - Significativo
Amenazas a la red de Internet que ponen en peligro la seguridad	Error humano Ataque Error de software	2 - Significativo
Amenazas a la red de Internet que causan problemas de auditabilidad	Error humano Error material	2 - Significativo

Escenarios de amenaza	Fuentes de amenazas	Verosimilitud
SYS - Red cental de TFC		
Amenazas a la red central de TFC que causan indisponibilidad	Error humano Ataques Fallo de hardware Incendio de locales Fenómeno natural Virus no dirigidos Mantenimiento informático	2 - Significativo
Amenazas a la red cental de TFC que causan daños	Error humano Fallo de hardware Error de software	2 - Significativo
Amenazas a la red central de TFC que causan un compromiso	Error humano Ataque Error de software	2 - Significativo
Amenazas a la red cental de TFC que imposibilitan la auditoría	Error humano Error material	2 - Significativo
ORG - Organización de la red cental de TFC		
Amenazas a la organización de la red cental de TFC que causan indisponibilidad	Enfermedad Accidente Huelga Empleado poco fiable	2 - Significativo
Amenazas a la organización de la red cental de TFC que provocan un deterioro	Enfermedad Accidente Huelga Empleado poco fiable	2 - Significativo
Amenazas a la organización de la red cental de TFC que ponen en peligro	Enfermedad Accidente Huelga Empleado poco fiable	2 - Significativo

Escenarios de amenaza	Fuentes de amenazas	Verosimilitud
Amenazas a la organización de la red cental de TFC, imposibilitando la auditoría	Error humano Error material	2 - Significativo
LOC - Instalaciones de la empresa de alojamiento		
Amenazas a los locales que causan indisponibilidad	Error humano Ataques Fallo de hardware Incendio de locales Un fenómeno natural Mantenimiento informático	2 - Significativo
Amenazas a los locales causando daños	Error humano Ataques Fallo de hardware Incendio de locales Un fenómeno natural Mantenimiento informático	2 - Significativo
Amenazas a los locales que ponen en peligro	Errores humanos, atentados Fallo de hardware Incendio de locales Un fenómeno natural Mantenimiento informático	2 - Significativo
Amenazas a los locales que los hacen inauditables	Error humano/material	2 - Significativo

Evaluación de los escenarios de amenaza

La importancia relativa de los escenarios de amenaza previamente analizados (identificados y estimados) se evalúa del siguiente modo:

Verosimilitud	Escenarios de amenaza
4 - Máximo	
3 - Fuerte	Amenazas a la red CLOUD-INFRA que causan tiempos de inactividad Amenazas a la red CLOUD-IAAS que causan tiempos de inactividad Amenazas a la red INTERNET que causan indisponibilidad
2 - Significativo	
1 - Mínimo	

4. Módulo 4: análisis de riesgos

4.1 Evaluación de riesgos

Cloud.es ha elaborado una lista de riesgos basada en los acontecimientos temidos y los escenarios de amenazas evaluados previamente.

Como los riesgos están vinculados al temido acontecimiento, hay un riesgo por cada línea del cuadro siguiente:

Evento temido	Gravedad	Escenarios de amenaza	Verosimilitud
Indisponibilidad de la infraestructura CLOUD-INFRA	3-Importante	Amenazas a la red CLOUD-INFRA que causan tiempos de inactividad	3 - Fuerte

Evento temido	Gravedad	Escenarios de amenaza	Verosimilitud
Alteración de la infraestructura CLOUD-INFRA	2-Limitado	Amenazas a la red CLOUD-INFRA que causan daños	2 - Significativo
Compromiso de la infraestructura CLOUD-INFRA	3-Importante	Amenazas a la red CLOUD-INFRA que provocan un compromiso	2 - Significativo
Imposibilidad de auditar la infraestructura CLOUD-INFRA	3-Importante	Amenazas a la red CLOUD-INFRA que imposibilitan la auditoría	2 - Significativo
Indisponibilidad de la red de Internet en la explotación	3-Importante	Amenazas a la red INTERNET que causan indisponibilidad	3 - Fuerte
Cambios en la plataforma de Internet	3-Importante	Amenazas a la red INTERNET que causan daños	2 - Significativo
Compromiso de la plataforma de Internet	2-Limitado	Amenazas a la red INTERNET que ponen en peligro la seguridad	2 - Significativo
Imposible auditar la plataforma de Internet	2-Limitado	Amenazas a la red INTERNET que imposibilitan la auditoría	2 - Significativo
Indisponibilidad de la infraestructura CLOUD-IAAS en las operaciones	3-Importante	Amenazas a la red CLOUD-IAAS que causan tiempos de inactividad	3 - Fuerte
Alteración de la infraestructura CLOUD-IAAS	2-Críticas	Amenazas a la red CLOUD-IAAS que causan daños	2 - Significativo

Evento temido	Gravedad	Escenarios de amenaza	Verosimilitud
Compromiso de la infraestructura CLOUD-IAAS	3-Críticas	Amenazas a la red CLOUD-IAAS causantes de un compromiso	2 - Significativo
Imposibilidad de auditar la infraestructura CLOUD-IAAS	3-importante	Amenazas a la red CLOUD-IAAS que imposibilitan la auditoría	2 - Significativo
Indisponibilidad de la red central TFC	2-Limitado	Amenazas a la red central de TFC que causan indisponibilidad	2 - Significativo
Alteración de la red cental de TFC	2-Limitado	Amenazas a la red central de TFC que causan daños	2 - Significativo
Compromiso de la red cental de TFC	2-Limitado	Amenazas a la red central de TFC causantes de un compromiso	2 - Significativo
Imposible auditar la red cental de TFC	2-Limitado	Amenazas a la red central de TFC que imposibilitan la auditoría	2 - Significativo
Indisponibilidad de la organización de la red cental de TFC	2-Limitado	Amenazas a la organización de la red cental de TFC que causan indisponibilidad	2 - Significativo
Cambios en la organización de la red cental de TFC	2-Limitado	Amenazas a la organización de la red cental de TFC que provocan un deterioro	2 - Significativo
Organización comprometida de la red cental de TFC	2-Limitado	Amenazas a la organización de la red cental de TFC que ponen en peligro	2 - Significativo

Evento temido	Gravedad	Escenarios de amenaza	Verosimilitud
Imposibilidad de auditar la organización de la red cental de TFC	2-Limitado	Amenazas a la organización de la red cental de TFC que imposibilitan una auditoría	2 - Significativo

NB: los siguientes procesos esenciales se consideran elementos del funcionamiento de los servicios de CLOUD-IAAS:

- Puesta en producción de los servicios CLOUD-IAAS.
- Seguir el ritmo de los cambios en el entorno del cliente.
- Llevar a cabo el proceso de devolución de datos sanitarios.
- Realización del proceso de reversibilidad.

4.2 Evaluación de riesgos

Se trata de evaluar la importancia de los riesgos clasificándolos según los criterios de gestión de riesgos adoptados.

	Verosimilitud			
Gravedad	**1-Mínimo**	**2-Significativo**	**3-Fuerte**	**4-Máximo**
4 - Revisión		Riesgo de dañar la infraestructura CLOUD-IAAS Riesgo asociado a la puesta en peligro de la infraestructura CLOUD-IAAS		

	Verosimilitud			
Gravedad	**1-Mínimo**	**2-Significativo**	**3-Fuerte**	**4-Máximo**
3 - Importante		Riesgo asociado al compromiso CLOUD-INFRA Riesgo de no auditabilidad CLOUD-INFRA Riesgo de no auditabilidad CLOUD-IAAS Riesgo ligado a la alteración de Internet	Riesgo vinculado a la indisponibilidad de CLOUD-INFRA ** Riesgo de indisponibilidad de CLOUD-IAAS ** Riesgo de indisponibilidad de Internet	
2 - Limitado		Riesgo de alteración CLOUD-INFRA		
		Riesgo de compromiso de Internet		
		Riesgo vinculado a la imposibilidad de auditar Internet		
		Riesgo vinculado a la indisponibilidad de la red de centros TFC		
		Riesgo relacionado con el compromiso de la red de la división TFC		

	Verosimilitud			
Gravedad	**1-Mínimo**	**2-Significativo**	**3-Fuerte**	**4-Máximo**
		Riesgo de daños en la red de centros TFC		
		Riesgo relacionado con la imposibilidad de auditar la red de la división TFC		
		Riesgo vinculado a la indisponibilidad de la organización de la División TFC		
		Riesgo de comprometer la organización de la División TFC		
		Riesgo asociado a la modificación de la organización de la División TFC		
		Riesgo relacionado con la imposibilidad de auditar la organización de la división TFC		
1 - Insignificante				

4.3 Identificación de los objetivos de seguridad

El objetivo de esta etapa es decidir cómo debe tratarse cada riesgo a la luz de su evaluación. Los riesgos prioritarios se han denominado R1, ..., R7 y los no prioritarios R15, ..., R25 (no auditabilidad) y R26 ... R31 (auditabilidad), para que puedan utilizarse más fácilmente en el estudio de las medidas de seguridad.

Riesgo	Evitación o rechazo	Descuento	Coger o retener	Transferir o compartir
Riesgo de dañar la infraestructura CLOUD-IAAS (R1)		X	X	
Riesgo asociado a la puesta en peligro de la infraestructura CLOUD-IAAS (R2)		X	X	
Riesgo de indisponibilidad CLOUD-INFRA (R3)		X	X	
Riesgo de indisponibilidad de Internet (R7)		X	X	X
Riesgo relacionado con el compromiso CLOUD-INFRA (R8)		X	X	
Riesgo relacionado con la imposibilidad de auditabilidad CLOUD-INFRA (R9)		X	X	
Riesgo de auditabilidad de CLOUD-IAAS (R10)		X	X	
Riesgo relacionado con la alteración de Internet (R14)		X	X	X

4.4 Análisis de los riesgos residuales

Una vez identificados los objetivos de seguridad, Cloud.es puso de relieve los siguientes riesgos residuales:

Riesgos residuales	Gravedad	Verosimilitud
INDISPONIBILIDAD, ALTERACIÓN Y COMPROMISO		
Riesgo asociado a la alteración de CLOUD-INFRA (R15)	2-Limitado	3-Significativo
Riesgo de compromiso de Internet (R19)	2-Limitado	3-Significativo
Riesgo relacionado con la indisponibilidad de la red central de TFC (R20)	2-Limitado	3-Significativo
Riesgo relacionado con el compromiso de la red central de TFC (R21)	2-Limitado	3-Significativo
Riesgo de daños en la red central de TFC (R22)	2-Limitado	3-Significativo
Riesgo relacionado con la indisponibilidad de la organización de la red central de TFC (R23)	2-Limitado	3-Significativo
Riesgo de comprometer la organización de la red central de TFC (R24)	2-Limitado	3-Significativo
Riesgo asociado a la modificación de la organización de la red central de TFC (R25)	2-Limitado	3-Significativo
AUDITABILIDAD		
Riesgo vinculado a la imposibilidad de auditar Internet (R29)	2-Limitado	3-Significativo
Riesgo relacionado con la imposibilidad de auditar la red de la red central de TFC (R30)	2-Limitado	3-Significativo
Riesgo relativo a la no auditabilidad de la organización de la red central de TFC (R31)	2-Limitado	3-Significativo

Estos riesgos residuales pueden reducirse más adelante, cuando los demás riesgos sean aceptables.

5. Módulo 5: estudio de las medidas de seguridad

Formalización de las medidas de seguridad que deben aplicarse

Determinar las medidas de seguridad

Riesgos prioritarios

Puede descargar un cuadro con la lista de medidas de seguridad destinadas a reducir o transferir los riesgos prioritarios.

Riesgos no prioritarios (excluida la auditabilidad)

El cuadro siguiente enumera las medidas de seguridad destinadas a reducir o transferir los riesgos no prioritarios.

Medidas de seguridad	R 15	R 16	R 17	R 18	R 19	R 20	R 21	R 22	R 23	R 24	R 25	Prevención	Protección	Recuperación
Sistema de intervención de enlaces de Internet BGP (intervención de proveedores 24/24)	x				x							x		x
Activación de una alarma de intrusión durante las horas de cierre del edificio	x	x	x	x	x	x	x	x				x		

Medidas de seguridad	R 15	R 16	R 17	R 18	R 19	R 20	R 21	R 22	R 23	R 24	R 25	Prevención	Protección	Recuperación
Dispositivo para proteger el acceso a los locales informáticos	x	x	x	x	x	x	x	x					x	
Instrucciones de cierre para las oficinas de TFC	x	x	x	x	x	x	x	x	x	x	x		x	
Sistema contra incendios	x	x	x	x	x	x	x	x					x	
Aire acondicionado	x	x	x	x	x	x	x	x				x		
Sistema de alimentación ininterrumpida	x	x	x	x	x								x	
Instalación de sistemas cortafuegos	x	x	x	x	x	x	x						x	
Instalación de software antivirus en estaciones de trabajo con W10	x	x	x	x	x	x	x	x				x		
Instalación de software antivirus en los servidores Windows de los clientes	x	x	x	x	x							x		
Sistema de detección de intrusos	x	x	x	x	x	x	x	x				x		

Medidas de seguridad	R 15	R 16	R 17	R 18	R 19	R 20	R 21	R 22	R 23	R 24	R 25	Prevención	Protección	Recuperación
Dispositivo para seguir y guardar las acciones de la sesión	x	x	x	x	x	x	x	x				x	x	
Control de acceso mediante contraseña a través de un proxy de autenticación	x	x	x	x	x	x	x	x				x	x	
Centralización en tiempo real de los registros en un servidor de registros	x	x	x	x	x	x	x	x						x
Copia de seguridad de los registros en un servidor de copia de seguridad	x	x	x	x	x	x	x	x						x
Archivado de registros en un servidor de archivo	x	x	x	x	x	x	x	x						x
Almacenamiento de contraseñas raíz en cajas fuertes bancarias	x	x	x	x	x	x	x	x	x	x	x		x	
Replicación de máquinas virtuales de clientes en el sitio secundario	x												x	x

Medidas de seguridad	R 15	R 16	R 17	R 18	R 19	R 20	R 21	R 22	R 23	R 24	R 25	Prevención	Protección	Recuperación
Copia de seguridad de los datos sanitarios en el sitio primario y replicación en el sitio secundario	x												x	x
Archivado de datos sanitarios en el sitio primario y replicación en el sitio secundario	x												x	x
Seguro multirriesgo profesional y de riesgos informáticos	x	x	x	x	x	x	x	x	x	x	x			x
Contrato de mantenimiento de equipos informáticos (servicio en 4 horas)	x	x	x	x	x	x	x	x				x		x
Contrato de mantenimiento de software	x	x	x	x	x	x	x	x				x		x
Soluciones CLOUD-IaaS	x											x	x	
Proceso de validación de la solución CLOUD-IaaS del cliente									x	x	x	x	x	

Riesgos no prioritarios (auditabilidad)

La siguiente tabla enumera las medidas de seguridad diseñadas para reducir o transferir los riesgos de auditabilidad no prioritarios:

Medidas de seguridad	R26	R27	R28	R29	R30	R31	Prevención	Protección	Recuperación
Sistema de intervención de enlaces de Internet BGP (intervención de proveedores 24/24)				x			x		x
Activación de una alarma de intrusión durante las horas de cierre del edificio	x	x	x	x	x		x		
Dispositivo para proteger el acceso a los locales informáticos	x	x	x	x	x			x	
Instrucciones de cierre para las oficinas de TFC	x	x		x	x			x	
Sistema contra incendios	x	x	x	x	x			x	
Aire acondicionado	x	x	x	x	x		x		
Sistema de alimentación ininterrumpida	x	x	x	x				x	
Instalación de sistemas cortafuegos	x	x	x	x				x	
Instalación de software antivirus en estaciones de trabajo con W10	x	x	x	x	x		x		
Instalación de software antivirus en los servidores Windows de los clientes	x	x	x	x	x		x		

Medidas de seguridad	R26	R27	R28	R29	R30	R31	Prevención	Protección	Recuperación
Sistema de detección de intrusos	x	x	x	x	x		x		
Dispositivo para seguir y guardar las acciones de la sesión	x	x	x	x	x		x	x	
Control de acceso mediante contraseña a través de un proxy de autenticación	x	x	x	x	x		x	x	
Centralización en tiempo real de los registros en un servidor de registros	x	x	x	x	x				x
Copia de seguridad de los registros en un servidor de copia de seguridad	x	x	x	x	x				x
Archivado de registros en un servidor de archivo	x	x	x	x	x				x
Almacenamiento de contraseñas raíz en cajas fuertes bancarias	x	x	x	x	x	x		x	
Replicación de máquinas virtuales de clientes en el sitio secundario	x							x	x
Copia de seguridad de los datos sanitarios en el sitio primario y replicación en el sitio secundario	x							x	x

Medidas de seguridad	R26	R27	R28	R29	R30	R31	Prevención	Protección	Recuperación
Archivado de datos sanitarios en el sitio primario y replicación en el sitio secundario	x							x	x
Seguro multirriesgo profesional y de riesgos informáticos	x	x	x	x	x	x			x
Contrato de mantenimiento de equipos informáticos (servicio en 4 horas)	x	x	x	x	x		x		x
Contrato de mantenimiento de software	x	x	x	x	x		x		x

Análisis de los riesgos residuales

Una vez aplicadas todas las medidas de seguridad previamente identificadas, el nivel de riesgo puede volver a estimarse del siguiente modo:

a) Dos riesgos de gravedad crítica y probabilidad significativa

- riesgo de dañar la infraestructura CLOUD-IAAS;
- riesgo asociado a la puesta en peligro de la infraestructura CLOUD-IAAS.

b) Un nuevo nivel de riesgo con una gravedad y probabilidad significativas.

c) Dos riesgos con un alto grado de gravedad y una alta probabilidad de ocurrencia

- riesgo vinculado a la indisponibilidad de CLOUD-INFRA;
- riesgo de indisponibilidad de Internet.

d) Un nuevo nivel de riesgo de gravedad limitada y probabilidad significativa

Aplicación de medidas de seguridad

El objetivo de esta actividad es elaborar y supervisar la aplicación del plan para hacer frente a los riesgos mediante medidas de seguridad.

Medidas de seguridad	Director	Dificultad	Coste financiero	Plazo	Avance
Sistema de intervención de enlaces de Internet BGP (intervención de proveedores 24/24)	CISO	Baja	Ninguno	existente	Completado
Activación de una alarma de intrusión durante las horas de cierre del edificio	CISO	Baja	Ninguno	existente	Completado
Dispositivo para proteger el acceso a los locales informáticos	CISO	Baja	Ninguno	existente	Completado
Instrucciones de cierre de las oficinas del Centro TFC	CISO	Baja	Ninguno	existente	Completado
Sistema contra incendios Detección + desconexión manual	Responsable de apoyo	Baja	Ninguno	existente	Completado

Medidas de seguridad	Director	Dificultad	Coste financiero	Plazo	Avance
Sistema contra incendios Desconexión automática	Responsable de apoyo	Baja	Ninguno	existente	Completado
Aire acondicionado	Responsable de apoyo	Baja	Ninguno	existente	Completado
Sistema de alimentación ininterrumpida	Responsable de apoyo	Baja	Ninguno	existente	Completado
Instalación de sistemas cortafuegos	CISO	Media	Ninguno	existente	Completado
Instalación de software antivirus en estaciones de trabajo con W10	Jefes de proyecto	Baja	Ninguno	existente	Completado
Instalación de software antivirus en servidores Windows de los clientes	Jefes de proyecto	Baja	Ninguno (compra/venta)	existente	Completado
Sistema de detección de intrusos	CISO	Media	existente	existente	Completado
Dispositivo para seguir y guardar las acciones de la sesión	CISO	Media	existente	existente	Completado

Medidas de seguridad	Director	Dificultad	Coste financiero	Plazo	Avance
Control de acceso mediante contraseña a través de un proxy de autenticación	CISO	Media	existente	existente	Completado
Centralización en tiempo real de los registros en un servidor de registros	Jefes de proyecto	Media	existente	existente	Completado
Copia de seguridad de los registros en un servidor de copia de seguridad	Jefes de proyecto	Media	existente	existente	Completado
Archivado de registros en un servidor de archivo	Jefes de proyecto	Media	existente	existente	Completado
Almacenamiento de contraseñas raíz en cajas fuertes bancarias	CISO	Media	existente	existente	Completado
Replicación de máquinas virtuales de clientes en el sitio secundario	Jefes de proyecto	Media	Existente	existente	Completado

Medidas de seguridad	Director	Dificultad	Coste financiero	Plazo	Avance
Copia de seguridad de los datos sanitarios en el sitio primario y replicación en el sitio secundario	Jefes de proyecto	Media	Existente	existente	Completado
Archivado de datos sanitarios en el sitio primario y replicación en el sitio secundario	Jefes de proyecto	Media	existente	existente	Completado
Seguro multirriesgo profesional y de riesgos informáticos	Director de Operaciones	Baja	Ninguno	existente	Completado
Contrato de mantenimiento de equipos informáticos (servicio en 4 horas)	Responsable de apoyo	Baja	Ninguno	existente	Completado
Contrato de mantenimiento de software	Responsable de apoyo	Baja	Ninguno	existente	Completado
Soluciones CLOUD-IaaS	Director de Operaciones	Baja	10.000 euros	T3 2013	En curso
Proceso de validación de la solución CLOUD-IaaS del cliente	Director de Operaciones	Baja	Ninguno	T3 2013	No iniciado (esperando al primer cliente)

Consideraciones adicionales

Para maximizar la seguridad de su actividad de alojamiento de datos sanitarios, Cloud.es tiene previsto completar y reforzar su sistema y su organización a lo largo de 2021:

- Generador en el emplazamiento primario: hemos identificado una medida de seguridad adicional en el sistema de suministro continuo de electricidad, a saber, la instalación de un generador en el emplazamiento primario durante 2021. Esta medida de seguridad mejorará la prevención de los riesgos de suministro eléctrico.
- Nombramiento de un gestor de riesgos ISO 27005: los CISO formados en ISO 27005 deben estar certificados antes de 2022.
- Elaboración de un sistema de gestión de la calidad para 2021, que conduzca a la certificación ISO 27001 para el negocio de alojamiento de datos sanitarios para 2022.

Anexo 2
La plataforma Wazuh HIPS/SIEM

1. Introducción

El objetivo de este capítulo técnico es presentar una herramienta de código abierto clave en la caja de herramientas de protección/detección/remediación del SOC: Wazuh, una verdadera plataforma de tipo SIEM combinada con funcionalidades avanzadas de protección de puntos finales (EDR). Este ejemplo es una primera ilustración de la posibilidad de utilizar componentes de software de alta calidad totalmente libres desde el punto de vista de las licencias.

2. Wazuh

2.1 Introducción

Bifurcación del proyecto OSSEC, Wazuh está llamado a convertirse en la referencia de código abierto para la detección de amenazas avanzadas a los sistemas de información. Wazuh es utilizado en todo el mundo por grandes grupos (fuente: wazuh.com). También es de gran interés para los MSSP (*Managed Security Service Provider*) que busquen implantar una solución rápida, fiable y de bajo coste, que pueda utilizarse para una fase inicial de experimentación o evaluación comparativa, o directamente para una fase de producción.

Wazuh es un sistema de protección contra intrusiones en host (HIPS) que aborda los problemas de detección de anomalías de amenazas/intrusiones/comportamiento, supervisión de la seguridad, respuesta a incidentes y cumplimiento de la normativa. Puede utilizarse para gestionar cualquier tipo de activo informático, incluidos puntos finales, servidores, servicios en la nube y contenedores. La funcionalidad HIPS se implementa a través de un agente instalado en puntos finales con un sistema operativo compatible.

Wazuh es también un SIEM que recopila, agrega, indexa y analiza datos de seguridad de fuentes externas.

Wazuh = Detección de amenazas + Supervisión + Respuesta a incidentes + Cumplimiento de normativas

Las principales características de Wazuh son las siguientes:

- Análisis de seguridad: es la funcionalidad para recoger los registros del "cliente", almacenarlos en el servidor Wazuh y analizarlos lo que hace de Wazuh una auténtica solución SIEM.
- Detección de intrusos: los agentes se encargan de buscar malware u otros rootkits, así como acciones sospechosas de usuarios o no usuarios. La detección también la gestiona el componente servidor de Wazuh.
- Análisis de datos de registro.
- Supervisión de la integridad de los archivos: el agente analiza los cambios de contenido, los derechos de acceso y los atributos de los archivos.

- Detección de vulnerabilidades: Wazuh es un verdadero escáner interno de vulnerabilidades, que analiza el inventario de aplicaciones de las estaciones de trabajo cliente. Cada inventario se envía al servidor, que lo correlaciona con la base de datos CVE (*Common Vulnerabilities and Exposures*). A continuación, pueden adoptarse medidas correctoras para actualizar el software.
- Evaluación de la configuración: la configuración del sistema y de las aplicaciones puede evaluarse correlacionando los registros notificados por el agente con las políticas de cumplimiento establecidas por la dirección de Wazuh y/o las normas internacionales. Se emiten alertas, con sugerencias de soluciones en caso de anomalías.
- Respuesta a incidentes: Wazuh puede utilizarse para lanzar comandos remotos basados en la amenaza identificada.
- Cumplimiento normativo: PCI DSS (sector bancario), HIPAA (sector sanitario), RGPD y otras normas como la 27001 requieren puntos de control que Wazuh implementa. Las alertas de seguridad se correlacionan con los requisitos normativos.
- Seguridad en la nube: con las cargas de trabajo de TI que se ejecutan en nubes públicas, es importante poder supervisar la seguridad de las máquinas virtuales asociadas. Wazuh es capaz de interrogar el contenido de las máquinas virtuales a través de las API proporcionadas por los principales proveedores de nubes públicas (Azure, AWZ, Google Cloud). Por lo tanto, es necesario instalar agentes Wazuh en las máquinas virtuales y conectar la unidad central Wazuh a las credenciales de la nube pública en cuestión.
- Seguridad de los contenedores: Wazuh interactúa con los servidores que alojan contenedores Docker y con los propios contenedores, supervisándolos del mismo modo que las máquinas virtuales en la nube pública. La supervisión de la seguridad abarca los contenedores, las imágenes Docker, los volúmenes y la configuración de red.
- Inteligencia sobre amenazas (TI): las fuentes de TI se integran con la solución Wazuh Cloud (de pago) y su motor de análisis, lo que mejora enormemente la detección de amenazas.

2.2 Arquitectura general

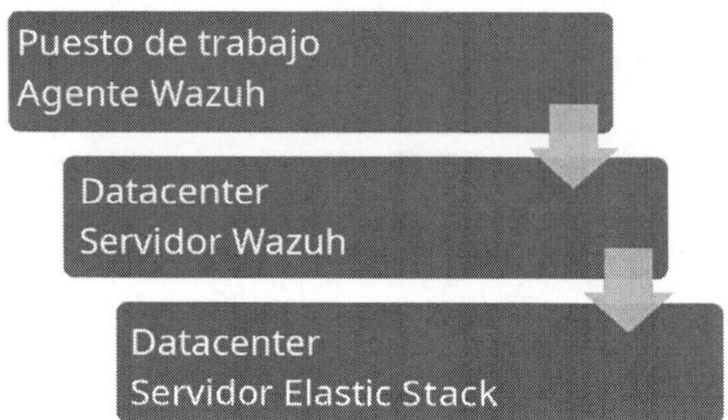

Arquitectura Wazuh en modo autónomo

Observación

El modo autónomo es especialmente adecuado para entornos POC, pruebas y pequeños entornos de red, un segmento dedicado a los desarrolladores. Para la monitorización en producción de varios miles de endpoints, es necesario instalar una arquitectura de clúster distribuida y redundante con roles claramente separados: clúster de n servidores Wazuh, servidor Kibana, clúster de n servidores Elasticsearch.

2.2.1 Agente Wazuh

La principal tarea del agente Wazuh es recopilar registros y eventos de ciberseguridad y enviarlos al servidor central.

A continuación, el agente realiza otras acciones que lo hacen muy diferente de un antivirus convencional, como las siguientes:

- Supervisión de la carga de memoria
- Supervisión de la integridad de archivos y claves de registro
- Análisis de los procesos y aplicaciones instalados
- Escaneo de puertos abiertos
- Y así sucesivamente.

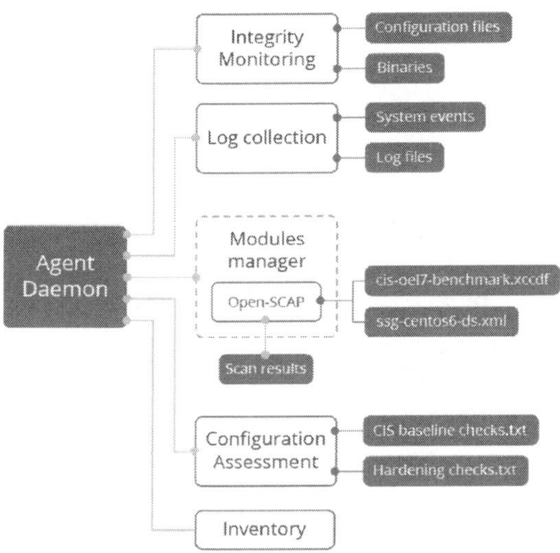

Arquitectura técnica de la plataforma Wazuh

Fuente: https://wazuh.com/product/#components

Los agentes se instalan en terminales Windows, Linux, Mac OS X, AIX, Solaris y HP-UX. Por tanto, no son compatibles con dispositivos activos como routers Cisco, switches 3COM u otros dispositivos críticos para la seguridad de la red y las transacciones.

El agente comunica los registros en tiempo real con el servidor mediante una comunicación cifrada y autenticada.

Observación

El agente Wazuh consume una cantidad muy pequeña de RAM, alrededor de 0,1 GB.

2.2.2 Servidor Wazuh

El servidor Wazuh puede instalarse en modo autónomo o en clúster. Además de su función como recopilador de registros, gestiona los agentes y las actualizaciones asociadas, y controla la corrección en las instalaciones mediante comandos de agente.

2.2.3 Elastic

Todas las alertas se envían a Elastic Stack para su almacenamiento e indexación. El ladrillo Kibana de Elastic Stack proporciona una interfaz web.

2.2.4 Wazuh Cloud

Wazuh también está disponible en modo Cloud como solución SaaS mantenida por los equipos de Wazuh. Esta arquitectura, por la que obviamente hay que pagar, permite pasar del modo CAPEX al modo OPEX, y ofrece la ventaja de poder dejar de suscribirse en cualquier momento.

El modelo de precios se basa en dos opciones:

- Oferta estándar, a partir de 500 $ al mes por 8 horas de cobertura al día durante 5 días (de lunes a viernes), dos revisiones al año y un GTR de 8 horas.
- Oferta Premium, a partir de 725 $ al mes para asistencia 24/7, 4 controles de salud al año y 4 horas de GTR.

Con estos paquetes, el número de puntos finales es ilimitado y los registros se conservan durante un año. El precio de la suscripción depende del volumen de registros.

Fuente: https://wazuh.com/cloud/

2.3 Instalación

En este ejemplo, la instalación se realiza en un servidor Linux con una distribución CentOS 7 (tenga en cuenta que el soporte finaliza el 31 de mayo de 2024) conectado a Internet. La instalación se realiza como root.

Si realiza la instalación a través de Oracle VM VirtualBox (v 6.1.18), asegúrese de configurar la interfaz de red en modo puente y compruebe que la máquina virtual que está instalando tiene acceso a Internet. La herramienta ifconfig no está instalada por defecto y puede ser muy útil para depurar problemas de red. La instalación se realiza mediante el siguiente comando:

```
# yum install net-tools
```

Entonces necesita recuperar la dirección IP asignada al servidor Wazuh; en nuestro ejemplo, esta es 192.168.0.1. Esto se hace fácilmente desde una consola Putty.

2.3.1 Instalación del gestor Wazuh

Importación de claves GPG

```
# rpm --import https://packages.wazuh.com/key/GPG-KEY-WAZUH
```

Añadir el repositorio

```
# cat > /etc/yum.repos.d/wazuh.repo << EOF
[wazuh]
gpgcheck=1
gpgkey=https://packages.wazuh.com/key/GPG-KEY-WAZUH
enabled=1
name=EL-$releasever - Wazuh
baseurl=https://packages.wazuh.com/4.x/yum/
protect=1
```

Instalación del gestor Wazuh e inicio del servicio

```
# yum install wazuh-manager
systemctl daemon-reload
systemctl enable wazuh-manager
systemctl start wazuh-manager
systemctl status wazuh-manager
wazuh-manager.service - Wazuh manager
  Loaded: loaded (/usr/lib/systemd/system/wazuh-manager.service;
enabled; vendor preset: disabled)
  Active: active (running) since sam. 2021-03-20 21:25:44 CET; 2s
ago
Proceso: 2178 ExecStart=/usr/bin/env ${DIRECTORY}/bin/ossec-
control start (code=exited, status=0/SUCCESS)
```

2.3.2 Instalación de Elasticsearch

En este ejemplo se utiliza la distribución Open Distro para Elasticsearch. Elasticsearch (la E del conjunto ELK) es un motor de búsqueda y análisis de datos.

Observación

Open Distro para Elasticsearch requiere JDK (Java Development Kit) instalado en el servidor, así como otros componentes de software.

```
# export JAVA_HOME=/usr/ && yum install curl unzip wget libcap &&
yum install java-11-openjdk-devel
```

2.3.3 Instalación y configuración de E(LK)

Instalación

```
# yum install opendistroforelasticsearch
curl -so /etc/elasticsearch/elasticsearch.yml
https://raw.githubusercontent.com/wazuh/wazuh-
documentation/4.1/resources/open-
distro/elasticsearch/7.x/elasticsearch_all_in_one.yml
```

El archivo de configuración /etc/elasticsearch/elasticsearch.yml ha sido modificado con los siguientes parámetros:

```
network.host: 0.0.0.0
node.name: node-1
cluster.initial_master_nodes: node-1
http.port : 9200
node.master: true
```

2.3.4 Añadir funciones y usuarios

Los usuarios wazuh_user y wazuh_admin son creados para usar el plugin Kibana, así como los roles wazuh_ui_users y wazuh_ui_admin.

```
# curl -so /usr/share/elasticsearch/plugins/opendistro_security/
securityconfig/roles.yml
https://raw.githubusercontent.com/wazuh/wazuh-
documentation/4.1/resources/open-distro/elasticsearch/roles/
roles.yml
# curl -so
/usr/share/elasticsearch/plugins/opendistro_security/
securityconig/roles_mapping
.yml https://raw.githubusercontent.com/wazuh/wazuh-
documentation/4.1/resources/open-
distro/elasticsearch/roles/roles_mapping.yml
# curl -so /usr/share/elasticsearch/plugins/opendistro_security/
securityconfig/internal_users.yml
https://raw.githubusercontent.com/wazuh/wazuh-
documentation/4.1/resources/open-
distro/elasticsearch/roles/internal_users.yml
```

Gestión de la seguridad del servidor mediante certificados SSL

```
# rm /etc/elasticsearch/esnode-key.pem
/etc/elasticsearch/esnode.pem /etc/elasticsearch/kirk-key.pem
/etc/elasticsearch/kirk.pem /etc/elasticsearch/root-ca.pem -f
# mkdir /etc/elasticsearch/certs
# cd /etc/elasticsearch/certs
# curl -so ~/search-guard-tlstool-1.8.zip https://maven.search-
guard.com/search-guard-tlstool/1.8/search-guard-tlstool-1.8.zip
# unzip ~/search-guard-tlstool-1.8.zip -d ~/searchguard
# curl -so ~/searchguard/search-guard.yml
https://raw.githubusercontent.com/wazuh/wazuh-
documentation/4.1/resources/open-distro/searchguard/
search-guard-aio.yml
~/searchguard/tools/sgtlstool.sh -c
~/searchguard/search-guard.yml -ca -crt -t
/etc/elasticsearch/certs/
# rm /etc/elasticsearch/certs/client-certificates.readme
/etc/elasticsearch/certs/elasticsearch_elasticsearch_config_snipp
et.yml ~/search-guard-tlstool-1.8.zip ~/searchguard -rf
```

La utilidad TLS Search Guard se utiliza para crear certificados en el servidor Wazuh. Ejecutando el comando `sgtlstool.sh` se obtiene el siguiente resultado:

```
Root certificate has been sucessfully created.
Created 4 node certificates.
Created 2 client certificates.
```

Lanzamiento del servicio Elasticsearch

```
# systemctl daemon-reload
# systemctl enable elasticsearch
# systemctl start elasticsearch
```

El servicio Elasticsearch está en funcionamiento.

```
systemctl status elasticsearch.service
elasticsearch.service - Elasticsearch
  Loaded: loaded (/usr/lib/systemd/system/elasticsearch.service;
enabled; vendor preset: disabled)
  Active: active (running) since dim. 2021-03-21 00:21:53 CET;
32s ago
```

Iniciar el servicio con el certificado

```
#
/usr/share/elasticsearch/plugins/opendistro_security/tools/
securityadmin.sh -cd
/usr/share/elasticsearch/plugins/opendistro_security/
securityconfig/
-nhnv -cacert /etc/elasticsearch/certs/root-ca.pem -cert
/etc/elasticsearch/certs/admin.pem -key
/etc/elasticsearch/certs/admin.key
```

Securityadmin se utiliza para cargar la información del nuevo certificado e iniciar el servidor Elasticsearch.

Consulta de Elasticsearch

```
curl -XGET https://localhost:9200 -u admin:admin -k
{
 "name" : "node-1",
 "cluster_name" : "elasticsearch",
 "cluster_uuid" : "2QAvZTHISpiWuZy503UJ9g",
 "version" : {
   "number" : "7.10.0",
   "build_flavor" : "oss",
   "build_type" : "rpm",
   "build_hash" : "51e9d6f22758d0374a0f3f5c6e8f3a7997850f96",
   "build_date" : "2020-11-09T21:30:33.964949Z",
   "build_snapshot" : false,
   "lucene_version" : "8.7.0",
   "minimum_wire_compatibility_version" : "6.8.0",
   "minimum_index_compatibility_version" : "6.0.0-beta1"
 },
 "tagline" : "Ya sabes, para buscar"
}
```

Instalación de Filebeat

Filebeat es una aplicación de software intermediaria para transferir alertas y eventos al servidor Elasticsearch.

```
# yum install filebeat curl -so
/etc/filebeat/filebeat.yml
https://raw.githubusercontent.com/wazuh/wazuh-
documentation/4.1/resources/open-distro/filebeat/7.x/
filebeat_all_in_one.yml
# curl -so /etc/filebeat/wazuh-template.json
https://raw.githubusercontent.com/wazuh/wazuh/4.1/extensions/elas
ticsearch/7.x/wazuh-template.json
chmod go+r /etc/filebeat/wazuh-template.json
# curl -s https://packages.wazuh.com/4.x/filebeat/wazuh-filebeat-
0.1.tar.gz | tar -xvz -C /usr/share/filebeat/module
# mkdir /etc/filebeat/certs
# cp /etc/elasticsearch/certs/root-ca.pem /etc/filebeat/certs/
# mv /etc/elasticsearch/certs/filebeat* /etc/filebeat/certs/
# systemctl daemon-reload
# systemctl enable filebeat
# systemctl start filebeat
```

Comprobar que Filebeat funciona correctamente

```
# filebeat test output
elasticsearch: https://127.0.0.1:9200...
 parse url... OK
 connection...
   parse host... OK
   dns lookup... OK
   direcciones: 127.0.0.1
   dial up... OK
 TLS...
   security: server's certificate chain verification is enabled
   handshake... OK
   TLS version: TLSv1.3
   dial up... OK
 talk to server... OK
 version: 7.10.0
```

Instalación de Kibana

Kibana (la K del conjunto ELK) es el servidor que muestra los datos a través de una interfaz web.

```
# yum install opendistroforelasticsearch-kibana
# curl -so /etc/kibana/kibana.yml
https://raw.githubusercontent.com/wazuh/wazuh-
documentation/4.1/resources/open-distro/kibana/7.x/
kibana_all_in_one.yml
# mkdir /usr/share/kibana/data
# chown -R kibana:kibana /usr/share/kibana/data
# cd /usr/share/kibana
# sudo -u kibana /usr/share/kibana/bin/kibana-plugin install https:/
/packages.wazuh.com/4.x/ui/kibana/
wazuh_kibana-4.1.2_7.10.0-1.zip
# mkdir /etc/kibana/certs
# cp /etc/elasticsearch/certs/root-ca.pem /etc/kibana/certs/
# mv /etc/elasticsearch/certs/kibana_http.key /etc/kibana/certs/
kibana.key
# mv /etc/elasticsearch/certs/kibana_http.pem /etc/kibana/certs/
kibana.pem
# setcap 'cap_net_bind_service=+ep' /usr/share/kibana/node/bin/node
# systemctl daemon-reload
# systemctl enable kibana
# systemctl start kibana
```

2.4 Utilice

El servidor Wazuh con Elasticsearch, Filebeat y Kibana está instalado. A continuación, puede acceder a la interfaz de gestión a través de su URL.

```
URL: https://<wazuh_server_ip>
user : admin
password: admin
```

Se puede cambiar la contraseña de administrador (regla básica) en el:

/usr/share/elasticsearch/plugins/opendistro_security/securityconfig/internal_users.yml

2.5 Resumen de las funciones de la interfaz de gestión de Wazuh

La interfaz de gestión tiene el siguiente aspecto:

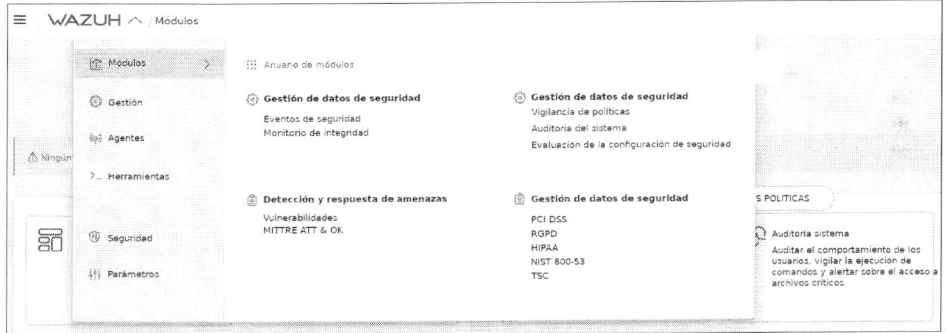

Interfaz de gestión Wazuh

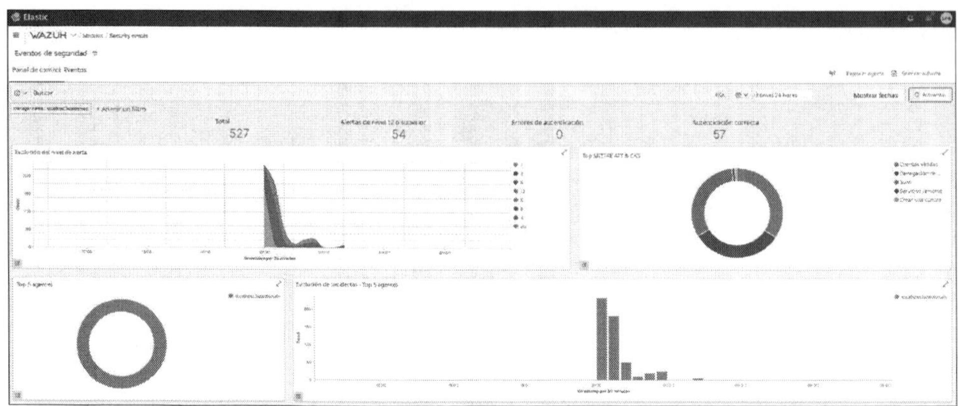

Acontecimientos relacionados con la seguridad

En esta fase no se ha instalado ningún agente en un endpoint. Por lo tanto, es necesario instalar un agente en una estación de trabajo Windows y otro en un servidor CentOS.

El módulo Kibana le permite acceder a la funcionalidad **Descubrir** para ver las últimas alertas lanzadas por Wazuh.

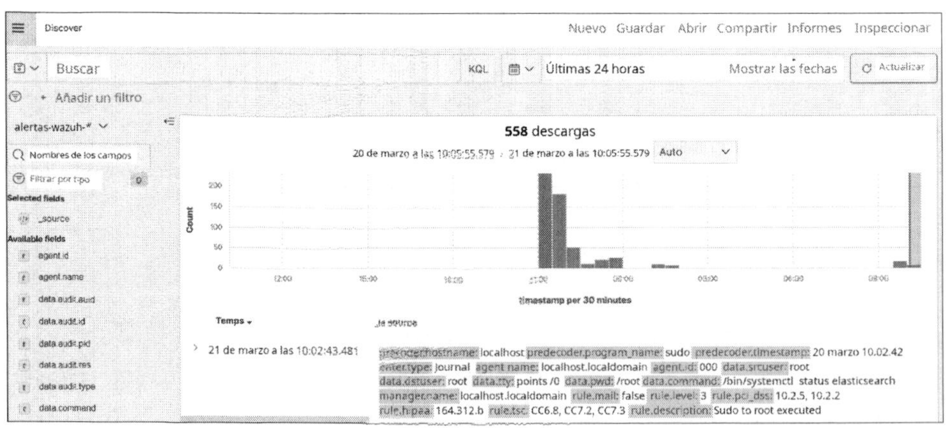

Alertas Kibana

2.6 Instalación del agente Wazuh en el servidor CentOS de gestión Wazuh

El agente Wazuh para CentOS está disponible en el sitio Wazuh en la siguiente dirección:
https://documentation.wazuh.com/current/installation-guide/packages-list.html#paquetes

2.7 Instalación del agente Wazuh en Windows

Una vez que haya descargado el agente Wazuh para Windows desde el sitio web Wazuh, es necesario completar los siguientes pasos para finalizar la instalación:

– Instalación del paquete .msi desde la línea de comandos

```
# wazuh-agent-4.1.2-1.msi /q
```

– Registro de configuración del agente

Al agente se le debe decir con cual servidor Wazuh (dirección IP) debe comunicarse.

```
# wazuh-agent-4.1.2-1.msi /q WAZUH_MANAGER="192.168.0.1"
WAZUH_REGISTRATION_SERVER="192.168.0.1"
```

En Windows 10, el agente se instala en la carpeta C:\Windows\Programs (x86)\ossec_agent.

La utilidad win32ui.exe se utiliza para comprobar que el agente se ha iniciado.

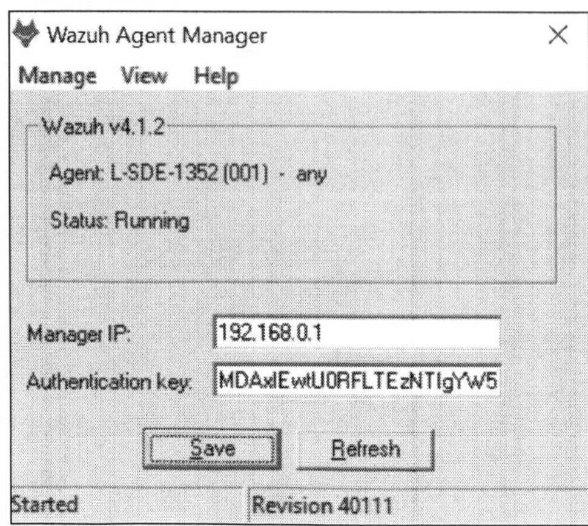

Gestión del agente Wazuh en Windows 10

Observación

Para desinstalar el agente, utilice el siguiente comando:
`msiexec.exe / x wazuh-agent-4.1.2-1.msi / qn`

2.8 Instalación de un agente Linux en una máquina virtual CentOS 7

La instalación debe realizarse como raíz.

```
# rpm --import https://packages.wazuh.com/key/GPG-KEY-WAZUH
# cat > /etc/yum.repos.d/wazuh.repo << EOF
[wazuh]
gpgcheck=1
gpgkey=https://packages.wazuh.com/key/GPG-KEY-WAZUH
enabled=1
name=EL-$releasever - Wazuh
baseurl=https://packages.wazuh.com/4.x/yum/
protect=1
EOF
#yum install wazuh-agent
# WAZUH_MANAGER="192.168.0.39" # systemctl
daemon-reload
# systemctl enable wazuh-agent
```

```
systemctl start wazuh-agent
```

El resultado debería ser el siguiente:

```
wazuh-agent.service - Wazuh agent
  Loaded: loaded (/usr/lib/systemd/system/wazuh-agent.service;
enabled; vendor preset: disabled)
  Active: active (running) since dim. 2021-03-21 12:16:43 CET;
32s ago
```

Los archivos del agente están en /var/ossec y el archivo de configuración en /var/ossec/etc/ossec.conf. Es útil indicar la dirección IP del gestor en el fichero ossec.conf:

```
<server>
     <address>192.168.0.1</address>
     <port>1514</port>
     <protocol>tcp</protocol>
   </server>
```

El agente Linux ahora necesita ser añadido al servidor Wazuh para que la información pueda ser intercambiada.

Sobre el director

En este método se utiliza la utilidad manage_agents.

```
[root@localhost bin]# ./manage_agents
****************************************
* Wazuh v4.1.2 Agent manager.          *
* The following options are available: *
****************************************
  (A)dd an agent (A).
  (E)xtract key for an agent (E).
  (L)ist already added agents (L).
  (R)emove an agent (R).
  (Q)uit.
Choose your action: A,E,L,R or Q: A

- Adding a new agent (use '\q' to return to the main menu).
 Please provide the following:
  * A name for the new agent: CentOS7
  * The IP Address of the new agent: 192.168.0.39
Confirm adding it?(y/n): y
Agent added with ID 002.
```

```
*************************************
* Wazuh v4.1.2 Agent manager.       *
* The following options are available: *
*************************************
   (A)dd an agent (A).
   (E)xtract key for an agent (E).
   (L)ist already added agents (L).
   (R)emove an agent (R).
   (Q)uit.
Choose your action: A,E,L,R or Q: E

Available agents:
   ID: 001, Name: L-SDE-1352, IP: any
   ID: 002, Name: CentOS7, IP: 192.168.0.39
Provide the ID of the agent to extract the key (or '\q' to quit): 002

Agent key information for '002' is:
MDAyIENlbnRPUzcgMTkyLjE2OC4wLjM5IGI4N2ExMDZjZTk1MTgxYmY3OWUyNWNiNTl
lOTJlMTZlMzI3NzRhNGI0NzMzZGE4MWY1MDgyOGY3NjljNzM5ZTY=

** Press ENTER to return to the main menu.
```

En el servidor CentOS 7 con el agente Linux

```
[root@localhost bin]# ./manage_agents
*************************************
* Wazuh v4.1.2 Agent manager.       *
* The following options are available: *
*************************************
   (I)mport key from the server (I).
   (Q)uit.
Choose your action: I or Q: I

* Provide the Key generated by the server.
* The best approach is to cut and paste it.
*** OBS: Do not include spaces or new lines.

Paste it here (or '\q' to quit):
MDAyIENlbnRPUzcgMTkyLjE2OC4wLjM5IGI4N2ExMDZjZTk1MTgxYmY3OWUyNWNiN
TllOTJlMTZlMzI3NzRhNGI0NzMzZGE4MWY1MDgyOGY3NjljNzM5ZTY=
 Agent information:
   ID:002
   Name:CentOS7
   IP Address:192.168.0.39
```

```
Confirm adding it?(y/n): y
Added.
```

Comprobar que ambos agentes están presentes en las instalaciones del gestor

```
[root@localhost bin]# /var/ossec/bin/agent_control -lc

Wazuh agent_control. List of available agents:
  ID: 000, Name: localhost.localdomain (server), IP: 127.0.0.1,
Active/Local
  ID: 001, Name: L-SDE-1352, IP: any, Active
```

2.9 Análisis de la información de registro de los agentes de Windows y Linux

En el gestor, en la interfaz gráfica, ahora es posible ver información de los dos agentes:

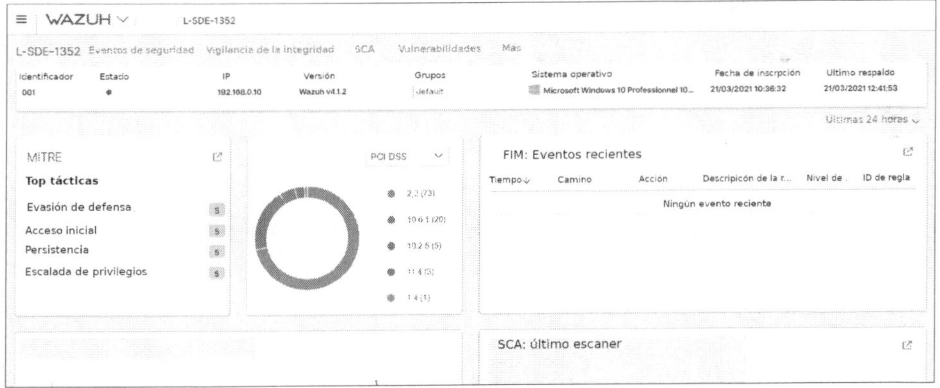

Información sobre el agente Wazuh

2.10 Detección de un ataque de fuerza bruta SSH

Intentando reproducir un ataque de conexión SSH en el servidor CentOS 7 donde está instalado el agente Linux, Wazuh detectará un comportamiento anormal.

Ejemplo de ataque: reproducir diez veces la conexión SSH probando diferentes contraseñas.

```
# ssh toto@192.168.0.1
```

La interfaz de Wazuh proporciona alertas visuales inmediatas:

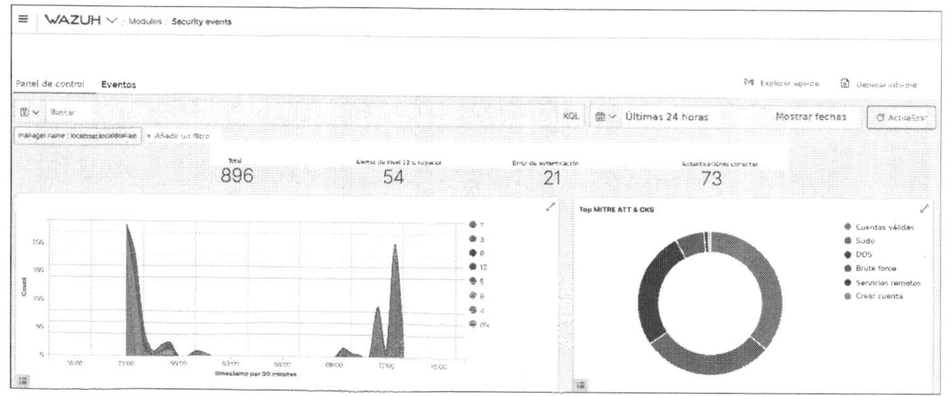

Eventos de seguridad del agente Wazuh

Así como la correlación con el sistema de referencia MITRE:

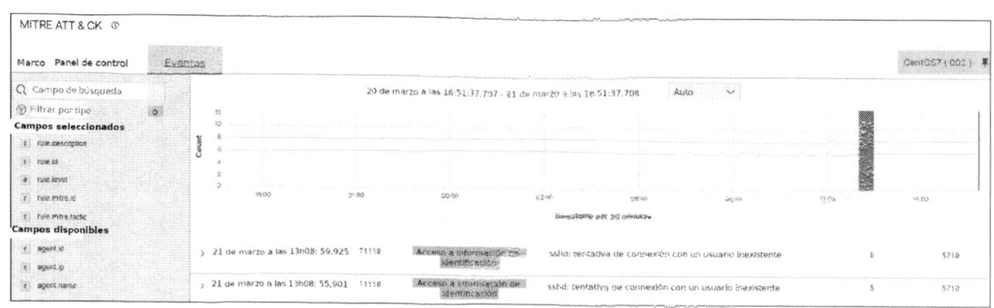

Correlación con la matriz MITRE

2.11 Cumplimiento del RGPD

Una de las características de Wazuh es la posibilidad de controlar el cumplimiento de las normas internacionales. En lo que respecta al RGPD, Wazuh tiene en cuenta los siguientes capítulos del RGPD:

- Capítulo 2 - Principios
- Capítulo 3 - Derechos del interesado
- Capítulo 4 - Controlador y procesador

Wazuh comprueba la integridad y el acceso a los archivos.

De este modo, se puede detectar una secuencia de modificaciones o eliminaciones de archivos en la carpeta /root/personnal_data.

Con la configuración adecuada basada en etiquetas RGPD y reglas correlacionadas con los requisitos RGPD, Wazuh ofrece supervisión del cumplimiento RGPD en su interfaz de gestión.

La función **Informe** puede utilizarse para crear un informe de cumplimiento del RGPD que muestre, por ejemplo, cualquier alerta encontrada en relación con los requisitos cubiertos por los capítulos pertinentes del RGPD.

WAZUH

info@wazuh.com
https://wazuh.com

GDPR report

ID	Name	IP	Version	Manager	OS	Registration date	Last keep alive
002	CentOS7	192.168.0.39	Wazuh v4.1.2	localhost.localdomain	CentOS Linux 7.9	2021-03-21T11:24:15Z	2021-03-21T12:34:16Z

Group: default

General Data Protection Regulation (GDPR) sets guidelines for processing of personal data.

2021-03-20T16:44:18 to 2021-03-21T16:44:18
manager.name: localhost.localdomain AND rule.gdpr: exists AND agent.id: 002 AND rule.gdpr: IV_35.7.d

Most common GDPR requirements alerts found

Requirement IV_35.7.d

Capabilities for identification, blocking and forensic investigation of data breaches by malicious actors, through compromised credentials, unauthorized network access, persistent threats and verification of the correct operation of all components. Network perimeter and endpoint security tools to prevent unauthorized access to the network, prevent the entry of unwanted data types and malicious threats. Anti-malware and anti-ransomware to prevent malware and ransomware threats from entering your devices. A behavioral analysis that uses machine intelligence to identify people who do anomalous things on the network, in order to give early

Informe del RGPD

Es posible establecer el punto de referencia ISO 27001 en Wazuh para supervisar el cumplimiento de esta norma de seguridad.

Anexo 3
Escáner de vulnerabilidades OpenVAS

1. Introducción

El objetivo de este capítulo técnico es presentar una segunda herramienta de código abierto esencial en la panoplia de herramientas de ciberseguridad y SOC: OpenVAS, un motor de escáner de vulnerabilidades informáticas.

2. OpenVAS

2.1 Introducción

OpenVAS, acrónimo de *Open Vulnerability Assessment System* (sistema abierto de evaluación de vulnerabilidades), se creó (a través de una bifurcación) en 2006 cuando Tenable cambió el software Nessus a modo comercial. OpenVAS tiene licencia GNU GPL.

Se trata de un escáner de vulnerabilidades, es decir, su función es auditar objetivos IP para detectar vulnerabilidades del sistema y de las aplicaciones. Las principales funciones son las siguientes:

- Análisis de puertos en una dirección IP para encontrar servicios abiertos: pruebas de servicios abiertos para descubrir vulnerabilidades conocidas y errores de configuración. Este análisis se realiza mediante una base de datos (53.000 comprobaciones NVT - *Network Vulnerability Tests*): las pruebas de vulnerabilidad se realizan mediante pruebas integradas actualizadas diariamente a través de *Greenbone Community Feed* (GCF).
- Informes de vulnerabilidad: ofrecen una visión detallada de las vulnerabilidades, lo que permite adoptar las medidas correctoras necesarias.

Cualquier elemento con una dirección IP es elegible: estación de trabajo, servidor, impresora, router, etc.

OpenVAS le permite ejecutar pruebas no autenticadas y pruebas autenticadas (que requieren información de cuenta de usuario, como nombre de usuario y contraseña).

OpenVAS, también conocido como GVM (*Greenbone Vulnerability Manager*), es la herramienta ideal para determinar la superficie de exposición de los servicios de un sistema de información. Proporciona un punto de partida, una instantánea de la situación existente, un verdadero mapeo de vulnerabilidades.

La versión comunitaria se llama *Greenbone Community Edition* (GCE). Está diseñada para entornos pequeños.

Observación

Fuente: https://www.openvas.org/

2.2 La versión comercial

GSM (*Greenbone Security Manager*), la versión comercial ofrecida por Greenbone, proporciona asistencia al cliente, así como funciones adicionales, en particular para las fuentes de seguridad. Esta versión está diseñada para su uso en producción para escaneos a gran escala.

2.3 Comparación de las distintas versiones de Security Feed

Features	Greenbone Security Feed	Greenbone Community Feed
NVTs included	Every NVT	Only basic NVTs
Quality Assurance (QA)	Consistent	Variable
Availability	Assured with SLA	No promise
Fixes / Improvements	Assured with SLA	No promise
Support	Assured with SLA	Via community on voluntary basis
Updates	Constantly / daily	Constantly / daily, but without enterprise features
Transfer	Encrypted	Unencrypted
NVT Signatures	SLA for QA / Fixes	Transfer Integrity

Group	GSF	GCF
HOT NVTs	Y	Y
NVTs for Home Products	Y	Y
German "Grundschutz"	Y	Y
NVTs for Enterprise Products	Y	N
Compliance (i.e. PCI, ISO27001)	Y	N
Operational Technology (ICS / SCADA)	Y	N
Signed NVTs	Y	N

Comparación de las versiones GSF y GCF

Observación

La base de conocimientos sobre vulnerabilidades es necesariamente más limitada con la versión de código abierto que con la versión comercial. Por ejemplo, las vulnerabilidades vinculadas a productos de Microsoft como SQL Server, Exchange y SharePoint, a productos de proveedores como Palo Alto Networks, Cisco, Juniper Networks, Fortinet y VMware, y a software conocido como Lotus Notes o SAP, no se tienen en cuenta con GCF.

Observación

Fuente: https://www.greenbone.net/wp-content/uploads/The-Different-Flavors-of-Greenbones-Technology-20180205.pdf

2.4 Dispositivos OpenVAS

Greenbone comercializa varios dispositivos de hardware con fines de robustez, con compatibilidad total con el editor: solución para PYME (GSM 150), soluciones de gama media (GSM 450/600/650) y soluciones para empresas (GSM 5400, 6500).

2.5 Arquitectura general

2.5.1 Backend

OpenVAS es un marco compuesto por varios módulos backend:

- OpenVAS Scanner: exploración de vulnerabilidades, vinculada a la base de datos NVT de vulnerabilidades conocidas.
- OpenVAS Manager: gestión de escáneres, gestión de auditorías e informes, escritura de bases de datos SQLite.
- Administrador de OpenVAS: responsable de la gestión de usuarios.

2.5.2 Frontend

El backend se complementa con módulos frontend:

- OpenVAS CLI: interfaz de línea de comandos para la interacción con el módulo Manager.
- Greenbone Security Assistant: cliente web OpenVAS Manager.
- Greenbone Security Desktop: interfaz web que presenta el cuadro de mandos de OpenVAS.

2.5.3 Diagrama de arquitectura de OpenVAS

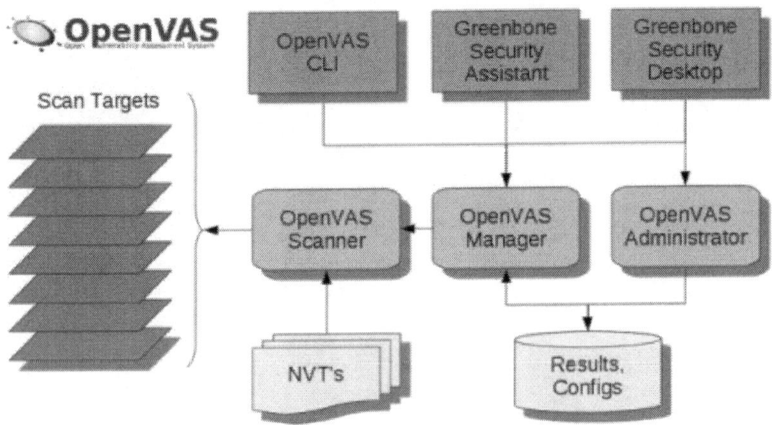

Arquitectura OpenVAS

2.6 Instalación de CentOS

En este ejemplo, la instalación se realiza en un servidor Linux con una distribución CentOS 7 (fin de soporte: 31 de mayo de 2024) conectado a Internet. La instalación se realiza como root.

Si realiza la instalación a través de Oracle VM VirtualBox (v 6.1.18), asegúrese de configurar la interfaz de red en modo puente y compruebe que la máquina virtual que está instalando tiene acceso a Internet. La herramienta ifconfig no está instalada por defecto y puede ser útil para depurar problemas de red. La instalación se realiza mediante el siguiente comando:

```
# yum install net-tools
```

La configuración mínima para OpenVAS es un servidor virtual instalado en una zona de red de tipo DMZ con al menos 2 procesadores, 4 GB de RAM y 30 GB de espacio en disco.

El servidor debe estar situado en la DMZ "Herramientas-Cyber" para poder escanear las IPs alcanzables.

2.6.1 Desactivar SELinux

```
# sed -i 's/=enforcing/=disabled/' /etc/selinux/config
```

El servidor debe reiniciarse después de este comando.

2.6.2 Autorizar los puertos 9392, 443 y 80

La utilidad firewall-cmd se utiliza para configurar el servicio de cortafuegos *firewalld* en CentOS 7.

```
# firewall-cmd --state
running
# firewall-cmd --zone=public --add-port=9392/tcp --permanent
success firewall-cmd --reload
success
# firewall-cmd --get-active-zones
public
  interfaces: eth0
# firewall-cmd --list-all
public (active)
  target: default
  icmp-block-inversion: no
  interfaces: eth0
  sources:
  services: dhcpv6-client ssh
  ports: 9392/tcp
  protocols:
  masquerade: no
  forward-ports:
  source-ports:
  icmp-blocks:
  rich rules:
```

2.6.3 Instalación de utilidades

```
# yum -y install wget rsync curl
```

2.6.4 Instalación del repositorio Atomic

El repositorio oficial "atomic" debe estar instalado para ejecutar OpenVAS.

```
# wget -q -O - https://updates.atomicorp.com/installers/atomic | sh
```

Aceptamos la licencia.

```
Do you agree to these terms? (yes/no) [Default: yes] yes

Configuring the [atomic] repo archive for this system

Installing the Atomic GPG keys: OK

Downloading atomic-release-1.0-21.el7.art.noarch.rpm:
Preparing...
################################# [100%]
Updating / installing...
  1:atomic-release-1.0-21.el7.art
################################# [100%]
OK

Enable repo by default? (yes/no) [Default: yes]: yes


The Atomic repo has now been installed and configured
for your system
The following channels are available:
 atomic          - [ACTIVATED] - contains the stable tree of ART
packages
 atomic-testing  - [DISABLED]  - contains the testing tree of ART
packages
 atomic-bleeding - [DISABLED]  - contains the development tree
of ART packages
```

2.6.5 Installation d'OpenVAS (GVM)

```
# yum -y install greenbone-vulnerability-manager-10.0.0-
6947.el7.art.noarch
```

Observación

Tenga en cuenta que la instalación tarda unos cinco minutos. Este paquete sustituye al paquete openvas.

Se instalan dos paquetes:

```
Instalación:
greenbone-vulnerability-manager   noarch    10.0.0-
6947.el7.art    atomic       19 k
Instalación para dependencias:
openvas-scanner                         x86_64     7.0.0-
9465.el7.art    atomic       247 k
```

Openvas-scanner es el componente servidor de la suite OpenVAS Network Vulnerability Scanner.

2.6.6 Configuración de OpenVAS

```
# openvas-setup
Openvas Setup, Version: 4.0.1
Error: Selinux is set to (Enforcing)
 selinux must be disabled in order to use openvas
 exiting....
Hay que desactivar Selinux y reiniciar el servidor

# openvas-setup

Openvas Setup, Version: 4.0.1

Redirecting to /bin/systemctl restart redis.service

Step 1: Update NVT, CERT, and SCAP data
Please note this step could take some time.
Once completed, this will be updated automatically every 24 hours

Select download method

 * wget (NVT download only)
 * curl (NVT download only)
 * rsync

 Note: If rsync requires a proxy, you should define that before
this step.

Downloader [Default: rsync]
```

```
-- Output --
Step 2: Configure GSAD
The Greenbone Security Assistant is a Web Based front end
for managing scans. By default it is configured to only allow
connections from localhost.

Allow connections from any IP? [Default: yes]
Redirecting to /bin/systemctl restart gsad.service

Step 3: Choose the GSAD admin users password.
The admin user is used to configure accounts,
Update NVT's manually, and manage roles.

Enter administrator username [Default: admin] :
Enter Administrator Password:
Verify Administrator Password:
```

```
-- Output --
Rebuilding NVT cache... done.

Setup complete, you can now access GSAD at:
https://<IP>:9392
```

Observación

Se accede al servidor en https://@IP:9392.

2.7 Instalación Kali

Kali es una distribución Linux basada en Debian y especialmente dedicada a las herramientas de ciberseguridad, en particular a las que permiten realizar pruebas de penetración. Kali ofrece más de 600 programas de análisis de seguridad, como Nmap, Armitage, Wireshark, Join the Ripper y Owasp ZAP para pruebas de sitios web con OWASP.

Así que tiene mucho sentido añadir OpenVAS a la mezcla.

El sitio web de Kali (www.kali.org) ofrece imágenes de la distribución para instalar en Linux o como appliances (VMware o VirtualBox).

2.7.1 Actualización de Kali

```
# sudo apt-get clean && sudo apt-get update && sudo apt-get
upgrade --fix-missing -y && sudo apt-get dist-upgrade --fix-
missing -y
```

2.7.2 Instalación de nmap

```
# wget http://nmap.org/dist-old/nmap-5.51.tgz
# tar xzvf nmap-5.51.tgz
# cd nmap-5.51
#./configure
# sudo make && sudo make install
# cd ..
# sudo ldconfig
# sudo apt-get install alien nsis rpm
```

2.7.3 Instalación del paquete de informes

```
# sudo apt-get install texlive-latex-extra --no-install-
recommends
# sudo apt-get install texlive-fonts-recommended
```

2.7.4 Instalación del cliente SMB

```
# sudo apt-get install smbclient
```

2.7.5 Instalación y configuración de OpenVAS

```
# sudo apt-get install openvas
# sudo gvm-setup
```

La configuración de OpenVAS (GVM) es una operación que lleva tiempo porque actualiza las bases de datos de vulnerabilidades.

```
receiving incremental file list
./
COPYING
          1,719 100%    1.64MB/s    0:00:00 (xfr#1, to-chk=43/45)
nvdcve-2.0-2002.xml
     15,355,489 100%  363.28kB/s    0:00:41 (xfr#2, to-chk=42/45)
nvdcve-2.0-2003.xml
      4,332,915 100%  386.25kB/s    0:00:10 (xfr#3, to-chk=41/45)
nvdcve-2.0-2004.xml
      8,910,666 100%  393.96kB/s    0:00:22 (xfr#4, to-chk=40/45)
```

```
...
[*] Checking Default scanner
08b69003-5fc2-4037-a479-93b440211c73  OpenVAS
/var/run/ospd/ospd.sock  0  OpenVAS Default

[+] Done
[*] Please note the password for the admin user
[*] User created with password '232ca7ae-9e09-4516-98f7-
9552959164ad'

┌──(kali?kali)-[~]
└─$
...
```

```
# sudo gvm-check-setup
...
It seems like your GVM-20.8.0 installation is OK.
```

2.7.6 Configuración de OpenVAS

```
# sudo gvmd --user=admin --new-password=<new_password>
```

```
#sudo nano /lib/systemd/system/greenbone-security-assistant.service
[Unit]
Description=Greenbone Security Assistant (gsad)
Documentation=man:gsad(8) https://www.greenbone.net
After=network.target gvmd.service
Wants=gvmd.service

[Service]
Type=forking
User=_gvm
Group=_gvm
ExecStart=/usr/sbin/gsad --listen=192.168.0.41 --port=9392
Restart=always
TimeoutStopSec=10

[Install]
WantedBy=multi-user.target
Alias=gsad.service
```

```
# sudo systemctl daemon-reload
```

```
# sudo gvm-stop && sudo gvm-start
```

2.7.7 Actualización de las bases de datos de vulnerabilidades

Los comandos de actualización que deben utilizarse después de que OpenVAS se haya puesto en producción son los siguientes:

```
# sudo greenbone-scapdata-sync
# sudo greenbone-certdata-sync
# sudo runuser -u _gvm -- greenbone-nvt-sync
# sudo gvm-feed-update
[>] Updating OpenVAS feeds
[*] Updating: NVT
[>] Uploading plugins in Redis
[*] Updating: GVMD Data
```

Las bases de conocimientos se actualizan con una frecuencia que se define en una tarea Cron (dos veces al día parece un buen comienzo).

2.8 Utilice

El acceso se realiza a través de un navegador web en la siguiente URL: https://192.168.0.41:9392.

En este ejemplo, la dirección IP del servidor OpenVAS es 192.168.0.1.

2.9 Para empezar

La interfaz tiene una vista general con varias pestañas.

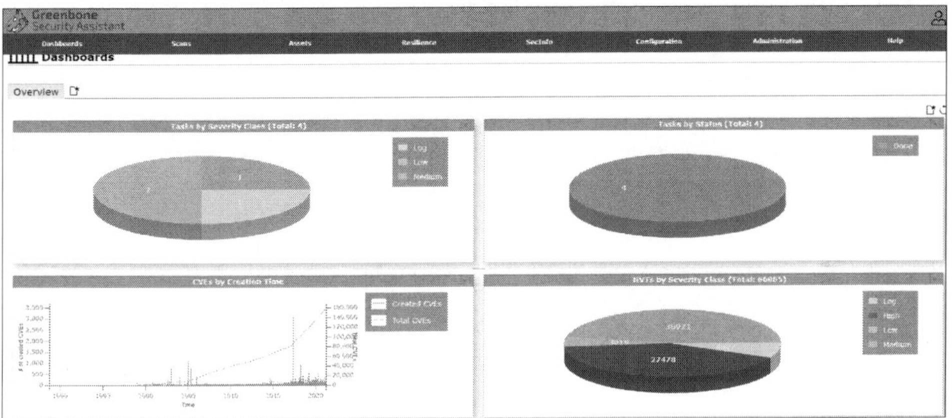

La interfaz gráfica de OpenVAS

2.9.1 Dashboards

La pestaña **Dashboards** es un cuadro de mando general que ofrece una visión global de la seguridad (exploraciones clasificadas por clase de seguridad, exploraciones por estado, CVE creados, NVT por clase de gravedad). Es posible y deseable crear cuadros de mando personalizados.

2.9.2 Scans

La pestaña **Scans** permite crear exploraciones, crear informes y ver los resultados.

Task es la parte que permite crear tareas de escaneo con diferentes tipos de escaneo posibles:

- **Base**: "Plantilla de configuración básica con un conjunto mínimo de NVT necesarios para una exploración".
- **Discovery**: "Configuración de exploración de descubrimiento de red”
- **Empty**: "Plantilla de configuración vacía y estática".

- **Full & Fast**: "La mayoría de las TVN; optimizadas mediante el uso de información recopilada previamente".
- **Host discovery**: "Configuración del escáner Network Host Discovery".
- **System discovery**: "Configuración del escáner de detección del sistema de red"

La elección del tipo de análisis determina el número de vulnerabilidades analizadas, por lo que un análisis completo y rápido puede durar varios minutos.

Puede crear su propia Scan Config (pestaña **Configuraciones/Scan Config**, después haga clic en el icono de la estrella).

Crear una exploración inicial

El método más rápido es el siguiente:

- Ir a **Scans - Task**.
- Haga clic en el icono del asistente y, a continuación, en **Task Wizard**.
- Introduzca la dirección IP de destino que se va a escanear (dirección IP privada del sistema de información de destino o dirección pública).
- Haga clic en **Start Scan**.

Para un análisis más completo, seleccione **Advanced Task Wizard**.

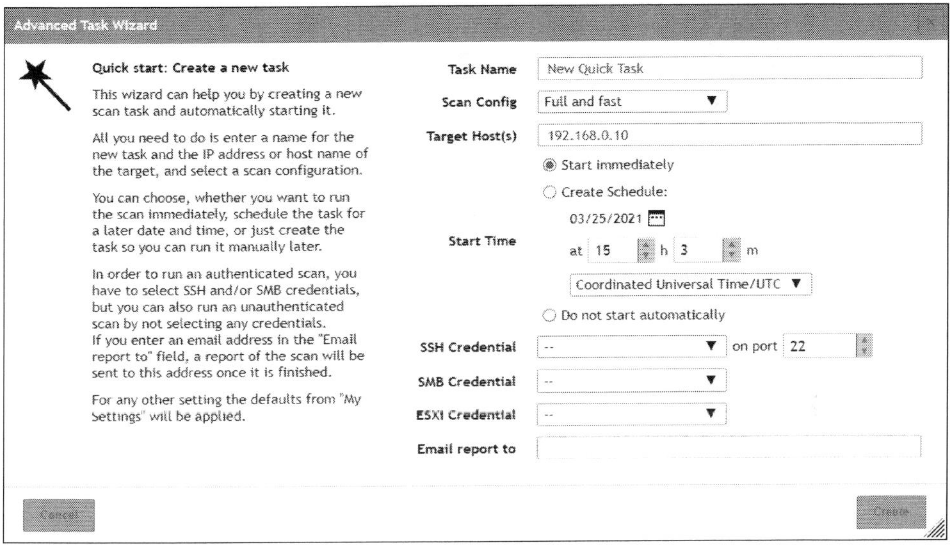

Advanced Task Wizard

Quick start: Create a new task

This wizard can help you by creating a new scan task and automatically starting it.

All you need to do is enter a name for the new task and the IP address or host name of the target, and select a scan configuration.

You can choose, whether you want to run the scan immediately, schedule the task for a later date and time, or just create the task so you can run it manually later.

In order to run an authenticated scan, you have to select SSH and/or SMB credentials, but you can also run an unauthenticated scan by not selecting any credentials.
If you enter an email address in the "Email report to" field, a report of the scan will be sent to this address once it is finished.

For any other setting the defaults from "My Settings" will be applied.

Task Name: New Quick Task
Scan Config: Full and fast
Target Host(s): 192.168.0.10
Start Time: Start immediately / Create Schedule: 03/25/2021 at 15 h 3 m Coordinated Universal Time/UTC / Do not start automatically
SSH Credential: -- on port 22
SMB Credential: --
ESXi Credential: --
Email report to

Cancel Create

Configuración de los parámetros de exploración con el Asistente

Observación

Los escaneos se pueden configurar fácilmente sin autenticación. En este caso, se basan en un escaneado de puertos mediante el software de código abierto Nmap (https://nmap.org/).

- **Reports**: esta función le permite visualizar los informes de escaneado y, lo que es más importante, descargarlos como archivos PDF. Tenga en cuenta que los informes están en inglés
- **Results**: esta función muestra los resultados de las vulnerabilidades encontradas.

Ejemplo de vulnerabilidad "DCE/RPC and MSRPC services Enumeration Reporting"

```
Summary
Distributed Computing Environment / Remote Procedure Calls
(DCE/RPC) or MSRPC services running on the remote host can be
enumerated by connecting on port 135 and doing the appropriate queries.
Detection Result
Here is the list of DCE/RPC or MSRPC services running on this
```

```
host via the TCP protocol:

Port: 1536/tcp

     UUID: 0b1c2170-5732-4e0e-8cd3-d9b16f3b84d7, version 0
     Endpoint: ncacn_ip_tcp:192.168.0.10[1536]
     Annotation: RemoteAccessCheck

     UUID: 12345778-1234-abcd-ef00-0123456789ac, version 1
     Endpoint: ncacn_ip_tcp:192.168.0.10[1536]
     Named pipe : lsass
     Win32 service or process : lsass.exe
     Description : SAM access

     UUID: 51a227ae-825b-41f2-b4a9-1ac9557a1018, version 1
     Endpoint: ncacn_ip_tcp:192.168.0.10[1536]
     Annotation: Ngc Pop Key Service

     UUID: 8fb74744-b2ff-4c00-be0d-9ef9a191fe1b, version 1
     Endpoint: ncacn_ip_tcp:192.168.0.10[1536]
     Annotation: Ngc Pop Key Service

     UUID: b25a52bf-e5dd-4f4a-aea6-8ca7272a0e86, version 2
     Endpoint: ncacn_ip_tcp:192.168.0.10[1536]
     Annotation: KeyIso

Port: 1537/tcp

     UUID: d95afe70-a6d5-4259-822e-2c84da1ddb0d, version 1
     Endpoint: ncacn_ip_tcp:192.168.0.10[1537]

Port: 1538/tcp

     UUID: f6beaff7-1e19-4fbb-9f8f-b89e2018337c, version 1
     Endpoint: ncacn_ip_tcp:192.168.0.10[1538]
     Annotation: Event log TCPIP

Port: 1539/tcp

     UUID: 3a9ef155-691d-4449-8d05-09ad57031823, version 1
     Endpoint: ncacn_ip_tcp:192.168.0.10[1539]

     UUID: 86d35949-83c9-4044-b424-db363231fd0c, version 1
     Endpoint: ncacn_ip_tcp:192.168.0.10[1539]

Port: 1540/tcp
```

```
        UUID: 29770a8f-829b-4158-90a2-78cd488501f7, version 1
        Endpoint: ncacn_ip_tcp:192.168.0.10[1540]

Port: 1541/tcp

        UUID: 0b6edbfa-4a24-4fc6-8a23-942b1eca65d1, version 1
        Endpoint: ncacn_ip_tcp:192.168.0.10[1541]

        UUID: 12345678-1234-abcd-ef00-0123456789ab, version 1
        Endpoint: ncacn_ip_tcp:192.168.0.10[1541]
        Named pipe : spoolss
        Win32 service or process : spoolsv.exe
        Description : Spooler service

        UUID: 4a452661-8290-4b36-8fbe-7f4093a94978, version 1
        Endpoint: ncacn_ip_tcp:192.168.0.10[1541]

        UUID: 76f03f96-cdfd-44fc-a22c-64950a001209, version 1
        Endpoint: ncacn_ip_tcp:192.168.0.10[1541]

        UUID: ae33069b-a2a8-46ee-a235-ddfd339be281, version 1
        Endpoint: ncacn_ip_tcp:192.168.0.10[1541]

Port: 1542/tcp

        UUID: 0b1c2170-5732-4e0e-8cd3-d9b16f3b84d7, version 0
        Endpoint: ncacn_ip_tcp:192.168.0.10[1542]
        Annotation: RemoteAccessCheck

        UUID: 51a227ae-825b-41f2-b4a9-1ac9557a1018, version 1
        Endpoint: ncacn_ip_tcp:192.168.0.10[1542]
        Annotation: Ngc Pop Key Service

        UUID: 8fb74744-b2ff-4c00-be0d-9ef9a191fe1b, version 1
        Endpoint: ncacn_ip_tcp:192.168.0.10[1542]
        Annotation: Ngc Pop Key Service

        UUID: b25a52bf-e5dd-4f4a-aea6-8ca7272a0e86, version 2
        Endpoint: ncacn_ip_tcp:192.168.0.10[1542]
        Annotation: KeyIso

Port: 1545/tcp

        UUID: 367abb81-9844-35f1-ad32-98f038001003, version 2
        Endpoint: ncacn_ip_tcp:192.168.0.10[1545]
```

```
Port: 6508/tcp

     UUID: 6b5bdd1e-528c-422c-af8c-a4079be4fe48, version 1
     Endpoint: ncacn_ip_tcp:192.168.0.10[6508]
     Annotation: Remote Fw APIs

Note: DCE/RPC or MSRPC services running on this host locally were
identified. Reporting this list is not enabled by default due to
the possible large size of this list. See the script preferences
to enable this reporting.
Insight
Detection Method
 ________________________________________________________________
| Details:         |  DCE/RPC and MSRPC Services Enumeration      |
|                  |  Reporting OID: 1.3.6.1.4.1.25623.1.0.10736  |
|__________________|______________________________________________|
|Version used:     |  2017-06-13T07:06:12Z                        |
|__________________|______________________________________________|

Affected Software/OS
Impact
An attacker may use this fact to gain more knowledge about the
remote host.
Solution
Solution Type:
Mitigation
Filter incoming traffic to this ports.
```

Este ejemplo muestra que el PC escaneado tiene varios puertos abiertos con una gravedad media juzgada como Media (puntuación de 5), así como una recomendación asociada (Mitigación) que debería estudiarse con fines de corrección.

- **Vulnerabilities**: esta pestaña muestra las vulnerabilidades encontradas. Para eliminar una vulnerabilidad, se propone una solución correctiva. Cada vulnerabilidad tiene una puntuación CVSS v2 basada en tres niveles: Bajo (de 0,0 a 3,9), Medio (de 4,0 a 6,9) y Alto (de 7,0 a 10,0). En otras palabras, una vulnerabilidad con una puntuación de 10,0 significa que es lo más grave posible.

  CVSS v2 proporciona una puntuación calculada a partir de las métricas de puntuación base, puntuación temporal y puntuación ambiental.

En el menú **Help** (https://192.168.0.41:9392/cvsscalculator) encontrará una calculadora CVSS para calcular la puntuación base.

2.9.3 Assets

Esta pestaña contiene una lista de información del escaneo de seguridad relativa a los hosts (los IPS escaneados), los sistemas operativos y los certificados TLS presentes en los sistemas escaneados.

2.9.4 Resilience

Esta pestaña incluye varias funciones como :

- Tickets de remediación. Se trata de la visualización de los tickets de remediación con información sobre las vulnerabilidades, la gravedad, la máquina afectada, el tipo de solución para la vulnerabilidad, el usuario responsable del ticket, la hora de modificación y el estado del ticket.

  Las entradas se crean desde el menú **Scans - Report** haciendo clic en la vulnerabilidad.

Vulnerability	Severity	Host	Assign user	Modification time	Status
DCE/RPC and MSRPC Services	5,0 (Medium)	192.168.0.10	admin	Mon, Mar 29, 2021 8:05 PM UTC	Open

References

Task	192.168.0.10 PC Windows
Report	Thu, Mar 25, 2021 12:39 PM UTC
Result	DCE/RPC and MSRPC Services Enumeration Reporting

Status Details

Opened	Mon, Mar 29, 2021 8:05 PM UTC
With Note	**procesar rápidamente DCE/RPC**

- Políticas de cumplimiento
- Auditorías de conformidad
- Mapeo de procesos de negocio

2.9.5 SecInfo

La sección **NVT** (vulnerabilidades) cubre la base de conocimiento de vulnerabilidades. Esta base de datos se actualiza todos los días en OpenVAS.

La sección **CVE** proporciona una lista de Vulnerabilidades y Exposiciones Comunes, una lista de vulnerabilidades normalizadas a nivel de nomenclatura.

La sección **CPE** ofrece una lista de la Enumeración Común de Plataformas, un sistema de nomenclatura para designar sin ambigüedad componentes informáticos como una máquina, un sistema operativo o un paquete de software.

La función **Filter** puede utilizarse para buscar CVE vinculados a un determinado software, como Apache.

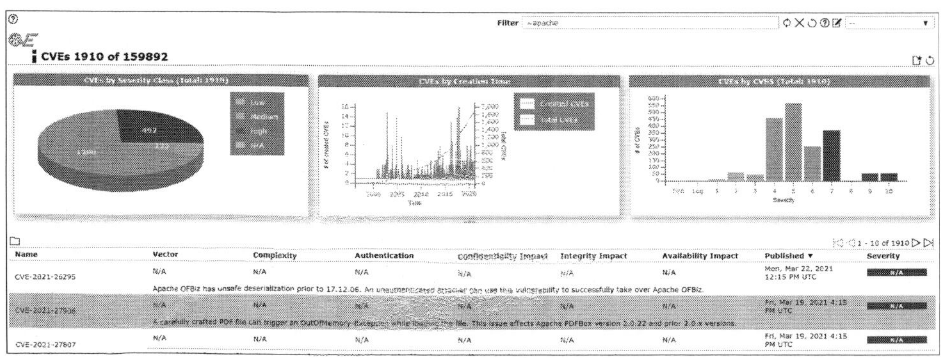

Últimas vulnerabilidades de Apache (a 25 de marzo de 2021)

2.9.6 Configuration

Esta pestaña proporciona información sobre la lista de puertos TCP/UDP probados por el escáner OpenVAS. También es posible crear puertos específicos no incluidos en la lista inicial.

Una característica importante se refiere a las credenciales, es decir, a las exploraciones mediante autenticación. Se pueden definir pruebas más avanzadas introduciendo información contextual, como un nombre de usuario y una contraseña. La autenticación se basa en siete tipos:

- Usuario y contraseña
- Usuario y clave SSH
- Certificado de cliente y clave privada
- Comunidad SNMP
- Certificado S/MIME
- Clave de cifrado PGP
- Sólo contraseña

Al crear una nueva credencial denominada Auth1 basada en el nombre de usuario y la contraseña, será posible utilizar Auth1 al crear una nueva tarea de análisis (mediante el asistente) y asignar Auth1 en la credencial SSH. La prueba se realizará entonces utilizando el protocolo SSH (puerto 22) con información de autenticación.

Los sistemas Windows y Linux pueden auditarse mediante autenticación. Para Windows, primero se debe crear el usuario en el Active Directory del dominio en cuestión y configurar la nueva credencial de la siguiente manera:

```
Type: Username + Password
Username: Dominio\Usuario
Password: xxxxxxxxxx
```

Aquí es también donde puede crear alertas, por ejemplo cuando se encuentra una vulnerabilidad, y programar el lanzamiento de tareas de escaneo automáticamente.

2.9.7 Administration

Esta pestaña se utiliza para gestionar los usuarios, grupos, roles y permisos de OpenVAS, la autenticación LDAP/Radius y el estado de sincronización de todos los dispositivos SecInfo.

En caso de actualización, aparece un mensaje informativo: **Update in progress**.

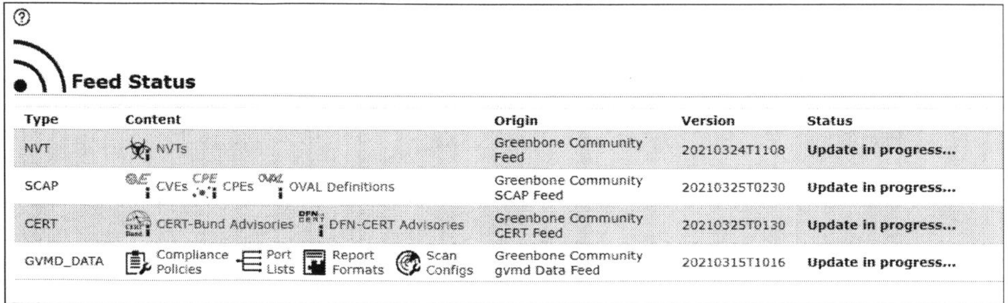

Feed Status

Type	Content	Origin	Version	Status
NVT	NVTs	Greenbone Community Feed	20210324T1108	**Update in progress...**
SCAP	CVEs CPEs OVAL Definitions	Greenbone Community SCAP Feed	20210325T0230	**Update in progress...**
CERT	CERT-Bund Advisories DFN-CERT Advisories	Greenbone Community CERT Feed	20210325T0130	**Update in progress...**
GVMD_DATA	Compliance Policies Port Lists Report Formats Scan Configs	Greenbone Community gvmd Data Feed	20210315T1016	**Update in progress...**

Estado de la alimentación

Observación

El icono de la parte superior derecha con el logotipo del usuario permite cambiar la configuración del usuario, en particular la contraseña. El administrador también puede crear nuevos usuarios.

2.10 Uso de la API OpenVAS

El escáner OpenVAS puede interrogarse utilizando su conjunto de API. La ayuda está disponible en el sitio web de Greenbone en la siguiente URL:
https://docs.greenbone.net/#api_documentation

Por ejemplo, para crear un objetivo que se utilizará posteriormente en una exploración, utilice el comando `create-target`.

Ejemplo de creación de un objetivo de subred 192.168.1.0/24

```
Client
<create_target>
  <name> Todas las máquinas GNU / Linux </name>
  <hosts> 192.168.1.0/24 </hosts>
</create_target>
Director
<create_target_response status = "201"
                        status_text = "OK, máquina creada"
                        id = "254cd3ef-bbe1-4d58-859d-21b8d0c046c6" />
```

!

D

E

F

G

I

K

L

N

P

R

T

U

V

W

Z

Para poder acceder durante un año
a la versión online de este libro,
envíenos su justificante de compra a

librodigital@ediciones-eni.com

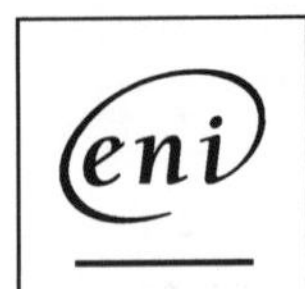